Brad Jersak

Die Schönheit des Evangeliums

Die Schönheit des Evangeliums

Wie Jesus uns Gott vor Augen stellt

Brad Jersak

Vorwort Brian Zahnd

1. Auflage 2018

Titel der amerikanischen Originalausgabe: *A More Christlike God*
Aus dem Englischen übersetzt von Dorothea Appel

Umschlaggestaltung: Pink Sky Design (www.pinkskydesign.com)
Satz: Fontis Media, Jens Wirth
Druck: Finidr, CZ
Printed in the EU

ISBN 978-3-95459-026-1
Bestellnummer 148026

Für kostenlose Informationen über unser umfangreiches Lieferprogramm an christlicher Literatur, Musik und vielem mehr wenden Sie sich bitte an:

Fontis Media GmbH, Postfach 2889, D-58478 Lüdenscheid
fontis@fontis-media.de – www.fontis-shop.de

Für Vladika Lazar Puhalo

weil er mir Christus gezeigt hat,
„den guten und barmherzigen Gott,
den Menschenfreund“.

Inhaltsverzeichnis

Anmerkung der Übersetzerin:

In diesem Buch verwendet Brad Jersak einige Ausdrücke, die nicht so ins Deutsche übersetzt werden können, dass sie sowohl dem Sinn nach korrekt als auch sprachlich in Ordnung sind. Damit der Leser weiß, was er unter diesen ungewöhnlichen, etwas sperrigen Ausdrücken jeweils zu verstehen hat, folgende zusätzliche Erklärungen (natürlich erschließt sich der Sinn aus dem Text des Buchs):

consent: „Zustimmung, Einwilligung, Ja, Einverständnis, Bewilligung …" Ich habe mich auf „Zustimmung" bzw. manchmal „Ja" beschränkt.

cruciform: eigentlich „kreuzförmig", „in Form des Kreuzes"; für den übertragenen Sinn kann man unterstellen: „vom Kreuz ge(kenn)zeichnet", „nach Art des Kreuzes". „Cruciform God" übersetze ich mit *„Kreuz"*-Gott.

wrath: „Zorn"; es geht hier meist um den „Zorn Gottes" (God's wrath), aber auch um Katastrophen/Leid, Elend, also das, was die Menschen oft für eine *Auswirkung* von Gottes Zorn halten. In diesen Fällen passt die Übersetzung „Zorn" nicht mehr gut; ich habe das Wort dann in Anführungszeichen gesetzt.

Vorwort
Brian Zahnd

Wie ist Gott? Welch eine kolossale Frage! Für den, der Gott ganz am Grund von Existenz, Bedeutung und Selbstverständnis sucht, ist es eine überaus wichtige Frage. Wie also sollen wir antworten? Möglichkeiten gibt es ohne Ende. Die menschliche Frage nach dem Göttlichen brachte ein riesiges Pantheon von Göttern hervor, von Ares bis Zeus. Der Christ sucht eine Definition von Gott natürlich instinktiv in der Bibel. Ich verstehe diesen Instinkt und er ist in einem bestimmten Sinn auch richtig; aber er bringt nicht unbedingt eine ganz so eindeutige Antwort, wie man meinen möchte. Selbst wenn wir von „dem Gott der Bibel" sprechen, flicken wir vielleicht nur alle möglichen Anschauungen von Gott zusammen, die wir aus den unterschiedlichen Bildern auswählen. Dass das meistens unbewusst geschieht, ist nicht gerade hilfreich.

Selbst wenn wir uns mit unserer Frage nach dem Wesen Gottes nur an die Bibel wenden, werden wir wahrscheinlich genau den Gott finden, den wir finden wollen. Wollen wir einen Gott des Friedens – er ist da. Wollen wir einen Gott des Krieges – er ist da. Wollen wir einen barmherzigen und mitleidenden Gott – er ist da. Wollen wir einen Rachegott – er ist da. Wollen wir einen Gleichheit verfechtenden Gott – er ist da. Wollen wir einen ethnozentrischen Gott – er ist da. Wollen wir einen Gott, der nach Blutopfer verlangt – er ist da. Wollen wir einen Gott, der Blutopfer abschafft – er ist da. Manchmal ist die Bibel wie ein Rorschachtest: Sie offenbart mehr über den Leser als über den ewigen ICH BIN.

Was sollen wir machen? Wie sollen wir Gott finden, so wie er ist? Als Christ, Pastor und Prediger möchte ich gerne empfehlen, dass wir dafür auf Jesus sehen. Oder sagen wir so: Was, wenn Gott wie Jesus ist? Was, wenn die Persönlichkeit Gottes mit der Persönlichkeit des Mannes übereinstimmt, den man Jesus von Nazareth nennt und der in den Evangelien dargestellt ist? Jesus stellte die gewagte Behauptung auf: „Wer mich sieht, sieht den Vater." Was, wenn das stimmte? Wäre das nicht toll? Aber das *ist* ja die gute Nachricht: Gott *ist* wie Jesus! Das ist Christentum, nicht zu verwechseln mit „Biblizismus". Als Christen beten wir Christus an, nicht die Bibel. Die Bibel ist das inspirierte Zeugnis von dem wahren Wort Gottes, welches Jesus ist. Was die Bibel auf jeden Fall tut: Sie nimmt uns mit auf eine Reise, die in Christus ihren Höhepunkt findet – aber es ist Christus, der Gott ganz offenbart. Wir können es auch so sagen: Die Heilige Schrift bezeugt letztlich Christus und Christus bezeugt vollkommen Gott. Wo wir auf der Suche nach dem Wesen Gottes die Bibel durchforsten, weist uns die Bibel stets entschieden auf Jesus hin. Die Offenbarung Gottes ließ sich nicht in ein Buch packen, aber in einem menschlichen Leben konnte sie enthalten sein – in dem Leben Jesu Christi.

Gott ist wie Jesus. Jesus ist die Botschaft von Gott. Jesus ist, was Gott zu sagen hat. Jesus ist der vollständige und treue Zeuge dessen, wie Gott zu verstehen ist. Jesus ist nicht gekommen, um uns von Gott zu erretten (wie manche unselige Theorien uns glauben machen wollen) – Jesus kam, um uns Gott als den Retter zu offenbaren. Jesus kam nicht, damit Gott uns lieben könnte – Jesus kam, um Gott als die Liebe zu offenbaren. Jesus kam nicht, um Gott mit der Welt zu versöhnen – Jesus kam, um die Welt mit Gott zu versöhnen. Wenn Jesu Leben die Definition Gottes ist, ist das Kreuz der bestimmende Moment seines Lebens. Wie John Cihak sagt: „Unter dem Schleier der Entstellung durch die hässliche Kreuzigung und den Tod ist die Christusgestalt am Kreuz die klarste Offenbarung dessen, wer Gott ist." Als Evangelist kann ich nichts Besseres tun, als auf Jesus am Kreuz zu zeigen und zu sagen: „Da! *So* ist Gott." Gott ist nicht wie Kaiphas – er braucht keinen Sündenbock, der die Schuld trägt. Gott ist nicht wie Pilatus – er verlangt keine Hinrichtung, um der Gerechtigkeit Genüge zu tun. Gott ist wie Jesus: Er trägt die Sünden der Welt, vergibt sie und nimmt sie hinweg.

Die Rückkehr zu der Erkenntnis, dass Gott in Christus offenbart ist, könnte zu keinem besseren Zeitpunkt erfolgen. Die westliche Christenheit steckt in einer Krise. Allein auf der Grundlage von Tradition kann ihre Glaubwürdigkeit nicht aufrechterhalten und an nachfolgende Generationen weitergegeben werden. Es werden kritische Fragen gestellt, und die christliche Religion muss sich ihre Anhänger aufgrund eigener Verdienste suchen. Zum Glück ist sie dieser Aufgabe gewachsen. Aber nicht einfach irgendwie; dieser Aufgabe ist nur das Christentum gewachsen, das sich auf das Bekenntnis zu Christus als dem Bild des unsichtbaren Gottes gründet.

Ich bin mit denen ganz einer Meinung, die eine christliche Religion nach der Vorstellung „Sünder in der Hand eines zornigen Gottes" abstoßend finden und nichts damit zu tun haben wollen. Auch ich habe die Theologien einer zornigen, vergeltenden Gottheit ins dunkle Meer des Heidentums zurückgeworfen. Die gute Nachricht ist: Vergraben unter Jahrhunderten von fehlgedeuteter Christlichkeit gibt es ein wunderschönes Evangelium, das nur darauf wartet, entdeckt zu werden.

Brad Jersak kennt diese gute Nachricht. Mit *Die Schönheit des Evangeliums* leitet er uns weise und geduldig zu diesem Evangelium hin und schreckt dabei vor schwierigen Fragen nie zurück. Mit dem scharfen Verstand eines Theologen und dem mitfühlenden Herzen eines Pastors spricht Brad mit Suchenden, die an einen Gott glauben möchten, der Christus entspricht, ohne auf billige Klischees oder Wunschdenken zurückzugreifen. Es ist kein „Pop-Christentum", das Brad Jersak verbreitet. Er leistet die schwere Arbeit echter Theologie. Er steigt in die Minen der Kirchenväter hinab und fördert Gold zutage. Er tauscht sich mit den besten Theologen unserer Zeit aus und macht ihre Werke zugänglich. Er hat mit seiner eigenen dunklen Nacht der Seele gerungen und kommt nun mit der Lampe in der Hand zu uns. Ich bin froh, in Brad Jersak einen Anleiter zu haben. Er kennt den Weg über die hässlichen Parodien des Christentums hinaus in das wunderschöne Evangelium von dem Gott, der Christus entspricht. Machen wir uns auf den Weg!

Brian Zahnd
Pastor der Gemeinde Word of Life, St. Joseph, Missouri
Autor von „Beauty Will Save the World" und „A Farewell To Mars"

Einleitung
Die Absicht dieses Buches

„Wer mich gesehen hat, der hat auch den Vater gesehen."
Jesus (Johannes 14,9)

Die Absicht dieses Buches ist es, in einfachen Begriffen ein Gottesbild vorzustellen, das sich mehr an Christus orientiert.

Dazu werde ich einige der Herzensschrei-, Glauben-und-zweifeln-Fragen stellen, die ich als Pastor von normalen Menschen auf Kirchenbänken und in Cafés gehört habe. Und ich werde auch frische (jedoch uralte) Einsichten über Gott und das Leben, und wie beides in Christus zusammenkommt, weitergeben, welche zu unserem Erstaunen von Top-Theologen formuliert wurden. Leider sind ihre hilfreichen Vorstellungen oft in dicken Sachbüchern vergraben, werden von komplizierter Sprache erstickt oder von nervösen Pastoren verschwiegen. Entgegen ihrem Ruf sind nicht alle theologischen Seminare Elfenbeintürme, in denen Gelehrte darüber disputieren, wie viele Engel auf einem Stecknadelkopf tanzen können. In Wahrheit handelt es sich bei Gottes Denkern um echte Menschen, die mit Gott ringen und denen es so wichtig ist, auf unsere Herzensfragen Antworten zu finden, dass sie die Vorarbeit dafür leisten. An den Schätzen, die sie zutage fördern, sollst du teilhaben!

In den folgenden Kapiteln werde ich einige der Goldstücke hervorholen, die Profis und Propheten aus den tiefen Minen betender und bedächtiger Meditation ausgegraben haben. Ich hoffe, das vorliegende Buch dient als bescheidenes Display, an dem diese Reichtümer dem durchschnittlichen, es ernst meinenden Wahrheitssucher (Christ oder nicht) leicht zugänglich sind. Aus dem Grund werde ich so schreiben, wie man sich bei einer Tasse Kaffee unterhält, ohne massenhaft unterstützende Fußnoten, sorgfältig ausgearbeitete Argumente und mysteriöse Ausdrücke. Wenn ich einen Fachbegriff verwende, will ich versuchen, ihn einfach und sorgfältig im Text, in den abgesetzten Erklärungen und hinten im Glossar zu erklären. Peinlich, aber wahr: Ein Autor kann sich hinter großen Wörtern verstecken, während der Leser noch damit zu tun hat, sich durch das Rohmaterial seiner ersten Eindrücke und seiner der Endlichkeit unterworfenen Wahrnehmung hindurchzuarbeiten. Ich hoffe, du wirst mir leicht folgen können.

Natürlich lassen die Antworten, die ich vorschlage, möglicherweise viele Fragen unbeantwortet – „Und dies? Und jenes?" Ich will dir nichts vormachen: Es wird keine hübsch in Geschenkpapier eingeschlagenen Päckchen mit Schleifenband geben. Lieber möchte ich zum Denken anregen und provozieren, als mich als der aktuelle Experte mit Indoktrinierungsabsicht darzustellen. Ich spreche als ein Zeuge für das, was ich gesehen und gehört habe – nicht als Richter mit abschließendem Urteil oder als Anwalt, der seinen Fall gewinnen will, und auch nicht als ein Angeklagter vor Gericht. Der Leser, der tiefer vordringen will, der die Wahrheit dieser Anregungen prüfen und abwägen will, findet woanders gründlichere akademische Studien über die hier angesprochenen Punkte. All die Problemstellungen, die wir uns ansehen wollen, werden von soliden, christuszentrierten Theologen behandelt. Gelegentlich werde ich den Leser auf ihre Werke verweisen. Aber denjenigen, die keine Zeit haben, dicke Meisterwerke zu wälzen, sagt diese zusammenfassende Momentaufnahme: „Wir hören deine Fragen. Nein, du bist nicht verrückt. Deine Fragen machen dich nicht zum Ketzer. Wir arbeiten daran." Den aktuellen Stand dieser Arbeit möchte ich hier darstellen.

Ich gebe zu, dass es beim Schreiben über unsere immens ermutigenden Entdeckungen einen echten Wermutstropfen gab. Wenn wir die allerbeste Nachricht hören, auf die wir alle immer gehofft hatten – wenn unsere kühnsten Hoffnungen in Bezug auf Gott sich bestätigen –, dann geschieht etwas Merkwürdiges. Statt Erleichterung und Befreiung von alten Annahmen zu bewirken, die uns Angst vor Gott machten, entsteht eine Mauer des Widerstands aus bestimmten Ecken des amerikanischen ***Christentums***.* Warum? Die Möglichkeit, dass Gott *so* gut ist – so freundlich und liebevoll und gnädig wie Jesus –, löst vielleicht Panik aus, denn mit *diesem* Gott sind wir nicht vertraut. Bedingt durch ihre eigenen Ängste oder den unnachgiebigen Widerstand von ihresgleichen oder ihren Leitern ziehen sich möglicherweise genau die Menschen, die Hoffnung suchen, auf den unterdrückenden „Gott" zurück, den sie seit vielen Jahren kennen. Vielleicht stellen sie sich vor, ihre alte Gewissheit gäbe ihnen ein bestimmtes Maß an Kontrolle. Wenn man etwas „weiß", dann sind Fragen schlecht. Wer lehrmäßige Gewissheiten infrage stellt, gilt als gefährlich. Die Wachhunde, die sich fälschlicherweise für Wächter halten, fangen an zu bellen und zu bloggen.

Christentum

bezeichnet die Gesamtsumme der christlichen Kultur, besonders dort, wo die christliche Religion oder die Kirche als Institution quasi ein eigenes Reich bilden. In der Geschichte umfasste „das Christentum" tatsächlich geopolitische Reiche; der Begriff kann aber auch für jegliche kulturelle Dominanz stehen, die Christen genießen oder ausüben, wenn sie als eine Mehrheit oder einflussreiche Minderheit Macht haben.

Das verstehe ich schon. Wer will schließlich verführt werden? Ich nicht! Aber Angst vor Verführung ist nicht das Gleiche wie Weisheit oder Einsicht. Tatsächlich öffnet Angst der Verführung nur noch die Tür. Die Frucht dieser Angst ist widerlich. Vorwürfe von Ketzerei und Liberalismus schwirren durch die Luft. Ein bekannter, einflussreicher Christ, der von vielen für seine langjährige Treue respektiert wird, rief mich kürzlich an und sagte, dass sogar er überrascht sei. „Brad", fragte er, „warum sind diese Menschen so gemein?" Ja, wirklich.

Aber offen gesagt, ist es uns zu wichtig, Gott nachzufolgen, als dass wir die Diskussion einfach aufgeben würden. Gott hat uns in einen weiten Raum gestellt und wir können nicht zurück. Gott wird auch nicht zurückgehen. Er wird sich den Begrenzungen unserer Lehr-Zwinger nicht unterwerfen. Der Neo-Sanhedrin mag die Zähne fletschen wie in den Tagen Jesu. Wieder wird dem Geist Jesu böse gelästert, aber jetzt ist die Zeit gekommen, in der er die Dinge klarstellt. Der echte Gott, der eine, wahre Gott, möchte dich wissen lassen, wie er wirklich ist. Was auch immer dir von dem vorliegenden Buch in Erinnerung bleibt, ich hoffe, dass dies Eine immer in deinem Herzen nachklingt:

Gott ist gut. Gott ist Liebe. Das Leben ist, wie es ist, aber die Erlösung kommt. „Denn die Finsternis schwindet und das wahre Licht strahlt schon auf" (1. Joh. 2,8).

Teil I

Was ist Gott?

Konkurrierende Bilder von Wille und Liebe

- Wir befassen uns mit konkurrierenden Bildern und Projektionen von Gott.
- Ist dein Bild von Gott richtig?
- Ist es angemessen?
- Oder wird Gott in deinen eigenen Überlegungen durch abgegriffene und ausgelaugte Auffassungen verdunkelt?
- Ist Gott frei, alles zu tun, was ihm gefällt?
- Oder wird Gottes Freiheit von seiner Güte definiert?
- Ist Gott in erster Linie willkürlich oder tatsächlich bereitwillig?
- Was zeigt uns die Inkarnation über Gott?
- Was, wenn Gott wie Jesus ist?

1

Wie ist Gott wirklich?

„Ich bin genügend Romantiker, um zu glauben:
Was grober Bemerkungen wert ist, ist auch wert,
gut verstanden zu werden."

David Bentley Hart („The Experience of God")

Wenn es einen Gott gibt …

Wenn es einen Gott gibt – sicherlich eine *Glaubensaussage*[1] –, können wir ihn nicht erfinden. Ein *echter* Gott sollte und kann nicht nur eine Reflexion meiner Vorstellung sein. Die Existenz eines realen und lebenden Gottes muss mein eigenes kümmerliches Verständnis übersteigen, er muss größer sein als jegliche Schublade, in die ich ihn stecken will – er oder sie oder welches Pronomen auch immer wir für dieses Wesen verwenden. Selbst das einfache Fürwort „er" ist unbeholfen und nicht ganz zutreffend für Gott. Ich werde es verwenden, aber nur mit Bauchschmerzen. Gott ist nicht „er" oder „sie". Jesus sagt: „Gott ist Geist" (Joh. 4,24). Gott ist jedoch weitaus persönlicher als ein „es". Und so tendieren wir seit jeher zu der sprachlichen Form „er", denn als Gott im Fleisch kam, kam „er" als ein Mann, Jesus (Gottes „Sohn"). Darüber hinaus spricht die Heilige Schrift von Gott meist als vom Vater und beschreibt Gott mit männlichen Bildern, z. B. als König. Auf der anderen Seite ist das hebräische Pronomen für den Geist „sie". Tatsächlich werden die Attribute Gottes, die die Fürsorge betreffen, z. B. Mitleid und Barmherzigkeit, meist mit weiblichen Eigenschaften assoziiert.

Manche Denker meinen, dass es sogar zu kurz greift, Gott als „Wesen" zu bezeichnen, dass die Behauptung, „Gott existiert", zu wenig aussagt: Gott sei vielmehr der eigentliche *Seinsgrund, die Existenz selbst*, was immer das bedeuten mag. Die so reden, behaupten, dass beinahe alles, was wir über Gott behaupten, bereits unseren verborgenen Wunsch ausdrückt, über ihm zu stehen, ihn in eine Schublade zu stecken und zu beherrschen. Sprache, Worte, Lehre, Theologie – sind sie nicht weniger als Gott? Haben sie nicht dennoch oft die Funktion, den Schöpfer des Alls zu einem handlichen Anschauungsobjekt für unsere Lehrmeinung zusammenzuschrumpfen, das wir aufspießen und sezieren können? Ist es nicht bequemer, ihn in unserem winzigen, allzu selbstbewussten Denken einzusperren, wo er unsere eigenen hochfliegenden Gedanken nachplappern muss? Ja, es ist nun einmal so: Alles, was wir voller Überzeugung über oder für Gott sagen, geht durch das dichte Sieb unserer religiösen Traditionen, kulturell bedingten Annahmen und persönlichen Interpretationen. Skeptiker und Agnostiker fragen: „Was kann man über diesen Gott denn wirklich mit Sicherheit sagen?" Sie stellen diese Frage zu Recht.

Es scheint so viele Versionen von Gott zu geben, wie es Menschen gibt, selbst innerhalb eines bestimmten Glaubens, egal, wie eifrig die Religion uns zu belehren versucht. Wir brauchen noch nicht einmal Hindus mit Buddhisten oder Moslems mit Juden zu vergleichen. Das ist auch unter Christen so: Später werden wir sehen, wie John Wesley sagte, Johannes Calvins Gott wäre schlimmer als der Teufel! Auch heute: Der Gottesbegriff der protestantischen Prediger Mark Driscoll und John Piper – deren Predigten in Nordamerika am häufigsten aus dem Internet heruntergeladen werden – ist Welten entfernt von dem von Gregory Boyd oder Brian McLaren. Ich möchte doch denken, dass wir immer noch demselben Herrn dienen, aber manchmal frage ich mich, ob wir nicht zwei (oder mehr) unterschiedliche Religionen haben, die um dasselbe Etikett „christlich" wetteifern! Der Apostel Paulus sprach zu seiner Zeit von verschiedenen Evangelien und anderen Christussen (Gal. 1,6-8).

Wir brauchen aber gar nicht so weit entfernt zu suchen. Ohne dass wir uns dessen bewusst sind, haben wahrscheinlich selbst unsere Liebsten und Nächsten drastisch andere Vorstellungen von Gott, als wir meinen. Und noch näher dran: Vielleicht bete ich zu demselben Gott wie immer, mache mir aber keine Gedanken darüber, wie sehr sich „der Gott, wie ich ihn verstehe" (nach dem Sprachgebrauch der Alltagspsychologie) im Verlauf meiner eigenen geistlichen Entwicklung gewandelt hat. Nun verändert sich ja Gott nicht. Aber mein Bild von Gott macht vielleicht im Lauf der Zeit so große Fortschritte (oder Rückschritte), dass ich unter demselben Namen praktisch einen anderen Gott anbete. Das könnte übrigens durchaus gut, vielleicht sogar nötig sein.

Negative Theologie

Auch Via negativa oder apophatische Theologie. „Apophatisch" kommt von dem Wort für „verneinen". Diese Theologie definiert Gott durch Verneinung unserer Definitionen von Gott.

Was ich hier sagen will: Diejenigen unter uns, die behaupten, an „den Gott der Bibel" zu glauben, müssen sich klarmachen, dass wir die Bibel durch die dicke Brille unserer eigenen unbewussten Voreingenommenheit lesen. Mit diesen verzerrenden Filtern neigen wir dazu, ein Abbild von Gott in unserem eigenen Bild zu konstruieren. Dazu hören wir den verzweifelten Ausruf des umstrittenen deutschen Predigers Meister Eckhart: „Gott! Rette mich vor ‚Gott'!"[2] Das heißt: Rette mich vor jeder verzerrten Vorstellung von Gott, die ich selber erschaffe und anbete, wo ich mich selber zu der Täuschung überrede, dies wäre der eine wahre Gott! Nein, sage ich: Wenn es einen Gott gibt, kann ich ihn nicht einfach aus dem Ton meiner eigenen Vorstellung töpfern. Er selbst muss sich mir auf verständliche Weise offenbaren.

Was Gott nicht ist …

Eine christliche Denkströmung, die sogenannte **negative Theologie***, legt nahe, dass wir nichts Besseres tun können als zu beschreiben, was Gott *nicht* ist. Man kann jedes Attribut Gottes nennen – jedes Bild von Gott, das sich findet, auch in der Bibel – und dann fragen: „Okay. Gott ist ein Vater, aber wo ist er *nicht* Vater? Gott ist ein König, aber wo ist er *nicht* König? Gott ist ein Hirte, aber wo ist er *nicht* Hirte?" Das ist zunächst einmal eine gute Übung, denn sie warnt uns davor, diese menschlichen Metaphern zu weit zu führen. Sie erinnert uns daran, dass unser Bild von Gott genau das ist: ein Bild, ein Symbol, eine Vorstellung. Wir haben diese Bilder, aber Gott ist größer als sie alle. Gott ist weit mehr als Feuer oder Licht oder Wasser, obwohl er mithilfe dieser Elemente beschrieben wird. Die Glucke, der Adler, der Löwe und das Lamm stehen für bestimmte Aspekte seines Charakters, doch ist Gott natürlich *nicht* ein Vogel oder sonstiges Tier. Die negative Theologie warnt uns davor, eines dieser Symbole zu einem Götzenbild zu verallgemeinern, mit dem wir Gott ersetzen.

In 4. Mose 21 lesen wir zum Beispiel die Geschichte, in der die Israeliten in der Wüste unter einer Giftschlangenplage litten. Gott befahl Mose, eine „Feuerschlange" aus Bronze anzufertigen und an einer Stange aufzuhängen. Alle Gebissenen, die auf diese Bronzeschlange blickten, wurden sofort geheilt. Das Bild stand für die heilende Liebe Gottes und wird bis zum heutigen Tag als Erkennungszeichen in der Medizin verwendet.

Leider wurde der Schlangenstatue später ein anderer, götzendienerischer Zweck zugeordnet. Als Hiskia König war, hatte das Volk der Bronzeschlange mittlerweile den Namen „Nehuschtan" gegeben und betete sie nun an. So musste der König sie im Rahmen seiner gegen den Götzendienst gerichteten Kultreformen zerstören (2. Kön. 18,4). Die Lektion daraus ist dennoch *nicht*, einfach jegliches Symbol für Gott aufzugeben, sondern, es zu reinigen und wieder neu auf Christus auszurichten. Jesus selbst zeigte, wie man mit der göttlichen Metaphorik umgeht, als er während seiner Mondscheinunterhaltung mit Nikodemus an die Bronzeschlange erinnerte: „Du weißt doch, wie Mose in der Wüste eine Schlange aus Bronze an einer Stange aufrichtete, damit jeder, der sie ansah, am Leben blieb. Genauso muss auch der Menschensohn erhöht werden, damit jeder, der glaubt, durch ihn das ewige Leben hat" (Joh. 3,14-15).

Und so drängt uns eine negative Theologie, immer wieder die Sowohl-als-auch-Fragen zu stellen. Wir sagen, Gott ist gegenwärtig. Wir beten, dass wir diese Gegenwart erfahren dürfen: „Lass dein Angesicht leuchten über mir!" Aber wir fragen auch: „Warum ist er nicht da?" Und in echten Krisen, in denen wir Gottes Anwesenheit nicht spüren, beten wir: „Verbirg nicht dein Angesicht von mir!" Mit dem Wort „Angesicht" als Bild für Gott überlegen wir: „Inwiefern ist die jeweilige Aussage wahr und inwiefern ist sie nicht wahr?"

Oder wir behaupten: „Gott ist nah", und fragen danach: „In welcher Hinsicht ist Gott weit weg?" Paulus sagt, Gott wohnt in *unzugänglichem* Licht, aber der Hebräerbrief lädt uns ein, voll Zuversicht ins Heiligtum zu treten und Gott *nahezukommen*! Wie kann Gott sowohl nah als auch fern sein? Wenn wir über Entweder-oder-Annahmen und Behauptungen, die Gott in eine Schublade stecken, hinausgelangen können, werden wir in der Lage sein, uns an unsere persönlichen Sowohl-als-auch-Erfahrungen mit Gott zu erinnern und von ihnen zu erzählen.

Grundsätzlich gilt: Von jeder Eigenschaft Gottes, die wir hochhalten, können wir noch mehr über ihn lernen, wenn wir fragen: „In welcher Hinsicht ist Gott *nicht* so? Und stimmt das Gegenteil auch irgendwie?"

Was Gott ist …

Die negative Theologie sucht zu verhindern, dass wir Gott in Schubladen stecken, aber tatsächlich brauchen wir auch eine positive Theologie. Damit Gott Gott ist und nicht reiner Unsinn, erklären wir durch den Glauben einige Wahrheiten, deren Gegenteil *niemals* wahr ist:

- Gott ist *gut* und er ist nie böse. Er ist die Perfektion all dessen, was wir Güte nennen.
- Gott ist *Liebe*; jeder andere Aspekt Gottes muss mit seiner Liebe übereinstimmen.
- Gott ist *Licht*; in ihm ist keine wie auch immer geartete Finsternis (1. Joh. 1,9).
- Gott ist vollkommene *Schönheit*; in ihm ist keinerlei Hässlichkeit.
- Gott ist vollkommene *Wahrheit*; niemand nenne ihn einen Lügner.
- Gott ist vollkommene *Gerechtigkeit*; in ihm ist keinerlei Ungerechtigkeit.

Theologische Texte nennen Gottes Güte, Liebe und Gerechtigkeit manchmal „Attribute" und widmen ganze Kapitel der – fast wissenschaftlichen – Beschreibung Gottes entsprechend diesen Attributen.

Diese Beschreibungen sind manchmal trocken und steril und schreiben Gott auf ziemlich philosophische und, offen gesagt, einschränkende Weise menschliche Vorstellungen, Konzepte und Analogien zu. Dies ist es, was die negative Theologie ursprünglich zu überwinden hoffte. Die negative Theologie wollte Gottes Majestät und sein Mysterium jenseits unserer Leitfäden und Kategorien bewahren.

Der Apostel Paulus und seine späteren Theologen begegnen dieser Sterilität durch die Einführung eines anderen, dynamischeren Ausdrucks: **göttliche Energien*** *(energeia).*

Energeia wird im Neuen Testament auch als „Kraft", „Stärke" oder „Wirken seiner Macht" übersetzt (Eph. 1,19, Kol. 1,29, Eph. 3,7, 4,16, Phil. 3,21, Kol. 2,12). Wir sehen Gottes Energien am Werk, wenn Paulus sagt: „Diese Energie ist *Gottes Energie*, eine Energie tief in euch, *Gott selbst*, der durch seinen Willen das wirkt, was ihm die größte Freude bereitet" (Phil. 2,13 nach der Übertragung „The Message").

Göttliche Energien

sind Gott selbst am Werk. Sie sind nicht nur Attribute Gottes, sondern Gott selbst in seinem Handeln, in seiner Tätigkeit, in seiner Selbstoffenbarung an uns.

Wir werden niemals die unendlichen Tiefen von Gottes Wesen durchdringen, Gottes Energien jedoch durchdringen unser Leben und unsere Welt.

Ein weiterer Begriff, den wir für diese Energien verwenden, ist „die Gnade des Heiligen Geistes".

Beachte, dass die *Energien* nicht nur als Attribute Gottes gelten. Die Energien sind Gott selbst in Aktion. Spätere Theologen präzisierten dies und sprachen von „unerschaffener Energie". Mit anderen Worten, wenn wir sagen: „Gott ist Liebe" oder „Gott ist gut" oder „Gott ist Licht", beschreiben wir nicht nur seine Eigenschaften. Wir sagen, Gott *ist* Liebe, Güte und Licht in seiner *Energie*, genau wie wir sagen, Gott *ist* Vater, Sohn und Heiliger Geist in seinen *Personen*.

Warum „Energien"? Weil sie beschreiben, wer Gott in seinen *Aktionen*, in seiner *Tätigkeit*, in seiner Selbstoffenbarung ist. Gott *ist* erfahrene Liebe; Gott *ist* offenbarte Güte. Gott *ist* Schönheit, Wahrheit und Gerechtigkeit – er kommt zu uns und manifestiert sich in unserem Leben. Die unerschaffenen Energien sind Gott selbst, der uns anrührt, uns erfüllt und uns verwandelt. Wir werden die unendlichen Tiefen von Gottes *Wesen* niemals durchdringen, aber Gottes unerschaffene Energien durchdringen unsere Welt und unser Leben. Dieses Phänomen wird auch mit einem anderen Ausdruck beschrieben: „Gnade des Heiligen Geistes"!

Inkarnation (Menschwerdung)

bezeichnet die große Wahrheit, dass in Christus Gott Mensch wurde. Wie Johannes 1,14 sagt: „Das Wort wurde Mensch." Den Begriff Menschwerdung/Inkarnation reduzieren manche irrtümlich auf das Anfangsereignis, die Geburt Jesu. Aber die Menschwerdung bezieht sich sowohl auf das ganze Leben Jesu als auch auf Jesus selbst. Das heißt, Jesus ist die Inkarnation Gottes.

Während nun also die negative Theologie eine Art der Fragestellung ist, die anzusehen sich lohnt – und wir werden sie ansehen –, kann sie unsere Sehnsucht nicht stillen, den lebendigen Gott zu *kennen*. Zeigt uns die Bibel nicht einen Gott, der erkannt werden möchte und immer bereit ist, das geschehen zu lassen? In der negativen Theologie fehlt etwas, sogar über die erwähnten Energien hinaus. Oder vielmehr: *jemand*! Ich meine natürlich Jesus. Um das *einzige vollkommene Bild* von „dem Guten" in aller Fülle zu sehen, von Liebe, Licht, Schönheit, Wahrheit und Gerechtigkeit – wie im Himmel, so auf Erden –, wenden wir uns der **Inkarnation*** (wörtlich „Fleischwerdung") Gottes zu. Wir verkünden als Wahrheit die gute Nachricht, dass Gott seinen Charakter und sein Wesen in der Person Jesus von Nazareth offenbart *hat*. Durch Christus können wir Gott kennen.

Gott ist wie Jesus

Im Kern ist der christliche Glaube die Aussage des Evangeliums, dass Gott – der ewige Geist, der das Universum erschuf, erfüllt und erhält – uns gezeigt hat, wer er ist und wie er ist – *ganz genau*, wie er ist –, und zwar in dem Menschen aus Fleisch und Blut, den wir auch Immanuel nennen, „Gott mit uns". Im Gegenzug glauben wir, dass Jesus uns durch sein ganzes Leben auf Erden, wie es uns in Augenzeugenberichten von seiner Geburt, seinem Dienst, seinem Tod und seiner Auferstehung offenbart ist, Gottes Angesicht und Herz gezeigt hat. Wir sehen in diesem Leben die entscheidende Offenbarung und Handlung Gottes in Raum und Zeit. Das ist immer noch eine Glaubensaussage, aber für uns Christen ist es der Ausgangspunkt. Jesus anzusehen – besonders den Gekreuzigten, sagt 1. Korinther – heißt, die deutlichste Darstellung des Gottes anzusehen, der Liebe ist (1. Joh. 4,8). Ich bin zu der Überzeugung gelangt, dass Jesus allein die vollkommene Theologie ist.

Wenn ich sage, dass Gott *ganz genau* wie Jesus ist, meine ich nicht, dass wir all das, was Gott ist, auf einen männlichen Juden des ersten Jahrhunderts reduzieren können. Ebenso wenig würden wir behaupten, dass jeder, der Jesus Christus begegnet ist, alles wissen könnte, was es über Gott in seinem transzendenten Sein zu wissen gibt. Aber wie wir sehen werden, ist Jesus Christus die vervollkommnete und vollkommene Offenbarung von Gottes Wesen, weil er Gott *ist*. Es gibt keine Offenbarung außerhalb von ihm.

Ich scheue nicht vor dem Begriff „ganz genau" zurück, denn die Schrift behauptet, Christus sei „*ganz und gar* Gottes Ebenbild" (Hebr. 1,3). Paulus versichert, Gott habe „beschlossen, mit seiner *ganzen Fülle* in ihm zu wohnen" (Kol. 1,19; 2,9). Und wir werden immer wieder zu der Wahrheit zurückkehren, dass Jesus zu sehen heißt, Gott, das ewige Wort, zu sehen, der Mensch wurde, ohne je aufzuhören, *vollkommen* Gott zu sein.

Den Gott ablehnen, der Christus gar nicht ähnlich ist

Ich bin auch angenehm überrascht, wie diese Aussage – die Botschaft, dass Jesus uns zeigt, wie Gott ist – oft von jenen gut aufgenommen wird, die sich nicht zum christlichen Glauben bekennen. Wenn ich sage: „Gott ist Liebe und Jesus war Mensch gewordene Liebe", kein Problem! Jesus ist selten das Problem, nicht einmal für einen schonungslosen, selbsternannten „Nichtchristen" wie den Satiriker Bill Maher. Seine Attacken richten sich in erster Linie überhaupt nicht gegen Jesus, sondern gegen Christen, deren Religion im Namen des Friedefürsten Gewalt ausübt. Bill Maher kritisiert:

> Wenn Sie Christ sind und das Töten von Feinden und Folter unterstützen, müssen Sie sich eine neue Bezeichnung für sich ausdenken. … „Den Feind abmurksen" ist nicht gerade das, was Jesus tun würde. Seit fast zweitausend Jahren verdrehen Christen die Bibel, damit „Liebe deinen Nächsten" irgendwie dann doch „Hasse deinen Nächsten" bedeutet. …

Evangelikal

bezeichnet die Bewegung, die mit der protestantischen Christenheit in der westlichen Welt, besonders in ihren konservativen und erweckungsorientierten Formen, in Verbindung gebracht wird. Der Begriff „evangelisch" bezieht sich allgemein auf den christlichen Glauben an das Evangelium Jesu Christi als Retter der Welt.

> Martin Luther King kann sich Christ nennen, weil er die Feindesliebe tatsächlich praktizierte. Gandhi war total christlich – aber ein Hindu. Doch wenn Sie für Rache, Folter oder Krieg sind, … können Sie sich nicht als Nachfolger von dem Typ bezeichnen, der ausdrücklich gesagt hat: „Liebt eure Feinde" und „Tut Gutes denen, die euch hassen." …
>
> Ich will ja nicht mehr als nötig darauf herumreiten, aber Gewaltlosigkeit war doch so eine Art Markenzeichen von Jesus – das war ja wohl genau sein Ding, oder? Ausgerechnet an dem Punkt *nicht* nachzufolgen ist so ähnlich, wie wenn einer, der Wale hasst, Greenpeace-Mitglied wird. Es gibt Interpretation und es gibt

> auch einfach Ignoranz. Wenn Sie für Folter sind – was auf mehr ***evangelikale**** *Christen* zutrifft als auf Angehörige irgendeiner anderen Religion –, ist das schlichtweg ignorant. Sie sollten die Christusgestalt am Kreuz anschauen und sich fragen: „Wie konnte ein Mensch so leiden und dennoch vergeben?" …
>
> Ich bin Nichtchrist. *Genau wie die meisten Christen.*
>
> Wenn Sie alles ignorieren, was Jesus Ihnen zu tun geboten hat, dann sind Sie kein Christ – dann sind Sie nur Gasthörer. Sie sind kein Nachfolger Christi, Sie sind bloß ein Fan. Und wenn Sie glauben, die Erde wäre Ihnen gegeben, damit Sie andere großkotzig zur Schnecke machen und sich damit noch brüsten können, dann sind Sie kein Christ – dann sind Sie Texaner.[3]

Bill Mahers Unglaube ist in Wirklichkeit ein erbitterter Hass auf Perversionen Gottes, die Christus nicht entsprechen, auf die Projektionen religiöser Fundamentalisten. Das Publikum findet diese Kommentare so witzig, weil ihre Ironie tragisch zutreffend und lachhaft widersprüchlich ist. Statt nun aus der Defensive zu reagieren oder in stummer Scham den Kopf hängen zu lassen, sollten wir seine Anklage lieber als Weckruf hören und uns wieder auf wirkliches Christsein – Christusähnlichkeit – besinnen.

„*Kreuz*"- oder „im Zeichen des Kreuzes"

*steht für die wörtliche Bedeutung „kreuzförmig" oder „in Form der Kreuzigung". Der „*Kreuz*"-Gott ist also der Gott, dessen Wesen (Liebe) durch „Jesus Christus, den Gekreuzigten" (1. Kor. 2,2) offenbart ist.*

Bei anderer Gelegenheit ist Atheismus durch irgendeine Kränkung selbst verursacht. Wir verzweifeln am Glauben, wenn der Gott, den wir ererbt oder uns vorgestellt haben, durch eine Tragödie oder Enttäuschung absurd wird. Tief bewegt von einem Verlust, kann uns unsere falsche Wahrnehmung dessen, wer Gott ist, hätte sein sollen oder für uns einfach nicht war, von bloßem Zweifel zu einer aktiven Ablehnung des Glaubens führen.

Ein Beispiel für diese Erfahrung ist Charles Darwin. Seine Entdeckungen zum Thema natürliche Auslese und Evolutionsprozess minderten mit Sicherheit seinen Glauben an die „Special Creation“[4], aber für ihn hieß es damit nicht völlig: „Gott ist tot“. Tatsächlich wurden Darwins Theorien von den einflussreichsten Christen seiner Tage generell nicht als problematisch angesehen (die große Schlacht kam später in Amerika). Gegen Ende seines Lebens schrieb Darwin: „Es scheint mir absurd zu bezweifeln, dass ein Mann glühender Theist *und* Evolutionist sein kann.“[5]

Es war der Tod seiner geliebten Tochter Annie, die 1851 im Alter von zehn Jahren starb, der ihm das Herz brach und seinen Glauben zerstörte. Darwin konnte Gottes gute Absichten und das Leiden, das mit dem natürlichen Leben einhergeht, so lange in einem gesunden Spannungsverhältnis sehen, bis er das schreckliche Leiden seines eigenen kleinen Mädchens ertragen musste. Das war zu viel. Was immer Darwin über Gott geglaubt hatte – seinen Schmerz konnte dieser Glaube nicht überleben.

Ich frage mich, ob im Fall des sarkastischen Bill Maher oder des gebrochenen Charles Darwin die Schuld nicht eigentlich an einem Bild von Gott liegen könnte, das Christus nicht entspricht – also überhaupt nicht Gott ist. In dem Fall möchte ich Walter Wink zustimmen, der einen solchen Atheismus als ersten Schritt zur wahren Anbetung bezeichnet, weil er die Ablehnung eines Götzen darstellt. Das heißt, Leute wie Maher und Darwin vollziehen möglicherweise eine *Abwendung* – also Buße. Der nächste Schritt, von dem ich nicht behaupte, dass diese beiden ihn gegangen sind, ist die *Hinwendung* – also Glauben. Ich sage: Die Hinwendung zu einem Gott, der wie Christus ist, lohnt sich.

Fragen, die etwas auslösen

Als ich persönlich meinen Blick auf den Gott richtete, der genau wie Christus ist, wurde ich damit konfrontiert, wie unchristlich der „Kirchengott“ oder sogar der „Bibelgott“ sein kann. Wenn wir Jesus zum Maßstab für eine vollkommene Theologie setzen, können natürlich viele unserer gängigen Überzeugungen und Praktiken als Christen einer Prüfung nicht standhalten. Selbst weite Teile der bedeutenden

Literatur zur Bibel passen nicht gut zum Christus der Evangelien. Die Behauptung, dass Gott in Jesus vollkommen offenbart ist, löst schwierige Fragen über den Gott aus, den ich mir früher vorgestellt und gepredigt habe. Leben und Wesen Jesu fordern meine religiösen Klischees und Redewendungen heraus, besonders Aussagen über höchste Macht und unbezwingbare Kraft. So offenbart Christus Gott nie in seinen Lehren und erst recht nicht in seinem Leiden (nämlich Gefangennahme, Gericht, Folter und Tod). Ja, er ist der Sieger, besonders in seiner Auferstehung, aber vergessen wir nicht, dass Paulus entschlossen war, Christus, „und zwar als den Gekreuzigten", zu predigen (1. Kor. 2,2). Man konnte sich ihm widersetzen, man konnte ihn verspotten und verprügeln. Man konnte ihn umbringen. Und das taten wir. Unser Gott ist der ***„Kreuz"**** -Christus. Eben das, „was bei ihm wie Schwäche aussieht" (1. Kor. 1,25), ist es, was alle menschliche Stärke übertrifft. Warum? Weil er durch überwindende Liebe wirkt, nicht durch überwältigende Stärke.

Dieser Blick auf Gott löst unvermeidlich eine Flut schwieriger Glaubensfragen aus – einen Dominoeffekt von Einwänden, die wir ganz aufrichtig machen müssen.

Apologetik

ist die Lehre von der Verteidigung des Glaubens gegenüber Einwänden. Der Apostel Petrus schrieb: „Seid immer bereit, Rede und Antwort zu stehen, wenn euch andere nach der Hoffnung fragen, die euch erfüllt. Begegnet ihnen freundlich und mit Respekt" (1. Petr. 3,15-16). Aus Mangel an Vertrauen auf die Kraft des Evangeliums, Glauben hervorzubringen, passiert es leider immer wieder, dass wir auf die Apologetik verfallen, um Menschen vom Glauben überzeugen zu wollen.

Zum Beispiel: Wenn Gott „alles unter Kontrolle hat", warum gibt es so viel Chaos in dieser Welt? Wenn Gott der liebende Vater ist, wie Jesus es verkündet, was ist dann mit Leid und Elend? Warum lässt Gott böse

Menschen gewähren? Warum bewahrt oder schützt Gott uns nicht vor Naturkatastrophen? Und was ist das für eine Geschichte mit dem Tod Jesu? Hat Gott Jesus wirklich für unsere Sünden gestraft? Und Gottes Zorn? Warum vermittelt die Bibel oft den Eindruck, als würde Gott überreagieren und enorme Gewalt ausüben? Und dann gibt es die Kriege und gnadenlosen Völkermorde, die von Gott und im Namen Gottes ausgeübt werden! Hat Gott diese Gräuel nicht sogar veranlasst? Die Bibel sagt: Ja. Wie passt das zu Christus? Hat Jesus derartiges Handeln nicht als unmoralisch verurteilt? Oder steht Gott jenseits von Moral und ist nicht gebunden an seine eigenen Ansprüche an Gerechtigkeit und Rechtschaffenheit? „Du sollst nicht töten, außer wenn ich es sage." Tödliche Gewalt ist aber noch gar nicht das Schlimmste. Was ist mit der Hölle? „Ich liebe dich, aber wenn du mich nicht wiederliebst, werde ich dich in Ewigkeit mit Feuer foltern!" Gut? Liebend? Was sollen wir denken, wenn der „Gott der Bibel" so anders wirkt als Christus? Manchmal scheint sogar Jesus diese Art Gott zu beschreiben. Es reicht auch nicht, einfach nur das Alte Testament über Bord zu werfen: In mehreren Gleichnissen Jesu kommt Gott als der rächende König vor. Wirklich schwierig!

Manche Menschen sehen in diesen Fragen keine echten Überlegungen, sondern rhetorische Vorwürfe, die Glauben zerstören und Gespräche abtöten sollen. Und allzu oft stellen sich Christen nicht ehrlich diesen Dilemmas – oft reagieren wir ausweichend, abwehrend oder aggressiv. Wir feuern zurück gegen „den Feind" (oder Strohmänner) und geben damit ein schäbiges und gleichzeitig lächerliches Bild ab. Dass wir uns so wenig Mühe geben zu denken, führt zu der unter Christen weit verbreiteten Seichtigkeit, es treibt die Abwanderung aus unseren Gemeinden voran und verdunkelt vielen von Vornherein den Zugang zum Glauben. Auch gegen unsere eigenen Leute wenden wir uns und machen denen das Leben schwer, die ernsthaft mit diesen schwierigen Fragen ringen. Sind die Fragen selbst zu gefährlich? Muss man dem, der sie stellt, Ketzerei vorwerfen? Warum haben wir solche Angst?

Und wenn Christus dieser Herausforderung gewachsen wäre? Und wenn wir, statt schulterzuckend Binsenweisheiten von uns zu geben, das Risiko eingehen würden, uns der verheerenden Stärke dieser

Fragen zu stellen? Und wenn wir dann, nachdem wir die reinigende Kraft unserer eigenen atheistischen Zweifel ausgehalten haben, entdeckten, dass wir auf einem festen Fundament stehen? Wenn Christus die Wahrheit ist, dann wird uns die entschlossene Suche nach der Wahrheit doch direkt in seine Arme führen, nicht wahr?

Und was, wenn uns das Leben gar keine Wahl lässt? Die ganze Pilgerreise des Menschen durch das Leben, den Tod und das Leben nach dem Tod ist ein reinigendes Feuer, durch das wir alle hindurchgehen. Alles, was brennbar ist, wird verzehrt werden; alles was nicht fest ist, wird erschüttert werden. Und was kann nicht erschüttert werden? Jesus, der lebendige Fels, auf dem das wahre Haus des Glaubens stehen bleibt.

Steine aus dem Weg räumen

Am Boden, im Leben realer Menschen, sind diese Fragen nicht nur Gedankenexperimente für den Feierabend. Sie sind von wesentlicher Bedeutung, es geht um Leben und Tod. Sie sind zutiefst relevant. Sie sind ganz persönlich. Und diese Menschen sind nicht allzu sehr interessiert an einer ausgefeilten **Apologetik***-Debatte.

Letztes Jahr hielt ich eine Reihe von Vorträgen an einer privaten christlichen Highschool. Ich sagte: *Wenn* Gott real ist, dann muss er, damit wir ihn Gott nennen können, gut sein, und die Perfektion dieser Güte ist in Jesus zu sehen. Dann sprach ich über „Das schöne Evangelium", das Thema von Kapitel 14.

Nach der Stunde kam eine Schülerin zu mir und bat mich um zehn Minuten für ein Gespräch. Nennen wir sie Amy. Sie begann:

„Ich bin 15. Mit zwölf habe ich aufgehört, Christ zu sein. Was Sie sagen, leuchtet mir ein. Aber ich habe Fragen. *Viele* Fragen." Ihre Augen waren ernst, sie wartete darauf, dass ich zusammenzuckte.

„Gut", meinte ich. „Fragen sind gut. Schieß los."

Die Fragen dieses Teenagers waren genau die, die ich seit Jahren immer wieder höre. Ich hatte sie auch für mich selbst klären müssen. Normalerweise beantworte ich diese Fragen ausführlich und bibelfundiert. Aber hier stand ein junges Mädchen, das zehn Minuten hatte und einen großen Schmerz in sich trug. Hinter ihren Fragen steckten Geschichten, die gehört werden wollten. Vielleicht erschreckt dich meine Offenheit und der Inhalt meiner Antworten, aber wegen der Dringlichkeit ihrer Situation musste ich so reden. Ich hoffe, du bleibst dabei, wenn ich im Verlauf dieses Buchs erkläre, wie um alles in der Welt ich diese Dinge sagen konnte. Hier also ein kleiner Auszug aus unserem Gespräch.

Amy: Warum wirkt Jesus so liebevoll und Gott so gemein?

Brad: Gott ist nicht gemein. Er ist ganz genau wie Jesus. Und Jesus ist nicht gemein.

Amy: Warum lässt Gott dann Leute in die Hölle kommen und für immer und ewig brennen?

Brad: Das tut er nicht. Das wäre doch blöd. Der Gott, der Liebe ist, der wie Jesus ist, würde das doch nie tun, nicht wahr? Das würde doch gar keinen Sinn ergeben, oder?

Amy: Nein. Aber meine Oma war kein Christ. Sie ist gestorben, und jetzt weinen sich manche aus meiner Familie die Augen aus, weil sie sagen, Oma ist jetzt in der Hölle. [Ah, da kommt die Geschichte heraus.]

Brad: Also, ich kann mir vielleicht vorstellen, dass jemand ins Verderben geht, der *wirklich böse* ist. Wie Hitler. Aber würdest du sagen, dass deine Oma *wirklich böse* war?

Amy: [Tränen] Nein.

Brad: Jesus zeigt uns doch ganz genau, wie Gott ist. Denkst du, du könntest deine Oma seinen sorgenden Händen überlassen?

Amy: [Keinerlei Zögern] Ja. [Im Gebet legt sie Jesus ihre Oma in die Hände. Friede.]

Amy: [Aufwallender Zorn] Aber warum befiehlt Gott im Alten Testament, ganze Völker auszulöschen? Warum ließ er alle diese Menschen umbringen, auch ihre Kinder? Und dann die 32 Jungfrauen, die die Priester für sich behielten: Was meinen Sie wohl, was die mit denen angestellt haben?! [O weh, sie hat 4. Mose 31 gelesen!]

Brad: Sexsklavinnen?

Amy: Na klar!

Brad: Wenn Gott wie Jesus wäre, würde er das tun?

Amy: Nein.

Brad: Nein, natürlich nicht. Denn Gott *ist* genau wie Jesus.

Amy: Warum steht dann da, dass er es getan hat?

Brad: Sag du es mir.

Amy: Weil man nicht wusste, wie Gott wirklich ist? Man hat ihn einfach so beschrieben, wie man ihn sich dachte?

Brad: Sicher. Aber kannst du dir vorstellen, dass der Vater in der Geschichte vom verlorenen Sohn oder der Vater, zu dem Jesus betete, so etwas befehlen würde?

Amy: Nein.

Brad: Deshalb denke ich, dass er es nicht gemacht hat. [Friede.]

Amy: [Mehr Tränen] Ich immer noch viele Fragen. Gott ist der Schöpfer von allem und er hat alles unter Kontrolle und macht, dass alles aus irgendeinem Grund geschieht, also …

Brad: Nein.

Amy: Was?

Brad: Zum Beispiel Vergewaltigung? Gott macht, dass Vergewaltigungen geschehen? Aus einem bestimmten Grund?

Amy: Nein!

Brad: Nein! Vergewaltigung ist einfach böse. Da gibt es keine Lektion zu lernen. So lehrt Gott keine Lektionen. Und er *kontrolliert* auch nicht. Darum geschehen furchtbare Dinge. Aber wir würden doch nicht wollen, dass er uns kontrolliert. Du etwa?

Amy: [Schüttelt verneinend den Kopf.]

Brad: Also, er veranlasst niemals etwas Böses, und er hält uns nicht gewaltsam vom Bösestun ab. Und doch kümmert er sich *wirklich*. Er liebt und kümmert sich und will kommen und die heilen, die vom Bösen verletzt worden sind.

Amy: In meiner Verwandtschaft sind drei Leute sexuell missbraucht worden (ich nicht). Ich konnte das nicht verstehen, weil alle immer sagen, Gott hat alles unter Kontrolle und alles geschieht aus einem bestimmten Grund. [Ah, da ist die Geschichte wieder.]

Brad: Nein, nein, Gott hat auf keinen Fall gemacht, dass das passiert. Aber Gott ist wie Jesus: Könntest du deine Verwandten seiner Fürsorge überlassen? So wie du es mit deiner Oma gemacht hast?

Amy: Ja. [Keinerlei Zögern. Sie macht es. Friede. Mehr Tränen.]

Brad: Kannst du sie da sehen? [Sie nickt.] Wie geht es ihnen? [Sie nickt weiter.]

Brad: Warum diese Tränen? Warum weinst du?

Amy: Weil ich Ihnen glaube.

Brad: Wenn also Gott wie Jesus ist, kannst du dich selbst seinen Händen anvertrauen, wie du es mit deiner Oma und deinen Verwandten getan hast?

Amy: Ja. [Keinerlei Zögern. Und sie tut es.]

Wenn ich dieses Gespräch noch einmal durchlese, bin ich von Neuem bestürzt, wie viele riesige Steine auf Amys Weg zum Glauben lagen. Innerhalb weniger Minuten hatte sie mich mit verheerenden Fragestellungen bombardiert, unter anderem über Hölle, Tod und ihre Oma, das Alte Testament und Gewalt, Schöpfung und Kontrolle, und dann warf sie auch noch Kinderschändung in den Ring. Aber nach zwanzig Jahren als Pastor kann ich dir versichern, dass Amy absolut keine Ausnahme ist. Sie repräsentiert ziemlich gut den wachen Verstand und das gebrochene Herz von bis zu zehn Millionen Menschen, die seit dem Jahrtausendwechsel allein in Amerika aus der Kirche ausgetreten sind.

Mich beunruhigt auch, wie vereinfachend und eindimensional meine Antworten klingen. Ich habe noch nicht einmal ein Plädoyer dafür ausgearbeitet. Aber ich riskiere es, mich mit der Veröffentlichung dieses realen Gesprächs verletzlich zu machen, um ein wichtigeres

Plädoyer zu halten: für die dringende Notwendigkeit einer durchdachten Pastoraltheologie, für Auskunft über die Hoffnung, die uns erfüllt (1. Petr. 3,15).

Hoffentlich können wir auf eine schönere Antwort hinarbeiten als: „Ja, Gott kontrolliert alles; ja, er befiehlt Genozide; ja, deine Oma schmort in der Hölle, genau wie all die Vergewaltiger und wahrscheinlich eines Tages auch du."

Die Liebesoffenbarung des Vaters

Auch hier ist die alles überspannende Frage, die die Botschaft dieses Buchs zusammenfasst: „Wie ist Gott wirklich?" Ich glaube, es hat mehrere Gründe, dass wir diese uralte Frage von Neuem stellen, und zwar negative wie positive. Vielleicht ist der beste Grund der, dass Gott unser Nachfragen initiiert. Wie er ist, offenbart er auf eine neue, in Wirklichkeit jedoch sehr alte Art: auf die Jesus-Art.

Kirche

Der Begriff Kirche wird verwendet für (a) eine vage universelle Idee, (b) das sichtbare Reich Gottes auf Erden, (c) eine allgemeine Organisation, Institution oder Bewegung, (d) einzelne Ortsgemeinden oder überörtliche Gemeinschaften, (e) Gebäude und/oder Gottesdienstaktivitäten. Ich benutze den Begriff „Kirche" normalerweise, um (a) das gesamte „Volk Gottes" (1. Petr. 2,10) zu bezeichnen, „in Christus" (2. Kor. 5,17), erlöst durch Gnade „durch den Glauben an seinen Namen" (Joh. 1,12; Eph. 2,8). Wenn ich mich auf bestimmte Gemeinschaften oder Institutionen beziehe, verwende ich auch Adjektive wie „alt", „westlich", „örtlich" und „sichtbar".

Damit meine ich, wie Christus unsere Vorstellung von seinem liebenden Vater besonders in den letzten dreißig Jahren neu belebt hat. Eine stetig wachsende Zahl von Gläubigen kennt das, was wir als Gottes „Vaterherz" bezeichnen. Sie predigen darüber, singen davon und machen direkte Erfahrungen mit Gottes Vaterherzen. Das geschieht so oft, dass viele fast vergessen, wie bedrohlich, richtend und verurteilend der Gott unserer Kindheit wirken konnte. Wir sind wirklich weitergekommen. Manchmal vergessen wir die Massen, die vor Jahrzehnten durch Austritte aus der Ortsgemeinde geflohen sind und den „Bonus" noch nicht erhalten haben, den wir jetzt für selbstverständlich halten. Oder sind sie genau deshalb geflohen, weil Gott in ihrem eigenen Geist bereits das Bild, das sie von ihm hatten, rehabilitierte, während ihre Gemeinden dafür noch nicht bereit waren?

Natürlich duckten wir uns nicht alle vor dem furchterregenden, strafenden Gott, dem „mächtigen Vergelter" – aber viele Leser werden sich an die Höllenfeuerbotschaften und moralisierenden Aufrufe umherziehender Erweckungsprediger und Möchtegern-Propheten erinnern. Was diese von sich gaben, klang früher plausibel. Jetzt, nach der Vaterherz-Erfahrung, klingt es eher albern als furchterregend, mehr für Witzchen geeignet. Mancher wird sich an die erstickenden Maßstäbe der „Keinesfalls-in-Jeans-Frömmigkeit" erinnern, die viele Freuden des Lebens verboten. Man brachte uns bei, alle möglichen „Sünden" mit Empörung zu bedenken – auch solche, die nirgends in der Bibel stehen. Nach Erzbischof Lazar Puhalo gibt moralische Entrüstung über die Sünden anderer häufig Aufschluss über eigene, tief unterdrückte Sehnsüchte. Brauchen wir die Hölle, um unseren Neid auf Sünder im Zaum zu halten? Ein Pastor in meiner Stadt bekannte sogar, dass er ohne drohende Hölle kein Christ wäre. Die Gnade und Barmherzigkeit Christi reichte ihm und, wie er meinte, seiner Gemeinde nicht. Nimm noch die eine oder andere Hexenjagd hinzu und wir haben einen wiedererweckten Power-Puritanismus. Aber die Angst vor einem strafenden Gott brachte nicht etwa Gerechtigkeit hervor, sondern provozierte vielmehr eine katastrophale Hedonismus-Gegenrevolution. „Ich komme ja sowieso in die Hölle. Dann kann ich auch richtig auf den Putz hauen."

Hinter all dieser vergiftenden Theologie stand ein zerbrochenes oder verzerrtes Gottesbild – von einem gewalttätigen Gott, dem die Hand ziemlich locker sitzt. Tu Buße, und alles ist vergeben. Aber geh und sündige nicht mehr, damit nicht etwas noch etwas Schlimmeres passiert! Der Gott, der so wahrgenommen wurde, war hart und launisch (unter Angabe von Kapitel und Vers).

Dann kam eine neue und wunderbare Erkenntnis. „Neu" wenigstens für viele moderne Evangelikale, die Moralismus und Höllenfeuer-Erweckung mit der Muttermilch aufgesogen hatten – genau wie sie für viele der ersten Fans von Jesus neu gewesen war. Viele entdeckten die „uralte Geschichte" ganz neu, ebenso wie viele vorherige Generationen, die Erneuerung erfahren haben.

Jeder von uns musste diese gute Nachricht für sich erfahren. Zu dieser Offenbarung gehörte:

- eine neue Betonung auf Gott als dem barmherzigen und menschenfreundlichen Vater,
- der uns durch Liebe gewinnt und nicht durch Drohungen,
- der uns auch dann schon akzeptiert und durch und durch liebt, wenn wir noch in einem schlimmen Zustand sind,
- der uns sieht, wie wir sind, und uns mit Umarmungen heilt statt mit Schlägen.

Endlich lernten wir, dass es Gottes Güte ist, die uns zur Umkehr treibt (Röm. 2,4), und dass nur die Gnade Gottes uns lehrt, zur Gottlosigkeit Nein zu sagen (Tit. 2,11-12).

Was die **Kirche*** im Ganzen mehr als alles brauchte – und wofür die Welt mehr als bereit war –, war *ein Gott, der Christus ähnlicher ist*, und daraus folgend *eine Kirche, die Christus ähnlicher ist* (denn man ahmt das nach, was man anbetet).

Mein Eindruck ist, dass sich diese neue Wahrnehmung der Vaterliebe weit verbreitet und in vielen Ländern die Herzen der Menschen berührt hat. Ich selber bin dem „Vaterherzen" persönlich durch Lehrer bei YWAM (Youth with a Mission/Jugend mit einer Mission) und auf Vineyard-Konferenzen begegnet. Ich begann es in populärer Anbetungsmusik zu hören, z. B. auf Brian Doerksens Album *Father's House*. Ich las es in Büchern wie *Kind in seinen Armen* von Brennan Manning und Philip Yanceys *Gnade ist nicht nur ein Wort*

Am wichtigsten war jedoch, dass die Botschaft von der Vaterliebe nicht nur gepredigt, geschrieben und gesungen wurde; viele Christen begannen, sie auf der Herzensebene zu erfassen, und sie erneuerte ihren Glauben und verwandelte ihr Leben.

Kirche (Fortsetzung)

Die Kirche ist mehr als eine Institution. Lehrer wie Ignatius von Antiochien und Justin der Märtyrer sahen die Kirche als Rasse oder Geschlecht: als die Nachkommenschaft Christi an Stelle der Nachkommenschaft Adams. Paulus sah die Gemeinde als den Leib Christi, in den wir durch die Taufe aufgenommen werden (1. Kor. 12,13). Die Kirche ist auch eine Glaubensfamilie, in die hinein wir als geliebte Kinder Gottes angenommen oder wiedergeboren werden. Ferner ist die Kirche der Tisch des Herrn, an dem wir durch das gemeinsame Abendmahl (Leib und Blut Christi) vereint sind.

Mein eigener Freundeskreis bemerkte schließlich, dass Jesu Lieblingsbild von Gott der Vater ist (70 Mal in den Evangelien!). Jesus zeigte uns in den Evangelien, was Vaterschaft für ihn bedeutete: außerordentliche, großherzige Liebe, Bestätigung, Zuneigung und Zugehörigkeit. Sie bedeutete skandalöse Vergebung und Inklusion. Jesus zeigte uns diese übernatürlich gewisse, willkommen heißende Vaterliebe, die kaputten Menschen galt, *bevor* sie Buße taten und *bevor* sie Glauben hatten. Oder besser, *Buße* und *Glauben* wurden von ihm tatsächlich umdefiniert zu „mit allen Lasten einfach zu ihm kommen und seine Güte und Barmherzigkeit schmecken". Von unserer Selbstverachtung schien er nicht viel zu halten. Die Buße, die er wollte, bestand darin, dass wir seine Freundlichkeit in unsere tiefsten Nöte und Wunden eindringen ließen.

Theologen wie James Alison und Anthony Bartlett lehrten mich, wie das Jesus-Ereignis *Gott* selbst völlig neu definierte! Wir in unserer Generation sind dabei, Jesu revolutionäre Vision von Abba ganz neu wiederzuentdecken. Gott *Abba* zu nennen war die Einführung eines Wandels in Bezug auf die Nähe und Intimität, die wir mit Gott haben können, der die Religion erschütterte.

Füge Jesu Darstellung Gottes als Vater noch seine erschütternde Bemerkung beim letzten Abendmahl hinzu: „Wer mich gesehen hat, der hat auch den Vater gesehen" (Joh. 14,9). Irgendwie müssen wir uns von seinen Worten wieder irritieren lassen. Vielleicht haben wir uns zu sehr an diesen Satz gewöhnt, aber das ist es, worauf ich mit dem Untertitel hinweise. Zu unserem eigenen Wohl sollten wir aufhören, uns selbst überzeugen zu wollen, dass Jesus Gott war und ist, und dieses 21. Jahrhundert mit dem Meditieren über der Wahrheit zubringen, dass *Gott wie Jesus ist. Genau* wie Jesus. Als der Vorhang, der Gott verdunkelte, entzweiriss, was offenbarte er da? Einen leidenden Diener, der am Kreuz hängt (Sach. 12,10)! So wird jegliche menschliche Vorstellung, die wir bis dahin mit Gott assoziierten, mit Stumpf und Stiel ausgerissen!

Wir beginnen zunächst damit, falsche Bilder umzustoßen – in der Tradition von Jeremia 1 Götzenbilder abzureißen –, bevor wir mit dem Werk des Aufbaus anfangen. Diesem anfänglichen Abriss wenden wir uns nun zu.

Innehalten und nachdenken

- Welche Gottesbilder gibt es in unserer Gesamtkultur? Wie stellen sich wohl die Menschen Gott vor, die sich als nicht gläubig bezeichnen? Wie wenig entspricht das deiner Meinung nach dem, wie Gott wirklich ist? Wie könnten die Leute ein solches Bild von Gott entwickelt haben?
- Vergleiche das kulturelle Gottesbild verschiedener Kirchen und christlicher Bewegungen. Stelle die Gottesbilder in verschiedenen Religionen nebeneinander. Wie könnten diese unterschiedlichen Sichtweisen die Anhänger dieser Denominationen und Religionen selbst widerspiegeln?

- Welche Vermutungen hast du über den Gott deiner Tradition? Über deine persönliche Auffassung? Wenn Gott größer und besser wäre als diese Schubladen, was könnte Gott dir offenbaren wollen?
- Wenn wir zu verzerrten oder begrenzten Bildern von Gott neigen, wie könnten wir, um eine klarere Sicht zu gewinnen, daraus *ausbrechen*? Wie könnte Gott bei uns *eindringen*, um uns die Wahrheit zu zeigen?
- Was wollte Jesus uns von Gott erfahren lassen? Inwiefern war seine Sicht von Gott anders als alles andere je zuvor? Wie könnte seine Sicht von Gott noch einmal ganz anders sein als deine?

Innehalten und beten

Gott, wer bist du? Ich möchte dich erkennen, aber meine Sicht ist so verzerrt, mein Verstand so klein, mein Herz so eng. Wie kannst du nur in so winzigen Schubladen leben? Ach, das tust du ja gar nicht! Das bin ja ich! Rette mich aus dem Gefängnis meines engen Denkens. Mach es hell, damit ich einen Blick auf genau die ewige Liebe werfen kann, die Jesus offenbart hat. Schenke mir die Sicht Jesu, die den Nebel, welcher mich für die reine Güte blind machen will, durchdringt. Herr, lass es geschehen!

2

Gottesbilder, die Christus nicht entsprechen

Schöpfer oder Geschöpf?

„Wir werden zu dem, was wir anbeten."
G. K. Beale

Projektionen und Reflexionen

In den nächsten beiden Kapiteln werden wir darüber nachdenken, wie unsere Vorstellungen von Gott vielleicht glorifizierte Projektionen unserer selbst sind, und wie wir anders herum unweigerlich dem Gott ähnlich werden, den wir anbeten. Nach der Fragestellung mit einer überraschenden Gaststimme werde ich einige Beispiele für weit verbreitete falsche Gottesbilder in unserer Zeit besprechen: den altersmilden Opa, den strafenden Richter, den seinen Verpflichtungen nicht nachkommenden Vater und die merkwürdige Mischung aus Nikolaus und Weihnachtsmann.

Dann werden wir zwei Vorstellungen von Gott analysieren, die schon in der gesamten christlichen Geschichte miteinander konkurrieren und tatsächlich in der Bibel stehen. Schließlich werde ich vorschlagen, dass wir unsere falschen Gottesbilder überwinden, indem wir uns vom biblischen Buchstabenglauben abwenden und stattdessen wieder Christus selbst als letzte Autorität gelten lassen – ein Schritt, der die Christus unähnlichen religiösen Gottesbilder hinterfragt, die so häufig von frei herausgepickten Schriftversen untermauert werden.

Wer hat wen gemacht?

Ich erinnere mich an den Refrain in einem Lied von ACDC aus dem Jahr 1986, in dem die Frage „Schöpfer oder Geschöpf?" anklingt.

Das Lied war ursprünglich für den Film *Maximum Overdrive* von Stephen King geschrieben worden, in dem die Maschinen der Welt sich gegen ihre menschlichen Erschaffer wenden. Aber als der Song herauskam, regte er mich an, die Frage mit Blick auf den Gott zu stellen, den ich anbete. Hat mich Gott nach seinem Bild geschaffen? Oder habe ich Gott nach meinem Bild geschaffen? Wer hat in Wirklichkeit wen gemacht?

Angesichts meiner soliden baptistischen Indoktrination kann ich mir keinerlei neue Erfindung auf die Fahnen schreiben, ganz besonders nicht von Gott. Ein guter Junge zu sein – etwas, was ich unbedingt wollte – bedeutete, alles das als wahr anzunehmen und zu bestätigen, was mir von meinen geliebten Eltern und der speziellen Kirchenkultur, in die wir vollkommen eingebunden waren, vermittelt wurde. War der Glaube, den ich übernommen hatte, real? Oder war unsere einfach nur die neueste Version vieler Projekte, die über Generationen und Jahrhunderte hinweg aufgebaut worden waren? Unsere Religion hatte sich ganz offensichtlich im Laufe der Zeit entwickelt. Hatte sich unser Gott auch entwickelt?

Wenn ich im ländlichen Afghanistan oder Indien geboren worden wäre, hätte ich nicht einfach und mit vollem Ernst mit der Religion dort übereingestimmt und an einen deutlich anderen selbstgemachten Gott geglaubt? Wenn ich irrtümlich glaubte, mein Gott habe einen anderen Namen und zusätzlich andere Eigenschaften, würde er mich in irgendeiner Weise weniger lieben? Wenn ich zu diesem fremden Gott beten würde, wäre es ein falscher Gott? Wer war ich, dass ich sagen dürfte, mein Gott sei das authentischere Modell? Warum sollte ich davon ausgehen, dass der Gott anderer böse und der meine gut ist? Oder dass mein Gott meine Gebete erhört, die Götter der anderen aber taub sind? Warum sollte ich glauben, dass mein Gott sich so über meine Anbetung freut, dass er mir den Himmel gibt? Ist er so gekränkt von den anderen Kindern und ihren anderen Göttern, dass er ihr Opfer so ablehnen würde, wie er Kains Opfer abgelehnt hat? Würde ich entrinnen, weil ich zufällig hier und nicht dort geboren worden war, während Gott sie in den Feuersee warf?

Waren diese Fragen ein Zeichen von Ketzerei oder von gesundem Menschenverstand? „Wer ist Gott?“, fragte ich mich. Und *was* ist Gott?

Was ist Gott?

Kommen wir zu unserem Überraschungsgast. In einer Ansprache vor Hindus mit dem Thema „Was ist Gott?"[1] zog der indische Yogi und Mystiker Sadhguru seine Zuhörer damit auf, wie der Gott, den wir uns vorstellen, ein verstärkter Spiegel unseres Selbst sein kann.

> Als du nach der Geburt die Augen aufmachtest, sahst du die Schöpfung. Bevor du kamst, war schon so viel geschehen. Offensichtlich hast nicht du es geschaffen. Deshalb dachtest du, es muss einen Schöpfer geben. So kommst du zum Schöpfer, nicht wahr? In dem Moment, wo du überlegtest, es muss einen Schöpfer geben, dachtest du, da du selber eine menschliche Gestalt hast: „Es muss ein großer Mann sein. Nur zwei Hände? Wie kann er damit so vieles erschaffen? Er muss doch eher acht Hände haben!" Stimmt doch, oder? Wenn du ein Büffel wärst, würdest du bestimmt denken: „Gott ist ein Riesenbüffel." Stimmt doch, oder? Geh hin und frage einen Büffel, dann wirst du schon sehen. Der Büffel wird darauf bestehen: „Gott ist ein Riesenbüffel. Vielleicht vier Hörner."

Dann witzelt er über den ugandischen Diktator Idi Amin, der behauptet hatte, Gott sei schwarz. Und Sadhguru pflichtet ihm bei: „Wenn Weiße einen weißen Gott haben können, warum können Schwarze nicht einen schwarzen Gott haben? Aber natürlich liegen sie alle falsch, denn in Wirklichkeit ist Gott ja braun, nicht wahr? Das ist er doch? Schließlich war Gott in Indien. Stimmt doch, oder?"

Moment mal – *er*? Der weise Alte bohrt nach: „Glaubst du wirklich, Gott wäre ein Mann? Oder könnte Gott auch eine Frau sein?" In Indien, erinnert er, „löst" man dieses Dilemma durch die Einführung aller möglichen Arten von Göttern: männlichen Göttern, weiblichen Göttern, Kuhgöttern und Affengöttern. Passend für Milliarden von Geschmacksrichtungen und Temperamenten gibt es alle nur vorstellbaren Götter. Götter, die kriechen, die krabbeln und fliegen. Es gibt sogar Götter für die Hosentasche zu kaufen, die in der Fabrik hergestellt werden.

Der Guru lacht: „Solange Männer auf diesem Planeten die Stärksten sind, ist Gott männlich. Aber nun gewinnen die Frauen immer mehr

Macht – warum also nicht eine Frau? Und stell dir mal vor, Hunde würden *noch* mehr Einfluss bekommen, dann würden sie fragen:,Warum ist Gott nicht ein Hund? Allein schon die Schreibweise [dog/god, A.d.Ü.] legt das doch nahe. Stimmt doch, oder?'"

Der Witz bereitet eine zielgerichtete Kritik vor. Er warnt uns: Vielleicht ist deine *Vorstellung* von Gott nichts weiter als eine vergrößerte Version deiner selbst. Außerdem, findet Sadhguru, wird das Problem dadurch noch schwieriger, dass wir nicht einmal uns selbst genau verstehen. Wenn wir nicht definieren können, was Menschsein bedeutet – dieser kleine Teil der Schöpfung –, wie wagen wir dann, die Quelle der Schöpfung auf unsere Definitionen zu begrenzen? In seiner charmanten und gewitzten Art stellt Sadhguru die herausfordernde Behauptung auf: „Was auch immer du über Gott weißt, ist nichts als reiner Unsinn – kultureller Unsinn. Wie Gott für dich ist, ist abhängig von deiner Kultur. Stimmt doch, oder?"

Er zieht die gleichen Rückschlüsse wie der frühchristliche Kirchenvater Gregor der Theologe, der sagte: „Es ist schwierig, Gott zu erfassen, aber ihn mit Worten zu definieren, ist unmöglich. … Es ist unmöglich, ihn in Worte zu fassen, und doch noch unmöglicher, ihn zu begreifen."[2]

Letzten Endes glauben sowohl der Yogi Sadhguru als auch der heilige Gregor, dass wir nicht behaupten können, Gott wirklich zu kennen oder zu begreifen; Gott können wir nur *erfahren*. In der besonderen Glaubensform des Gurus erfährt man Gott, indem man sich „in ihm auflöst". Doch auch dies ist mit Sicherheit ein kultureller Ausdruck: die Perspektive eines individuellen Menschen, der das Leben in Indien als Tropfen in einem Ozean von über einer Milliarde Mitbürger erlebt. Stimmt doch, oder?

Projektionen* **und Reflexionen**

Mit anderen Worten: Die große Gefahr besteht darin, dass wir über den Umweg eines Gottesbildes, das *wir* nach *unserer eigenen* Veranlagung erschaffen, *uns selbst* anbeten. Und wir finden mit Leichtigkeit Schriftstellen, die unser Bild als „biblisch" etablieren!

Stehe ich nicht auch als Christ in Gefahr, Jesus nicht so zu begreifen, wie er wirklich ist, sondern eher als eine Upgrade-Version meiner selbst? So gibt es den Glückspillen-Jesus gegenüber dem kämpferischen Jesus, den Hippie-Jesus gegenüber dem Rambo-Jesus, den Superstar-Jesus gegenüber dem Jesus der Vereinten Nationen. Oder wir denken in Kategorien unserer Helden aus dem vorigen Jahrhundert: Gandhi-Jesus, Martin-Luther-King-Jesus, John-Lennon-Jesus oder Ronald-Reagan-Jesus. Vielleicht suchst du dir deinen Lieblingsschauspieler heraus, der für Hollywood Jesus dargestellt hat: Max von Sydow (1965)? Ted Neeley (1973)? Jim Caviezel (2004)? Oder Diogo Morgado (2013)? Ewan McGregor (2015)? Große Auswahl!

Projektion

ist ein psychologischer Begriff, der beschreibt, wie sich Menschen gegen unangenehme Impulse verteidigen, indem sie leugnen, dass diese in ihnen sind, und sie anderen zuschreiben. Ich verwende den Begriff, um Wesenszüge – von angenehm bis feindselig – in uns zu beschreiben, die wir Gott zuschreiben (d. h. auf ihn projizieren). So wird Gott zu einem Spiegel unserer eigenen Veranlagung.

In dem viel größeren Maßstab der Kultur eines Landes: Ist es nicht erstaunlich, wie sehr Gott unseren jeweiligen Nationen ähnelt? Aus meiner Erfahrung in Amerika kann ich dir versichern, dass Gott genau so ist wie Amerika. Alle seine Attribute spiegeln sich wunderbar in den Werten der Gründerväter und in der Rechtschaffenheit aller wichtigsten Angelegenheiten der USA. Glaubst du das? Oder könnte die Wahrheit nicht genau das Gegenteil sein? Was, wenn der „God, in whom we trust", der Gott, auf den wir vertrauen, genau das ist, was die Nation im Spiegel erkennt und entsprechend ihren eigenen außergewöhnlichen Ambitionen vergöttlicht?

Etwas Merkwürdiges passiert, wenn man nach Norden fährt, über die Grenze nach Kanada. Was findet man dann vor? Gott hat sich an die nationalen Leidenschaften der kanadischen Gläubigen angepasst! Der Gott, der südlich des 49. Breitengrades wohnt, ist anscheinend ganz erfüllt von Freiheit und Kapitalismus. Aber wenn er sein Ferienhaus in Kanada besucht, dann zeigt derselbe Gott (vermeintlich) viel mehr Begeisterung für Toleranz und das Allgemeinwohl. Suche Gott in China und du wirst seine Leidenschaft für Harmonie und Ehre sehen. Lateinamerikaner und Italiener haben es sehr mit der Familie (à la *Der Pate*) – nun, wie sieht wohl ihr katholischer Gott aus? Da hat die Heilige Familie einen riesigen Stellenwert, stimmt's? Jesus, Maria und Josef. Und so könnte man es fortsetzen: Die höchsten moralischen Werte einer Volksgruppe prägen sich in ihrem Gottesbild aus, werden durch ihren Gottesdienst verstärkt und wieder in das Volk zurückübertragen (bei **Fundamentalisten*** in zehnfacher Verstärkung).

Neue Atheisten

sind eine bestimmte Strömung von Stimmen in den Medien, die den religiösen Glauben (und insbesondere das Christentum) direkt angreifen; sie halten ihn für eine gefährliche und gewaltsame Täuschung, die aktiv unterdrückt und zerstört werden muss.
*Zu den Neuen Atheisten gehören Wissenschaftler und Schriftsteller wie Richard Dawkins (*Der Gotteswahn*), Daniel Dennett (*Den Bann brechen*), Sam Harris (*Das Ende des Glaubens*) und Christopher Hitchens (*Der Herr ist kein Hirte*).*

Da lässt sich nichts machen: Religion ist ein menschliches Phänomen. Der Mensch ist zur Anbetung geschaffen. Jede Gesellschaft und Kultur schafft ihre eigene Art und Weise (oder mehrere Varianten), wie sie sich dem Göttlichen nähert. Wir entwickeln Vorstellungen über Gott. Unterschiedliche Vorstellungen – manchmal schlechte Vorstellungen, sogar tödliche. Aber, wie gesagt: Da lässt sich nichts machen. Oder vielleicht doch!

Den Gaumen neutralisieren

Bis hierher habe ich nichts gesagt, was nicht auch die **Neuen Atheisten*** voller Eifer predigen würden. Die Salven, die sie gegen den Glauben abfeuern, können bitter sein und so sehr fast ins Schwarze treffen, dass sie Scham und eine Abwehrhaltung auslösen. Insoweit sie die Wahrheit sagen, sind sie in kleinen Dosen hilfreich für mich. Sie zu lesen ist wie das Trinken von Salzwasser, um Brechreiz auszulösen und sich von dem Gift toxischer Religion zu reinigen. Leider ist Salzwasser selber giftig, sobald man auch nur ein bisschen zu viel davon trinkt. Die Folgen sind u. a. Austrocknung, Wahn und gestörtes Urteilsvermögen – Symptome, die unter den Groupies der Neuen Atheisten allgemein zu beobachten sind. Ehrlich, wenn die Christenheit eine Kurskorrektur braucht, dann suchen wir doch besser nicht ausgerechnet bei denen Hilfe, die uns hassen.

Wir brauchen eine alternative Metapher und Praxis, besonders, wenn Gott nicht nur eine Täuschung und viel mehr als eine Projektion ist. Wenn es einen Gott der Liebe gibt, der in Christus offenbart ist, dann muss und will ich nicht gereinigt werden von dem Glauben, der Hoffnung, der Liebe und dem Leben, welche ich in Jesus erfahren habe. Die Verdammung, der Zynismus und das Richten der Neuen Atheisten erweisen sich als in allen Punkten so hässlich wie das, was wir in ihren seltsamen Genossen sehen, nämlich den Schriftgelehrten und Pharisäern des **Fundamentalismus***.

Was ist die Alternative?

Wir können uns zunächst ganz nüchtern ansehen, wie unsere eigenen Ideen und Ideologien Gott verbergen. Wir können unsere Anfälligkeit für ausgedienten Aberglauben und versteckte Absichten anerkennen. Aber statt uns mit dem Salzwasser von Hohn und Verachtung zu reinigen, könnten wir *unseren Gaumen neutralisieren*, und zwar mit dem lebendigen Wasser der Wahrheit. Den Gaumen (d. h. die Geschmacksknospen) neutralisieren ist etwas, was Weinexperten und Feinschmecker immer wieder tun. Es bedeutet, den Mund von einem Geschmack zu befreien, um ihn für den Genuss des nächsten vorzubereiten. Man braucht kein Salzwasser zu schlucken oder den Finger in den Hals zu stecken. Man braucht nichts weiter als frisches Wasser und ein paar Bissen Brot oder etwas Sorbet.

Viele von uns haben einen schlechten Geschmack im Mund – irgendeine alte Verletzung, die unser Bild von Gott falsch prägt. Es ist höchste Zeit, dass wir unseren Gaumen von dieser Bitterkeit reinigen. Ich glaube, dass Gottes heilende Gnade (das Brot) und die Wahrheit des

Evangeliums von Jesus (das Wasser) das Saure auswaschen und uns für das Süße vorbereiten können, wo sein Wort (Jesus) unserem Mund „süßer als der beste Honig" wird (Ps. 119,103). Wir werden *schmecken* und sehen, dass Gott wirklich gut ist (Ps. 34,9).

Fundamentalismus

ist ein sich ständig wandelnder Begriff, der mittlerweile zu einem abwertenden Synonym für Extremismus geworden ist. Hier bezieht er sich auf den Zweig jeder Religion, Ideologie oder Bewegung (einschließlich des Atheismus!), der dogmatisch, militant und unterdrückend ist und entschlossen, die eigene Bewegung oder Gesellschaft von der vermeintlichen Ketzerei ihrer Gegner zu reinigen.

Wie geht das praktisch? Zuerst werden wir einige unserer „fauligen" Bilder von Gott identifizieren und bis zu ihren Wurzeln zurückverfolgen. Dann werden wir diese Bilder ersetzen, indem wir uns mit einer *betenden Erfahrung* der Christus-Geschichte sättigen. Wir wollen uns den Evangelien von Neuem nähern – ohne davon auszugehen, dass wir sie schon ganz genau kennen – mit dem Ziel einer Begegnung mit der lebendigen Gnade, die zu innig vertrauter Freundschaft mit Jesus führt.

Verbreitete Bilder, die Christus nicht entsprechen

Ungesunde Vorstellungen über Gott wurzeln oft in der Bitterkeit unseres eigenen Herzens. Instinktiv werfen Menschen ihre höchsten Erwartungen und ihre tiefsten Enttäuschungen auf Gott, besonders wenn sie in Not sind oder irgendeinen Kummer haben. Diese Projektionen ergeben ein fehlerhaftes Bild von Gott. Sehen wir uns vier verbreitete Beispiele solcher Bilder an, die Christus nicht entsprechen. Dazu gehören:

- Gott, der liebe Opa
- Gott, der seinen Verpflichtungen nicht nachkommende Vater
- Gott, der strafende Richter und
- Gott als eine Mischung aus Nikolaus und Weihnachtsmann

Gott, der liebe Opa

Gehen wir diese Bilder der Reihe nach durch, so steht am Anfang die Vorstellung von Gott als liebem Opa, der auf zuckersüße Weise „nett" und ziemlich naiv ist. Nach diesem Modell bedeutet Gnade, dass Gott seine Enkel mit allem verwöhnt, was sie wollen, und gleichzeitig beide Augen zudrückt, wenn sie sich immer schlechter benehmen. Ähnliche Zerrbilder von Gott sind z. B. *die gute Fee*, die jeden Wunsch erfüllt, und *der Flaschengeist*, der stets zu Diensten ist. Noch grotesker finde ich das Bild von Gott, *dem Sugar-Daddy* – dem reichen alten Mann, der seine geldgierige Geliebte, die sich mit vorgespielter Zuneigung sein Vermögen erschleicht, mit Geschenken überschüttet.

Ein Gott, der alles tut, was ich will, wenn ich nur im Gebet mit den Fingern schnipse – wäre das nicht toll! Gewiss finden wir biblische Verheißungen, die dieses Bild untermauern. Ich bin ein großer Fan von Psalm 37,4: „Freue dich über den Herrn, und er wird dir geben, *was du dir von Herzen wünschst*." Hat Jesus nicht auch gesagt: „Bittet Gott, und er wird euch geben! Sucht und ihr werdet finden! Klopft an und euch wird die Tür geöffnet!" (Mt. 7,7)? Ja, tatsächlich versichert er uns: „Ihr werdet *alles* bekommen, wenn ihr Gott im Glauben darum bittet" (Mt. 21,22). Herrliche Glaubens-Verheißungen aus dem „Guten Buch"!

Aber auch gefährlich. Es gilt hier zwei tiefe Gräben zu vermeiden. Auf der einen Seite könnten wir aus diesen Texten einen „Was immer du willst"-Märchengott ableiten. Und auf der anderen Seite könnten wir so überreagieren, dass wir sie als bedeutungslos verwerfen. Ich habe mit Sicherheit schon in beiden Gräben gesessen!

Im ersten Fall erinnere ich mich, sehr optimistisch über Gottes Bereitschaft gewesen zu sein, „sich zu zeigen" und alles zu tun, was wir nötig hatten, besonders in unserem Dienst an zerbrochenen Menschen. Sein Wille schien mir völlig klar zu sein; eigentlich konnte es doch nur noch von unserem Bitten abhängig sein, dass wir erleben, wie „sein Wille geschah". Solange mein Wille und sein Wille gleich aussahen – kein Problem! Nicht, dass ich offensichtlich selbstsüchtige Forderungen an Gott stellte. Aber versichert nicht Psalm 91 dem Gotteskind: „Darum wird dir nichts Böses zustoßen, kein Unglück wird dein Haus erreichen" (Vers 10)? Dann sollte Gott doch sein Wort halten, oder? Und wenn Jakobus 5 behauptet, dass das Glaubensgebet der Ältesten die Kranken heilt, dann müsste das doch auch funktionieren, oder? Wenn selbst ein senfkorngroßer Glaube Berge versetzen kann, dann sollte es kein Problem sein, auf den lebendigen Gott zu vertrauen und Hindernisse zu überwinden. Wie es auf dem Autoaufkleber heißt: „Die Bibel sagt es, ich glaube es, und damit hat sich's." Das ist eine tolle Formel, solange sie funktioniert.

Bis sie nicht mehr funktioniert. Bis eine Tragödie zuschlägt. Bis eine Person oder Familie oder Ortsgemeinde, die dir wichtig ist, aus den Fugen gerät, zerbricht oder stirbt. Bis eine Freundin entführt und missbraucht wird. Bis jemand rückfällig wird und eine Überdosis nimmt. Bis das Leben eines Mitmenschen für immer verändert wird durch einen Autounfall oder eine unheilbare Krankheit. Bis Schlaganfall und Krebs, Geisteskrankheit und Selbstmord, Erdbeben und Tsunamis zuschlagen und Furchtbares anrichten. Bis du selbst Furchtbares anrichtest, anderen schadest und lieber sterben als dich dem Problem stellen würdest. Bis „der Gott, der hört", nicht erhört und „der Gott, der errettet", nicht rettet. Bis du merkst, dass Gott tatsächlich absolut alles zulässt – alles mögliche Böse und tiefes Leid.

Mir fällt auf, dass dasselbe Phänomen auftritt, wenn wir nach Belieben beteuern: „Der Herr hat mir gesagt", um unsere eigenen Wünsche zu rechtfertigen, und unsere Hoffnungen dann an den Grausamkeiten des Lebens zerschellen.

An dem Punkt – und ich bin mehrfach da gewesen – ist das Bild von Gott als liebem Opa, guter Fee oder Flaschengeist dermaßen desillusionierend, dass wir entweder unseren Glauben oder unsere Illusionen verlieren.

Ich bin dankbar, dass Steve Imbach, mein **geistlicher Berater***, mit mir durch diese schmerzliche Entdeckung gegangen ist. 2008 hatte ich ein „Höllenjahr". Alles in meinem Leben schien auseinanderzubrechen, und Gott ließ das offensichtlich zu! Ich äußerte meine Angst und meinen Zorn vor Steve, entsetzt über die Vorstellung, dass Gott vielleicht zur Seite treten und zulassen würde, dass alles in die Luft ging.

Steve fragte: „Und wenn er das tut?"

Ich antwortete: „Wenn Gott die Dinge nicht zusammenhält, dann muss *ich* das machen!" Da kam mein Messias-Komplex zum Vorschein!

Steve fragte: „Und wenn du mit Gott darüber sprichst?"

Ich schrie zurück: „Aber er GEHORCHT mir nicht!"

Geistlicher Berater

bezeichnet einen Mentor für die geistliche Entwicklung. Ironischerweise sind die besten geistlichen Berater sehr zurückhaltende Zuhörer. Sie stellen aufschlussreiche Fragen, die die Begleiteten zu Selbstfindung, kontemplativem Bewusstsein und Klarheit über ihren Lebensweg hinführen. Mein geistlicher Berater, Steve Imbach, ist Mitbegründer von SoulStream, *einer kontemplativen Gemeinschaft, deren Mitglieder überall verstreut wohnen.*[3]

Erwischt! In einem späteren Kapitel werden wir uns das Problem des Leids näher ansehen, aber für den Moment will ich nur dies sagen: Hier hatte sich gezeigt, dass ich ein Bild von Gott als *meinem gehorsamen Diener* hatte. Meine nobelsten Fürbitten waren nichts weiter als Bemühungen, Gott zu manipulieren und andere zu managen. Ich erwartete, dass Gott erhörte – mir *gehorchte* –, und wenn er das nicht tat, war ich wütend. Zum ersten Mal, soweit ich mich erinnern konnte, vertraute ich Gott nicht mehr. Deshalb setzte ich mein Vertrauen auf mich selbst. *Ich* würde meine Welt zusammenhalten. Aber das konnte ich nicht. Ich kann Gott nur danken, dass meine Täuschung nicht standhielt! Ebenso wenig meine Vorstellung von Gott. An dem Punkt musste meine eigentümliche Mischung aus Arroganz und Selbstmitleid den Autor des Hebräerbriefs hören:

> Bemitleidet euch nicht selbst. Oder habt ihr vergessen, wie gute Eltern ihre Kinder behandeln, und dass Gott euch als seine Kinder sieht?

Mein liebes Kind, geh nicht gleichgültig über Gottes Erziehungsmaßnahmen hinweg, aber sei dadurch auch nicht niedergeschmettert. Er straft das Kind, das er liebt; er umarmt das Kind, das er auch korrigiert. Gott erzieht euch; deshalb dürft ihr nie aufgeben. Er behandelt euch als liebe Kinder.

Die Schwierigkeiten, die ihr gerade erlebt, sind keine Strafe, sie sind Ausbildung, die normale Erfahrung von Kindern. Nur unverantwortliche Eltern überlassen es ihren Kindern, sich alleine durchzuschlagen. Hättet ihr lieber einen unverantwortlichen Gott? Wir respektieren unsere eigenen Eltern, weil sie uns erziehen und nicht verwöhnen, weshalb sollten wir nicht auch Gottes Ausbildung annehmen, damit wir wirklich leben können?" (Hebr. 12,5-9 nach The Message).

Als ich entdeckte, dass Gott bereit war, Leid zuzulassen – und dass mich das Akzeptieren dieser Realität überraschenderweise erleichterte –, war ich versucht, einen heftigen Schwenk in den anderen Graben zu machen: Passivität und Fatalismus. Gebet als einen Hebel loslassend, mit dem ich Gott und andere managen wollte, neigte ich nun zu dem anderen Extrem, nämlich: „Gebet verändert nichts. Es verändert nur dich." (Noch ein Autoaufkleber-Spruch – für jeden Graben einer!) In dieser Art von Gebet geht es ausschließlich um innere Veränderung, nicht um äußere Umstände. Wir akzeptieren das Leben zu seinen eigenen Bedingungen, die Realität, wie sie ist, und beten höchstens noch um Frieden im Sturm. Dieser Gedankengang hat etwas. Kennst du das „Gelassenheitsgebet", das z. B. bei den Anonymen Alkoholikern oft zitiert wird? Die vollständige, ungekürzte Originalversion, zusammengestellt von Reinhold Niebuhr (1892–1971), lautet:

Gott, gib uns die Gnade, gelassen
das zu akzeptieren, was nicht zu ändern ist,
den Mut, die Dinge zu verändern, die verändert werden sollten,
und die Weisheit, das eine vom anderen zu unterscheiden,
jeden Tag für sich zu leben, jeden Moment für sich zu genießen,
Entbehrung als einen Weg zum Frieden anzunehmen,
diese sündige Welt, wie Jesus es tat, zu nehmen, wie sie ist,
nicht wie ich sie gern hätte,

zu vertrauen, dass du alles richtig machen wirst,
wenn ich mich deinem Willen ausliefere,
sodass ich in diesem Leben in vernünftigem Maß
und im nächsten Leben über die Maßen glücklich sein kann
mit dir in Ewigkeit.
Amen.[4]

Mir hat dieses Gebet viel Frieden gegeben. Ich liebe es wirklich. Aber es ist nicht mein einziges Gebet. Und zwar aus folgendem Grund: In meiner neuen Angst, wieder enttäuscht zu werden, wollte ich entweder überhaupt nicht beten … oder ganz bewusst mit **kontemplativen Gebeten*** jede Möglichkeit der Enttäuschung ausschließen. Gebete, die nichts von Gott erbaten und nichts von Gott erwarteten – Gebete, die überhaupt keinen Glauben erforderten.

Kontemplatives Gebet

bedeutet im Allgemeinen stilles Hören, geduldige Erwartung, Offenheit und Hingabe. Dieses Beten entsteht aus einem Zustand des Friedens, steht aber nicht im Gegensatz zu glaubensvoller Erwartung.

Das lag mir schwer im Magen, weil ich die Evangelien zu gut kenne. Ich konnte nicht übersehen, welchen Wert Jesus auf Bitten, Suchen und Anklopfen im Glauben legt. Mal abgesehen vom nachsichtigen, lieben Opa: Ich wollte Jesus treu bleiben, der bei den Jüngern sowohl Glauben gelobt als auch Glaubensmangel getadelt hat. Der Christus der Evangelien hat recht deutlich gemacht, dass es durchaus auf Glauben ankommt, aber was bedeutet das? Von allen Bemühungen, selber einen psychischen Zustand der Gewissheit herbeizuführen, hatte ich die Nase gründlich voll. Laut dem Apostel Paulus ist selbst Glauben ein Geschenk (Eph. 2,8). Aber wenn das so ist, wie bekomme ich ihn? Wie funktioniert das?

Du verstehst mein Dilemma. Was tun? Wie beten?

Im Zweifelsfall wende ich mich gern an einen vertrauenswürdigen Älteren. Diese Frage legte ich Eugene Peterson vor, dem Autor der Bibelübertragung „The Message". Seine Antwort bestand aus zwei Wörtern: „Sei enttäuscht." Eugene Peterson forderte mich auf, Enttäuschung zu riskieren, und zwar ohne Gott mit Forderungen zu kommen oder ihn zum Sklaven meiner Agenda zu machen – und auch ohne die ekstatischen Schreie der Baalspropheten (1. Kön. 18). Beten, dass der Himmel die Erde berührt, *und* trauern, weil die Erde nicht der Himmel ist.

Für mich bedeutet der Weg zwischen den Gräben, dass ich lerne, mich selbst meines Eigensinns zu entleeren und mein Leben (und sei es nur für einen Moment) der übernatürlichen Liebe Gottes zu überantworten. Dann kann ich mich für die Partnerschaft mit Gott so öffnen, wie er führt, und vergesse nicht, dass ich der Diener bin, nicht er. An manchen Tagen bete ich nur das *Jesusgebet* („Herr Jesus Christus, erbarme dich meiner") oder das Gebet, das Jesus uns gegeben hat (das Vaterunser, welches viele aufrichtige Bitten enthält).

Gebetsseelsorger

Dies kann von lizenzierten Beratern bis hin zu ehrenamtlichen Laien alle umfassen, die ausgebildet wurden, mit Menschen für ihre geistlichen und emotionalen Wunden zu beten. Manchmal spricht man von „innerer Heilung"[5]*. Das letzte Kapitel meines Buches Kannst du mich hören? ist eine Anleitung für meinen eigenen Ansatz im Gebetsdienst, genannt „hörendes Gebet".*

An meinen mutigeren Tagen sage ich Gott genau, wie ich den Lauf der Dinge gerne hätte, aber was daraus wird, überlasse ich seiner Liebe und Fürsorge. Er hat es möglich gemacht, dass ich wieder Vertrauen riskieren kann, ob die Ergebnisse nun herrlich oder enttäuschend sind, weil Gott in jedem Fall ein liebevoller Vater und immer nahe ist. Er ist genau das Gegenteil von einem „unzuverlässigen Vater", der seinen Pflichten nicht nachkommt. Auch dieses falsche Gottesbild wollen wir uns einmal ansehen.

Gott, der unzuverlässige Vater

Ich habe weniger Erfahrung mit Gott, *dem seinen Verpflichtungen nicht nachkommenden Vater* (oder alternativ *abwesenden Hausherrn*), weil anders als bei vielen meiner Freunde weder mein Vater noch meine Mutter mich je im Stich gelassen haben. Als Junge erlebte ich meinen Vater als chronisch müde, weil er sehr schwer arbeitete. Meine eigenen Kinder würden mich als einen Vater bezeichnen, der viel reist. Aber weder sie noch ich kennen den Schmerz einer zerbrochenen Familie oder permanenten Verlust der Unterstützung durch ein Elternteil. Bei anderen, die diese Erfahrung machen mussten, kann dieses Gefühl der Verlassenheit leicht einen Schatten auf ihre Gotteswahrnehmung werfen. Sie fühlen sich verwaist.

In ihrer Vorstellung ist Gott der, *„der mich im Stich gelassen hat"*. Gott, der Vater, „der *machtlos* war, als ich geärgert wurde und er hätte eingreifen müssen". Gott, der Vater, „der eines Tages zur Tür *hinausging* und nie wiederkam". Gott, der Vater, „dem ich *zuhören* und *Antwort geben* musste, der mich aber nie besuchte und der auch nie auf einen Anruf reagierte". Gott, der Vater, „der mir hätte *zeigen* müssen, wie man groß wird". Gott, der Vater, „dessen *Stolz* bei Erfolg und *Unterstützung* bei Misserfolg ich gebraucht hätte." Gott als *Abwesenheit* – einer derart schmerzhaften Abwesenheit, dass wir erst einmal durchatmen müssen. Mir fällt dazu ein witziges Lied ein, das ich manchmal im Spaß für meine Söhne singe:

Papa hat mich nicht geweckt!
Papa hat mir kein Butterbrot geschmiert!
Papa hat mir keine frische Unterhose gegeben!
Meinem Papa bin ich wohl ganz egal.
– Ooch, du Armer!

Die traurige Wahrheit ist jedoch eine ernste Sache: Viele im Volk Gottes, ob sie einen Vater hatten oder nicht, leiden an dem, was wir im Englischen „Orphan Spirit" nennen (das Gefühl, verwaist zu sein). Sie haben die Vater- oder Mutterliebe Gottes nie erfahren. Gott scheint ihnen immer distanziert, abwesend und stumm – nicht mit ihnen verbunden. Tatsächlich belastet dieses Gefühl der Isolation weite Teile unserer Gesellschaft. Die Menschen schreien nach geistlichen Müttern und Vätern, die sie adoptieren und beratend begleiten.

Heute gibt es eine große Zahl an Angeboten, die diesen Bedürfnissen begegnen und diese Wunden heilen, sowohl in der Kirche als auch in der Welt. Denk nur an die Organisation *Big Brothers/Big Sisters* und die vielen Netzwerke für Mentoring und geistliche Führung. Im Sport sind viele Trainer, in Vereinen Leiter bereit, in unsere Jugend zu investieren. Denk an die Tausenden Eltern, die Kinder adoptieren, aber auch die Heerscharen von Adoptierten, die ihre leiblichen Eltern aufspüren wollen. Hinter all dem, glaube ich, steckt ein tieferer geistlicher Hunger, Gott als Mutter oder Vater zu erfahren. Gott sei Dank, dass er darauf eingeht und seine Liebe durch die genannten Beispiele vermittelt, aber auch direkt in dieser Phase, in der unter Christen das „Vaterherz" so betont wird.

Eine wachsende Zahl von Angeboten der **Gebetsseelsorge*** lernt, verwundeten Menschen zu helfen, wieder mit Gott in Verbindung zu treten. Eine der Herangehensweisen ist die Bitte an Gott: „Zeige uns doch, wann diese Verbindung unterbrochen wurde! Mach uns bewusst, wann dieser Mensch anfing, sich wie eine Waise zu fühlen." In der dann folgenden Pause in stillem Gebet bahnt sich vielleicht eine bestimmte Erinnerung oder eine ganze Reihe von Erinnerungen ihren Weg an die Oberfläche. Das könnte ein kritischer Moment der Verlassenheit oder ein Beispiel von vielen sein. Nun wird der Hilfesuchende eingeladen, ehrlich zum Ausdruck zu bringen, was geschehen ist und wie sich das angefühlt hat. Er könnte Schmerz und Wut, Angst oder Kummer oder was auch immer ausdrücken. Und dann bitten wir Gebetsseelsorger Gott einfach, mit seiner heilenden Liebe in diesen Moment, in diese erlebte Situation hineinzukommen. Wir bitten Gott nahezukommen, sodass der Empfangende die Liebe, die Gott für ihn hat, sehen, hören und fühlen kann. Im Grunde beten wir Paulus' Gebet für die Epheser:

> Darum knie ich nieder vor Gott, dem Vater, und bete ihn an, ihn, dem alle Geschöpfe im Himmel und auf der Erde ihr Leben verdanken und den sie als Vater zum Vorbild haben [wörtlich: von dem jede Vaterschaft im Himmel und auf der Erde benannt wird].
>
> Mein Gebet ist, dass Christus durch den Glauben in euch lebt. In seiner Liebe sollt ihr fest verwurzelt sein; auf sie sollt ihr

bauen. Denn nur so könnt ihr mit allen anderen Christen das ganze Ausmaß [wörtlich: die Breite und die Länge und die Höhe und die Tiefe] seiner Liebe erfahren. Ja, ich bete, dass ihr diese Liebe immer tiefer versteht, die wir doch mit unserem Verstand niemals ganz fassen können. Dann werdet ihr auch immer mehr mit dem ganzen Reichtum des Leben erfüllt sein, der bei Gott zu finden ist (Eph. 3,14.17-19).

Ich bin sehr froh darüber, dass ich seit fast fünfundzwanzig Jahren Gottes Treue darin erfahre, wie er dieses Gebet für alle erhört, die bereit sind, sich der Liebe Gottes zu öffnen, entweder in einem Moment oder durch einen Prozess. Sie erfahren Gott als einen ständig präsenten, innig nahen Vater – nicht stumm und auch nicht distanziert, und zwar unabhängig von ihrer eigenen Leistung.

Gott, der Strafrichter

Das Stichwort Leistung – „gut genug sein" – führt zu unserem dritten Zerrbild: Gott, der *Strafrichter*. Andere Versionen dieser Wahrnehmung könnten z. B. der pingelige Kleinunternehmer oder der unerbittliche Vorarbeiter sein. Diese Art Bild von „Gott" ist immer noch sehr populär unter Fundamentalisten – religiösen ebenso wie atheistischen Extremisten. Erstere mögen sie, weil sie damit ihre Selbstgerechtigkeit und ihr Urteilen ummanteln; Letztere brauchen sie als Antriebskraft für ihren Zynismus. Im Licht Jesu Christi mag solch ein Gott ein Artefakt aus vergangenen Zeiten sein – eine Kuriosität für Archäologen. Aber er ist so *nützlich* als Keule für die Kämpfer von links oder rechts! Hier ist ein Beispiel, wie einer der „kultivierten Verächter des Christentums" die Gläubigen beschämen will, indem er den Gott der christlichen Rechten als lüsternen Voyeur beschreibt:

> Seine unsichtbare Hand ist überall, sagen seine bürgerlichen Theologen, sie liebkost und sie kriegt alles hin: den Ausgang von E-Jugend-Spielen, Jobsuchen und Prüfungen, die Verbreitung sexuell übertragbarer Krankheiten, Erfolg oder Misslingen terroristischer Angriffe (auch „Zeichen" genannt), Sieg oder Niederlage an der Wahlurne und im Bett. Die, die seine beruhigende Berührung in solchen Momenten nicht verspüren können,

> pfeifen auf einen Gott, der so geduldig oder so sehr Voyeur ist, dass er jeden Einfall und jede kleine Laune beobachtet, ein höheres Wesen, das Löwe und Lamm beieinander liegen lassen kann, aber es nicht aushält, wenn sich zwei Männer küssen. Eine göttliche Liebe, die durch Orkane spricht. Wer will denn so einen Gott anbeten?[6]

Noch einmal: Hüte dich vor zu viel Salzwasser – solche Sachen können einen in der Seele krank machen. Lassen wir uns aber anstoßen zu überlegen, welchen Gott wir kennen und bekennen: Lebst du unter der Tyrannei des *Strafrichters*?

Wirf einmal einen genaueren Blick auf deinen familiären oder religiösen Hintergrund:

- Wurden Erfolge gelobt und Versagen bestraft, auch außerhalb des religiösen Rahmens? Gab es eine offensichtliche Unterscheidung zwischen gutem und schlechtem Benehmen, begleitet von Belohnungen oder Strafen? Gab es widersprüchliche Botschaften, die auch Angst machten?
- Hast du oft etwas über Gottes Verdammung von Sünde gehört? Wurden diese Sünden detailliert und mit ihren potenziellen Folgen ausgeführt?
- Hast du oft Höllenfeuerpredigten gehört mit starker, tränenreicher Betonung auf dem Aufruf zur Bekehrung?
- Wurdest du angehalten, dich vor dem Abendmahl genau zu prüfen und jede Sünde zu bekennen, um dir nicht selbst zum Gericht zu essen und zu trinken?
- Gab es ein starkes Empfinden von Ausschluss und Zugehörigkeit – „wir" und „die", Insider und Außenseiter? Stellten deine Sünden eine Bedrohung für dein Zugehörigkeitsgefühl dar? Sahst du geliebte Menschen oder dich selbst als schwarze Schafe in diesem System?
- Gab es eine Dringlichkeit rund um „Endzeit"-Gerichte in dieser oder der nächsten Welt? Hattest du Angst, „zurückgelassen" zu werden oder am Ufer des Feuersees zu stehen? Wie oft wurden Jesu Worte benutzt, um dich dafür zu tadeln, du habest „deine

erste Liebe verloren", und zu warnen, er werde dich „ausspucken" (Offb. 3,16)?

In deinem eigenen Herzen heute:

- Quälen dich alte Schuldgefühle über gemachte Fehler? Steckst du fest in deiner Reue und deinem Bedauern, egal wie ernstlich und oft du versucht hast, um Entschuldigung zu bitten?
- Klagen dich innere Stimmen an und verurteilen dich dafür, ein „böses" Mädchen, ein „böser" Junge zu sein? Strafst du dich selbst mit verletzenden Worten (z. B. „dumm") oder mit selbstauferlegten Konsequenzen, wenn du strauchelst?
- Verletzt du dich manchmal selbst?
- Vergleichst du dich zwanghaft mit anderen oder fühlst du dich, als wärst du „nicht gut genug"? Hast du je das Gefühl, mit dir würde etwas nicht stimmen, ohne dass du genau sagen könntest, was es ist?
- Kämpfst du mit Schamgefühlen?
- Was erwartest du, wenn du an das Jüngste Gericht denkst? Macht es dir Angst?
- Wenn die Umstände nicht so sind, wie du sie dir wünschst, denkst du dann, dass Gott dich vielleicht straft? Wenn alles gut läuft, denkst du dann, dass Gott dich belohnt? Was bedeutet in dem Fall *Gnade* für dich?

Ich kann diese Fragen ziemlich schnell herunterrasseln, weil die meisten davon meine eigene Angst als eingefleischter Vertreter der Erweckungsbewegung widerspiegeln. „Erweckung" *(revival)* hört sich an wie ein positives Wort. Wer würde nicht wollen, dass Gott uns erweckt? Aber der **Revivalismus***, an den ich mich erinnere, beinhaltete eine ungesunde Dosis von fast all dem oben Genannten. Warum?

Wenn wir die großen „Erweckungen" der Geschichte vergöttern und sie mit unserem gegenwärtigen geistlichen Zustand vergleichen, haben wir keine Chance: An sie reichen wir *niemals* heran. Manche nehmen an, wenn keine Erweckung über das Land fegt, dann muss jemand daran schuld sein, und der Erweckungsprediger ist der heroische Prophet, berufen, warnend den Finger zu heben und die Menschen aus der Gefangenschaft zu führen. Es gibt Sünde im Land, der man sich entgegenstellen, oder Sünde im Lager, die man aufdecken muss. Wen sollen wir diesmal zum Sündenbock machen? So hat der Ankläger alle Freiheit, die lauwarme Kirche und den Hedonismus der Welt anzuprangern. Vielleicht kommt der „Durchbruch", wenn wir uns in einen tränenreichen ekstatischen Zustand versetzen können. Dann werden sich jede Menge Leute bekehren, Kirchen werden wieder voll sein und die Stadt wird transformiert werden. Alles, was uns im Weg steht, ist die Sünde, die den Segen zurückhält. Aber zwischen Hass auf Sünde und Selbsthass und Hass auf den Sünder verläuft ein sehr schmaler Grat, nicht wahr?

Revivalismus

2. Chr. 7,14: „Wenn mein Volk, über das mein Name ausgerufen ist, sich demütigt und betet, mich sucht und von seinen schlechten Wegen umkehrt, dann höre ich es im Himmel. Ich verzeihe seine Sünde und bringe seinem Land Heilung."
Revivalismus bezieht sich auf das evangelikale Streben nach dieser prophetischen Verheißung durch „Erweckungsversammlungen" und „-veranstaltungen", bis Erweckung zu einem eigenen religiösen System und Konsumsektor wird.

Da ich selbst einmal völlig in diese *Erweckungskultur* eingebunden war, kann ich dir von ihrem Gott erzählen. Später werden wir noch weiter auf ihn eingehen, aber ich kann dir versichern: Er ist sehr zornig. Nur seine Barmherzigkeit hält ihn ab, die Sünder schon jetzt zu zerquetschen, diese verfaulten Dreckswanzen! Aber eines Tages wird die Zeit für Buße vorüber sein und Gottes Zorn wird dazu führen, dass ihr Blut in Strömen fließt, die so tief sind, dass sie den Pferden bis an die Zügel reichen. Ich weiß das, weil ich mich selbst durch viele evangelistische Predigten zu diesem Thema gequält habe. Ich weiß das, weil ich es in Jonathan Edwards' „Sünder in der Hand eines zornigen Gottes" gelesen habe, der ultimativen Erweckungspredigt. Ich weiß das, weil ich es selbst gepredigt habe.

Lass mich kurz zwei Dinge dazu sagen. Zunächst: Hört sich das für dich wie Jesus von Nazareth an? Ich weiß, dass mancher einen solchen Zorn mit dem Jesus in der Offenbarung des Johannes in Verbindung bringt. Aber denk an Jesus von Nazareth, der mit Sündern aß, der Prostituierte und Steuereintreiber grüßte, der der Ehebrecherin Beistand leistete und die Ausgegrenzten rehabilitierte. *Nie* sehe ich ihn in geiferndem Hass gegen Sünder wettern oder das Gesetz zum Anklagen und Verurteilen anwenden. Nein, wenn er Buße predigte, dann eingebettet in diese Botschaft: „Das Reich Gottes ist nahe! Tut Buße und glaubt an die gute Nachricht!" Nur da sehe ich ihn tadelnd den Finger heben, wo er sich gegen die unterdrückende Religiosität der Erweckungsprediger des ersten Jahrhunderts wendet!

Zweitens: Jesu Reaktion auf Sünder ist nie Verurteilung, sondern eine Einladung zu der unerschöpflichen Liebe und langmütigen Barmherzigkeit seines Vaters. Gott hat tatsächlich ein entscheidendes Urteil durch das Kreuz gefällt; es lautet: „Barmherzigkeit!" Evangelikale meinen manchmal, mit all den Roben und Ritualen, dem Glockenklang und Weihrauchduft seien ihre katholischen Brüder und Schwestern religiöser als sie selbst. Aber in unserem Jahrhundert verkündet Papst Franziskus eine Botschaft, bei der es weit mehr um Gnade geht und die „evangelikaler" ist als die all der Erweckungsprediger, mit denen ich aufgewachsen bin. Bei seiner ersten Karfreitagsmesse als Papst sagte er:

> Ein Wort sollte heute Abend genügen, das ist das Kreuz selbst. Das Kreuz ist das Wort, durch das Gott auf das Böse in der Welt reagiert hat … ein Wort, das *Liebe*, *Barmherzigkeit*, *Vergebung* ist. Es ist auch ein Urteil, nämlich dass Gott uns liebt, wenn er uns richtet. Erinnern wir uns daran: Gott richtet uns, indem er uns liebt. Wenn ich seine Liebe annehme, dann bin ich gerettet; wenn ich sie ablehne, dann bin ich verdammt, *nicht von ihm*, sondern von mir selbst, denn Gott *verurteilt nie, er liebt und rettet nur.*[7]

Das ist ein Widerhall der Worte Jesu in Johannes 3,16-17: „Denn Gott hat die Menschen so sehr geliebt, dass er seinen einzigen Sohn für sie hergab. Jeder, der an ihn glaubt, wird nicht zugrunde gehen, sondern das ewige Leben haben. Gott hat seinen Sohn nämlich *nicht* zu den Menschen gesandt, um über sie Gericht zu halten, sondern um sie zu retten." Mit anderen Worten, Jesus kommt nicht, um die Verurteilung durch den Vater anzukündigen, nicht einmal, um uns vor der Verurteilung des Vaters zu erretten, sondern vielmehr, um die Liebe des Vaters für die zu offenbaren, die schon jetzt leiden und unter Verdammnis leben. Statt eines Strafrichters ist der Vater Jesu jemand, der auf die wartet, die mit sich selbst am Ende sind. Nach ihnen hält er Ausschau und auf sie läuft er zu.

Die „Nikolaus/Weihnachtsmann-Mischung"

Um unsere Auswahl an falschen Gottesbildern abzurunden, muss man verstehen, dass die Vorstellungen von Gott oft so komplex sind wie die Menschen, die sie haben. Es sollte uns nicht überraschen, wenn wir eine Mischung aus allen drei genannten Beispielen in dem finden, was ich die *Nikolaus/Weihnachtsmann-Mischung* nenne. Für Kinder ist Weihnachten ein großes Ereignis, und sie könnten ihre „Weihnachtsmann-Theologie" leicht mit ihrer Vorstellung von Gott vermischen, wenn die beiden am Heiligen Abend in enge Verbindung gebracht werden.

Auf der einen Seite ist der Weihnachtsmann sehr gesetzlich und richtend. Er führt eine Liste (über Sünden?); er findet heraus, wer brav und wer unartig war (wie das Buch des Lammes, das Buch des Lebens?[8]) Kinder werden mit Blick auf den Weihnachtsmann zu gutem Benehmen angehalten. Sogar vor Einschlafproblemen am Abend vor Weihnachten wird mit dem englischen Kinderspruch gedroht: „Er sieht dich, wenn du schläfst, er weiß, wann du wach bist. [Auch wenn du nur so tust als ob!]" Auch Heuchelei lässt sich nicht verstecken, denn: „Er *weiß*, ob du gut warst oder böse; also sei um Himmels willen brav!" Warst du brav *genug*?

Der Kern des Ganzen ist alles andere als Gnade. Wer sich benimmt, ist gut und kann Belohnungen erwarten. Wer sich ungezogen verhält, ist böse und sollte davon ausgehen, dass er von der erwarteten Freude ausgeschlossen wird. Hört sich das vertraut an? Kein Wunder, wenn das kindliche Jesusbild mit diesem Erweckungs-Pharisäer-Nikolaus-Weihnachtsmann durchsetzt ist, besonders wenn die Wahrheit der Geburt Jesu in so große Nähe zur Legende um den Nikolaus gerückt wird.

Auf der anderen Seite wird auch der Weihnachtsmann wie ein lieber Opa dargestellt, den wir um *alles* bitten können, was wir wollen. Wir können eine Wunschliste zum Nordpol schicken oder uns auf seinem Schoß für ein Porträtfoto ablichten lassen und ihm jeden Wunsch ins Ohr flüstern. So ungefähr wie: „Alles, um was ihr in meinem Namen bitten werdet, werde ich tun" (Joh. 14,13-14), stimmt's?

Und der Weihnachtsmann enttäuscht nie? – Bis die falschen Geschenke unterm Baum liegen! „Hey! Wo ist mein Pony? Was soll ich mit den blöden Socken?" (Trotzdem schön Danke sagen!) Dazu kommt dieser Unsinn mit der Magie. Als Kind dachte ich mir immer: „Unser Kamin ist zu eng für seinen dicken Bauch. Und wie schafft er es, in einer Nacht jedes Haus auf der ganzen Welt zu besuchen?"

Überleg einmal, welch eine Mischform von Gebetstheologie daraus entsteht: Wir bitten Gott um alles, was wir uns wünschen, und hoffen, dass wir genügend Glauben dafür haben; wir sind enttäuscht, wenn unser Gebet nicht erhört wird, und wir werfen den Glauben an Gottes liebende Fürsorge mit dem Glauben an Gottes Wunderkraft („Magie") durcheinander. Das muss ja Enttäuschungen geben!

Schließlich wohnt der Weihnachtsmann weit weg und kommt nur einmal im Jahr zu Besuch – und nur, während du schläfst. Wie anders als ein Jesus, der gesagt hat: „Ich bin immer bei euch", dem wir vertrauen, dass er uns „*nie* verlässt oder versäumt"! Gleichzeitig lernte ich schon in jungen Jahren zu glauben, dass Gott im „Himmel" ist (noch weiter weg als der Nordpol) und eines Tages wiederkommen wird (hoffentlich *nach* dem nächsten Weihnachten) wie ein „Dieb in der Nacht"!

Der Jesus der Evangelien

Zwar war es die Absicht dieses Kapitels, einige falsche Gottesbilder zu benennen und aufzudecken, doch ich muss meine Leser auch unbedingt an das wahre Bild, Jesus Christus, erinnern. Besonders, weil ich glaube, dass wir uns von diesen schädigenden Verzerrungen tatsächlich am besten reinigen, wenn wir *nicht* zynisch werden. Auch der eine oder andere Besuch bei einem Seelsorger wird uns nicht den nötigen Halt geben. Vielmehr müssen wir unser Herz auswaschen, indem wir beständig in die Schönheit Jesu eintauchen, wie er in den Evangelien dargestellt wird. Diese Geschichten sind das wirkungsvollste Rezept gegen die geistlichen Gifte, die wir aufgenommen haben.

Sieht der Jesus des Evangeliums z. B. jemals aus wie ein nachsichtiger Opa? Ein Strafrichter? Ein unzuverlässiger Vater? Oder wie der Weihnachtsmann? Nein. Wie war er wirklich? Schon wenige Beispiele seiner Worte und Werke sind gut für die Seele. Für den Moment werde ich dich an nur ein schönes Gottesbild erinnern, das in dem Christus der Evangelien zu erkennen ist: Er ist der *Wiederhersteller von Leben*.

Jesus ist der, der am Brunnen saß und der Samariterin ihren Platz in der Gesellschaft wiedergab. Er stellte Zachäus' Integrität wieder her und bot ihm seine Freundschaft an. Er rettete die Frau, die beim Ehebruch ertappt worden war, und gab ihr Sittlichkeit und Leben zurück. Er stellte die Gesundheit von Lahmen, Blinden und Tauben wieder her. Ausgestoßenen wie Aussätzigen und der Frau mit dem Blutfluss gab er das Leben zurück. Die von Dämonen Besessenen machte er frei. Selbst seine strengsten Tadel waren ein Angebot der Wiederherstellung an Unbußfertige. Wenn wir Jesus in Aktion sehen, sehen wir das wahre Herz Gottes, des Wiederherstellers von Leben.

Zusammenfassung

In diesem Kapitel haben wir einen Wirbel von persönlichen Eindrücken von Gott gesehen, Verzerrungen, die wir in der Regel von Kindesbeinen an innerhalb unserer Glaubensfamilien gelernt haben. Über diese Bilder hinaus haben sich im Laufe der Geschichte und in der Theologie immer wieder hartnäckige Vorstellungen von Gott herausgebildet. Einige davon konkurrieren sogar innerhalb der Bibel miteinander. Diesen werden wir uns jetzt zuwenden.

Innehalten und nachdenken

- Welche der Projektionen von Gott hat dich am stärksten angesprochen? Wann hat sich dieses Bild in dir festgesetzt?
- Unsere kaputten Gottesbilder werden oft von Erfahrungen im wirklichen Leben ausgelöst. Hattest du schon einmal das Gefühl, Gott würde dich wie ein nachsichtiger Opa behandeln? Oder dich im Stich lassen? Dich bestrafen?
- Es heißt, Gott sieht alles, was wir tun und denken. Stellst du dir vor, dass Gott alles Schlechte vergisst (1. Kor. 13,5) oder dass er alles im Gedächtnis speichert, um sich später darauf beziehen zu können (Offb. 20,12)?
- Ist Gott jemand, vor dem du zurückscheust, wenn du Angst hast, und vor dem du dich versteckst, wenn du dich schämst? Oder läufst du instinktiv zu ihm hin? Inspiriert Gottes Nahesein in dir Unbehagen oder Freude? Wann warst du am dankbarsten für und gegenüber Gott? Am meisten enttäuscht oder desillusioniert von Gott? Am meisten verletzt von ihm oder zornig auf ihn?
- Was ist dein vorherrschendes Bild von Gott? Was sagt das über dein Glaubenssystem aus? Dein Temperament? Deine Glaubensgemeinschaft?

Innehalten und beten

Gott, befreie mich von allen irreführenden Falschdarstellungen, die ich je über dich geglaubt habe. Heile mein Herz da, wo ich Angst vor dir habe. Bitte befreie mich von jeder kranken Vorstellung, die mich von dir weglaufen lässt. Wenn du nicht ein nachsichtiger, lieber Opa bist, kein unzuverlässiger Vater und kein Strafrichter, wer bist du dann? Ich freue mich über jede notwendige Erneuerung meiner Sicht von dir. Herr, lass es geschehen!

3

Freiheit oder Liebe?

Konkurrierende Werte in der westlichen Kultur

„Mit der Kraft meines Willens erreiche ich, was ich will."
Unterwäsche-Werbung

„Nicht was ich will, sondern was du willst, soll geschehen."
Jesus (Lk. 22,42)

Konkurrierende Bilder

Dieses Kapitel ist unser erster Schritt zum Verständnis der beiden *wichtigsten*, in der gesamten Geschichte der Religion *konkurrierenden Bilder* von Gott: der Gott des reinen Willens (oder Freiheit) und der Gott der reinen Liebe (oder Güte). Diese Trennung gibt es in praktisch jeder Glaubenstradition, und meistens geht sie mitten durch deren Herz. Auch in den „biblischen Religionen" Judentum und Christentum prallen diese zwei Bilder aufeinander, sie kollidieren sogar auf den Seiten unserer Bibel!

Noch einmal, vergiss nicht: Wir sind Nachahmer des Gottes, den wir anbeten, im Guten wie im Bösen. Diese primären Gottesbilder wetteifern um unsere Loyalität. Und sie definieren die höchste moralische Verpflichtung aller ihrer Anhänger. Deshalb ist ein Nachdenken über ethische Werte ein guter erster Schritt zum Verständnis dieser konkurrierenden Versionen von Gott.

Ein völlig freier Gott, der reiner Wille ist, bringt Anbeter hervor, die ihn dadurch widerspiegeln, dass sie sich um jeden Preis für Freiheit einsetzen. Dieser Gott tut, was immer er will, sogar jenseits von Gut und Böse. Ich würde behaupten, dass ein willensstarker Gott willensstarke Menschen hervorbringt, die letztlich tun, was sie wollen. Entweder werden sie sich als Gottes Beauftragte sehen oder in ihrer Willkür Gott ablehnen und seine Rivalen werden.

Auf der anderen Seite wird ein vollkommen guter Gott, dessen Natur reine Liebe ist, Menschen hervorbringen, die ihn durch ihre liebevolle Lebensweise nachahmen. Dieser Gott, der sein Leben bereitwillig für andere hingegeben hat, inspiriert liebende Anhänger, die wahrhaft frei sind – frei, aus der Sklaverei der Selbstsucht heraus zur aufopfernden Liebe zu kommen.

Dein höchster moralischer Wert

Machen wir ein Gedankenexperiment: Wenn du Gott wärst, welche Art Gott würdest du sein? Welches Bild von Gott wir im Herzen halten, wird deutlich, wenn wir selber in persönliche Dilemmas geraten: Freiheit oder Liebe, Recht oder Pflicht, meine Interessen oder die eines anderen. Wie treffen wir Entscheidungen, wenn wir uns zwischen zwei Seiten entscheiden müssen – wenn es um „er oder ich" bzw. „wir oder sie" geht? Unsere unterschiedlichen Wahrnehmungen von Richtig und Falsch und die moralischen Entscheidungen, die wir in diesem Augenblick treffen, sind eine Momentaufnahme oder ein Echo dieser ständigen Rivalität zwischen den beiden Ansichten von Gott. Sie reichen noch tiefer als Einteilungen wie „links" oder „rechts", „konservativ" oder „liberal" in den religiösen und politischen Kulturkriegen unserer Zeit. Die Rivalität zwischen den beiden Ansichten von Gott geht sogar quer durch solche Einteilungen hindurch.

Lass mich also fragen: Was ist dein höchster moralischer Wert? Wenn du unter Druck stehst, welches „Gesetz" hat dann das letzte Wort und bestimmt dein Handeln? Immer und immer wieder höre ich diese beiden Antworten: „Liebe" und „Freiheit".

Ja, wer sollte nicht beides erstreben? Am liebsten hätten wir, dass diese beiden in perfekter Harmonie einträchtig miteinander existierten. Und das können sie auch. Aber wie wir sehen werden, ist immer eines vorrangig, auf der Erde ebenso wie im Himmel. Entweder regiert die Freiheit oder die Liebe, sowohl in Gott als auch in den Menschen.

Fangen wir bei den Menschen an.

Wenn die Freiheit regiert: eine Kritik

Was geschieht, wenn wir unsere Freiheit – unsere Rechte oder unsere Sicherheit – bedroht sehen? In unserer Zeit ist der moralische Imperativ in erster Linie *die Verteidigung unserer Freiheit* – sie gilt als das Höchste all dessen, dem wir Ehre und Wert beimessen.

Wir leben in einer Kultur, die Freiheit so total setzt, dass jeder, der dem, was *ich* will, ein Hindernis darstellt, *meine* Freiheit angreift. Wer meine Lebensweise stört, den nehme ich als Feind wahr, sei es ein Familienmitglied, ein ausländischer Kämpfer oder eine Regierungsbehörde. Ob mein Grundstück betreten oder die Größe meines Softdrinks oder meines Munitionsmagazins reguliert wird – was meine Freiheit einschränkt, gilt als ungehörig und sittenwidrig, als ein *Angriff*, weil meine eigene Autonomie (Selbstbestimmung) an erster Stelle steht. Wichtiger sogar als das Leben? So sieht es aus. Denk an den Ausspruch von Patrick Henry, dem großen Revolutionär: „Gebt mir die Freiheit oder gebt mir den Tod." Oder die Worte des früheren NRA-Präsidenten Charlton Heston: „Mein Gewehr kriegst du erst, wenn du es mir aus meinen *kalten, toten Händen* reißt."[1] Sie meinten, ein Leben ohne Freiheit sei nicht lebenswert, sie seien bereit zu sterben, um ihre Freiheit zu verteidigen, oder jeden auszuschalten, der es wagte, sie zu verletzen.

Christus hingegen hat uns geboten, unsere Feinde zu lieben und das Böse mit Gutem zu überwinden. Er beruft uns, Liebe zu unserer ersten Pflicht zu machen – und seine Liebe *befreit* uns dazu. Freiheit in Christus ist ja gerade Freiheit von der Tyrannei unseres Paranoia produzierenden eigenen Willens und unserer angstgetriebenen Selbsterhaltung, welcher wir tragischerweise das falsche Etikett „Freiheit" aufdrücken.

Wenn aber nun jemand unsere Sicherheit bedroht, sei es in unserem Zuhause oder an unseren Grenzen? Der Umgang mit Feinden wird zum echten Dilemma, wenn wir zwischen Feindesliebe und Freiheitsverteidigung entscheiden müssen. Im Moment der Wahrheit werden wir instinktiv so reagieren, wie es unserem *höchsten* Ruf entspricht – dem Ruf zur Liebe oder dem Ruf zur Freiheit.

Wir wollen diese konkurrierenden Werte noch weiter aufschlüsseln. Freiheit – wenn sie richtig verstanden wird – ist eine Gabe, die Christus für jeden will. Tatsächlich ist er ja gestorben, um sie uns zu geben. Ich argumentiere nicht gegen Freiheit. Echte Freiheit ist eine Gabe der Opferliebe Christi, *nicht* die leeren Versprechungen großspuriger politischer Bewegungen oder säbelrasselnder Staatsmänner. Aber Freiheit, die sich als *meine Rechte* oder *meine Sicherheit* definiert – nun, wie wichtig ist die? Ist sie wichtiger als alles andere? So wichtig wie Leben und Tod?

Ich mache den Weg

Alice im Wunderland[3]

Alice: *Seit meinem Sturz in das Kaninchenloch wurde mir gesagt, was ich tun und wer ich sein muss. Ich wurde geschrumpft, gestreckt, gekratzt und in eine Teekanne gestopft. Man warf mir vor, Alice zu sein, und man warf mir vor, nicht Alice zu sein. Aber dies ist* mein *Traum. Ab jetzt* entscheide ich, *wohin es geht.*

Bayard: *Wenn du vom Weg abweichst …*

Alice: *Ich* mache *den Weg!*

Mal ganz praktisch: Wie würdest du deine Freiheit verteidigen, wenn heute Nacht jemand in dein Haus eindringen würde. – Wirklich? Bist du vorbereitet? Oder ist das nur eine vorgespielte Ego-Fantasie? Mitten in der Nacht überrascht – würde dein schlauer Verteidigungsplan funktionieren? Würde er dir und deiner Familie mehr Sicherheit geben? Oder würde er die Gefahr vielmehr erhöhen?

Und wenn man dein Land angreifen würde? Das ist nicht mehr hypothetisch. Würdest du die Angreifer töten? Wie würdest du das anstellen? Was sollte getan werden, damit der gegenseitige Hass und die eskalierende Gewalt in den nächsten Jahrzehnten nicht immer schlimmer werden? Was ist mit denen, die zur Bedrohung werden *könnten*? Würdest du prophylaktisch in ihre Häuser oder ihre Länder eindringen? Würdest du sie dir schnappen, bevor sie dich erwischen können? Wenn du nur den *Verdacht* hegst, dass sie *vielleicht* einen Angriff auf deine Freiheit planen, würdest du sie gefangen nehmen, einsperren und foltern, um es herauszufinden, bevor sie tatsächlich ein Verbrechen begangen haben?

Dumme Frage? Keineswegs, besonders nicht für Christen. Tatsächlich zeigte eine Umfrage, die 2009 vom *Pew Forum on Religion and Public Life* durchgeführt wurde, dass 54% derer, die mindestens einmal wöchentlich einen Gottesdienst besuchen, und *62% der weißen Evangelikalen* den Einsatz von Folter gegen *mutmaßliche* Terroristen oft oder manchmal für gerechtfertigt halten.[2]

Wie ist so viel Feindseligkeit und Töten für „freiheitsliebende" Christen möglich? Nun, dieses Mehrheitsdenken ist nicht nur möglich, sondern gilt sogar als *moralisch unabdingbar,* solange Freiheit-gleich-eigener-Wille unser höchster Wert ist. Es ist die unvermeidliche Frucht unserer Entschiedenheit, *unsere* Rechte und Freiheiten zu verteidigen, *unseren* Frieden und *unsere* Sicherheit gegen jede hinderliche Behörde, jede Störung und jede Unbequemlichkeit. Darüber hinaus verlangt diese Art Freiheit, die Rechte und Freiheiten anderer zu opfern, den Frieden und die Sicherheit anderer zu verletzen. Gar nicht gut.

Paradoxerweise hat unser aggressives Vorgehen zur Verteidigung der Freiheit nach dem 11. September 2001 unsere Freiheiten empfindlich beschnitten und unsere Kinder in Gefahr gebracht. Sehe ich das falsch, oder haben nicht Regierungen, Medien und Kanzeln – verstärkt durch die Gesetzgebung – eine Atmosphäre der lähmenden Angst geschaffen, die unsere Freiheit einschränkt, wo sie sie doch schützen wollten?

Überlege außerdem, wie viele Todesfälle wir in Präventiveinsätzen verursacht haben, die uns eigentlich sicherer machen sollen. Die Sicherheit derer, die wir auf dem Altar unserer Freiheit opferten, wurde so nicht erhöht. Zu dem Anstieg der Todesfälle in den letzten zehn und mehr Jahren kommen mir Jeremias Prophezeiungen in den Sinn, der die verurteilte, die dem Moloch ihre Erstgeborenen im Feuer opferten. Wenn doch die Freiheit sagt, es sei „nötig" …

Bedenke die Möglichkeit, dass allein die Vorrangstellung von Freiheit vor und über Liebe die Definition von Freiheit tatsächlich pervertiert hat. Für die meisten bedeutet Freiheit inzwischen: „Ich bin, was ich will; ich kriege, was ich will; ich tue, was ich will." Ich bin Kapitän meines Schiffs – ich setze meine Segel für den Kurs, der meinen Wünschen entspricht.

Ist das die Freiheit, zu der Christus uns befreit hat (Gal. 5,1)? Ist das die Freiheit, die der Geist des Herrn bewirkt (2. Kor. 3,17)? Hat uns unsere Vergötterung des eigenen Willens wirklich von Angst befreit? Von der Macht des Satans, von Sünde und Tod? Von Unterdrückung, Besessenheit und Sucht? Von den reißenden Raubtieren in Wirtschaft, Politik und Religion? Was wir heute üblicherweise „Freiheit" nennen, klingt für mich eher nach der Vergötterung von Stolz.

Während Christen früher wahre Freiheit als ein herrliches Nebenprodukt eines Lebens gemäß den *von Gott offenbarten* Tugenden sahen, bedeutet Freiheit heute für viele das ungehinderte Ausleben von Werten, die *wir selber schaffen*. Jesus lehrt, seine Wahrheit werde uns wirklich dazu befreien, *seinem* Weg der Liebe zu folgen. Im westlichen Kulturkreis wird Freiheit heute jedoch so definiert, dass man seinen eigenen Weg macht und sein Schicksal durch den eigenen Willen selbst bestimmt.

Nimm eine typische Zeile aus der Ansprache irgendeines Präsidenten (Republikaner oder Demokrat): „*Keiner* bestimmt Ihr Schicksal als nur *Sie* allein. Ihre Zukunft liegt in *Ihren* Händen. Ihr Leben ist das, was *Sie* daraus machen. Und nichts – absolut *nichts* – ist unerreichbar für Sie."[4] Derart hochfliegende Sprüche erinnern an die Geschichte vom Turmbau zu Babel in 1. Mose 11, wo ein Volk, das „sich einen Namen machen" wollte, bald merkte: Hochmut kommt vor dem Fall.

Die moderne Rhetorik von Freiheit (als persönlicher Autonomie) eignet sich gut für ein inspirierendes Theaterstück, eine aufrüttelnde

Rede zur Lage der Nation oder eine verkaufsfördernde Sportartikel-Werbung. Von den Pilgern am Plymouth Rock bis heute haben wir die Verheißung der Freiheit von religiöser und politischer Unterdrückung mit offenen Armen aufgenommen. Prima. Und jetzt liegt eine strahlende Zukunft vor uns und unser Schicksal kennt keine Einschränkungen mehr. *Wir* machen unsere Welt, *wir* erklären unsere Unabhängigkeit und *wir* entscheiden über unser Schicksal. Wir sind frei! Pech für die, die wir bei der Verwirklichung unseres Traums versklaven oder gänzlich ausrotten. Es ist unser gottgegebenes Recht!

Richtig oder falsch – leben wir nicht genau so? Es ist eine unwiderlegbare Tatsache, dass Freiheit mittlerweile bedeutet: „Ich tue, was ich will, damit ich kriege, was ich haben will – *meinem* Gewissen, *meinen* Wünschen, *meinen* Überzeugungen, *meinen* Leidenschaften entsprechend – *auf meine* Art und Weise."

Bei dieser Art von Freiheit geht es in Wirklichkeit um den Willen – „Mein Wille geschehe"; ich spreche hier vom *Primat des Willens*, von Eigensinn oder Willkür. Man sagt Freiheit, doch wenn der Wille regiert, geht es eigentlich um Überlegenheit und Macht. Weit entfernt von „leben und leben lassen", zwingt sich mein eigener Wille anderen auf – sei es den Schwächsten in der Gesellschaft oder dem Terrorverdächtigen in irgendeinem ausgelagerten Kerker. Und so wird unser „freier Wille" brutal und bedient sich der Nötigung, Unterwerfung und tödlichen Gewaltanwendung.

Letztendlich wird genau das, was wir Freiheit nannten, zu einer Form von Sklaverei – der Romanautor David Foster Wallace sprach vom „Sklaverei-Impuls". Er kritisierte unsere Kultur dafür, dass wir unsere Kinder vom jüngsten Lebensalter an folgender Botschaft aussetzen:

> „*Du* bist der Wichtigste und das, was *du* willst, ist das Wichtigste. Und es ist deine Aufgabe im Leben, deine eigenen Wünsche zu erfüllen." … Das funktioniert nicht so gut, wenn es ans Kindererziehen geht oder wenn wir damit jemandem zeigen wollen, wie man leben … und *glücklich* sein soll – falls dieses Wort irgendeine Bedeutung hat. Offenkundig bedeutet es etwas anderes als „alles, was ich tun will": „Ich will jetzt diese Tasse

> hinschmeißen! Ich habe jedes Recht dazu! Sollte ich haben!" An Kindern sehen wir: Das ist nicht Glücklichsein. Das Gefühl, jedem Impuls gehorchen und jeden Wunsch befriedigen zu müssen, ist in meinen Augen wie eine sonderbare Form der Sklaverei.[5]

Wenn also Freiheit ganz obenan steht, kreist der Wille ums eigene Ich, beherrscht dann andere und wird schließlich zum Gefangenen seiner eigenen Forderungen. Aber es gibt einen anderen Weg.

Wenn Liebe regiert: ein Kreuz

Was geschieht aber, wenn die Liebe regiert? Könnte Gottes Liebe zu uns bewirken, dass unsere höchste moralische Vision die Liebe zu Gott ist (Anbetung), Liebe zum anderen (Gemeinschaft), Liebe zum Nächsten (Barmherzigkeit) und Liebe zum Feind (Vergebung)?

Beachte, dass ich nicht über *irgendeine* Art von Liebe spreche, ebenso wie es nicht guttut, einfach *irgendeine* Art von Freiheit hochzuhalten. Bei dem ganz Offensichtlichen brauchen wir uns gar nicht aufzuhalten: Gottes Liebe ist natürlich nicht das, was wir mit „Schokolade lieben", „sich verlieben" oder „Liebe machen" meinen. Gottes Liebe ist ganz klar etwas anderes als die „freie Liebe" der sexuellen Revolution. Sie ist nicht nur das romantische Geschehen, wie Holly- und Bollywood, Justin Bieber und Lady Gaga es darstellen. Gottes Liebe ist spezifisch. Auch die Liebe zu Gott ist mehr als einfach nur eine von verschiedenen Arten Liebe. Gott *ist* Liebe und damit die Definition von Liebe. Jeder Anspruch zu lieben bezieht sich entweder auf Gottes Liebe oder ist überhaupt keine Liebe. Der Genuss von Schokolade, die Verehrung eines Partners, selbst sexuelle Intimität können eine schwache Spiegelung von Gottes Liebe sein oder – wie bei Zwanghaftigkeit, Sucht und Ausbeutung – das totale Gegenteil von Liebe.

Angesichts einer dysfunktionalen Beziehung warnen wir manchmal den misshandelten Partner: „Das ist keine Liebe!" oder: „Er liebt dich gar nicht!" Nach welchen Kriterien? Nun, wir könnten sagen: „Liebe ist dieses", oder: „Liebe ist nicht jenes." Nach wessen Maßstäben? Was Liebe ist und was sie nicht ist, wissen wir letztlich anhand von Gottes Maßstäben: ein mitfühlendes Herz, aufopfernde Zuwendung und selbstlose Hingabe. In Christus zeigt Gott uns das in vollkommener

Weise. Doch schon vor Jesus Christus hat er es gnädig in die Schöpfung hineingelegt – in uns.

Was, wenn Gnade eine Liebe hervorbringen würde, die noch stärker ist als unsere Freiheit? Es klingt furchtbar selbstzerstörerisch – und ist es auch (in gewissem Sinn). Und doch gibt es etwas, was der Intuition entgegensteht, wonach Selbsthingabe und Selbstaufopferung die Samen für das menschliche Gedeihen sind. Denken wir an Jesu Worte:

> Wer mein Jünger sein will, darf nicht mehr sich selbst in den Mittelpunkt stellen, sondern muss sein Kreuz täglich auf sich nehmen und mir nachfolgen. Denn wer sich an sein Leben klammert, der wird es verlieren. Wer aber sein Leben für mich aufgibt, der wird es für immer gewinnen. Was hat ein Mensch denn davon, wenn ihm die ganze Welt zufällt, er dabei aber sich selbst verliert oder Schaden nimmt? (Lk. 9,23-25)

> Ich sage euch die Wahrheit: Ein Weizenkorn, das nicht in den Boden kommt und stirbt, bleibt ein einzelnes Korn. In der Erde aber keimt es und bringt viel Frucht, obwohl es selbst dabei stirbt. Wer an seinem Leben festhält, wird es verlieren. Wer aber sein Leben in dieser Welt loslässt, wird es für alle Ewigkeit gewinnen. Wer mir dienen will, der soll mir nachfolgen. Wo ich bin, soll er auch sein. Und wer mir dient, den wird mein Vater ehren. (Joh. 12,24-26)

Sein Kreuz auf sich nehmen? Sein Leben verlieren, um es zu gewinnen? Sterben, um zu leben? Sein Leben hassen? Dienen? Nachfolgen? Jesu Worte rebellieren gegen jeden mir vorstellbaren Instinkt des eigenen Willens und der weltlichen Freiheit! Stell dir vor, du würdest *das* in einer College-Abschlussrede sagen! Und dennoch sagt es Jesus. Mir. Dir.

Leichter gesagt als getan, sicher, aber so ganz fremd ist diese Botschaft auch nicht. Ist dies nicht das grundlegende Prinzip des Ehebundes? Damit eine Ehe funktioniert, müssen die Partner immer wieder die Liebe vor ihre eigenen Interessen setzen. Jedes Mal, wenn wir unserem Ehepartner zuliebe zu unseren eigenen Launen und Wünschen Nein sagen, beugt sich der eigene Wille (die Freiheit zu tun, was einem selber passt) vor der sich selbst schenkenden Liebe. Die Selbstzentriertheit stirbt einen weiteren kleinen Tod, und dennoch bewirkt die selbstlose Liebe erstaunlicherweise, dass es beiden Ehepartnern gut geht. Liebe, wenn sie an die erste Stelle gesetzt wird, führt zu der echten Freiheit eines erfüllten gemeinsamen Lebens. Aber wenn der eigene Wille den Ton angibt, wonach streben dann die beiden Eheleute? Nach „Freiheit", besonders wenn sie ihren Partner als selbstsüchtig und lieblos erleben. Ganz klar, eine gesunde Ehe ist da, wo gegenseitige, sich selbst schenkende Liebe vornan steht – nicht die Freiheit des eigenen Willens.

Ein weiteres Beispiel für die Vorherrschaft von Liebe ist Elternschaft. Ein klarer Fall von „Freiheitsberaubung"! Die Frau erträgt willig starke Schmerzen, um ein Kind zur Welt zu bringen. Eltern lernen, dass Liebe große Opfer bringt. Für unsere Kinder verzichten wir auf Schlaf, Zeit, Hobbys und sogar Karrieren. Liebe wechselt Berge von Windeln, räumt Tausende Male auf, überwacht jahrelang Hausaufgaben, hört endlos Vokabeln ab, schaut sich Aufführungen und Auftritte an. Liebe tauscht das Cabrio gegen den Minivan und macht zahllose Taxifahrten. Freiheit kann „Babys machen", aber nur Liebe zieht sie auf! Auf der anderen Seite soll Liebe die Beziehung und sexuelle Intimität rund ums „Babymachen" definieren, genau wie sie zu den großen Opfern führt, die das *Gebären* und dann *Aufziehen* der Kinder fordern.

Tatsächlich können Eltern ein Kind nur aus zwei Gründen verlassen: wenn die Liebe um des Kindes willen es erfordert oder das Verlangen der Eltern nach Freiheit dazu führt.

Über das hinaus, was an Ehe und Erziehung schwer ist, kann Gott unser Herz füllen und verwandeln, sodass Liebe für uns zum „obersten Gebot" wird oder, wie der Philosoph Immanuel Kant sagte, zum „kategorischen Imperativ". Jesus bezeichnete Gottes- und Nächstenliebe als „das größte Gebot" (Mt. 22,36). Ja, wenn durch die Gnade wirklich gilt: „Mein altes Leben ist mit Christus am Kreuz gestorben. Darum lebe nicht mehr ich, sondern Christus lebt in mir!" (Gal. 2,19-20), was würde dann „Christus in mir" nicht aus Liebe tun? Die Liebe Christi gibt sich bereitwillig dem Willen des Vaters als höchstem Gut hin. *Die Liebe Christi ist die wahre Freiheit – Freiheit zu lieben, die ihre Kraft aus der Liebe des Auferstandenen zieht, der die Liebe ist!* Von Liebe gestiftete Freiheit dient aufopferungsvoll den eigenen Geschwistern in Christus, ist Bedürftigen gegenüber barmherzig und legt ihr Leben nieder für die Gerechtigkeit. Solche Liebe sehen wir im Leben bekannter Heiliger wie Mutter Teresa und Martin Luther King, aber auch in zahllosen anonymen Helden, die uns den hohen Weg der kostbaren, christusähnlichen Dienerliebe zeigen.

Christusähnliche Liebe ist bereitwillig, nicht eigenwillig. Zustimmend, nicht aufzwingend. Vertrauensvoll, nicht schlagkräftig. Sie dient und gibt nach um eines höheren Gutes als der Durchsetzung der eigenen Vorstellungen willen. Mit Begriffen wie „Selbsthingabe", „Aufopfern" und „Vergebung" mache ich den Weg der Passion Christi von Gethsemane nach Golgatha zu meinem zentralen und bleibenden Bezugspunkt für extreme Liebe. Im Garten kniend, betet Jesus diese Worte der Hingabe:

> Mein Vater, wenn es möglich ist, dann lass den Kelch an mir vorübergehen und erspare mir dieses Leiden! Aber … (Mt. 26,39)
>
> Mein Vater, wenn mir dieser bittere Kelch nicht erspart bleiben kann, *bin ich bereit, deinen Willen zu erfüllen!* (Mt. 26,42)

Sieh dir an, wie Christus seine Rechte, seine persönliche Freiheit und seinen Willen niederlegt, damit er den rettenden Kelch der mitleidenden Liebe aus der Hand seines Vaters trinken kann. Als er verraten wird und Petrus „die Freiheit verteidigen" will, sagt Jesus: „Steck dein Schwert weg! Soll ich etwa den bitteren Kelch nicht trinken, den mir mein Vater gegeben hat?" (Joh. 18,11). Und dann trinkt er ihn, von Verhör und Folter an bis zu seinem Tod am Kreuz.

„Wie sehr Christus uns liebt", sagt Johannes, „haben wir daran erkannt, dass er sein Leben für uns opferte. Ebenso müssen auch wir bereit sein, unser Leben für unsere Geschwister hinzugeben" (1. Joh. 3,16), auch für unsere Nächsten (Mk. 12,31) und unsere Feinde (Mt. 5,44). Für Jünger des Lamms bedeutet das, dass wir das Schwert des Zwangs und der tödlichen Gewalt niederlegen und das Kreuz der sich selbst schenkenden, radikal vergebenden Liebe auf uns nehmen.

„So *müssen* auch wir …“, das klingt nach Gesetz und Verpflichtung – und ja, Jesus spricht von einem Gebot –, aber dies ist nicht eine neue religiöse Leiter, die wir erklimmen müssen. Vielmehr wirst du so werden, wenn die Liebe in dir Wohnung macht. Christus möchte von uns, dass wir Gottes verändernde Gnade willig empfangen und den Impulsen der Liebe Christi in unserem Herzen nachgeben. Wenn wir erst einmal das eigensinnige „Nein!“ in unserem Herzen aufgeben, wird sich dieser natürlich-übernatürliche Prozess der Gnade ganz einfach entwickeln.

Innehalten und nachdenken

- Denk noch einmal darüber nach, was die weltliche Freiheit des eigenen Willens von der göttlichen Freiheit der Bereitwilligkeit unterscheidet. Wie würdest du den Unterschied erklären? Fallen dir Beispiele ein?
- Was empfindet man als Lohn dafür, dass man sein eigener Herr ist und genau so handelt, wie man es selber will? Was sind die Kosten? Für dich? Für andere? Welche Erfahrungen hast du schon mit der Fessel des eigenen Willens gemacht?
- Denke darüber nach, was Gott über Liebe sagt und was Jesus uns über Liebe gezeigt hat. Vergleiche das mit Beschreibungen von Liebe in der Popkultur. Wie reflektiert menschliche Liebe am besten die Liebe Gottes? Wann ist sie praktisch das Gegenteil?
- Hast du bei einer wichtigen Entscheidung schon einmal die Konkurrenz von Liebe und Freiheit erlebt?
- Wie ging es aus? Was war letztlich das entscheidende Kriterium?
- Wie führt der Vorrang der Liebe zu größerer Freiheit als das Einfordern meiner Rechte und Freiheiten? Kannst du ein Beispiel aus deinem Leben nennen?

- Erinnere dich an meine Beschreibung der „christusähnlichen Liebe“: bereitwillig, nicht eigenwillig; zustimmend, nicht aufzwingend; vertrauensvoll, nicht schlagkräftig. Wo könnten die Grenzen sein? Wie sieht wohl ein gesundes, liebevolles „Nein“ aus?

Innehalten und beten

Gott, etwas in mir will Freiheit, merkt aber, dass sie immer dann entgleitet, wenn ich ihr nachjage. Aber du sagst, dass die Liebe Christi mein Weg zur wahren Freiheit in Christus ist. Wie kann das sein? Du sagst, wenn ich mein Leben verliere, werde ich es finden! Wirklich? In meinem Leben geht es so oft darum, dass ich bekomme, was ich haben will. Was, wenn ich die Zügel loslasse und bete: „Nicht mein, sondern dein Wille geschehe“? Das macht mir Angst, Gott, aber … okay: Herr, lass es geschehen!

4

Gott des Willens oder Gott der Liebe?

Der willkürliche Gott der biblischen Religion

„Befiehlt Gott etwas, weil es gut ist, oder ist es gut, weil Gott es befiehlt?"
Plato (Euthyphro)

Gottes Wesen: Freiheit oder Wille?

Was hat unsere Ethik von Freiheit oder Liebe – Willkür oder Bereitwilligkeit – mit konkurrierenden Gottesbildern zu tun? Nicht weniger als alles! Unsere höchsten moralischen Werte sind letztlich ein Widerhall des Gottes, an den wir glauben (oder geglaubt haben).[1] Unsere Ethik lässt sich darauf zurückführen, wie wir das eigentliche Wesen Gottes verstehen. Wenn nämlich Freiheit (als eigener Wille) dein höchster Wert ist, dann ist der Gott, den du kennst (und angenommen oder abgelehnt hast), ein Gott, dessen Wesen reine Freiheit oder reiner Wille ist. Wenn dein höchster Wert Liebe ist, dann ist der Gott, den du kennst (und höchstwahrscheinlich liebst), vermutlich der Gott, der reine Liebe oder reine Güte ist. Diese wesentliche Unterscheidung wirkt sich auf unsere Anbetung aus, unsere Theologie, unsere Glaubenspraxis – ja, auf jede einzelne Entscheidung, die wir treffen. Deshalb verdient sie eine deutliche Erklärung.

Wer Gottes *Freiheit* oder *Willen* für Gottes eigentliches Wesen hält, sagt: „Gott ist Gott, deshalb kann er tun und sagen oder fordern, was immer er will, und das macht es gut." Dieser Gott bestimmt, regiert und befiehlt absolut alles. Weil er allmächtig ist, geschieht nichts, wenn er es nicht anordnet. Er ist allmächtig. Souverän. Er hat alles unter Kontrolle.

Die extreme Version dieser immer noch sehr verbreiteten Theologie sagt, dass Gott alles voraussieht und alles, was er voraussieht, auch vorab anordnet. Mit anderen Worten, er bestimmt jedes Ereignis im Voraus, bis ins kleinste Detail. Noch vor Erschaffung der Welt hat Gott alles bestimmt, einschließlich des Sündenfalls. Er erwählte und prädestinierte eine bestimmte Klasse Menschen (die „Auserwählten"), seine geliebten Kinder zu sein, und entschied, dass es anderen überlassen bleiben sollte, ihn zu verachten und einer Ewigkeit in der Hölle entgegenzugehen – noch bevor sie geboren waren! Warum sollte er das tun? „Zum Lob seiner Herrlichkeit!"[2]

Triumphalismus

bezeichnet einen engen Blickwinkel oder prahlerischen Stolz auf die Überlegenheit, Dominanz und den Sieg des eigenen Glaubens oder des eigenen Gottes, wobei die Realitäten von Schwachheit und Leiden geleugnet werden.
Unter einem triumphalistischem Glauben sind Leidende (man denke an Hiob) möglicherweise der Meinung, sie würden Gott enttäuschen, oder werden der Glaubensschwäche beschuldigt.

Mit anderen Worten: *weil er kann*. Dieser Gott ist *frei*, alles zu tun, was er *will*, und was er tut, wird deshalb zu etwas Gutem, weil er Gott ist. In diesem Bild bestimmt Gottes Wille, was gut ist.

Wenn Gott in seinem Zorn eine Nation versklaven oder auslöschen *will*, kann und wird er es tun. Es ist Gottes *Recht*, seinem Heer das Abschlachten ganzer Völker zu befehlen – einschließlich ihrer Frauen, Kinder und Tiere. Diesem Befehl zu gehorchen ist gerecht, ihm nicht zu gehorchen, ist rebellisch. Zum Beispiel hat Gott in 1. Samuel 15 den Propheten vermeintlich angewiesen, König Saul zu befehlen, er solle alle Amalekiter umbringen – sogar ihre Frauen, Kinder und Tiere – als Rache für ein Jahrhunderte zurückliegendes Fehlverhalten ihrer Vorfahren. Dass Saul einige Amalekiter verschont, macht Samuel zornig, er verdammt diesen Akt der Barmherzigkeit als Rebellion und entzieht Saul daraufhin das Königreich – dramatisch und prophetisch.

Weil Gott ihn wollte, wird selbst Völkermord als heilig angesehen. Tatsächlich gilt Genozid als Anbetung, die Opfer werden Gott als Gabe dargebracht!

Und weiter: Wenn Gott entscheidet, ein böses Königreich zu gebrauchen, um sein eigenes Volk zu belagern und zu plündern, die Bäuche von Schwangeren aufzuschlitzen und jedes ungeborene Kind zu töten (Hosea 13–14), wird dieses Gemetzel durch die Tatsache gerechtfertigt, dass Gott es so bestimmt hat! Immer wenn Gott menschliche Diener solche Gerichte stellvertretend ausführen lässt, auch Akte extremer Gewalt, soll man daran denken: „Gehorsam ist besser als Opfer." Gewalttätige Grausamkeiten, die im Gehorsam gegenüber diesem Gott begangen werden, gelten nicht als unmoralisch oder sündig. Tatsächlich wird in diesen Fällen der Ungehorsam gegenüber Gottes Befehl mit der Sünde der Zauberei verglichen (1. Sam. 15,23), welche mit der Todesstrafe belegt war.

Und so sehen wir, dass, genau wie beim Menschen, ein Gott der reinen Freiheit auch überaus willkürlich ist. Paart man diese Willkür noch mit Allmacht, bekommt man eine **triumphalistische*** Gottheit, die gefährlich gewalttätig sein kann. Dieser Gott ist eine unbesiegbare Kraft, die zu fürchten und der zu gehorchen ist und die man gefälligst anzubeten hat, sonst setzt es was!

Der willkürliche Gott in der Geschichte des Christentums

Das Bild von Gott als reinem Willen und äußerster Freiheit kann ziemlich ansprechend sein, wenn es nach unseren eigenen Interessen geformt wird. Aber wenn die Brutalität und Gewalt des willkürlichen Gottes offenbar werden, passt das heraufbeschworene Bild nicht mehr zu unserem modernen Denken. Ich persönlich finde einen solchen Gott wirklich entsetzlich – ja, böse. Die Wahrheit über Gott wird jedoch nicht von unserem persönlichen Geschmack bestimmt. *Wenn* Gott reiner Wille ist – und sei es in Form eines göttlichen Tyrannen –, dann sollten wir uns ihm besser fügen, ob es uns passt oder nicht. Tatsache ist, dass solch ein Gott in verschiedenen Formen immer wieder in der christlichen Geschichte und sogar auf den Seiten der Bibel auftaucht. Der willkürliche Gott wurde von vielen großen christlichen Theologen und Lehrern sehr ernst genommen. Nur eine kleine Mustersammlung für die Geschichts-Enthusiasten unter uns:

· *Frühe Kirche – Augustinus (354-430):* Augustinus war ein Bischof in der römischen frühen Kirche, dessen Einfluss im Westen zunahm und der eine enorm große Rolle in der Entwicklung sowohl der katholischen als auch der protestantischen Theologie spielte. In einer Einführung zu seinen berühmten „Bekenntnissen" lesen wir, dass für Augustinus Gottes „souveräne Gnade" seine Freiheit ist,

> *„über jegliche äußere Notwendigkeit hinaus zu handeln"* – in Liebe zu handeln über das hinaus, was der Mensch beherrschen oder verstehen kann; in Schöpfung, Gericht und Erlösung zu handeln; zur Errettung, Stärkung und Leitung *freiwillig* seinen Sohn und seinen Geist zu geben; „das Schicksal der ganzen Schöpfung und der beiden menschlichen Gesellschaften zu gestalten, der ‚irdischen Stadt' und der ‚Stadt Gottes'".[3]

Augustinus beginnt bei der Freiheit Gottes, zu lieben und zu vergeben und zu retten, in der er sich nur sich selbst gegenüber verantworten muss. Prächtig! Aber schnell fügt Augustinus hinzu, dass es in beide Richtungen funktioniert. Gott ist auch frei zu richten und zu verurteilen und zu verdammen. Nach Meinung des kanadischen Gelehrten Ron S. Dart

> vertrat Augustinus zuweilen eine Position, die gar nicht recht zu dem alexandrinischen Christentum von Clemens und Origenes passte. Bei Augustinus nehmen Vorstellungen wie Auserwählung, doppelte Vorherbestimmung, Gottes Souveränität, gerechter Krieg und Gottes *Wollen* und *Auserwählen* eine Stelle ein und erreichen einen Ton, der viel mit dem Gott des biblischen Judaismus gemein hat … Bei Augustinus sehen wir die Rückkehr zu einem *wollenden*, auserwählenden, souveränen Gott, nicht gebunden an Güte oder Gerechtigkeit. Solch ein Gott konnte und würde seine Freiheit nutzen, um die auszuwählen, für die er die Errettung, und die, für die er die Verdammnis wollte. Das ist nicht ein Gott, dem wir wirklich vertrauen können.[4]

· *Mittelalterliche Theologie – Voluntarismus (1300-1500):* Während des Kapitels der christlichen Theologie, das man „Spätscholastik" nennt (vor der protestantischen Reformation), betont eine weitere Denkschule Gottes Freiheit. Sie wird **Voluntarismus*** genannt. Namen, die mit dieser Schule hauptsächlich in Verbindung gebracht werden, sind Heinrich von Gent, Duns Scotus und Wilhelm vom Ockham. Augustinus folgend, stellt der Voluntarismus Gottes Willen vor Gottes Güte. Auch hier ist das Motiv eine Verteidigung der Freiheit Gottes. Man dehnt die Vorherrschaft von Gottes Willen aus, nicht nur auf die Schöpfung, sondern auch auf Gottes eigenes Wesen. Nach Meinung des orthodoxen Theologen David Bentley Hart legten die Voluntaristen „eine nie dagewesene Betonung auf Gottes souveränen Willen als erstes und höchstes und vorrangiges Attribut Gottes".[5] Sie bemühten sich, Gottes Allmacht zu verteidigen, indem sie seinen Willen absolut setzten, *sogar über Gut und Böse hinaus.* „Gott befiehlt nicht das, was gut ist; das Gute ist gut, weil Gott es befiehlt. Das heißt, sein Wille gehorcht nicht seiner Natur als Gott, sein Wille folgt nicht aus seiner göttlichen Güte."[6] Also kann Gott auch hier (zum Glück!) großzügig vergeben, ohne an irgendein Gesetz gebunden zu sein, das über der Gnade steht – *aber* Gott kann auch vollkommen zu Recht Einzelne verdammen und Völker vernichten, *nur weil er es will.* Ferner *erlaubt* Gott in seiner Allmacht nach dieser Sichtweise nicht nur das Böse, er lässt es sogar in Ewigkeit zu, *ordnet es an.*

Voluntarismus

ist der Vorrang der Freiheit des Willens bei Gott und Mensch – sie steht sogar vor der Liebe als primärem Attribut Gottes, daher: „Alles, was Gott will, ist gut" gegenüber „Gott will nur das, was gut ist." Für Menschen bedeutet das: Freiheit, nicht Liebe, ist die höchste moralische Verpflichtung.

· *Reformationstheologie – Johannes Calvin:* ein europäischer Reformator Anfang des 16. Jahrhunderts. Später gewann Johannes Calvins Theologie durch die Erweckungspredigten von Jonathan Edwards in Amerika Popularität. Noch heute baut die evangelikale Theologie weitgehend auf dem Calvinismus auf. Calvin führte den „souveränen Willen Gottes" noch einen Schritt weiter. Er behauptete: „[Es steht fest], dass alles ... aus seiner Anordnung, seinem Wink heraus geschieht."[7] Mit anderen Worten, es gibt keinen Unterschied zwischen Gottes Erlaubnis und Gottes Absicht. Was er *erlaubt*, ist, was er *befiehlt*. Sogar das Böse? Sieh dir diese zwei Behauptungen an:

> Diebe, Mörder und andere Übeltäter sind Instrumente der göttlichen Vorsehung, sie werden vom Herrn selbst eingesetzt, um die Gerichte, die zu bringen er beschlossen hat, auszuführen.[8]
>
> Der Teufel und sein ganzes gottloses Gefolge werden von Gottes Hand in allen Richtungen gehalten wie an einem Zaumzeug, sodass sie Ungemach weder ausdenken noch das Ausgedachte planen noch auch nur den kleinen Finger rühren könnten, um einen eventuellen Plan umzusetzen, wenn er es nicht zulässt, *nein, wenn er es nicht sogar befiehlt*; sodass seine Fesseln sie nicht nur binden, *sondern sogar zwingen, ihm zu Diensten zu sein.*[9]

Neue Reformierte oder Neue Calvinisten

sind Vertreter der gegenwärtigen Ausprägung des klassischen Calvinismus (der Theologie von Johannes Calvin). Im Allgemeinen behalten sie die fünf großen reformierten „Gnadenlehren" bei: 1. totale Verderbtheit, 2. bedingungslose Erwählung, 3. begrenzte Erlösung, 4. unwiderstehliche Gnade und 5. das Ausharren der Heiligen.

Nach Calvin ist Gott also nicht nur jenseits von Gut und Böse, sondern handelt auch jeder Übeltäter ausschließlich als sein Werkzeug und nach seinem Befehl. Wenn ein böser Mensch oder sogar der Teufel etwas Böses verübt, dann deshalb, weil der Herr das nicht nur zulässt, sondern weil er es ihnen befiehlt und von ihnen erzwingt. Jeder Terrorakt, jede Vergewaltigung, jeder Mord, jeder Genozid und Kindermord, jeder Krebs und Herzinfarkt, jede Hungersnot, jede Epidemie – alle dienen Gottes höchster Absicht: dass du ihn fürchten und seinen Namen verherrlichen mögest.

· *Radikaler Puritanismus – Oliver Cromwell:* Calvins Theologie wurde im Vereinigten Königreich zum „englischen Puritanismus". Mancher verbindet „Puritaner" mit romantischen Bildern der Pilgerväter auf der Mayflower (1620) und Thanksgiving-Truthähnen. Es ist wichtig, zwischen diesen und Oliver Cromwells blutgetränktem englischem Puritanismus zu unterscheiden. Cromwell glaubte, dass Gott die Geschichte aktiv kontrolliert, dass er stets direkt an Eroberungen und Regierungswechseln beteiligt ist, genau wie wir es in den Chroniken der Geschichte Israels sehen. Er proklamierte, Gott habe ihn und seine Armeen ausdrücklich als seine Werkzeuge auserwählt. Cromwell hatte das Anliegen, als ein selbsternannter Josua Großbritannien zu reinigen, er zitierte das Alte Testament, um Massenmord und ethnische Säuberungen zu rechtfertigen und die Monarchie und dann das Parlament aufzulösen. Seine erbarmungslose Terror-Revolution währte von 1642 bis 1660.[10] Im Verlauf eines neunmonatigen Feldzugs in Irland töteten der Krieg und die nachfolgende Hungersnot und Pest über 500.000 Männer, Frauen und Kinder. Vergessen wir nicht, dieser „Blitzkrieg" wurde im Namen Jesu Christi geführt, des „Herrn der Heerscharen", unter dessen souveränem Befehl Cromwell behauptete zu marschieren.

Wir können dankbar sein, dass es die grausamen Extreme der cromwellschen Theologie heute nicht mehr gibt. Oder doch? Ich wage zu behaupten: Doch, es gibt sie noch. Die alten christlichen „Kreuzzüge" und die islamischen Dschihads spiegeln sich weiterhin gegenseitig, wo immer Gottes Name in heutige militärische Konflikte eingebracht wird. Es wird gebetet und um den Sieg gefleht, beide Seiten rufen den Gott Abrahams an, um ihre Sache im Namen der Freiheit voranzutreiben. Schlägt sich Gott auf die eine oder die andere Seite? Da er allmächtig ist und alles „unter Kontrolle" hat, sehen manche Leute Gott als das ultimative Mastermind, eine Art Zeus, der über dem Schlachtengetümmel steht und gleichzeitig alle kriegführenden Parteien wie Figuren auf dem Schachbrett herumschiebt. Warum? Nach Meinung vieler populärer Endzeitprediger manövriert Gott die Nationen unerbittlich und erbarmungslos auf Armageddon zu, den großen Holocaust der Menschheit, der die glorreiche Wiederkunft Christi einleitet.

· *Neureformierte Theologie heute:* Zum Glück lassen sich viele kompetente Theologen dazu nicht hinreißen. Dennoch ist das Bild von Gott als reiner Wille unter einigen populären Lehrern der **Neuen Reformierten*** oder Neuen Calvinisten unserer Zeit wiederaufgelebt. Im März 2009 stufte das *Time Magazine* den Neuen Calvinismus unter die „10 Ideen, die die Welt momentan verändern".[11] Zu ihren populärsten Stimmen gehören John Piper, Mark Driscoll, Kevin DeYoung und Tim Keller. Viele sind aktiv in Netzwerken wie „Acts 29" und „The Gospel Coalition". Es ist äußerst wichtig, nicht alle in der Bewegung über einen Kamm zu scheren, denn sie reichen von exzentrisch (wie die berüchtigten Westboro-Baptisten, die bei Beerdigungen von Homosexuellen oder Soldaten demonstrierten) bis weise und fruchtbringend (z. B. Tim Keller).

Für unsere Zwecke hier will ich John Piper zitieren, der seit Jahrzehnten predigt und dessen Stimme weithin Gehör findet. Er ist auch der wortgewandteste moderne Lehrer der „Voluntarismus-Bewegung" von Augustinus und Calvin. Zur Erinnerung: Das Hauptmerk liegt dabei auf der Verteidigung von Gottes souveränem Willen als absolut. Gott ist eigenverantwortlich und selbstbestimmt. Er kann tun, was ihm gefällt, und übt Kontrolle über jedes Ereignis aus; auch das Böse bestimmt er in guter Absicht. Auf den 11. September reagierte John Piper folgendermaßen:

> Ich komme zu den Familien und antworte, wenn man mich fragt: „Glauben Sie, Gott hat den Tod von meinem Papa bestimmt?" Dann sage ich: „Ja. Der Herr hat gegeben und der Herr hat genommen. Gelobt sei der Name des Herrn. … Aber genau die Kraft, durch die *Gott alles Übel regiert*, befähigt ihn, dein Leben zu regieren. … Wohin würden wir uns wenden, wenn wir nicht einen Gott hätten, der uns hilft, mit genau dem Bösen umzugehen, das er für unser Leben bestimmt hat?
>
> Mit einem kleinen Windstoß [hätte Jesus] diese Flugzeuge leicht vom Kurs abbringen können, aber das tat er nicht. Deshalb war Gott genau da, er *verfügte*, dass dieses geschehen sollte, denn er hätte es ganz einfach aufhalten können."[12]

Hier ein Auszug aus dem Blog von Pastor Piper, in dem er von einem Gespräch mit seiner Tochter erzählt, kurz nachdem 2007 die Minneapolis-Brücke eingestürzt war (13 Tote, 145 Verletzte):

> Während der Familienandacht beteten wir. Talitha (11 Jahre alt) und Noel und ich beteten ernstlich für die Familien, die von dem Unglück betroffen waren, und für andere in unserer Stadt. Talitha betete: „Bitte lass niemanden Gott dafür die Schuld geben, sondern danken, dass sie gerettet wurden." Als ich ein paar Minuten später an ihrem Bett gesessen und sie zugedeckt und sie gesegnet und über ihr gesungen hatte, meinte ich: „Weißt du, Talitha, das war ein gutes Gebet, denn wenn Leute Gott für etwas ‚die Schuld geben', dann sind sie wütend auf ihn und sagen, er hätte etwas falsch gemacht. Das bedeutet ‚die Schuld geben': sagen, dass einer etwas falsch gemacht hat. *Aber* du und ich, wir wissen, dass Gott nichts falsch gemacht hat. Gott tut immer das, was weise ist. Und du weißt, dass Gott diese Brücke mit einer Hand hätte festhalten können." Talitha sagte: „Ja, mit seinem kleinen Finger." „Ja", bestätigte ich, „mit seinem kleinen Finger. Und das heißt, dass Gott eine Absicht damit hatte, dass er diese Brücke nicht festgehalten hat. Er wusste ja, dass das passieren würde, und er ist unendlich weise in allem, was er nach seinem Willen geschehen lässt." Talitha sagte: „Vielleicht ließ er sie einbrechen, weil er *wollte*, dass alle Leute von Minneapolis ihn *fürchten*." „Ja, Talitha", sagte ich, „ich bin sicher, das ist einer der Gründe, weshalb Gott die Brücke einbrechen ließ." Ich sang ihr das Lied vor, das ich immer singe, „Come rest your head and nestle gently": „Leg dich schön hin und fürchte nicht das Dunkel der Nacht. / Gott der Allmächtige passt gut auf dich auf und bewahrt dein Leben mit all seiner Kraft. / Zweifele nicht an seiner Liebe, auch nicht an seiner Macht, dich zu bewahren. / Er macht nie etwas falsch und er schläft nicht."
>
> Ich sagte: „Weißt du, Talitha, das ist wahr, ob du stirbst, weil eine Brücke einbricht, oder durch einen Autounfall oder an Krebs oder durch Terrorismus oder an Altersschwäche. Gott bewahrt dich immer, selbst wenn du stirbst. Deshalb brauchst du keine

Angst zu haben, nicht wahr?" „Nein." Sie schüttelte den Kopf. Ich beugte mich nieder und gab ihr einen Kuss.

„Gute Nacht. Ich liebe dich."[13]

John Pipers zugrundeliegende Logik folgt dieser Spur: Wenn du meinst, das Leben liefe aus dem Ruder, und Angst hast, dann denke daran, dass Gott allmächtig ist und alles unter Kontrolle hat. Wenn er die Zügel in der Hand hält, dann brauchst du keine Angst zu haben. *Alles* ist in Gottes Händen. Das ist das Anliegen eines Hirten, der trösten will. Es funktionierte bei Talitha. Ich bin nicht so sicher, dass es auch bei den Abertausenden burmesischen Frauen funktioniert, die vergewaltigt und zusammengeschlagen wurden, deren Männer gefoltert und ermordet und deren Kinder entführt wurden, um in einer Kinderarmee zu kämpfen. Nach Pastor Pipers Modell *verfügt* und *bestimmt* Gott alles Böse gemäß seinem Plan und seiner Absicht, damit wir ihn fürchten. Dazu gehören auch die Entführungen von nigerianischen Schulmädchen durch Boko Haram und die Enthauptungen und Grausamkeiten durch ISIS (diese religiösen Extremisten sind übrigens genau der gleichen Meinung). Wenn Gott alles unter Kontrolle hat – wenn er Naturkatastrophen und moralische Tragödien nicht nur *zulässt*, sondern auch *will* – dann muss er sicher allmächtig sein. Aber kann man dann sagen, er sei gut?

Mir gefällt das nicht, aber was mir *gefällt*, kann nicht Kriterium für die Wahrheit sein. Beachte: Dieses Bild von Gott ist nicht nur die fantasievolle Interpretation schwieriger Bibelstellen durch Augustinus, Calvin oder Piper. Dieses Bild von Gott kommt tatsächlich klar und deutlich in der Bibel vor.

Der willkürliche Gott in den Schriften des Judentums

In den hebräischen Schriften oder dem Alten Testament wird von Jahwe tatsächlich oft berichtet, dass er diese Art von „Übeln" begangen oder befohlen und sie direkt in sein Gesetz eingebettet hat. Im Allgemeinen verurteilt der „christliche Westen" (was immer das bedeutet) Völkermorde oder Sklaverei als offensichtlich böse – als Ungerechtigkeiten, denen man sich entgegenstellen muss.

Auch wenn ein Erdbeben oder Tsunami eine Stadt zerstört und ihre Einwohner unter sich begräbt, reagieren wir sofort: Wir beten und mobilisieren instinktiv Hilfeleistungen. Warum? Weil wir (aus der Bibel?) wissen, dass Unterdrückung und Not schlecht sind, und wir sagen: „Das Böse triumphiert, wenn *gute* Menschen nichts tun."[14]

Zynismus und Literalismus

Die verheerendsten Angriffe auf das Christentum kommen nicht durch kluge Argumente, sondern durch ein zynisches Lesen der Bibel, als ob alles darin wortwörtlich genommen werden sollte. Zynismus ist clever, trendy und sogar ein bisschen prophetisch, aber letztlich beraubt er dich nur der Hoffnung, sonst nichts.

Was aber, wenn Gott Gemetzel *will* oder Sklaverei *befiehlt* oder Katastrophen *schickt*? Beachtliche Teile der Bibel schreiben Seuchen und Hungersnöte und Belagerungen und Massaker Gott zu, entweder seiner direkten Intervention oder Engeln des Verderbens oder marodierenden Armeen, an die Gott diese delegiert. Durch Gott Getötete werden in Zehn- und Hunderttausenden gezählt. Ganze Städte und Volksgruppen wurden angeblich auf göttlichen Befehl hin massakriert. Männer und Frauen werden mit dem Schwert getötet, ihre Kinder versklavt und ihre Jungfrauen als Kriegsbeute verteilt. Und die Bibel sagt nicht, Gott habe das zugelassen. In vielen Fällen lesen wir, dass er es verlangte, zumindest, wenn wir fordern, dass Gottes Ruf zum Gemetzel wörtlich gelesen werden muss. Ja, die **zynischen*** Verächter der Schrift setzen darauf.[15]

Und doch glauben wir, Gott ist gut. Vergiss nicht, als Erstes im jüdischen Kanon hörten wir, Gott sei „ein barmherziger und gnädiger Gott, langmütig und reich an Huld und Treue" (2. Mo. 34,6, Ps. 103,8 E). Was also machte diese verstörenden „mächtigen Taten Gottes" – normalerweise würde man sie für böse halten – *irgendwie* gut? Eine Antwort ist: einfach nur die Tatsache, dass Gott sie wollte. Gemäß diesem Bild von Gott ist Gottes souveräner Wille der höchste moralische Maßstab im

Himmel. Einige Abschnitte scheinen genau das zu sagen. Der Psalmist singt: „Unser Gott ist im Himmel, und *alles, was er will*, das tut er auch!" (Ps. 115,3). Jesaja stimmt ein:

> Ich bilde das Licht und schaffe die Finsternis; ich wirke den Frieden, und auch das Unglück lasse ich kommen. Ich bin der Herr, dies alles vollbringe ich. (Jes. 45,7)

Erinnerst du dich an Hiob? Gott hat vor Satan mit Hiobs Rechtschaffenheit geprahlt. Nach Hiob 1 stachelte Satan Gott dann zu einer Wette an und hatte damit grünes Licht, Hiobs Leben zu ruinieren. Nachdem er alle seine Kinder, sein Vermögen und seine Gesundheit verloren hatte, klagte Hiob in einer qualvollen Verteidigung vor Dummköpfen und beschwerte sich bei Gott über sein Elend. Und was antwortete Gott? In Hiob 40 lesen wir:

> Der Herr fragte Hiob:
> *„Willst du weiter mit mir streiten,*
> *mich, den Allmächtigen, immer noch tadeln?*
> *Du hast mich angeklagt, nun steh mir Rede und Antwort!"*
> Darauf antwortete Hiob nur:
> „Herr, ich bin zu gering, ich kann dir nichts erwidern;
> darum lege ich jetzt die Hand auf den Mund.
> Mehr als einmal habe ich geredet – aber ich will es nicht wieder tun;
> ich habe schon zu viel gesagt!"
> Da sprach der Herr zu Hiob aus dem Sturm:
> „Tritt mir gegenüber wie ein Mann
> und antworte auf meine Fragen!
> *Willst du mein Urteil widerlegen*
> *und mich schuldig sprechen, nur damit du recht behältst?*
> *Besitzt du Macht wie ich,*
> *kannst du mit gleicher Stimme donnern?*
> (Hi. 40,1-9)

Was hörst du in Gottes Antwort? Sei ehrlich. Ich höre eine allmächtige Gottheit einen gebrochenen Mann anschreien: „Wer bist denn du, dass du mich hinterfragst? Wer wagt es, mich zu verurteilen? Ich bin der allmächtige Gott!" (Hi. 38,1-3, 40,1-7, 42,1-6).

Hiob weiß das. „Ich erkenne, dass du alles zu tun vermagst; nichts und niemand kann deinen Plan vereiteln" (Hi. 42,2). Mit anderen Worten, Hiob resigniert. „Du hast recht. Du bist allmächtig. Du bist Gott. Du kannst tun, was immer du willst, und niemand kann dich aufhalten. Du hast gewonnen." Ich frage mich manchmal, ob Hiob nicht ganz leise geflüstert hat: „Sicher – aber bist du gut?"

Natürlich geht hier noch mehr vor sich – etwas Strahlenderes und Schöneres als göttliche Schikane, aber für den Theologen, der souveränen Willen als Gottes eigentliches Wesen ansieht, wäre das nicht nötig. Gott tut, was immer er will, und wenn das Hiob oder Jona oder mir nicht gefällt – na und? Gott ist Gott und wir nicht; deshalb, so sagt man uns, hinterfrage ihn nicht. In Wirklichkeit sind die großen Verluste Hiobs überhaupt nicht so etwas. Wir sollen lernen (im Gegensatz zu Hiobs törichten Freunden): Not und Elend sind *nicht* ein Zeichen dafür, dass wir böse waren oder dass Gott uns verlassen hat oder uns strafen will. Wir sollen sehen, dass Gott *sehr wohl spricht* – immer und überall und auf vielerlei Weise (Hi. 33,12-30) – und warum? Um uns zu warnen, uns wiederherzustellen und uns zu retten. Gott ist nicht ein gefühlloser Wille, sondern ein liebendes Herz – er fügt uns nicht Schaden zu, sondern wirkt auf unsere letztendliche Erlösung hin. Wie? Durch einen Mittler, der kommen soll!

> Wenn dann ein Engel ihm zur Seite steht,
> ein *Mittler*, einer von den Tausenden,
> dem Menschen zu verkünden, was recht ist,
> wenn dieser *sich seiner erbarmt* und spricht:
> *Erlös ihn*, dass er nicht ins Grab hinabsteige,
> *Lösegeld* habe ich für ihn gefunden!,
> dann blüht sein Fleisch in Jugendfrische,
> zu den Tagen seiner Jugend kehrt er zurück.
> Betet er zu Gott, so ist er ihm gnädig,
> er darf *sein Angesicht schauen in festlichem Jubel.*
> Dem Menschen *gibt er* seine Gerechtigkeit *wieder.*
> (Hi. 33,23-26 E)

Der willkürliche Gott im Neuen Testament

Diese konkurrierenden Bilder von Gott-als-Wille gegenüber Gott-als-Liebe sind nicht auf das Alte Testament beschränkt. Mancher würde das Problem gerne umgehen, indem er zwischen „dem Gott des Alten Testaments" (dem rachsüchtigen und gewalttätigen) und „dem Gott des Neuen Testaments" (dem gnädigen und barmherzigen) unterscheidet. Dann ginge es nur darum, Jahwe durch Jesus zu ersetzen. Aber so einfach ist es nicht. Das Neue Testament wurde auf der Grundlage und als Erfüllung des Alten geschrieben. Jesus ist offenbart als fleischgewordener Jahwe. Das Alte Testament kann Gott als rachsüchtig darstellen, aber es offenbart ihn auch als gnädig – es mag ihn als gewalttätig beschreiben, zeigt ihn aber auch als barmherzig. Er darf nicht auf einen rächenden Krieger reduziert werden – zuerst und vor allem geht es Jahwe immer um Wiederherstellung. Es kommt darauf an, durch welche Brille man die Geschichte der Hebräer liest.

Ebenso ist es mit den Seiten des Neuen Testaments. Mein Sohn Justice – der klar unterscheidet zwischen Gottes lebensspendender Gerechtigkeit und dem menschlichen todbringenden Richten – hatte diese Woche ein Gespräch mit einem Straßenprediger, der Hassbotschaften nur so ausspie. Als Justice ihn herausfordernd fragte: „Was ist mit der Wahrheit, dass Gott Liebe ist? Warum predigen Sie das nicht?", erwiderte der Evangelist: „Gott ist Liebe, *aber* ..." und holte eine Bibel her, in der er viele Stellen markiert hatte. Er zeigte meinem Sohn einen Vers nach dem anderen (immer ohne Kontext), in denen er „Hass", „Zorn", „Ärger" und „Gericht" unterstrichen hatte – einschließlich vieler Beispiele aus dem Neuen Testament.

Der Prediger hatte Darstellungen Gottes in den Gleichnissen Jesu, in Paulus' Briefen und in Johannes' Offenbarung hervorgehoben, die genauso nach Strafrichter-Gott aussahen wie Israels dunkelste Jahwe-Versionen. Sicher, Gott *wird* manchmal als fordernder Meister (Mt. 19,28-35), rächender Landbesitzer (Mk. 12,1-12) oder vergeltender Richter (2. Thes. 1,6-10) beschrieben. Dieser feurige Prediger nutzte solche neutestamentlichen Texte, um Gott – absichtlich! – als willkürlich, zwingend und zerstörerisch darzustellen. Er wollte Justice klarmachen, dass das ganze Neue Testament von Zorn und Rache durchzogen wäre – auch die Worte Jesu.

Ohne mit der Wimper zu zucken, sah er tatsächlich in Jesus selbst den blutgetränkten erobernden Krieger aus Offenbarung 19,11-19. Allzu viele Prediger sind von diesem Bild überzeugt. Mark Driscoll beispielsweise, der ehemalige Pastor der Mars Hill Church in Seattle, sagte einmal:

> In der Offenbarung ist Jesus ein Preisboxer mit Tattoo auf dem Bein, einem Schwert in der Hand und dem Ziel: *Einer muss bluten*. Das ist der Kerl, den ich anbeten kann. Den Hippie-, den Windel-, den Heiligenschein-Christus kann ich nicht anbeten, denn *ich kann keinen anbeten, den ich zusammenschlagen kann*."[16]

Ich finde dieses Bild extrem beunruhigend, weil es mit dem Bild von Demut, Gnade und Barmherzigkeit des Vaters kollidiert, das Jesu Worte, Werke und ganz besonders sein Leiden offenbarten. Ich sehe keine Ähnlichkeit zwischen jenem ruchlosen Eroberer und dem Jesus, den wir ja tatsächlich zusammengeschlagen *haben*: dem Heiler voller Mitleid, den seine Liebe zu uns bluten ließ.

Das Neue Testament als Gottes Hass-Literatur zu brandmarken, ignoriert auch die offensichtliche, beabsichtigte Entwicklung der Offenbarung vom Alten zum Neuen Bund. Nicht Gott hat sich entwickelt, sondern unsere Wahrnehmung von ihm, größtenteils, weil Jesus kam, um uns zu zeigen und genau zu sagen, wer Gott ist, auf eine Weise, wie es kein Prophet vorhersagen konnte – weder Mose noch David oder selbst Jesaja.

Zum Beispiel lesen wir in Johannes 1,17, dass Mose uns das Gesetz gegeben habe (ein System von Belohnung und Strafen), Christus hingegen Gnade und Wahrheit. In 2. Korinther 3,9 ff. heißt es, dass Moses Bund Verurteilung brachte, Jesu Bund hingegen Gerechtigkeit, wahre Freiheit und Veränderung.

Was geschieht hier? Statt den Jahwe des Alten Testaments durch den Christus des Neuen zu ersetzen, betonen diese Autoren, dass Moses Offenbarung von Gott als dem gerechten Richter (dem Gesetz-Geber) durch Jesu größere Offenbarung von Gott als dem liebenden

Vater (dem Evangeliums-Geber) ausgestochen wird. Sie predigen denselben Gott, aber durch unterschiedliche Brillen gesehen. Mit der „Wiederherstellungs-Brille" Jesu und seiner Frohen Botschaft rückt Jahwe als der gnädige Vater in den Fokus, dessen Gericht Barmherzigkeit *ist*. Welch böses Bild auch immer wir sehen, ist das Resultat einer verzerrten Sicht, entweder unserer eigenen verzerrten Sicht oder der der Charaktere der Geschichten oder der ihrer menschlichen Erzähler. Durch eine „Vergeltungs-Brille" gesehen, erscheint selbst Jesus rachedurstig und gewalttätig.

Bedenke, nicht nur Rache oder Gewalt schrecken mich ab: Das wirkliche Problem ist die Darstellung eines Gottes, dessen *nicht christusähnlicher, reiner Wille* Liebe ausschließt und Gnade aussticht – eine zwingende *Kraft*, die nicht mit der Liebe des Vaters übereinstimmt, die sich in Jesus am Kreuz offenbart.

Manche Anhänger von Johannes Calvin führen Paulus' Reflexionen in Römer 9 als ein Beispiel für Gottes Erwählungswillen an. In ihren Augen bombardiert Paulus die Leser mit einer Serie von Texten aus dem Alten Testament, um Gottes Freiheit zu bestätigen, und das tut er auch. Aber diese Interpreten nutzen den Text, um äußerste Willkür Gottes darzustellen, *Hass, Ausschluss und Verdammnis* – die Kehrseite der Gnade Gottes. Ja, mit dieser Brille könnte man so argumentieren:

> So sagt Gott ausdrücklich: „Ich habe Jakob geliebt, aber Esau *von mir gestoßen*."
> Bedeutet das etwa, dass Gott ungerecht ist? Auf keinen Fall!
> Denn Gott hat einmal zu Mose gesagt:
> *„Ich erweise meine Gnade, wem ich will. Und über wen ich mich erbarmen will, über den werde ich mich erbarmen."*
> Entscheidend ist also nicht, was jemand sich vornimmt und wie sehr er sich anstrengt, sondern dass Gott sich über ihn erbarmt.
> Wie erging es dem Pharao? Die Heilige Schrift berichtet, dass Gott zu ihm sagte:
> „Ich habe dich nur deshalb als König über Ägypten eingesetzt, um an dir meine Macht zu zeigen und meinen Namen in der ganzen Welt bekannt zu machen."

> *Gott* schenkt also seine Barmherzigkeit, wem *er will*, aber er macht Menschen ihm gegenüber auch hart und gleichgültig, wenn *er es will*.
> Sicher werdet ihr mich jetzt fragen: „Wie kann Gott dann noch von unserer Schuld sprechen? Wer kann denn etwas gegen *Gottes Willen* unternehmen?" Darauf kann ich nur antworten: Wer seid ihr denn eigentlich, ihr Menschen, dass ihr meint, Gott zur Rechenschaft ziehen zu können? Glaubt ihr wirklich, dass ein Gefäß aus Ton den Töpfer fragt: „Warum hast du mich so gemacht?" Der Töpfer hat schließlich die Freiheit, aus ein und demselben Klumpen Lehm zwei verschiedene Gefäße zu machen: ein kostbares zum Schmuck und ein gewöhnliches für den Abfall.
> (Röm. 9,13-21)

Liest man durch die Brille des absoluten Willens, scheint dieser Abschnitt einen Gott zu beschreiben, der *schlimmer* ist als vergeltend und rachedurstig, weil jene Attribute nur zornige Reaktionen auf böse Menschen sind. Aber diese Verse sagen das gar nicht. Sie gehen weiter. Sie sagen tatsächlich, dass Gott manche Menschen böse gemacht hat – *sie als „Böcke" für die Verdammnis schuf* – von Anfang an, weil er es so wollte. Und wenn er sie dann auch noch dafür bestraft, dann beschwer dich nicht! Wer bist du, dass du Gott richtest? Diese Interpretation von Römer 9 begrüßt die Vorstellung von Gottes souveränem Willen, der manche vorab zur Errettung bestimmt (Erwählung) und andere tatsächlich einzig zum Zweck der Verdammung erschafft. – Warum? Um sich selbst zu verherrlichen, wenn wir uns dankbar ducken.

Wie Justice' Straßenprediger sagte: „Hey, manche Leute sind Böcke, und Gott hasst Böcke." Er war sich nicht sicher, wer die Böcke waren (aber er war sich sicher, dass er keiner war), deshalb predigte er allen Gottes Hass und verunstaltete den Text, auf den er anspielte (Mt. 25,31-46).

Glauben wir wirklich, *das* wollte Paulus in Römer 9 sagen? *Das* wäre der Grund, weshalb er die Briefe schrieb? Der springende Punkt seiner Argumentation? Grotesk! Dieser Ansatz macht aus Paulus' Lebensaufgabe und aus seiner Absicht beim Schreiben des Römerbriefs reinen Unsinn. Schlimmer noch, er stellt Gott als ungerecht, unheilig und lieblos dar. Weil dieser Text so bedeutsam ist für die Sicht auf die Liebe und den Willen Gottes und weil er, isoliert für sich genommen, fehlinterpretiert wird, wollen wir uns ansehen, wie er in den größeren Zusammenhang des Römerbriefs hineinpasst.

- Paulus beginnt den Römerbrief mit dem Inhalt seines Dienstes: „Evangelium Gottes" (1,1-4).
- Er beschreibt seine Berufung, allen Nationen (oder: den Heiden) die gute Nachricht von Gottes Treue zu bringen (1,5).
- Dann argumentiert er ausführlich für die allumfassende Verfügbarkeit und Bedeutung des Evangeliums. Er verkündet die Inklusion von Griechen und Barbaren, Heiden und Juden (beginnend in 1,14-16), selbst jenen in Rom.
- Und so ist das Thema des Apostels die universelle Verfügbarkeit der göttlichen Errettung für *alle*: in Vergangenheit, Gegenwart und Zukunft. Das Verständnis von Paulus' Argumentationslinie erschließt seine Aussagen über Israel in Röm. 9–11.
- In seinem ganzen Brief zitiert Paulus seine Gegner und deren favorisierte Ausgrenzungs-Texte und wendet eben diese Texte dann gegen sie (eine Methode, die „Diatribe" genannt wird, „gelehrte Streitschrift"). In Römer 9 nimmt Paulus Abschnitte, mit denen seine Gegner Gott als willkürlichen Hasser darstellten, aber er wendet sie an, um Gottes *Freiheit in Liebe* zu preisen: dass er das Heil gnädig auch auf die Heiden ausdehnt.
- Dann antwortet Paulus auf eine andere Frage: Schließt Gottes Treue auch Israel ein, obwohl sie Christus abgelehnt haben? Ja, Gott ist *frei in Liebe*, auch sie zu erretten!
- Gottes Erlösungsplan, seine *Freiheit, die in der Liebe wurzelt*, ist unwiderruflich und seine Barmherzigkeit wird die Juden ebenso erreichen, wie sie die Heiden erreicht hat.

Angesichts des Kontextes wissen wir zumindest dies: Paulus' Feinde warfen ihm *nie* vor, einen willkürlichen und ausgrenzenden Gott zu predigen. Ihre Angst war immer, dass seine Botschaft *zu* gnädig, *zu* inklusiv und *zu* bereit war, alle zu retten. Ihr Gott – *nicht* der von Paulus – war der „Böcke-Hasser" des rohen Willens.

Wortassoziationen

Beenden wir dieses Kapitel mit dem Zusammenstellen einiger bekannter biblischer und theologischer Wörter, die mit einem Gott in Verbindung gebracht werden, dessen Wesenskern reiner Wille ist:

- König, Meister, Krieger, Eroberer
- Souveränität, Herrschaft, Kontrolle, Eingreifen
- allmächtig, unbesiegbar, an höchster Stelle
- Kraft, Stärke, Autorität, Herrschaft, Befehl
- Strafe, Vergeltung, Rache, Zorn

Diese Beschreibungen von Gott können wir einfach nicht ignorieren. Sie tauchen in unseren Bibeln als wichtige Wahrheiten auf. Sie stehen für wesentliche Themen und Offenbarungen Gottes von 1. Mose bis zur Offenbarung, einschließlich der Evangelien. Deshalb können und werden wir sie nicht aus den Seiten der Heiligen Schrift herausreißen.

Andererseits werden wir lernen müssen, wie diese Themen mit neuen Augen und „Evangeliums-Brille" zu lesen sind. Wenn die Religion Gottes *Willen* als absolut darstellt – das primäre Attribut seines Wesens –, dann kommt ein götzenähnliches und Christus unähnliches Bild von Gott heraus. Überall tauchen konkurrierende und widersprüchliche Bilder auf, das lässt sich gar nicht vermeiden. Unsere Theologie und selbst unsere Bibel lösen sich auf. Um dieses Problem zu beheben, wird das folgende Kapitel unsere Fundamente wieder neu auf die folgenden Annahmen gründen:

- Gottes Wesenskern ist nicht reiner *Wille*.
- Sein Wesenskern ist selbstlose *Liebe*.
- Gottes primäres Attribut ist nicht *Freiheit*.
- Gott ist zuallererst *gut*.
- Gottes Natur ist total *christusähnlich*, und wie wir sehen werden, *„kreuzförmig"*.

Innehalten und nachdenken

- Befiehlt Gott etwas, weil es gut ist, oder ist es gut, weil Gott es befiehlt? Was denkst du?
- Wenn wir sagen, Gott sei allmächtig, heißt das, er könnte *alles* tun, auch das, was für uns böse wäre? Ist es immer noch böse, wenn Gott es tut? Oder es befiehlt?
- Was fangen wir mit Schriftstellen an, die Gott als Komplizen solcher Übel darzustellen scheinen? Wie versöhnen wir diese Texte mit dem Vater der Liebe, der durch Jesus offenbart wurde?
- Was kannst du denen sagen, die jedes Ereignis Gottes Willen zuschreiben, auch Naturkatastrophen und selbst das böse Handeln freier Menschen?
- Wo sehen wir im Alten Testament Beispiele dafür, dass Gott seine Liebe über seine Freiheit oder Macht stellt?
- Wenn dargestellt wird, dass Gott Liebe und Mitgefühl über Gesetz, Gericht und Zorn stellt, wie wirkt sich das auf deine Haltung ihm gegenüber aus? Deine Emotionen ihm gegenüber?

Innehalten und beten

Gott, du bist frei, du bist allmächtig in Kraft, du bist gerecht in deinem Urteil. Vor allem hören wir, dass du Liebe bist. Dein Mitgefühl erstreckt sich auf jeden und deine Barmherzigkeit hat das letzte Wort. Mir ist egal, ob du einen Stein schaffen kannst, der zum Aufheben zu schwer ist. Was ich wissen muss, ist, ob ich dir wichtig bin, ob du freundlich bist und wie sehr du mich liebst. Nicht nur auf dem Papier, sondern hier, heute, in meinem wirklichen Leben. Herr, lass es geschehen!

5

Das fleischgewordene Wort

Der Gott, der sich in Christus zeigt[1]

„... hat Fleisch angenommen durch den Heiligen Geist von der Jungfrau Maria und ist Mensch geworden."

Nizänisches Glaubensbekenntnis

„Kolossale Macht ... winzig kleiner Lebensraum."

Disneyfilm *Aladdin*

In diesem Kapitel stelle ich Jesus als die „Brille" vor, durch die wir unsere Sicht von Gott scharfstellen sollen. „Brille" ist eigentlich ein zu schwaches Bild. Jesus ist nicht nur ein Filter, durch den Gott gesehen wird – Jesus *ist* dieser Gott. Gott ist ganz genau wie Jesus, das war er und wird es immer sein. Die Apostel bezeugten ausdrücklich, dass *alle Fülle* Gottes Mensch geworden ist *in* Christus – dass Jesus von Nazareth das vollkommene menschliche Bild des unsichtbaren Geistes der göttlichen Liebe war.

Wie wir sehen werden, ist Gott, weil er vollkommen offenbart ist in Jesus – ganz genau wie er ist –, ein sich selbst gebender Liebender und nicht ein erobernder Herrscher wie z. B. Konstantin. Wir werden uns mit dem Problem sowohl eines Gottes mit scheinbar zwei Seiten (Liebe kontra Stärke) als auch eines Christus mit scheinbar zwei Seiten (Lamm kontra Löwe; leidender Diener kontra streitbarer Krieger auf dem weißen Pferd) zu beschäftigen haben. Wir werden Christi vollständigen, umfassenden Sieg anerkennen, aber die *Art und Weise* seines Sieges als aufopfernde Liebe identifizieren.

Inkarnation: Menschwerdung

Beginnen wir mit einem alten christlichen Begriff, den wir normalerweise mit Weihnachten in Verbindung bringen: „Inkarnation" (siehe Glossar). Historisch war die Weihnachtszeit ein heiliges Fest, das die Inkarnation, wörtlich die *Fleischwerdung* des allmächtigen Gottes feierte. Aber sogar Christen, die das Wort nicht völlig vergessen haben, reduzieren die Bedeutung der Inkarnation oft fälschlicherweise auf die Geburtsszene in Bethlehem. Das ist verständlich, weil Inkarnation das „Menschwerden" ist – und gewiss markiert Jesu Geburt dieses Ereignis, dass Gott in einem menschlichen Körper erschien. Aber es ist tatsächlich viel größer. Zunächst bezieht sich die Inkarnation auf das gesamte Leben Jesu, als Gott mehr als drei Jahrzehnte lang greifbar auf Erden lebte. Und zweitens *war* Jesus von Nazareth die Inkarnation Gottes. Als Jesus an die Öffentlichkeit trat, sorgte sich König Herodes, er wäre die Reinkarnation von Johannes dem Täufer, aber er hatte ja keine Ahnung! Jesus war keine *Re*-Inkarnation; er war *die Inkarnation* des Gottes Israels, ja, des ganzen Universums.

Die frühe Kirche, die aus ihrer reichen Tradition der Evangelien und Briefe, Hymnen und Liturgien, Glaubensbekenntnisse und Konzile schöpfte, einigte sich auf folgendes Bekenntnis: „Wir glauben an den einen Gott, den Vater, den Allmächtigen ... Und an den einen Herrn Jesus Christus ...: Licht vom Licht, wahrer Gott vom wahren Gott, ... eines Wesens mit dem Vater."[2]

Dies spiegelt die Worte wider, mit denen Paulus die Korinther lehrte:

> So haben doch wir nur *einen Gott*, den Vater, der alles erschaffen hat und für den wir leben. Und wir haben auch nur *einen Herrn*, Jesus Christus, durch den alles geschaffen wurde. Durch ihn haben wir das Leben empfangen. (1. Kor. 8,6)

Mit anderen Worten, Jesus und der Vater sind eigenständige „Personen", dennoch teilen sie die Tatsache, dass sie gemeinsam (zusammen mit dem Heiligen Geist) „ein Gott" oder „ein Herr" sind. Gott und Herr sind hier Synonyme.

Und so ist dieser Gott – dieser Herr – „Fleisch geworden und hat eine Weile unter uns gewohnt (d. h., sein Zelt bei uns aufgeschlagen)" (Joh. 1,14, meine Übersetzung). Sensationell! Hoffentlich können wir das Staunen wiedererlangen, das die Hirten als erste Zeugen überkam. Aber es ist nicht leicht, diese gewaltige Nachricht noch einmal zu durchleben, wenn man so sehr an sie gewöhnt ist.

Neulich konnte ich wieder neu über die Inkarnation staunen, weil ich miterlebte, wie eine Spiritualistin der amerikanischen Ureinwohner, eine Sozialarbeiterin, zum ersten Mal davon hörte. Sie war in meinen Vortrag über „Das Evangelium mit Stühlen" an einer Uni geraten (auch „Das schöne Evangelium"[3]), eine Version der Jesusgeschichte, die ich in Kapitel 14 erzählen werde. Bewegt kam sie danach zu mir und meinte: „Ich bin zwar kein Christ und ich würde nicht so sprechen wie Sie, aber diese Botschaft ist genau das, was die Menschen hören müssen!" Sie redete über „das Universum", das alles mit Liebe erfülle und uns niemals verlasse oder zurückweise. Und dann wurden ihre Augen groß, und sie hatte, direkt vor meinen Augen, ihr Aha-Erlebnis. Aufgeregt rief sie: „Was, wenn … was, wenn das Universum uns diese Liebe mitteilen wollte? Was, wenn es das am besten so machen könnte, dass es als einer von uns herkäme!" Peter Fitch, mein Freund und Gastgeber an der Universität, erwiderte: „Ja, das ist ziemlich genau das, was wir hier sagen." Jesus kam von seinem Vater in die Welt, um Gott auf eine Weise zu offenbaren, die wir sehen, hören und anfassen konnten. Stell dir vor: Der Gott des Universums wohnt im „unerreichbaren Licht", aber mit einem Smartphone hätte man ein Selfie mit ihm machen können![4] Verrückt!

Und so finden wir also in Jesus, dem Menschen aus Fleisch und Blut, das einzige Leben aller Zeiten, das die wahre Natur Gottes *vollkommen* offenbart, soweit sie in einem menschlichen Wesen offenbart werden kann. Die Schreiber des Neuen Testaments erinnern uns, dass Jesus von Nazareth mehr war als ein wandernder Bauern-Prophet aus Galiläa. Sie bestehen darauf, dass er das *exakte Ebenbild* von Gottes Wesen war und ist, das *präzise Abbild* seines Seins (Kol. 1,15, Hebr. 1,13). Sie bezeugen: In Christus „lebt Gott mit seiner ganzen Fülle leibhaftig" (Kol. 2,9). Der erste Johannesbrief streitet für die zentrale christliche Wahrheit: dass Jesus Christus „als Mensch aus Fleisch und Blut" gekommen ist (1. Joh. 4,2). „Fleisch" wie in einem greifbaren Körper. „Fleisch" wie in echter Menschlichkeit. „Fleisch" wie in der ganzen Bandbreite körperlicher Einschränkungen, menschlicher Emotionen und Leidenstiefen, die wir alle haben.

Einfach ausgedrückt: Jesus hat uns *genau* gezeigt, wie Gott ist, nicht nur eine Facette der Göttlichkeit; Jesus war die eine wahre und lebendige Offenbarung des transzendenten Gottes. Als der Apostel Philippus ihn bat: „Zeig uns den Vater, dann sind wir zufrieden!", erklärte Jesus selbst: „Ich bin nun schon so lange bei euch, und du kennst mich noch immer nicht, Philippus? Wer mich gesehen hat, der hat auch den Vater gesehen" (Joh. 14,9).

„Ich und der Vater sind eins", sagt er (Joh. 10,30).

Das heißt, Jesus auf Erden enthüllte Gott im Himmel. Seine Apostel bestätigten, dass sie in Christus das Unmögliche erlebt hatten: Sie hatten Gott gesehen, Gott gehört und Gott berührt (1. Joh. 1,1-3). Sie hatten Gemeinschaft von Angesicht zu Angesicht mit dem Allmächtigen erfahren, weil Jesus in Wahrheit das Angesicht Gottes war (2. Kor. 4,6).

Gott ist wie Jesus

„Gott ist christusgleich, und in ihm gibt es überhaupt keine Nichtchristusgleichheit."
(Erzbischof Michael Ramsey)

„Gott ist wie Jesus – ganz genau wie Jesus – und Gott war schon immer ganz genau wie Jesus."
(Brian Zahnd)

Dieses sind gewaltige Behauptungen, nicht nur im Hinblick darauf, wer Jesus war und ist. Noch wichtiger ist die Folgerung: Jesus offenbart entscheidend, wer, und definiert radikal neu, wie Gott ist. Und dann musst du verstehen: Gott ist ganz und gar wie Christus! Der Erzbischof von Canterbury, Michael Ramsey, hat einmal gesagt: „Gott ist *christusgleich*, und in ihm gibt es überhaupt keine *Nichtchristusgleichheit*." Oder, wie der amerikanische Prediger Brian Zahnd erklärt: „Gott ist wie Jesus – ganz genau wie Jesus – und Gott war schon immer ganz genau wie Jesus."[5] Also ist Gott nicht nur christusähnlich geworden. Gott war es schon immer, vor aller Ewigkeit. Was bedeutet dann „ganz genau wie Jesus"? Das kommt darauf an, wen du fragst! Fangen wir am Anfang an.

Geburt eines Königs

Bei Christi Geburt wurden Engelsbotschafter vom Thron Gottes ausgesandt, um die Ankunft eines Königs – *des* Königs – zu verkünden. „Ehre sei Gott in der Höhe!", singen sie. „Denn er bringt der Welt Frieden und wendet sich den Menschen in Liebe zu" (Lk. 2,14).

Denken wir an Könige oder Königreiche, dann haben wir Pracht vor Augen, Herrschaft und Regierung; wir sprechen von Souveränität, Autorität, Macht und Stärke. Wenn wir uns also Gott als König vorstellen, proklamieren wir seine Herrschaft in Wort und Lied, ebenso wie es die Scharen in den Himmelsvisionen in Offenbarung 4 und 5 tun. Wir projizieren unsere hochfliegendsten Vorstellungen von weltlichen Monarchen auf Gott und geben unser Bestes, sie zu göttlichen Dimensionen zu vergrößern. Karl Barth (ein Theologe des 20. Jahrhunderts) nannte dieses Phänomen die Definition von Gott als Mensch in Großbuchstaben! Christus wird angebetet, gekrönt und inthronisiert als König der Herrlichkeit, majestätisch in seiner Herrschaft über alles – Bildsprache aus der Welt menschlicher Monarchen.

Alle diese Begriffe speisen sich aus dem Thema „Königsherrschaft". Wenn wir die König-Metapher benutzen, können wir uns vorstellen, dass Gott ein König ist wie unsere Könige, nur noch mehr! Sie sind mächtig; er ist allmächtig! Sie herrschen über Nationen; er herrscht über das Universum! Tatsächlich ist er ja der König aller Könige: Das macht ihn zum Kaiser! Imperator des Universums! Wir stellen uns die mächtigsten Herrscher der Geschichte vor: Tutanchamun, Nebukadnezar, Alexander der Große. Wir stellen uns das römische Weltreich vor, die chinesischen Dynastien und das britische Commonwealth. Das außerordentlichste Imperium der Geschichte existiert ja noch heute: die Vereinigten Staaten von Amerika! Dennoch müssen sie alle sich schließlich beugen, wie sich eines Tages jedes Knie beugen und sich dem Herrscher von allem und seinem Sohn, dem Herrn Jesus Christus, unterwerfen wird.

Solch ein Gott ist sehr ansprechend. Ich kann einem Gott vertrauen, der „souverän" ist. Ich will einen Gott, der „die Kontrolle" hat. Ich habe es gern, dass mein Gott größer, weiser und stärker ist als jeder andere … hauptsächlich deshalb, weil er *mein* Gott ist. Und wehe dem Fiesling, der mich ärgert! Ich setze meine Hoffnung auf diesen Krieger-König, den „mächtigen Vergelter", der mich rächt und am Ende gewinnt, entweder heute oder am Tag des Jüngsten Gerichts. Herrlich!

Solche Herrlichkeit eignet sich prima für Hymnen. Außerdem sind diese Beschreibungen biblisch richtig, nicht wahr? Natürlich! Die König-Metapher erinnert uns daran, dass Gott das letzte Wort hat. Sie ruft uns zu Treue, Gehorsam und Anbetung. Deshalb geschieht es ganz selbstverständlich, dass wir uns Gottes Souveränität in Begriffen von imperialer Herrschaft vorstellen.

Das Herrscher-Bild

Gewiss dachte auch Eusebius so.[6] Er war im 4. Jahrhundert Bischof von Cäsarea und wird „Vater der Geschichte" genannt. Unter seinen schriftlichen Werken ist auch seine „Rede zu Ehren von Konstantin", die den 30. Jahrestag der Regierung des ersten christlichen Kaisers besingt. In seiner großen Rede erörtert Eusebius: Die Kraft des Kreuzes hat jedes dämonische Hindernis der globalen Herrschaft Gottes – des Kaisers im Himmel – überwunden. Deshalb wird sich Gottes Reich jetzt ungehindert ausbreiten, bis es die ganze Erde bedeckt. Nachdem er ihre falschen Götter besiegt hat, wird der Friedefürst in einem vereinigten Reich über alle Nationen herrschen, genau wie es die Propheten vorhergesagt haben. Darüber hinaus verbreitete sich das imperiale Reich Christi rapide durch die Eroberungen seiner irdischen Mitregenten, des Kaisers Konstantin und seiner Armeen. In einer Schlacht nach der anderen unterwarf Konstantin unter dem Zeichen des Kreuzes alle fremdländischen Feinde, so (ähnlich) wie Israel hinter der Bundeslade. Und so sollte Gottes Reich und seine Herrlichkeit über den Umweg der imperialen Macht des Heiligen Römischen Reichs und getauft durch die Zustimmung der institutionellen Kirche die Erde bedecken. Schließlich würde sich aufgrund von Konstantins Sieg jedes

Knie vor Christus beugen und es würde eine Ära von ewigem Frieden anbrechen. Mit Eusebius' Worten:

> Und so gewährt der allmächtige Herrscher selbst unserem frömmsten Kaiser einen Zuwachs an Jahren und an Kindern und lässt seine Herrschaft über die Nationen der Welt nach wie vor frisch sein und blühen. Er schenkt ihm heute dieses Fest, weil er ihn über jeden Feind siegen ließ, der seinen Frieden störte: Er ist es, der ihn den Menschen zum Vorbild für wahre Frömmigkeit gibt.
>
> Mit der ihm eigenen Ähnlichkeit zum himmlischen Herrscher richtet Konstantin den Blick in die Höhe und bildet seine irdische Regierung nach dem Vorbild des göttlichen Originals. Seine Stärke liegt in der Konformität mit der Königsherrschaft Gottes. Diese Konformität gewährt der Herrscher des Alls von allen Geschöpfen dieser Erde allein dem Menschen: denn er allein ist der Urheber souveräner Macht, und er bestimmt, dass alles der Herrschaft des Einen unterworfen sein soll.[7]

Beachte hier, wie Eusebius Gottes „Souveränität" definiert. Er bezieht sich auf Sieg durch Gewalt und Frieden via Eroberung; Monarchie per Kraft und überwältigender Stärke; Herrschaft per Erlass und Regierung im Sinn von Unterwerfung. Jede Rebellion – Polytheismus, Pluralismus und Demokratie – würde um des Gottesreiches willen zu Boden getreten werden.

Nun, um sowohl Konstantin als auch Eusebius gegenüber fair zu sein, muss man sich vor Augen halten, dass die Christenheit Zeiten fürchterlicher Verfolgung durchlitten hatte. In den Gefängnissen gab es manchmal keinen Platz für Kriminelle, weil sie voll waren mit Bischöfen und Priestern, gefoltert für ihren Glauben und entstellt durch die Verstümmelungen, die ihre Häscher ihnen zugefügt hatten. Stell dir jetzt vor, dass der Kaiser, ob du an die Echtheit seiner Bekehrung glaubst oder nicht, das *Edikt von Mailand* (313 n. C.) unterschreibt und vollstreckt, welches allen Religionen Freiheit gewährt und auch die aktive Förderung des Christentums erlaubt. Darüber hinaus befürwortet er das große Konzil von Nizäa und führt den Vorsitz darüber (das erste ökumenische

Konzil, 325 n. Chr.): der erste erfolgreiche Versuch, quer durch die ganze Christenheit Konsens zu erwirken. Von dieser Initiative bekommen wir den ersten Entwurf des Nizäischen Glaubensbekenntnisses, welches schließlich das Wesen des Sohnes Gottes und seine Beziehung zum Vater definiert. Bis zum heutigen Tag gilt uns dieses Glaubensbekenntnis als Standard für Rechtgläubigkeit oder **Orthodoxie.***

Orthodoxie

bezeichnet die Theologie, die sich an dem Glauben orientiert, den die Apostel durch Christus „ein für alle Mal überliefert" haben (Jud. 3) und der von den frühen Kirchenvätern in den Glaubensbekenntnissen und Konzilen der frühen Kirche dargelegt wurde.

Außerdem wurde lange Zeit überall dort, wo Kaiser Konstantin marschierte, Chaos zu Frieden und das Christentum konnte Wurzeln schlagen.

Was bedeutet das alles? Für Eusebius war Gottes Reich *durch das Lebenswerk Konstantins* gekommen, „auf Erden wie im Himmel". *Jetzt war der irdische Kaiser Abbild und Mittelsmann des himmlischen Königs*, und der institutionellen Kirche wurde die Rolle des unbeschwerten Priesters, Vertrauten und Motivators des Kaisers zugeschrieben!

Im Rückblick wirken solche Ansprüche vermessen und unverfroren – und doch halten sie sich durch die Zeiten in unterschiedlichen Formen, gekleidet in Begriffe wie „Gottesgnadentum", „Offensichtliche Bestimmung" und, aus neuerer Zeit, „Amerikanischer Exzeptionalismus".

Vergiss nicht, *wie* Jesus kam

Moment mal.

Erinnerst du dich an die Inkarnation? Der allmächtige Schöpfergott, der immer schon existiert und der das gesamte Universum in Existenz gerufen hatte, war schon gekommen. Christus hatte sein Reich schon gebaut. Denk auch daran, wie er kam. Keine Militärparade! Erinnere dich: Die königliche Proklamation der Engel weist auf eine mühsame

Reise, einen stinkenden Esel, ein winziges Dorf. Erinnere dich an das „Kein Zimmer frei"-Schild und natürlich die überfüllte Krippen-Höhle. Gott, der in diese Dimension einbricht, kommt aus dem Bauch einer Jungfrau zum Thron! Gott, ein hilfloses Neugeborenes, das brüllt, weil es gestillt werden will. Gott, der seine erste Windel mit Mekonium füllt! Gott, der sich nachts mit einer Flüchtlingsfamilie davonmacht, nur ganz knapp dem Schwert des Herodes entwischt, sich in Ägypten versteckt hält.

Auf diese Weise kam Gott zur Erde, mit Absicht! Und *wie* Gott kam, ist in sich eine wesentliche Offenbarung seiner wahren Natur.

Denk an Jesus! Denk daran, dass er – nicht Konstantin – das einzig perfekte Bild von Gott darstellt. Erinnere dich, wer Jesus war auf Erden: wie er kam, wie er lebte, wie er starb und wie er siegte – seine Art zu siegen stellt die einzige zutreffende Offenbarung dar, die wir von Gottes souveräner Herrschaft haben!

Wenn Gott seinen Sohn sandte, um sich zu offenbaren, wenn Jesus uns zeigte, wie wahre Souveränität funktioniert, was echte Macht tut und wie Siegen aussieht – auf Erden wie im Himmel –, dann möchte ich behaupten, dass der König der Himmel nicht wie Konstantin herrscht und regiert, sondern wie Jesus von Nazareth. Wenn Jesus ein König ist, ist er nicht wie irgendein König, den wir kennen. Denken wir an das Baby in Bethlehem oder den Diener, der seinen Jüngern die Füße wäscht, oder den gekreuzigten König der Juden: Wir müssen erkennen, dass sein Reich ein auf den Kopf gestelltes Königreich ist! Will man Jesus „König" nennen, dann ist er ein demütiger und bescheidener König, die Karikatur eines Königs – praktisch ein Anti-König! Christus selber sagte es so:

> Da rief Jesus alle zusammen und sagte: „Ihr wisst, wie die Großen und Mächtigen dieser Welt ihre Völker unterdrücken. Wer die Macht hat, nutzt sie rücksichtslos aus. Aber so darf es bei euch nicht sein. Im Gegenteil: Wer groß sein will, der soll den anderen dienen, und wer der Erste sein will, der soll sich allen unterordnen. Denn auch der Menschensohn ist nicht gekommen, um sich bedienen zu lassen. Er kam, um zu dienen und sein Leben

als Lösegeld hinzugeben, damit viele Menschen aus der Gewalt des Bösen befreit werden" (Mt. 20,25-28).

Der Theologe Derek Flood kommentiert:

Jesus zeigt, wie Gott ist: nicht jemand, der sich über andere überhebt, sondern ein dienender Herr, und er beruft uns, auch auf diese Art und Weise zu leben. Jesus zu folgen bedeutet, die Weise der Vorherrschaft, die Weise weltlicher Könige abzulehnen.[8]

Niedriger König

Die Umkehrung weltlichen Königtums ist im Leben Christi offensichtlich – von Geburt bis Tod und in jeder Phase. Ja, Jesus Christus offenbart Stärke, Souveränität und Sieg des Reiches Gottes. Aber dabei unterminiert er unsere falschen Vorstellungen von Stärke, Souveränität und Sieg. Tatsächlich gibt uns Jesus für alle Ewigkeit eine ganz neue Sicht auf Gott als König!

Christus ist wahrhaftig unser König, aber das Kreuz offenbart, dass er ein niedriger König ist. Dieses Wort „niedrig" hat im Hebräischen, Griechischen und Englischen zwei Bedeutungen. Auf der einen Seite kann „niedrig" auf Demütigung bezogen sein – wie in zerschmettert, gebrochen, niedergedrückt von Kummer. Auf der anderen Seite bedeutet „niedrig" in erster Linie Demut oder Sanftmut, Geduld, Bescheidenheit. Beide Bedeutungen treffen auf Christus zu, aber in ganz unterschiedlicher Weise. Christus erlitt die Demütigung von Hohn, Folter, Kreuzigung und Tod. Diese Demütigung war eine *zeitlich begrenzte Erfahrung*, die Christus durch seine Auferstehung und Auffahrt in Herrlichkeit überwand. Aber er war auch niedrig im Sinn seiner Demut. Die Demut Christi spiegelt seinen eigenen Charakter wider und sie offenbart auch die ewige Natur Gottes. Diese letztgenannte Niedrigkeit – diese Demut – meint Jesus, wenn er sagt: „Nehmt mein Joch auf euch und lernt von mir; denn ich bin sanftmütig und von Herzen *demütig*; und ihr werdet Ruhe finden für eure Seele" (Mt. 11,29).

Christus kommt auch den Niedrigen (im Gegensatz zu den Stolzen) nahe – den Gedemütigten und den Demütigen. Die Frohe Botschaft ist, dass er die Niedrigen (die Gedemütigten) retten und erheben und gleichzeitig seine Niedrigkeit (Demut) in uns hervorbringen will. Durch den Propheten Jesaja sagt Gott: „Als Heiliger wohne ich in der Höhe, aber ich bin auch bei dem Zerschlagenen und dem im Geist *Niedrigen*, um den Geist der *Niedrigen* wieder aufleben zu lassen und das Herz der Zerschlagenen neu zu beleben" (Jes. 57,15 E).

Kreuzigung oder Kreuz

Mit Kreuzigung *können wir das bezeichnen,*
was wir Jesus angetan haben –
die Sünde der Folterung und Tötung von Gottes Sohn.
Mit Kreuz *können wir das bezeichnen,*
was Jesus für uns getan hat –
die Hingabe seines Lebens für uns
in aufopferungsvoller Liebe und radikaler Vergebung.

Die demütige Niedrigkeit Christi ist eine Offenbarung der Demut des Vaters. Demut ist ein ewiges Attribut Gottes, das wir in seiner Menschwerdung und ganz besonders in seinem Leiden sehen. Aber auch die Niedrigkeit unserer Demütigung erlebte und teilte Christus, sodass wir mit ihm aus der Demütigung herausgehoben werden können. Das erste „Herausheben" ist *zum* Kreuz *hin* (Demut). Das zweite „Herausheben" ist *von* der Kreuzigung *weg* (Demütigung).

Wenn wir uns nun dieser Vorstellung vom Kreuz als einer Offenbarung Gottes zuwenden – einer *Theologie vom Kreuz* sozusagen – ist es vielleicht hilfreich, wenn ich zwischen der *Kreuzigung* und dem *Kreuz* unterscheide.

Die Kreuzigung und das Kreuz

In den neutestamentlichen Berichten vom Sterben Christi berührt uns sowohl die Hässlichkeit des Verbrechens als auch die Schönheit dessen, der es ertrug. Wir bemerken die Ironie, dass ein Folterinstrument zu einem Kunstwerk wird.

Mit dem Wort *Kreuzigung* bezeichne ich im Allgemeinen das sündige Handeln böser Menschen, die den Sohn Gottes gefoltert und ermordet haben. Wenn ich vom *Kreuz* spreche, habe ich die aufopfernde Dienerliebe Christi im Sinn, in der sein Blut seine auf die Welt ausgegossene Barmherzigkeit und Vergebung symbolisiert. Mit anderen Worten, die Kreuzigung ist, was wir ihm angetan haben – wir haben ihm das Leben genommen. Das Kreuz ist, was Christus für uns getan hat – er gab sein Leben.

Im Neuen Testament werden diese Wörter nicht immer streng in diesem Sinn verwendet, aber ich werde es tun, um beide Perspektiven zu erhalten. Wenn wir also über die *Kreuzigung* nachdenken, können wir an Jesu Gleichnis von den Winzerknechten denken (Mk. 12,1-12). Der Winzer (der für Gott steht) erwartet, dass die Knechte seinen geliebten Sohn (Vers 6) respektieren und aufnehmen, aber sie bringen ihn um (Vers 7) und der Besitzer ist zornig (Vers 9). Jesus gebraucht dieses Gleichnis, um die Verschwörung der Tempelobersten vorherzusagen, die seinen Tod wollten. Stephanus, der später zum Märtyrer wurde, beschuldigt die religiöse Führung mit den Worten: „Nennt mir einen einzigen Propheten, den eure Vorfahren nicht verfolgt haben. Sie haben alle umgebracht, die vom Kommen des Retters sprachen. Und diesen Unschuldigen *habt ihr nun verraten und ermordet!*" (Apg. 7,52). Jesus und die Zeugen in der Apostelgeschichte sahen also in der Kreuzigung einen entsetzlichen Mord.

Wenn wir aber von *dem Kreuz* sprechen, dann steht uns die große Liebe Jesu vor Augen, die er darin zum Ausdruck bringt, dass er sein Leben für uns gibt (1. Joh. 3,16). Das Kreuz ist die Offenbarung der Liebe Gottes unter uns (1. Joh. 4,9-10). Wenn Paulus sagt, er „kenne nur einen Grund zum Rühmen: das Kreuz unseres Herrn Jesus Christus" (Gal. 6,14), dann meint er all das, was Jesus in seinem Tod für uns tat. Das Bild hat eine so zentrale Bedeutung für die Beschreibung, wer Gott ist und was Christus tut, dass „das Kreuz" praktisch ein Synonym für den Namen Jesu ist! Man könnte sagen, „das Kreuz" steht als Kürzel für „die Person und das Werk des gekreuzigten Christus".

Diese Unterscheidung verdeutlicht auch, was Gott Vater am Karfreitag tut und *was er nicht tut*: Er ist nicht ein Mitverschwörer in der

Kreuzigung seines eigenen Sohnes, und Verrat, Strafe oder Tötung bereiten ihm keinerlei Freude. Vielmehr steht das Kreuz dafür, dass Gott „durch Christus selbst in diese Welt gekommen und Frieden mit ihr geschlossen" hat ...

Wie das? Indem er voller Gnade und Barmherzigkeit „den Menschen ihre Sünden nicht länger anrechnet" (2. Kor. 5,19). Und indem er Satan, Sünde und Tod für uns überwand, stark und siegreich.

Die Offenbarung par excellence

In seinem ersten Brief stellt Johannes zwei absolut zentrale Behauptungen auf: „Gott ist Liebe" (1. Joh. 4,16), und: „Wie sehr Christus uns liebt, haben wir daran erkannt, dass er sein Leben für uns opferte" (1. Joh. 3,16). Mit anderen Worten, wenn wir Jesu Offenbarung des Wesens Gottes heranzoomen, führt er uns zum Kreuz von Golgatha. Das Kreuz Christi ist *die* Darstellung des Wesens Gottes schlechthin. Quasi alle großen Maler der Geschichte haben versucht, die Schönheit und Kraft der Kreuzigungsszene einzufangen. Ich behaupte, das Kreuz ist das Meisterstück Jesu Christi und im Kreuz sehen wir die Schönheit und Stärke und das Angesicht von Gott, dem Vater.

So werden wir nun im nächsten Abschnitt, „Der Gott des Kreuzes", untersuchen, wie sich das Reich und die Kraft und die Herrlichkeit Gottes auf Golgatha am dichtesten konzentrieren.

Innehalten und nachdenken

- Denke über folgende Texte nach:
  - Phil. 2,1-11
  - Joh. 12,27-33, 16,33–17,5
  - Offb. 5,1-10, 12,1-12
- Was sagen diese Texte über Gottes Selbstoffenbarung in und durch Jesus? Was wird über Gottes ewige Natur offenbart?
- Wie assoziieren diese Texte Herrlichkeit und das Kreuz?

- Wann ist – gemäß dem Johannesevangelium – Christus verherrlicht?
- Was kommuniziert das Bild vom Lamm? Wie regiert Christus als Lamm? Warum „Lamm" im Gegensatz zu „Löwe"?

Innehalten und beten

Gott, du bist frei, du bist allmächtig in Kraft, du bist gerecht in deinem Urteil. Vor allem hören wir, dass du Liebe bist. Dein Mitgefühl gilt jedem und deine Barmherzigkeit hat das letzte Wort. Du sorgst dich um mich, du bist freundlich und du liebst mich. Nicht nur auf dem Papier, sondern hier, heute, in meinem wirklichen Leben. Herr, lass es geschehen!

Teil II

Der „Kreuz"-Gott

- Wir befassen uns mit Christus – und zwar besonders dem *gekreuzigten Christus* – als dem Höhepunkt der Selbstoffenbarung Gottes.
- Was zeigt uns Jesus über das Wesen Gottes?
- Was zeigt das Kreuz über das Wesen Gottes?
- Inwiefern steht das Kreuz für Gottes Ja zu der Welt und zur menschlichen Freiheit?
- Was offenbart das Kreuz über Gottes Anteilnahme an der Welt?
- Inwiefern ist das Kreuz eine Antwort auf das Problem des Leids?

6

Von Löwen, Lämmern und Eseln

Kenosis – *„Kreuz"*-Stärke

„Erst kam er als Lamm Gottes; wiederkommen wird er als der Löwe aus dem Stamme Juda."

Ray Pritchard *(Sound the Trumpet)*

„Er macht göttlich mit der Schwachheit seiner immanenten Berührung, und in der Verwundung seines zerbrechlichen Seins offenbart er die Fülle der göttlichen Herrlichkeit."

Aaron Riches *(Ecce Homo)*

Die meisten Weltreligionen stellen ihre Götter anhand von Tieren dar. Manche sind majestätisch, andere komisch oder sogar grotesk. In asiatischen Tempeln sah ich verzierte, goldene Elefantengötter, die Vornehmheit und Macht ausdrücken. Die alten Ägypter fertigten gerne Tier-Mensch-Hybriden nach der Art von Superman. Sogar die frischbefreiten Juden experimentierten mit einem großen goldenen Kalb. Jede Religion wollte etwas von dem Reichtum und der Macht ihrer Götter vermitteln. Das Christentum liebt es, die Überwinderkraft Christi mit einem gewaltigen Adler oder königlichen Löwen zu symbolisieren. Hätte Jesus nicht so demütig und bescheiden gelebt und wäre er nicht so grauenvoll gestorben – ich bezweifle, dass wir Gottes messianischen König als geschlachtetes Lamm oder als mit Eseln bestens vertrauten Mann vom Lande dargestellt hätten. Anscheinend waren Macht und Reichtum nicht obenan in Gottes Prioritätenliste für seine Selbstoffenbarung. Aber Gott kommunizierte genau, was er über sich offenbaren wollte, und zwar in Jesus, mit Bildern, die wir zweifellos vermieden hätten.

Noch einmal zu einem unserer Hauptthemen: Die Bilder für Gott, die wir als Menschen und als Christen wählen, sind normalerweise nicht sehr christusähnlich. Wieder und wieder muss Christus uns auf die Spur zurückführen: Gott ist vollkommen wie Christus – wie ein Lamm und *wie das Kreuz*, (buchstäblich) menschgewordene göttliche Demut. Gold und Sixpack, unermesslicher Reichtum und überwältigende Kraft – ist das Gott? Hat das nicht eher mit Stolz zu tun? Wie ist Gott: wie Jesus oder wie Zeus? Oder Luzifer?

Kenosis: „*Kreuz*"-Stärke

In dem großen Christushymnus in Philipper 2 lesen wir:

> Obwohl er in jeder Hinsicht Gott gleich war, hielt er nicht selbstsüchtig daran fest, wie Gott zu sein. Nein, er verzichtete darauf und wurde einem Sklaven gleich: Er wurde wie jeder andere Mensch geboren und war in allem ein Mensch wie wir. Er erniedrigte sich selbst noch tiefer und war Gott gehorsam bis zum Tod, ja, bis zum schändlichen Tod am Kreuz. Darum hat ihn Gott erhöht und ihm den Namen gegeben, der über allen Namen steht. Vor Jesus müssen einmal *alle auf die Knie fallen*: alle im Himmel, auf der Erde und im Totenreich. Und jeder ohne Ausnahme wird zur Ehre Gottes, des Vaters, bekennen: Jesus Christus ist der Herr! (Phil. 2,6-11)[1]

Der Schlüsselbegriff in diesem Text ist „verzichten", in anderen Übersetzungen: „sich entäußern". **Kenosis*** ist das griechische Wort, das Paulus hier verwendet, aber es ist so bedeutsam, dass wir es in unsere (englische) Sprache übernommen haben. Kenosis – Leerwerden vom eigenen Ich – wird im Folgenden eine äußerst wichtige Rolle spielen, sei also vorgewarnt: Ich werde dieses Wort und seine Adjektiv-Form *kenotisch* oft verwenden.

Manche glauben, *Kenosis* bedeute, dass Gott, um Mensch zu werden, seine göttlichen Attribute *aufgeben* oder sein eigenes Wesen *verstecken* oder *beschränken* würde. Er ziehe entweder etwas an (wie eine Verkleidung) oder ziehe etwas aus (wie eine Entkleidung). Gewiss ist die Fülle des göttlichen Wesens in der Inkarnation in mancher Hinsicht *verborgen*. Aber in Christus ist sie auch einzigartig *offenbart*. „Wir selbst haben seine göttliche Herrlichkeit gesehen", sagt Johannes (Joh. 1,14). Also dürfen unsere Beschreibungen der Inkarnation auch nicht einen Jesus konstruieren, der nicht ganz menschlich oder nicht ganz göttlich ist. In der Inkarnation war und ist Christus immer ganz Mensch und ganz Gott – so bestätigt es die christliche Lehre von alters her. Tatsächlich *muss* er ganz Mensch sein, um unseren Tod zu erleiden, *und* ganz Gott, um diesen Tod zu besiegen. In der Inkarnation nimmt der Sohn Gottes das Menschsein an, macht es sich zu eigen und stellt es so nicht nur wieder her, sondern vervollkommnet es.[2]

Kenosis, kenotisch

griechisch für Entleeren, *von Paulus in Philipper 2 verwendet, um Jesu Kraft zu beschreiben, die sich selbst entäußert, seine Liebe, die sich selbst gibt, und seine radikale Bereitschaft zu dienen, die offenbart ist im Fleischwerden des Wortes und ganz besonders im Leiden Christi.*
Kenosis ist Ausdruck der Herrlichkeit Gottes, nicht deren Schmälerung.
Kenosis reflektiert Gottes sich selbst gebende, kenotische „Kreuz"-*Liebe.*

Ich muss betonen, dass ich ganz bestimmt nicht über irgendeine Art von „kenotischer Theologie" spreche, die Christus zu weniger als Gott macht. Die frühe Kirche war darin ganz klar: Christus war immer ganz Gott und ganz Mensch. Über Jesu menschlichen Körper sagt Paulus: „In ihm wohnt *die ganze Fülle der Gottheit* leibhaftig" (Kol. 2,9 E). Ich halte es also mit einer völlig anderen kenotischen Sicht als diejenigen, die Christus fälschlicherweise seiner Göttlichkeit „entleeren". Wir werden also das Wesen Gottes weder aufgeben noch verbergen oder beschränken, sondern ganz im Gegenteil sehen, dass das kenotische und das vom Kreuz bestimmte Leben Christi die Offenbarung der Herrlichkeit Gottes par excellence ist. *Kenosis* steht nicht für das Aufgeben der göttlichen Attribute; Kenosis, definiert als ein „Sich-selbst-Geben" oder „Sich-selbst-Schenken", ist der vorrangige Ausdruck von Gottes Wesen – von Gottes Liebe und Gnade –, am deutlichsten zu sehen am Kreuz. Mit anderen Worten, während die frühe Kirche mit *Kenosis* nur die Inkarnation beschrieb, geht es bei der Inkarnation selbst nur darum, zu offenbaren, wer Gott ist, sowohl in seiner sich selbst gebenden Demut als auch in seiner sich selbst offenbarenden Herrlichkeit.

Kenosis, wie ich sie begreife, ist dieselbe Vorstellung, die uns auch die Seligpreisungen vermitteln: „Glücklich sind, die erkennen, wie *arm sie vor Gott sind*" (Mt. 5,3). Mit anderen Worten, nicht vom eigenen Ich erfüllt, *leer* in Bezug auf Egoismus, *frei* von Willkür, *bankrott* in puncto Selbstsucht. Demütig, großzügig, freigebig in Gottes Liebe: Das ist Kenosis. Das ist Jesus. Das ist Gott! Und so ermutigt Paulus die, die den Anspruch erheben, Jesus nachzufolgen, Christus in kenotischen – selbstentäußernden – Beziehungen nachzuahmen. Er verweist auf Jesus als das beste Beispiel.

Oft wird die Inkarnation anhand von Philipper 2 auf folgende Weise beschrieben:

- Gott war der allmächtige König des Himmels, der als allmächtiger Herr des Universums regierte;
- der Mensch gewordene Gott (Gott der Sohn, Jesus) wurde zeitlich begrenzt ein niedriger, sanftmütiger und sogar schwacher Diener während seiner Zeit auf Erden, bis hin zum Tod, aber jetzt
- ist Christus zur Rechten des Vaters aufgefahren, wo er auf dem Herrscherthron sitzt und die Macht über alles und die Kontrolle in alle Ewigkeit wieder aufgenommen hat.

So vermittelt es der Text – *beinahe*. Viele denken das, weil die Kenosis vom Kommen Jesu auf die Erde und seiner Himmelfahrt eingerahmt ist. Aber ich glaube, wir müssen Kenosis noch umfassender verstehen.

Was, wenn? Was, wenn Jesu Demut, Sanftmut und sein Dienerherz niemals ein Weggehen von Gottes Herrlichkeit und Kraft dargestellt hätten, sondern diese vielmehr definierten und demonstrierten? Nimm dir Zeit – lies den Satz noch einmal. Was, wenn gerade Kenosis – die sich selbst entäußernde Kraft, aufopfernde Liebe und radikale Dienstbereitschaft – das Wesen Gottes zum Ausdruck brächte! Was, wenn Gott tatsächlich nicht durch die Macht eines Imperiums herrschte und regierte, sondern durch kenotische Liebe! Was, wenn die erste Seligpreisung – „Glücklich sind, die erkennen, wie arm (leer) sie vor Gott sind, denn ihnen gehört sein himmlisches Reich" (Mt. 5,3) – eine Vision der von Christus gelebten Herrlichkeit Gottes wäre! Warum? Wo immer Gott, wo immer Christus, wo immer *wir* riskieren, auf unseren Eigenwillen und unsere Selbstbestimmung zu verzichten, um für den anderen Raum zu machen, da herrscht und regiert die übernatürliche Reich-Gottes-Liebe. Also ist Kenosis, das heißt Liebe (!), das Herz dessen, wer Gott ist. Er ist der, der nicht „herrscht über", sondern der „kommt unter", der nicht durch Eroberung triumphiert, sondern durch das Kreuz. Gottes Wesen und Gottes Macht *sind* seine kenotische Liebe.

Wenn ich also *Kenosis* sage, spreche ich von Liebe. *„Kreuz"*-Liebe, wie sie durch Christi Leiden offenbart wurde, ist nichts anderes als authentisches, williges Jasagen zum anderen, zum Anderssein. Liebe ist ihrem Wesen nach willig und zustimmend, sie gibt sich selbst und opfert sich selbst. Der Apostel Johannes macht dies in seinem ersten Brief deutlich. Johannes sagt: „Gott *ist* Liebe" (1. Joh. 4,8), und dann: „Daran haben wir die Liebe erkannt, dass er *sein Leben für uns hingegeben hat*. So müssen auch wir für die Brüder *das Leben hingeben*" (1. Joh. 3,16 E). Das ist Johannes' Version von *Kenosis*, obwohl er den Ausdruck „sich hingeben" bevorzugt (θηκεν; *ethēken*).

Während also Gott in seiner Fülle weit über unser Verständnis hinausgeht, kann man durch die Offenbarung des Kreuzes erkennen, wer Gott ist – womit wir die *„Kreuz"*-Liebe meinen, das „Hingeben des eigenen Lebens". Liebe ist nicht nur eines von Gottes Attributen. Liebe ist, wer Gott eigentlich ist. Gott *ist* Liebe in einer Weise, die über

Charaktereigenschaften hinausgeht. Gott *ist* lebendige Liebe. Tragen wir diese Gedanken zusammen:

- Gott ist Liebe.
- Im Blick auf das Kreuz Christi erkennen wir, wer Gott ist und was Liebe ist.
- Der Gott, der lebendige Liebe ist, definiert diese Liebe als *„Kreuz"*-Liebe, das bedeutet, dass er beständig sich selbst gibt, sich seiner selbst entleert und sein Leben für uns hingibt.
- Jesus ist gekommen, um uns zu zeigen, wer Gott ist und was Gottes Herrlichkeit ist. Er offenbart und definiert Gott sogar (neu). Die in Jesus offenbarte Dreieinigkeit steht im Zeichen des Kreuzes.

Wenn Christi Kenosis Selbstentleerung, Selbstaufopferung und Dienstbereitschaft als das eigentliche Wesen Gottes offenbart, dann sollten wir uns das genauer anschauen. Wir blicken in einen sehr tiefen Brunnen! Und wir werden erkennen, dass *Kenosis* aus den unergründlichen Mysterien Gottes empordringt.

Trinitarische Liebe

Wenn Gott im Leben der Trinität selbst Liebe ist, dann ist dies eine Möglichkeit, die Funktion der Liebe in der Dreieinigkeit zu sehen:
Gott ist Liebe =
Liebender (Vater),
Liebe (Heiliger Geist) und
Geliebter (Sohn).

Wir sehen, wie sich die Kenosis im Leiden Christi entfaltet und zuvor schon bei der Erschaffung des Alls wirksam war. Wenn kenotische Liebe tatsächlich *Gottes Wesen* ist, dann werden wir sie sogar noch vor Erschaffung der Welt und der Erlösungstat direkt im Herzen des Vaters finden. Wie das? Theologen sprechen von der „ewigen Zeugung des Sohnes" durch den Vater, will heißen: Gott Sohn ist *gezeugt* vom Vater, nicht geschaffen. Es gab nie eine Zeit, in der Gott Sohn nicht existierte, und dennoch ist er ein Sohn, der einen Vater hat! Dieser Vater hat schon immer sein Leben in sich selbst gebender – kenotischer – Liebe dem Sohn weitergegeben. Der katholische Theologe Hans Urs von Balthasar (20. Jahrhundert) erkennt das Wunder dieser Offenbarung an, das jegliches menschliche Begreifen weit übersteigt und dennoch am Kreuz offenbar wird. Er schreibt:

> Nie werden wir einen angemessenen Ausdruck finden für die abgrundtiefe Selbsthingabe des Vaters, jenes Vaters, der in einer ewigen „Super-Kenosis" sich selbst „mittellos" macht von allem, was er ist und sein kann, um ... den Sohn hervorzubringen. Gott braucht sich also nicht zu „ändern", wenn er die Wunder seiner Nächstenliebe wahr werden lässt, Wunder, die die Inkarnation und insbesondere die Passion Christi einschließen.[3]

Und so ist nun die sich selbst gebende Liebe, die im Leiden Christi sichtbar wird, der klarste Ausdruck der Herrlichkeit von Gott Vater (und Sohn und Heiligem Geist). Natürlich ist die Herrlichkeit Gottes nicht nur sich selbst gebende Liebe, aber diese wohnt ihr wesenhaft, ja zentral, inne. Wir wollen uns nicht von falschen triumphalistischen (siehe Glossar) Tendenzen der Herrlichkeit Gottes berauben lassen, die überwältigend ist in ihrer Manifestation von Licht und Kraft und Heiligkeit, welche das All trägt. Aber die Kenosis ist, dass *das Wort* freiwillig und aus Liebe auf diesen Ausdruck der Herrlichkeit verzichtet um einer Existenz willen (und dies ist das absolut Unbegreifliche daran), in der diese Herrlichkeit der Welt durch seine menschliche Schwäche und in ihr offenbart wird. Das ist wirklich überwältigend, besonders wenn wir uns vor Augen halten, aus welcher Herrlichkeit er kommt und welche Pracht ihm zusteht.[4]

Nichtsdestoweniger ist die Passion Christi nicht nur ein *Bild* für die Dreieinigkeit, sie ist das „Innenleben Gottes". Wie der Philosoph George Grant einmal schrieb: „Die Dreieinigkeit ist keine Analogie. Sie ist einfach das Wort, das das, was im Leiden Christi direkt zu sehen ist, am deutlichsten zum Ausdruck bringt."[5] Auf das Kreuz zu sehen bedeutet, Gott zu sehen. Grant behauptet sogar, dass der Blick auf das Kreuz unsere einzige Möglichkeit ist, zu einer wahrheitsgemäßen Lehre über die **trinitarische Liebe*** zu gelangen.

Siehe, der Löwe – ich sah ein Lamm

Diese These verlangt mehr Beweise, aber dies ist ein guter Ausgangspunkt. Die meisten Christen werden ein Bild von Gott als Lamm akzeptieren, aber viele sind dann sofort bemüht, es mit dem triumphierenderen, furchteinflößenderen Bild vom Löwen auszugleichen, das sie im Buch der Offenbarung finden. Als bestünde Christus aus einem Teil Barmherzigkeit (Evangelien) und einem Teil Zerstörung (Offenbarung). Wir sollten uns dieses geheimnisvolle Buch hinten in unserer Bibel also lieber einmal ansehen und seine überraschende Dechiffrierung entdecken.

Anthropomorphismus

ist die Beschreibung von etwas nicht Menschlichem (z. B. einem Baum) oder etwas mehr als Menschlichem (Gott) mithilfe von persönlichen, menschlichen Eigenschaften.
Bibelautoren sprechen von Gottes ‚Zorn', um Erfahrungen mit den Folgen der Sünde zu beschreiben. Aber bei Gott sind reaktive Emotionen wie ‚Zorn' anthropomorph zu verstehen, bildlich und nicht wörtlich.
Buchstäblich verstandene Anthropomorphismen reduzieren Gott auf eine menschliche Projektion – einen Götzen –, während Christus wirklich Gott offenbart hat.

Oft höre ich die Aussage: „Beim ersten Mal ist Jesus als Lamm gekommen, aber beim nächsten Mal wird er als Löwe kommen." Die Schadenfreude, mit der das gesagt wird, lässt mich erschaudern. Das ist wie der alte Autoaufkleber aus den 1970ern: „Jesus is coming back, and he is pissed off!" (Jesus kommt wieder und er ist stinksauer!) Merken die „Propheten" der Wiederkunft Jesu nicht, was sie da sagen? Anscheinend meinen sie, dass Jesus beim ersten Mal als leidender Diener kam, aber beim nächsten Mal als der siegreiche König erscheinen wird. Okay, sicher: „Er wird kommen in Herrlichkeit, zu richten die Lebenden und die Toten“, lesen wir im Nizänischen Glaubensbekenntnis. „Als Reiter auf den Wolken wird er von jedem gesehen werden; die, die ihn verspottet und getötet haben, werden ihn sehen, Menschen aus allen Nationen und allen Zeiten werden klagend ihre Kleider zerreißen. O ja!“ (Offb. 1,7 nach „The Message“).

Noch einmal – wie oft haben wir in einer Predigt gehört: „Letztes Mal kam er in Liebe (für mich), beim nächsten Mal wird er im Zorn kommen (für meine Feinde). Letztes Mal kam er, um die Verlorenen zu retten; beim nächsten Mal, um die Bösen zu bestrafen“?

Warum? Weil Liebe gewinnt ... aber nicht wirklich, nicht ganz? Nachdem er seinen besten Schuss für die Liebe verfeuert hat, muss Christus mit Plan B wiederkommen: grimmig, blutgetränkt und erbarmungslos. Schluss mit dem „Netter Kerl“-Image! Ich habe gehört, wie der wiederkommende Christus als William Wallace in *Braveheart* geschildert wurde – wie er, auf gerechte Randale aus, das Gesicht mit blauer Kriegsbemalung beschmiert, die Muskeln spielen und das Breitschwert in der Sonne blitzen lässt. Vielleicht hast du noch nie eine Predigt gehört, die den herrlichen Sieg Christi auf einen blutgetränkten Feldzug reduzierte, in dem Jesus persönlich Millionen Menschen umbringt, sodass sein weißes Gewand durchtränkt ist von ihrem Blut – buchstäblich. Ich schon. Viele davon (Mitschriften auf Anfrage erhältlich)!

„Genug!“, so brüllt er anscheinend quer über die rebellische Welt hin. Dieser Krieger gießt Gewalt und katastrophale Zerstörung über die Erde aus. Blutströme schwellen bis zum Zaumzeug der Pferde an, wenn der Rachereiter sein grausames, blitzschnelles Schwert schwingt. Ich höre da heraus: „Gott hat einmal versucht, der kreuztragende Diener zu sein, aber, preist den Herrn!, beim nächsten Mal wird er der schwerttragende, fleischreißende Krieger sein.“ Du kannst bestimmt mitsingen:

> Mine eyes have seen the glory of the coming of the Lord;
> He's trampling out the vintage where the grapes of wrath are stored;
> He hath loosed the fateful lightning of His terrible swift sword:
> His truth is marching on.[6]

(Meine Augen sehen die Herrlichkeit vom Kommen des Herrn. / Er tritt die Kelter / mit den Trauben des Zorns. / Er lässt sein schnelles, blitzendes Schicksalsschwert los. / Seine Wahrheit geht voran.) Halleluja! Buuja!

Wie bitte?! Moment, das sehen wir uns noch einmal an.

Das Werk Christi am Kreuz und seine Kraft in der Auferstehung waren nicht ausreichend? Jetzt macht er eine Kehrtwende zu Zorn und Gewalt gegenüber der Mehrheit der Menschen?

Der orthodoxe Theologe Pater Alexandre Turnicev ist entsetzt, wenn solche Endzeitvisionen wörtlich genommen werden:

> Diese archaische Vorstellung pervertiert die evangelischen Texte auf buchstäbliche, grobe und materialistische Weise; sie versteht die geistliche Bedeutung der geheimnisvollen Bilder und Symbole nicht. Diese Vorstellung wird mehr und mehr als eine unerträgliche Verletzung des christlichen Gewissens, Denkens und Glaubens entlarvt. *Wir können nicht zulassen, dass das Opfer von Golgatha als nicht in der Lage dargestellt wird, die Welt zu erlösen und die Hölle zu bezwingen.* Sonst müsste man sagen: *Die Schöpfung war ein Fehlschlag und auch die Erlösung ist ein Fehlschlag.* Es wird höchste Zeit, dass alle Christen gemeinsam die Stimme erheben und … entsetzt gegen diese materialistischen **anthropomorphen*** Darstellungen der Hölle und des Jüngsten Gerichts protestieren …
>
> Es wird höchste Zeit, all diesen Ungeheuerlichkeiten aus vergangenen Zeiten ein Ende zu machen. Sie sind häufig blasphemisch, egal, ob es Glaubenssätze sind oder nicht, und machen unseren liebenden Gott zu etwas, was er nicht ist: zu einem „fremden" Gott, einer bloßen „Allegorie irdischer Könige, sonst nichts".[7]

Halleluja! Und, mit Verlaub: *Buuja!*

Nicht, dass dies ein moderner Einspruch wäre. Nimm Johannes Cassian, einen der herausragenden Kirchenväter (etwa 360-435 n. Chr.), der sagte:

> Und so, da ohne schreckliche Gotteslästerung diese Dinge nicht wörtlich verstanden werden können über den, den die

Autorität der Heiligen Schrift für unsichtbar, unaussprechlich, unbegreiflich, unschätzbar, schlicht und unverfälscht erklärt, so kann diesem unveränderlichem Wesen auch nicht leidenschaftliche Wut und Zorn zugeschrieben werden, ohne Gott entsetzlich zu lästern.[8]

Aber wie sind wir auf diesen Löwe-Lamm-Gegensatz gekommen? Er stammt aus Offenbarung 5. Was sagt der Text eigentlich? Johannes sieht eine himmlische Buchrolle, die die Weltgeschichte repräsentiert. Niemand kann sie öffnen, deshalb weint er sehr. Ein Ältester im Himmel spricht ihn an: „Weine nicht! *Einer hat gesiegt;* er kann das Buch öffnen und seine sieben Siegel brechen. Es ist *der Löwe* aus dem Stamm Juda, der Nachkomme von König David" (Offb. 5,5).

Pause. Johannes hört von einem Löwen, der die Weltgeschichte auflösen kann (übrigens eine exzellente Definition von „Souveränität"!). Warum ein Löwe? Weil Löwen Könige sind; Löwen sind mächtig; Löwen sind siegreich. Jawohl. Das beschreibt Jesus. Außerdem lesen wir, dass dieser Löwe „gesiegt hat". Hat. Erledigt. Fertig. Vollendete Tatsachen.

Wie? Wann?

Johannes wendet sich um, und was sieht er? Überraschung! Da „... stand ein Lamm, das aussah, als ob es geschlachtet wäre" (Offb. 5,6). Es „stand", denn er lebt – wie „geschlachtet", denn er war gekreuzigt worden. Jesus ist ein Löwe, weil er der König ist, der *schon* gesiegt *hat;* er ist das Lamm, weil dieser Sieg erreicht wurde, nicht eines Tages durch Gewalt und Eroberung, sondern schon in der Vergangenheit, durch Kenosis – durch aufopfernde Liebe. Und dieses Löwen-Lamm ist würdig zu herrschen – warum?

Die vor Gottes Thron anbeten, sagen es uns:

> Du allein bist würdig, das Buch zu nehmen, nur du darfst seine Siegel brechen. Denn du bist als Opfer geschlachtet worden, und mit deinem Blut hast du Menschen für Gott freigekauft, Menschen aller Stämme und Sprachen, aus allen Völkern und Nationen. (Offb. 5,9)

Das globale, universelle und ewige Königtum Jesu wurde am Kreuz aufgerichtet und durch seine Auferstehung bestätigt. Seine Herrschaft über jede Volksgruppe wird nicht eines Tages durch ein Schwert gewonnen werden, sondern ist bereits erworben worden durch sein Blut. Jetzt breitet sich sein Reich aus – eine geduldig expandierende Herrschaft von Liebe, Vergebung und Versöhnung.

So wird das Bild vom Lamm der Schlüssel zur Deutung der Offenbarung.[9] Zur Bestätigung wollen wir kurz Offenbarung 12 ansehen. Es ist ein berüchtigt schwer zu interpretierendes Kapitel, aber diese Vorstellung vom Sieg durch das Blut des Lammes – die Kreuzigung – könnte klarer nicht sein.

> Jetzt hörte ich eine gewaltige Stimme im Himmel rufen:
> „Nun hat Gott den Sieg errungen,
> er hat seine Stärke gezeigt und seine Herrschaft aufgerichtet!
> Alle Macht liegt in den Händen dessen,
> den er als König auserwählt und eingesetzt hat: Jesus Christus!
> Denn der Ankläger ist gestürzt, der unsere Brüder und Schwestern Tag und Nacht vor Gott beschuldigte.
> Sie haben ihn besiegt durch das Blut des Lammes
> und weil sie sich zu dem Lamm bekannt haben.
> Für dieses Bekenntnis haben sie ihr Leben eingesetzt
> und den Tod nicht gefürchtet. (Offb. 12,10-11)

Wann ist die Königsherrschaft Gottes und die Vollmacht seines Gesalbten gekommen? Wann wurde Satan gestürzt? Wann besiegten ihn die Märtyrer? Die Stimme im Himmel sagt: „Jetzt." Und wann ist „jetzt"? Das „Jetzt" entdecken wir, wenn wir „Wie?" fragen. *Wie* besiegten die heiligen Märtyrer den Bösen? Ihr Sieg ist schon jetzt in Wirkung, er wurzelte immer im Blut des Lammes, das heißt am Kreuz. Und wie wir sehen werden, sagte Jesus das selbst im Johannes-Evangelium.

Das Kreuz: der Ehrenthron Christi

> Forgiveness shows God's will most fully done.
> There on the Cross the myth of hell is cleft,
> And the black garden blazes with the sun.
> Hold close the crown of thorns, the scourge, the rod,
> For in His sweat, full front, the face of God.[10]
> (George P. Grant, „Good Friday")

(Die Vergebung zeigt Gottes Willen ganz erfüllt. / Am Kreuz zerbrach der Mythos der Hölle / und der schwarze Garten erstrahlt in der Sonne. / Halte die Dornenkrone, die Geißel, den Stab fest, / denn in seinem Schweiß ist das Gesicht Gottes deutlich zu sehen.)

Johannes 12 erzählt von dem triumphalen Einzug des Königs von Zion – der bescheiden auf einem Esel reitet, nicht auf einem stolzen Streitross in die Stadt galoppiert. Die Menschenmenge winkt mit Palmwedeln und begrüßt ihren König mit Gesängen: „Gelobt sei Gott! Gepriesen sei, der in Gottes Auftrag kommt, der König von Israel!" (Joh. 12,13). Die Menge zitiert Psalm 118, eine messianische Prophezeiung mit Bezug auf den triumphalen Einzug in Jerusalem. Wenn wir diesen Satz lesen, sollten wir uns den ganzen Kontext vor Augen halten:

Schall von Jubel und Rettung
in den Zelten der Gerechten:
Die Rechte des Herrn, Taten der Macht vollbringt sie,
die Rechte des Herrn, sie erhöht,
die Rechte des Herrn, Taten der Macht vollbringt sie.
Öffnet mir die Tore der Gerechtigkeit,
ich will durch sie hineingehn, um dem Herrn zu danken!
Dies ist das Tor zum Herrn,
Gerechte dürfen hineingehn.
Ich will dir danken, dass du mir Antwort gabst,
du bist mir zur Rettung geworden.
Ein Stein, den die Bauleute verwarfen,
er ist zum Eckstein geworden.
Vom Herrn her ist dies gewirkt,
ein Wunder in unseren Augen.
Dies ist der Tag, den der Herr gemacht hat;
wir wollen jubeln und uns über ihn freuen.
Ach, Herr, bring doch Rettung!
Ach, Herr, gib doch Gelingen!
Gesegnet sei, der da kommt im Namen des Herrn!
Wir segnen euch vom Haus des Herrn her.
Gott ist der Herr.

Er ließ Licht für uns leuchten.
Tanzt den Festreigen mit Zweigen
bis zu den Hörnern des Altars!
Mein Gott bist du, dir will ich danken.
Mein Gott bist du, dich will ich erheben.
(Ps. 118,15-16.19-28 E)

In diesem Text geht es um die königliche Prozession der „Rechten des Herrn", ein Titel für den Messias, der durch die Stadttore ein- und zum Tempel zieht, wo wir erwarten, dass er zum König von Israel gekrönt wird. Aber die Erbauer des Tempels – das religiöse Establishment (natürlich) – lehnen ihn leider ab! Dennoch nimmt Gott den Stein, den sie verwarfen, und macht ihn zum wichtigsten Eckstein, eingesetzt und gekrönt als König und Retter durch ein himmlisches Mandat. So wird die gewalttätige Ablehnung durch die religiöse Elite zum Aufstieg auf seinen Platz und in seine Rolle als „die Rechte Gottes".

In diesem Bild steht der Ritt auf einem Esel für Demut, aber Johannes berücksichtigt auch die Hintergrundgeschichte dieses Bildes. In der Rückschau werden sich die Apostel an den Vers erinnern: „Fürchtet euch nicht, ihr Menschen auf dem Berg Zion! Euer König kommt! Er reitet auf einem Eselfohlen" (Joh. 12,15, Zitat Sach. 9,9). Auch hier gibt es einen Kontext. Was wir in Sacharja lesen, ist kein Spaziergang! Hier geht es um den Messias, der in Herrlichkeit und Macht kommt, um den Feind zu zerschmettern und sein Volk zu befreien.

> „Ich selbst werde Wache halten, damit keine fremden Truppen mehr in mein Land einfallen können. Kein Gewaltherrscher wird es mehr erobern. Denn von nun an sehe ich mit eigenen Augen nach meinem Volk!
>
> Freut euch, ihr Menschen auf dem Berg Zion, jubelt laut, ihr Einwohner von Jerusalem! Seht, euer König kommt zu euch! Er ist gerecht und bringt euch Rettung. Und doch kommt er nicht stolz daher, sondern reitet auf einem Esel, ja, auf dem Fohlen einer Eselin.
>
> In Jerusalem und im ganzen Land beseitige ich, der Herr, die Streitwagen, die Schlachtrosse und alle Waffen. Euer König

stiftet Frieden unter den Völkern, seine Macht reicht von einem Meer zum anderen, vom Euphrat bis zum Ende der Erde.

Noch werden viele Menschen eures Volkes in der Verbannung festgehalten. Doch auch sie werde ich aus ihrer Gefangenschaft befreien, denn ich habe einen Bund mit euch geschlossen; mit dem Blut von Opfertieren wurde er besiegelt.

Kehrt heim, ihr Gefangenen, in die Stadt, die euch Schutz bietet! Ihr habt nicht vergeblich gehofft! Heute verspreche ich euch: Ihr werdet doppelt entschädigt für das, was ihr erlitten habt!

Die Männer von Juda sind wie ein Bogen in meiner Hand, die Männer von Ephraim sind die Pfeile, und ihr aus Zion seid das Schwert, das ich wie ein Krieger gegen die Truppen der Griechen schwinge."

Ja, der Herr selbst wird über seinem Volk erschienen, um es zu beschützen: Er schießt seine Pfeile ab wie Blitze, er bläst das Horn zum Angriff und jagt daher im Sturm aus dem Süden.

Der Herr, der allmächtige Gott, verteidigt die Israeliten. Seine Krieger strecken die Feinde mit ihren Steinschleudern zu Boden. Sie sind vom Blut berauscht wie vom Wein, ja, sie sind damit überströmt wie die Opferschalen im Tempel oder wie die Ecken des Altars.

An jenem Tag wird Gott, der Herr, sein Volk retten. Er sorgt für sie wie ein Hirte für seine Herde. Wie funkelnde Edelsteine in einer Königskrone schmücken sie künftig sein Land!

(Sach. 9,8-16)

Der Kontext ist offensichtlich messianisch. Der Prophet sieht eine mächtige Befreiung voraus. Er benutzt die Bildsprache von Schwert, Bogen und Schild – von Zerstörung und Sieg. Das Resultat wird Freiheit und Friede sein, weil jeder Feind bezwungen ist. Nehmen wir diese Bilder wörtlich, wie es die Volksmenge, die Jesus zujubelte, vermutlich tat, sind sie eine erstaunlich zutreffende Prophetie … auf Konstantin, jenen christlichen Kaiser, der so großen Einfluss auf die Entwicklung des Christentums nahm! Sacharja sieht Weltfrieden und religiöse Freiheit voraus. Aber wie? Durch von der Religion abgesegnete Eroberungen mithilfe militärischer Gewalt in der Überzeugung: „Gott steht auf unserer Seite".

Dass der König in diesem Text „demütig ist und auf einem Esel reitet", passt überhaupt nicht in das Bild. Vielleicht dachte Sacharja zuerst, der Messias würde sich verkleidet in die Stadt und in den Tempel schleichen und dann den Putsch beginnen, der letztlich zum Sieg führen würde. Wenn es so gewesen wäre, hätte die Volksmenge an Palmsonntag Jesu Tarnung mit Sicherheit auffliegen lassen! Die ganze Stadt sprach darüber. Die Pharisäer verfielen in Panik: „Nun seht ihr, dass ihr so nichts erreicht! Alle Welt rennt ihm hinterher!" (Joh. 12,19).

Ja, ihr Pharisäer, ihr habt es kapiert. Nicht nur Jerusalem oder Israel – die ganze Welt! So viel zum Thema „unerkannt einschleichen"!

Literalismus

besteht auf einer wörtlichen Lesung und Auslegung
der gesamten Bibel – als würde man sie nur dann
als wahr anerkennen.
Niemand tut das wirklich – aber manche behaupten,
es in aller Treue zu tun.
Tatsächlich verwenden die Autoren der Heiligen Schrift
viele Stilrichtungen und -mittel, die ein wörtliches Auslegen
verbieten, z. B. Bilder, Übertreibungen, Lyrik, Gleichnisse,
Apokalyptik und mehr.
Die Autoren verlangen in diesen Fällen symbolisches Lesen,
damit man versteht, was sie sagen wollen.

Aber Sacharjas Esel-Vers erfüllt sich nicht nur in Jesu Wahl seines Transportmittels. Die Demut und Niedrigkeit Christi sind sein tiefstes Wesen. Es ist nicht nur seine Art zu reisen; es ist Jesu Methode und Mittel der Errettung, letztlich als ein geschlachtetes Lamm, die Demütigung einer römischen Kreuzigung.

Wie in Psalm 118 sehen wir unseren Helden durch die Stadttore kommen und im Tempel seine Zelte aufschlagen, genau wie Jesus es tat. Aber wenn wir uns nicht vom **Literalismus*** in die Ecke drängen lassen, werden wir sehen, dass sogar bei Sacharja die Mission des Messias weit größer, weit ehrgeiziger ist als der Sieg über ein paar Armeen, um eine kleine Nation zu retten und Regionalherrscher zu werden.

Seine Pläne zielen auf einen allumfassenden Frieden, der sich auf alle Völker und Nationen erstreckt, wo die Grenzen seiner Herrschaft von Meer zu Meer reichen, bis ans Ende der Erde. Er will die ganze Welt vor jedem Unterdrücker retten und jeden Gefangenen aus dem „wasserlosen Kerker" befreien – das heißt, vom Tod selbst! Und er sagt uns, wie: durch das Blut seines Bundes.

Was der Prophet vielleicht nicht wusste: Das geschlachtete Lamm ist der Messias selbst, das vergossene Blut ist sein eigenes Blut. Das Kreuz selbst sollte sein letztendlicher Sieg sein.

Jesus sah es, und schließlich auch Johannes. Auch die Apostel verstehen es, aber erst im Nachhinein. Sie beginnen, Jesu Worte im Licht seines „siegreichen Todes" zu verstehen. Schließlich sehen sie, dass seine Verherrlichung und Kreuzigung, sein Sieg und sein Tod, seine *„Kreuz"*-Macht, ein und dasselbe sind.

Unmittelbar nach dem Bericht vom triumphalen Einzug in Jerusalem zeichnet Johannes diese entscheidenden Worte Christi für uns auf:

> Er sagte ihnen: „Die Zeit ist gekommen. Jetzt soll der Menschensohn in seiner ganzen Herrlichkeit sichtbar werden. Ich sage euch die Wahrheit: Ein Weizenkorn, das nicht in den Boden kommt und stirbt, bleibt ein einzelnes Korn. In der Erde aber keimt es und bringt viel Frucht, obwohl es selbst dabei stirbt. Wer an seinem Leben festhält, wird es verlieren. Wer aber sein Leben in dieser Welt loslässt, wird es für alle Ewigkeit gewinnen. Wer mir dienen will, der soll mir nachfolgen. Wo ich bin, soll er auch sein. Und wer mir dient, den wird mein Vater ehren.
>
> Jetzt habe ich große Angst. Soll ich deshalb beten: Vater, bewahre mich vor dem, was bald auf mich zukommt? Nein, denn ich bin in die Welt gekommen, um *diese Stunde* zu durchleiden.
>
> Vater, *mach deinem Namen Ehre!*

Da erklang eine Stimme vom Himmel: „Das habe ich bisher schon getan, und das werde ich auch jetzt wieder tun!" Die Menschen um Jesus hörten die Stimme, und viele meinten: „Es hat gedonnert!" Andere behaupteten: „Ein Engel hat mit ihm geredet."

Doch Jesus entgegnete: „Diese Stimme war nicht meinetwegen zu hören, sondern euretwegen. *Jetzt* wird über diese Welt Gericht gehalten; *jetzt* wird der Teufel, der Herrscher dieser Welt, entmachtet. Und wenn ich erhöht sein werde, werde ich alle zu mir bringen." Auf diese Weise deutete Jesus seinen Tod am Kreuz an. (Joh. 12,23-33)

Genauso lesen wir im hohepriesterlichen Gebet Jesu in Johannes 17:

Nach diesen Worten sah Jesus zum Himmel auf und betete: „Vater, *die Zeit* ist da! Lass jetzt *die Herrlichkeit* deines Sohnes sichtbar werden, damit der Sohn *deine Herrlichkeit offenbart*. Du hast ihm ja *Macht über die Menschen* gegeben, damit er allen das ewige Leben schenkt, die du ihm anvertraut hast. Und genau darin besteht das ewige Leben: dich, den einen wahren Gott, zu erkennen und Jesus Christus, den du gesandt hast. Ich habe hier auf der Erde *deine Herrlichkeit sichtbar gemacht* und alles getan, was du mir aufgetragen hast. Und nun, Vater, wenn ich wieder bei dir bin, dann *schenk mir die Herrlichkeit*, die ich bereits *vor Erschaffung der Welt* bei dir hatte. (Joh. 17,1-5)

Jesu Fokus ist hier auf die „Stunde" (die „Zeit") gerichtet, ein wichtiges Thema bei Johannes, das sich auf die Kreuzigung und die Ereignisse davor bezieht. Nachdem seine Identität durch den triumphalen Einzug in Jerusalem öffentlich geworden war, und nach der Eskalation im Tempel gibt es kein Zurück. Seine Stunde ist gekommen. Aber siehst du, wie Jesus sie versteht? Die Stunde seines Todes ist auch die Stunde seiner Verherrlichung. Sollte der Vater ihn von dieser Stunde erretten? Nein! Ihretwegen ist er gekommen. Und jetzt, wo die Stunde da ist, werden der Vater und der Sohn gemeinsam verherrlicht werden.

Anders als in den synoptischen Evangelien und den Paulusbriefen, die Herrlichkeit normalerweise mit der Auferstehung assoziieren, ist im Johannesevangelium die „Stunde" der Hinrichtung Christi die Stunde seiner Erhöhung. Jesus ist die „erhöhte/erhobene" Schlange (Joh. 3,14). Wenn er „erhöht/erhoben" ist von der Erde, wird er alle Menschen (Völker) zu sich ziehen (Joh. 12,32). So sind die Begriffe von Herrlichkeit und Erhöhung Christi bei Johannes synonym. Für Johannes ist das Kreuz das Diadem der unvergleichlichen Selbstoffenbarung Gottes.

Aber es gibt noch weitere Aspekte. Johannes behandelt die Kreuzigung tatsächlich als:

1. Das Gericht der Welt

Wann? Jetzt. In dieser Stunde. Am Kreuz. Da die religiösen und politischen Mächte des Weltsystems Christus verurteilen, sind sie gerichtet. Tatsächlich lesen wir sogar bei der Befragung Jesu durch Pilatus: „Auf diese Worte hin ließ Pilatus Jesus herausführen und er setzte sich auf den Richterstuhl an dem Platz, der Lithostrotos, auf Hebräisch *Gabbata*, heißt" (Joh. 19,13 E). Wer saß auf „dem Richterstuhl"?[11] Im englischen Bibeltext – und in vielen Gemälden – sieht es aus, als säße Pilatus dort. Aber im Griechischen drückt sich Johannes hier absichtlich zweideutig aus – es könnte auch sein, dass Jesus auf Pilatus' Stuhl sitzt, während der Statthalter (wie ein Diener) sieben Mal zwischen Jesus und der Menge hin und her läuft! So schreibt Johannes bewusst, gewohnheitsmäßig und ironisch; er will den Leser fragen: „Wer steht hier wirklich vor Gericht? Und wer ist der wahre Richter?" Jesus sagt uns: Die Welt ist gerichtet. Und tatsächlich wird das Kreuz zum Richterstuhl, auf dem Christus sitzt und das *System* der Welt anklagt und verurteilt, obwohl er den *Menschen* der Welt vergibt und sie erlöst.

2. Das Gericht über den Satan

Wann? Jetzt. In dieser Stunde. Am Kreuz. Erinnerst du dich an Offenbarung 12? „Der Ankläger der Brüder wurde gestürzt." Wie? Durch das Blut des Lammes. Und hier lesen wir es wieder: „Jetzt wird der Teufel, der Herrscher dieser Welt, entmachtet" (Joh. 12,31). Paulus stimmt dem zu. Ob wir unter seinen „Fürsten und Gewalten" religiöse, politische oder dämonische Mächte verstehen, der Apostel versichert uns, dass am Kreuz Folgendes geschehen ist: „Auf diese Weise wurden die Mächte und Gewalten *entwaffnet* und in ihrer Ohnmacht bloßgestellt, als Christus über sie am Kreuz *triumphierte*" (Kol. 2,15).

Die „Erhöhung", die alle Menschen zu ihm zieht: Und wieder drückt sich Johannes doppeldeutig aus. „Erhöht" – dieses Wort spricht von Ehrerbietung, Inthronisierung, Verherrlichung. Aber Johannes sieht die verborgene Bedeutung hinter Jesu Worten und weist auf sie hin. Er spricht seine Todesart an – er wird „erhoben werden" auf das Kreuz. Das Kreuz wird sein Thron sein. Er wird von Pilatus selbst zum König erklärt. „Seht, euer König!", sagt dieser und zeigt dem Volk Jesus in königlicher Robe mit einer Dornenkrone (Joh. 19,14) und auch die Tafel mit der Inschrift „Jesus aus Nazareth, der König der Juden" (Joh. 19,19) auf Hebräisch, Latein und Griechisch (das heißt, *allen Menschen* jener Welt).

3. Macht über alle Menschen

Durch den Sieg des Kreuzes empfängt Jesus Reich-Gottes-Autorität über alle Menschen und kann all denen ewiges Leben schenken, die der Vater ihm gegeben hat (das heißt, über die der Vater ihm Autorität gegeben hat).

Tatsache ist, dass Jesus im Johannesevangelium das Kreuz praktisch als das Endgericht behandelt! Die Welt ist gerichtet, Satan ist überwunden und Jesus ist verherrlicht. Ihm ist alle Macht gegeben und er regiert in einem Reich, das sich auf die gleiche Weise verbreitet, wie es gekommen ist: durch die *selbstentäußernde* Macht der Liebe.

Woher wissen wir, wie Gott ist? Indem wir uns vor Augen halten, dass Gott zu hundert Prozent wie Christus ist, und indem wir nicht vergessen, wie Christus sein Leben in Demut niedergelegt hat. Das heißt, der gekreuzigte und verherrlichte Christus – der Höhepunkt von Gottes *kenotischer* Kraft und *„Kreuz"*-Liebe – ist von Anfang bis zum Ende unser deutlichstes Bild von Gottes Natur! Das Kreuz ist die allumfassende Offenbarung des christusgleichen Gottes.

Im nächsten Kapitel werden wir sehen, dass der gekreuzigte Christus uns zeigt, wie Gott die Welt erschuf und wie er in ihr herrscht – eine Theologie des Kreuzes als Zustimmung und Teilhabe.

Innehalten und nachdenken

- Wie offenbart die *Kenosis* Christi Gottes Wesen als Selbstentäußerung, Aufopferung und Hingabe?
- Inwiefern ist Gott (Vater, Sohn und Geist) der *„Kreuz"*-Gott? Inwiefern ist Gottes „Kreuzförmigkeit" schon vor der Inkarnation wahr?
- Warum assoziierte Johannes das Kreuz und nicht die Auferstehung oder Himmelfahrt mit der Verherrlichung Christi?
- Wie symbolisiert das Kreuz die Inthronisierung Christi als König? Welche Bilder und Details verwendet Johannes in seinem Bericht von der Leidensgeschichte, um dieses Thema zu betonen?
- Da Jesus und nicht Konstantin uns das wahre Wesen von Gottes himmlischer Herrschaft zeigt, inwiefern lagen wir falsch, als wir uns Gott als allmächtigen Imperator vorstellten?
- Wie sieht Gottes *„Lamm"*-Herrschaft in der heutigen Welt aus?

Innehalten und beten

Gott in Christus, siegreicher Löwe, barmherziges Lamm, ich bin dankbar, dass du überwunden hast, und zwar nicht durch ein globales Blutbad oder gnadenlose Gewalt, sondern durch aufopferungsvolle Liebe. Sieg durch ein liebendes Lamm, an den Querbalken eines Kreuzes genagelt? Ein König, mit Dornen gekrönt, einer Todesmaschine unterworfen? Total machtlos, und doch eine stärkere Kraft! Es ist wahr. Du hast gewonnen und du hast mein Herz gewonnen! So soll es sein, Herr!

7

Das Kreuz als göttliche Zustimmung

Ein König, der am Kreuz stirbt, muss der König eines recht seltsamen Reiches sein."

Dietrich Bonhoeffer (The Essence of Christianity)

„Gott, der nicht Fleisch geworden ist, ist nicht wirklich Gott; von Anfang an war er Fleisch geworden und geheiligt; „das Lamm, geschlachtet von Anbeginn der Welt".

Simone Weil (Notebooks)

Vielleicht ist nicht allen Lesern klar, dass Zwangsverheiratungen (nicht nur „arrangierte Ehen") in unserer Welt noch immer sehr häufig vorkommen – nicht nur in fremden Kulturen in fernen Ländern. Manche Versionen von Zwangsverheiratungen wurden nach Nordamerika importiert. In der kanadischen Provinz British Columbia, wo ich wohne, sind Paare ermordet worden, weil sie außerhalb ihrer Religion oder Rasse geheiratet und mit dem, den sie wirklich liebten, durchgebrannt sind. Ich habe auch Berichte über Repressalien gegen freidenkende Bräute gesehen; ihnen wurde das Gesicht mit Säure verätzt. Gleichzeitig ist das Phänomen der Kinderbräute in Übersee nach wie vor eine weit verbreitete Praxis. Vor Kurzem sah ich ein Hochzeitsfoto von einem älteren Mann, der neben seiner verwirrten elfjährigen Braut saß. Widerwärtig! Zwangsheirat ist für mein westliches Denken so anstößig, dass sich mir die Haare sträuben, wenn ich nur daran denke.

Das lässt mich über das Bild von Gott als Bräutigam nachdenken. Erzwingt er die Beziehung zu uns oder lädt er uns dazu ein, geduldig und romantisch? Die Antwort ist einfach: Gott hat uns den freien Willen gegeben und wir können seinen Vorschlag in aller Freiheit annehmen oder ablehnen. Er zwingt niemanden, den ewigen Ehebund mit ihm einzugehen. Aber was, wenn du ablehnst? Nicht, dass Gott dich dazu *zwingen* wird, „Ich will" zu sagen. Wenn du es aber nicht tust, wie sieht es mit dem Ultimatum aus?

Droht uns nicht die Bibel selbst mit Vergeltungsmaßnahmen, die noch viel schlimmer sind als Säure im Gesicht? „Bitte, meine Geliebte, erhöre mich, nimm meinen Antrag an … sonst werfe ich dich in einen Feuersee." Wo ist bei einem solchen Ultimatum denn die Freiheit? Wo ist die Einwilligung?

Damit werden wir uns in diesem Kapitel beschäftigen.

Wir haben gesehen, dass sich Gottes Selbstoffenbarung in der Leidensgeschichte des Christus vollendet. Unser Gott ist christusgleich, und deshalb erweisen sich sein Reich, seine Macht und seine Herrlichkeit als *„Kreuz"*- (kreuzförmige) Liebe und als *kenotische* (sich selbst gebende) Liebe. Diese Begriffe haben wir inzwischen gründlich genug durchgearbeitet; ich hoffe, du verstehst sie und kannst sie ohne Probleme verwenden. Die Wahrheit ist, dass *Kreuzförmigkeit* und *Kenosis* nicht vorübergehende Gegebenheiten der Geschichte Gottes sind, beschränkt auf ein langes jüdisches Wochenende im ersten Jahrhundert oder auch nur auf die gesamte Inkarnation Christi. Diese Begriffe beschreiben Gottes Identität – nicht nur, *wie*, sondern *wer* er ist.

In der Kenosis der Inkarnation kommt Gott aus dem unzugänglichen Licht (1. Tim. 6,16), erniedrigt sich und nimmt unsere Gestalt an (Phil. 2,7), kleidet sich in Fleisch, um genau die Herrlichkeit der göttlichen Liebe zu enthüllen, aber auf eine Weise, die wir hören, sehen und anfassen können (1. Joh. 1,1). Selbst das Geheimnis der Menschwerdung ist in Wirklichkeit nicht Gott in Verkleidung; Christus spiegelt genau Gottes echtes Beinahe-Verborgensein im Gefüge der Schöpfung wider. Das heißt, Gott ist christusgleich in seiner geheimnisvollen Gegenwart in der Schöpfung, und dazu gehört auch dieser unbekannte Prediger aus Nazareth. Kenosis reflektiert tatsächlich Gottes dreieiniges, unveränderliches und ewiges Wesen – wer Gott war und ist und sein wird – „jetzt und in Ewigkeit" (um es mit den

Worten der alten Doxologien zu sagen). Das Kreuz offenbart Gottes Person (wer er ist), aber auch sein Reich (wie er herrscht). Ja, das Kreuz ist eine merkwürdige Regierungsform! Aber das ist genau das, was wir sehen werden: Gottes Herrschaft in seinem Reich ist eine „*Kreuz*"-Herrschaft, kenotisch von Alpha bis Omega, von vor der Schöpfung bis zur Wiederherstellung aller Dinge in Christus – und überall dazwischen.

In den nächsten Kapiteln werden wir das große Geheimnis zu erkunden beginnen, wie ein kenotischer und christusgleicher „*Kreuz*"-Gott in der Welt herrschen kann – gegenwärtig, aktiv und „souverän" sein kann –, wenn er weder Zwang noch Kontrolle ausübt, jedoch unendlich nah und fürsorglich ist. Wir werden gemeinsam sehen, wie solch ein Gott regiert, rettet und dient, indem er alles, was ist, mit der Kraft der Liebe gründet und erfüllt – einer göttlichen Liebe, die aus *Zustimmung* und *Teilhabe* besteht.

Pleroma

bedeutet „Fülle" wie in
„Denn in ihm lebt er in seiner ganzen Fülle" (Kol. 2,9).
Autoren wie P. T. Forsyth folgend, gehe ich einen weiteren Schritt:
Kenosis ist das Pleroma Gottes,
welches die Fülle der Erlösung Christi in uns bewirkt:
„So werdet ihr erfüllt werden in die ganze Fülle Gottes hinein"
(Eph. 3,19 E).

Weiter werden wir sehen, dass wir uns auf dieselbe Weise der Herrschaft Gottes unterordnen, mit der Gnade des Geistes zusammenarbeiten und die Errettung Christi empfangen: durch *Zustimmung* und *Teilhabe*. Die Fülle (griechisch: das **Pleroma***) von Gottes Rettung ist erreicht, wenn Gott voll und ganz *teilhat* an der Situation des Menschen – von der Geburt bis zum Tod – und *zustimmt*, Versuchungen, Probleme und selbst die extreme Demütigung der Kreuzigung zu ertragen. Die Fülle unserer Errettung ist erreicht, wenn wir *teilhaben* an

Christi Tod und wenn wir seiner Gnade voll und ganz *zustimmen* – mit ihr kooperieren und uns ihr unterwerfen.

Poetisch ausgedrückt könnte man sagen, dass die Zeitleiste der gesamten Menschheitsgeschichte – ja, der gesamten Geschichte des Kosmos – eingefasst ist von den ausgestreckten, an den Kreuzesbalken genagelten Armen Jesu! Stell dir vor: Das Universum und alles darin, in alle Ewigkeit umfasst von dem Abstand zwischen den Nägeln in Christi Handgelenken! Diese Arme strecken sich noch weiter aus als die Epoche vom Sündenfall Adams bis zu unserer Erlösung. Sie umschließen das Alpha und Omega der ewigen Absichten Gottes.

Das Kreuz als Zustimmung

Das Kreuz ist ein Bild des christusgleichen Gottes, ein Porträt der Liebe und ein Symbol für *Zustimmung*. Was genau meine ich mit „Zustimmung"?

Das Kreuz ist die Perfektion von Zustimmung, weil Christus durch Liebe herrscht, nicht durch Zwang – durch Überzeugung, nicht durch Gewalt – durch Offenbarung, nicht durch Dominanz. So ist Gottes Zustimmung weit mehr als nur ein „Erlauben", als ob er sich einfach zurücklehnen und die Tragödien des Lebens beobachten würde, unbeteiligt und passiv. Nein! Gottes Zustimmung ist eine große „Mittendrin-dabei"-Initiative! Er öffnet seine Arme weit und heißt willkommen. Er handelt entschieden in Liebe. Der Kuss Gottes. Im Besonderen symbolisiert das Kreuz im Sinn von Zustimmung die Liebe des Vaters für die Welt und den Gehorsam des Sohnes gegenüber dem Vater. Das Kreuz – der gekreuzigte Christus – ist unsere Brücke, unser Mediator, unsere Mittendrin-dabei-Einwilligung. Sehen wir uns diese Gedanken kurz an.

1. Zustimmung ist der göttliche Akt der Liebe zwischen Vater und Sohn. Es heißt: Wenn der Vater den Sohn küsst, dann ist der Heilige Geist der Kuss. Der Sohn zeigt seine Liebe zu Gott dem Vater durch beständiges Zustimmen – Gehorchen, Unterordnen, Nachgeben – zum Willen seines Vaters (und Gottes Wille *ist* Liebe!). Jesus sagte immer nur das, was ihm der Vater zu sagen auftrug; tat immer nur das, was er seinen Vater tun sah.

Auf diese Anschuldigungen der führenden Juden entgegnete Jesus: „Ich sage euch die Wahrheit: Von sich aus kann der Sohn gar nichts tun, sondern er tut nur das, was er den Vater tun sieht. Was immer aber der Vater tut, das tut auch der Sohn!

Denn weil der Vater den Sohn liebt, zeigt er ihm alles, was er selbst tut. Der Sohn wird noch viel größere Wunder tun, weil der Vater sie ihm zeigt. Ihr werdet staunen!" (Joh. 5,19-20)

Doch die Vater-Sohn-Zustimmung ist auch gegenseitig. Einige Verse später sagt Jesus: „Denn nicht der Vater spricht das Urteil über die Menschen, er hat das Richteramt vielmehr dem Sohn übertragen, damit alle den Sohn ehren, genauso wie den Vater …, der ja den Sohn gesandt hat" (Joh. 5,22-23).

Dieselbe Art Achtung definiert den Geist. Wie Jesus sagte:

> Wenn aber der Geist der Wahrheit kommt, hilft er euch dabei, die Wahrheit vollständig zu erfassen. Denn er redet nicht in seinem eigenen Auftrag, sondern wird nur das sagen, was er hört. (Joh. 16,13)

Jesus verkörperte diese trinitarische Zustimmung in seinem Leben und Dienst, nicht nur durch ausdrücklichen Gehorsam gegenüber dem Vater direkt, sondern auch dann, als der Vater durch andere zu ihm sprechen wollte! Er kannte den Willen des Vaters, ja, er achtete so aufmerksam auf die Stimme des Vaters, dass er sie hören und ihr sofort gehorchen konnte, sogar wenn sie indirekt zu ihm kam.

Denk an die Hochzeit zu Kana (Joh. 2). Der Wein ist alle und Maria sucht eine Lösung bei Jesus. Bis zu diesem Punkt hatte Jesus gehorsam gewartet, dass sein Vater ihm den Startschuss für den Beginn seines Dienstes gab. Deshalb sagt er: „Meine Zeit ist noch nicht gekommen" (Vers 4). Maria, seine Mutter, bekommt anscheinend mit, dass der Vater Jesu nickt. „Was immer er euch befiehlt, das tut!", weist sie die Diener an. Den Rest kennst du: Jesus wirkt sein erstes Zeichen, das seine Herrlichkeit offenbart (Vers 11) und verwandelt Wasser in Wein. Wenn Jesu Zeit noch nicht gekommen war, warum wirkte er dann das Wunder? Hatte er sich geirrt? War er ungehorsam gegenüber dem Timing und Willen des Vaters? Überhaupt nicht. Wie immer gehorchte er seinem Vater, aber diesmal wird ihm der Wille seines Vaters offenbart, indem er die Stimme des Vaters in dem Moment hört, als seine Mutter signalisiert, seine Zeit sei gekommen.

Auch als die syrophönizische Frau (Mk. 7, Mt. 15) Jesus bittet, ihre von einem Dämon besessene Tochter zu befreien, weigert sich Jesus und zitiert den Auftrag, den sein Vater ihm gegeben hatte:„Ich habe nur den Auftrag, den Menschen aus dem Volk Israel zu helfen" (Mt. 15,24). Lügt er? Nein. Er dient völlig unter der Führung seines Vaters. Aber als sie klug auf ihrem Anliegen besteht, staunt er über ihren Glauben und antwortet mit der sofortigen Heilung ihrer Tochter. Und hier: Ist er ungehorsam? Hält er sich nicht an die Regeln? Nein, er hat die Demut, diesen gottgegebenen Glauben als ein Zeichen vom Vater zu erkennen – der Auftrag verlagert sich jetzt. Und in Markus' Version reist Jesus ins Gebiet der Zehn Städte, eine offenbar heidnische Region.

Am meisten aber sehen wir die ultimative Zustimmung Christi zum Willen seines Vaters, als er (unter Tränen der Angst) Ja dazu sagt, den Kelch des Leidens und Todes zu trinken – den Kelch der mitleidenden Liebe Gottes zur Welt. Gethsemane wird zum ultimativen Ausdruck der Zustimmung des Sohnes zum Vater. Er betet: „Mein Vater, wenn es möglich ist, dann lass den Kelch an mir vorübergehen und erspare mir dieses Leiden! Aber nicht was ich will, sondern was du willst, soll geschehen" (Mt. 26,39.) Mehr noch, wir erkennen den göttlichen, sich selbst gebenden Willen des Wortes (Gott Sohn) und die menschliche, das Leben hingebende Bereitschaft Jesu (Menschensohn) als Offenbarung von ein und demselben: Das total hingegebene„Nicht was ich will, sondern was du willst" Jesu zeigt seine zielgerichtete Bereitschaft, voller Liebe sein Leben für die Welt zu geben.

2. Zustimmung ist auch der göttliche Akt der Vermittlung zwischen Gott und der Welt. Der Vater küsst die Welt und der Sohn ist sein Kuss. Der Vater übergibt seinen eingeborenen und geliebten Sohn einer feindlichen Welt – überantwortet ihn bereitwillig – und gibt ihn hasserfüllten Menschen in die Hände. Dieser tiefe Akt der Hingabe des Vaters würde ungeheuer ungöttlich wirken, wenn wir den Rest der Geschichte nicht kennen würden. Für die meisten Muslime ist der Gedanke, dass böse Menschen Jahwes Messias das Leben nehmen könnten, tatsächlich so anstößig, dass sie ihn nicht akzeptieren können. Das kann einfach nicht sein. Sie glauben, dass Jesus Gottes Messias ist, dass er jetzt lebt und in Herrlichkeit wiederkommen wird, um den Antichrist zu besiegen und in der Welt zu herrschen (das ist wahr!). Aber sollte der Vater so duldsam sein, dass er einem tatsächlichen, unwürdigen Tod seines gesalbten Königs zustimmen würde? Das können die meisten Muslime nicht akzeptieren.

Andererseits erinnert uns Johannes, dass Jesu Zustimmung aktiv ist und seiner eigenen Initiative entspringt:

> Der Vater liebt mich, weil ich mein Leben hingebe, um es neu zu empfangen. Niemand nimmt mir mein Leben, ich gebe es freiwillig. Ich habe die Macht und die Freiheit, es zu geben und zu nehmen. (Joh. 10,17-18)

Dass er die Macht hat, sein Leben hinzugeben, und es ihm nicht entrissen werden kann, könnte ein wertvoller Ansatzpunkt im interreligiösen Dialog mit unseren muslimischen Freunden sein, denen der Gedanke entsetzlich ist, Gottes Messias könnte von bösen Menschen einfach umgebracht worden sein.

Er führt uns auch über die Zustimmung des Vaters hinaus. Der Sohn – der Mediator oder Mittelsmann zwischen dem Vater und der Welt – zeigt die Liebe des Vaters zu der Welt durch seine eigene Liebe, mit der er sein Leben gibt, indem er selbst zu unserer hasserfüllten Rebellion und mörderischen Zurückweisung in der Kreuzigung Ja sagt. In der Tat formulieren die Autoren des Johannesevangeliums und der Apostelgeschichte die Geschichte so, dass der Vater die Ereignisse vorhersieht und der Sohn sie so führt, dass unsere eigenen hässlichen Pläne mit Gottes williger Zustimmung zu unserem Heil zusammenwirken! Im Rückblick müssen wir erkennen, dass Christi Zustimmung die Hingabe seines Lebens in einer außerordentlich trinitarischen Tat Gottes darstellt. Sein Ja zum Willen des Vaters in Gethsemane eröffnet den Weg der ewigen Liebe und radikalen Vergebung und macht unser entsetzliches Verbrechen zum Mittel für unsere Erlösung.

3. Zustimmung ist unsere Reaktion auf das Kreuz Christi und die Gnade Gottes. Wenn der Vater die Welt im Leben und Sterben seines Sohnes küsst, empfangen wir seinen Kuss durch Zustimmung. Der Sohn drängt sich nicht in unser Leben und nötigt uns nicht, seine Liebe anzunehmen. Aber er lädt uns ein, aus freien Stücken auf das Angebot einer Beziehung mit Gott einzugehen. Er initiiert und wir reagieren … immer durch Zustimmung.

Aber wie gesagt: Wenn die Zustimmung mit einem Ultimatum an eine Frist gebunden ist – wenn bei mangelnder Hingabe ewige Qualen drohen –, dann enthält das Angebot keine wahre Liebe. Dann bleibt uns nichts als eine Pseudo-Entscheidung, dann dürfen wir unsere Zustimmung eigentlich gar nicht verweigern.

Wayne Northey, ein Pionier der *Restorative Justice* (wiedergutmachende bzw. opferorientierte Justiz), beschrieb mir das Dilemma folgendermaßen (ich umschreibe):

Stell dir einen fabelhaft reichen König vor, der eines Tages aus dem Schlossfenster guckt und in der Ferne ein wunderschönes Bauernmädchen sieht, die im Armenviertel wohnt. Er ist begeistert und denkt: „Das ist die perfekte Braut für meinen Sohn, den Prinzen." Anders als andere Könige – böse weltliche Könige –, kann er sie nicht einfach entführen und seinem Sohn als Sklavin zur Konkubine geben. Er muss sie ehrlich einladen, freiwillig die Hand seines Sohnes zu nehmen. Und so begibt er sich mit seiner Entourage und seinem Sohn aus dem Palast in die erbärmlichen Verhältnisse jenseits des Burggrabens. Sie durchsuchen Hütte für Hütte und alle Märkte, bis sie sie finden. Das Angebot wird gemacht:

„Junge Dame", sagt der König, „dies ist mein geliebter Sohn, der Prinz dieses Königreichs und Erbe all dessen, was mir gehört. Ich bitte dich in aller Demut, aus deinem Leben in Armut und Unterdrückung herauszukommen, dich im heiligen Stand der Ehe meinem Sohn anzuschließen und alle Vorteile, die das Leben einer Prinzessin beinhaltet, zu genießen." Das Angebot klingt unwirklich gut. Sie muss den Antrag nur annehmen, sonst nichts.

Allerdings hat die Sache einen Haken. Der König fährt fort: „Es gibt eine Frist. Wenn du bis dann und dann nicht Ja sagst, werden wir dich einsperren, dich in unseren Kerker werfen, wo dich Folterer bis in alle

Ewigkeit bei lebendigem Leibe filetieren werden und dich übernatürlich lebendig erhalten, sodass deine Qualen niemals aufhören. Außerdem ist deine Entscheidung nach Verstreichen der Frist unwiderruflich. Keine Umkehr ist möglich. Die Schande deiner Ablehnung wäre zu groß, als dass es eine zweite Chance geben könnte. Die Folgen deiner Ablehnung wären gnadenlos und absolut unumkehrbar."

Als der König, der Prinz und ihr Tross umkehren, wendet sich der Prinz noch einmal zu dem Mädchen und sagt: „Ach ja, bitte beeil dich. Und vergiss nie, dass ich dich immer und ewig lieben werde … allerdings nur bis Ablauf der Frist."

Ist das unser Evangelium? Wenn es das wäre, wäre es wirklich ein Evangelium, das die Liebe Gottes, den freien Willen der Menschen und die gegenseitige Zustimmung enthält, die Gottes Einladung notwendigerweise innewohnt? Das kann man mir nicht mehr weismachen. Ohne hier allzu sehr ins Detail zu gehen, möchte ich doch zwei Dinge nennen, die Gott, weil er seinem Wesen nach der ewig zustimmende Bräutigam ist, nicht tun kann und nicht tun wird:

- Er wird dich niemals *zwingen*, seinen Sohn zu heiraten, denn Gnade, die du gar nicht ausschlagen kannst, nähme dir die Möglichkeit zuzustimmen. Dein Anteil wird immer und ewig einverständlich sein.
- Seine Zustimmung wird *nie enden*, denn ein gewaltsames Ultimatum nähme dir die Möglichkeit zuzustimmen. Göttliche Liebe wird immer und ewig einverständlich sein. Betonung auf *ewig*. „Seine Gnade währt *ewig*" (Ps. 136 E). „Mit *ewiger* Liebe habe ich dich geliebt, darum habe ich dir die Treue *bewahrt*" (Jer. 31,3).

Ich glaube nicht, dass es zum göttlichen Werben gehört, dir so lange mit seiner Liebe zuzusetzen, bis du aufgibst. Es ist einfach so, dass er dich immer lieben wird, mit einer Liebe, die stärker ist und länger währt selbst als der Tod (Hl. 8). Die Bibel macht zumindest Andeutungen (Offb. 21–22), dass der Vater des verlorenen Sohnes auf dich warten wird, dich einladen und die Türen für dich offen halten wird, bis du bereit bist, nach Hause zu kommen. Er wird immer und ewig auf dich warten.

Zustimmung von Anbeginn an

Wie das Kreuz, umfasst also auch Zustimmung Liebe, Hingabe, Unterordnung, Einladung, Gastfreundschaft und Empfänglichkeit für die Liebe. Christus sagt Ja – gibt sich hin, ordnet sich unter – dem Vater, der Kenosis, der Demut, dem Dienersein und dem Tod (Phil. 2). Durch das Kreuz wird Christus auf wunderbare, barmherzige, mächtige – ja, ironische – Weise erhöht bis an den höchsten Ort und macht er alle Dinge neu. Also ist Zustimmung ein Synonym für das Kreuz und für Gottes Liebe. Es ist eine *aktive* und *reagierende* Liebe zu Gott und zu anderen Menschen, die nie zu bloßer Passivität und Ergebenheit degradiert.

Deshalb ist Zustimmung eine wesentliche, aktive Zutat zu der Kreuz-Liebe Christi. Aber vergiss nicht, diese Sicht vom Kreuz als Zustimmung umfasst mehr als nur sechs Stunden an einem bestimmten Freitag. Wenn sie den christusgleichen Gott beschreibt, wie er immer ist und immer herrscht, dann strukturiert sie das Universum und umspannt die Breite der Geschichte, von vor dem Anfang bis nach dem Ende. Wie das?

Theodizeen

sind Versuche, mit dem Verstand das Problem zu lösen, warum Leiden oder Böses unsere Welt durchdringt.
Wenn Gott vollkommen gut und allmächtig ist, woher kommt das Böse und warum lässt Gott es zu?

Warnung: Ich glaube, dass das, was ich jetzt über *Zustimmung* sagen will, wahr ist – wahr sein muss –, aber nur in Kombination mit dem, was ich danach über *Teilhabe* sagen werde. Ohne das wesentliche Element der Gegenwart und Teilhabe Gottes steht der folgende Punkt allein nicht als wahr da. Gottes Zustimmung für sich genommen kann sich anfühlen wie Gottes Abwesenheit, wie Verlassensein und Im-Stich-gelassen-Werden, wie Distanz und Schweigen – alles reale menschliche Erfahrungen, die nicht geleugnet werden dürfen (z. B. Ps. 6; 13; 22).

Diese Erfahrung der Abwesenheit und Isolation – von Gott vergessen oder sogar verflucht zu werden – ist Kern des sogenannten „Problems des Bösen". Die vielen (normalerweise erfolglosen) Versuche, mit dem Verstand zu versöhnen, wie ein guter Gott das furchtbare Leid zulassen kann, das wir in unserer Welt sehen, nennt man **Theodizeen***. Das Buch Hiob ist ein sehr früher Versuch einer durchdachten Theodizee. Wir werden dem Thema ein ganzes Kapitel widmen, aber für den Moment will ich sagen, dass nur eine *„Kreuz"*-Theodizee es schafft, Böses nicht gut zu nennen und die Opfer von Naturkatastrophen oder menschlichem Bösen nicht zu verurteilen.

Naturgesetz und menschliche Freiheit sind *nicht* die einzigen Akteure, haben *nicht* das letzte Wort, sind *nicht* unsere letzte Realität. Wir können und werden hierbei nicht stehen bleiben. Es ist noch eine dritte, allgegenwärtige und aktive Gegenwart am Werk: die Gnade. Gottes Gnaden-Gegenwart ist real und wesentlich für eine christusgemäße Sicht der Welt. Für das Weitere wollen wir uns darauf einigen. Wie sieht Gottes *kenotische* Herrschaft durch die Zeitalter hindurch aus?

Eine Theorie, die zunächst durch den Kabbalismus (den mystischen Flügel des Judaismus) aufkam, besagt, dass ganz im Urgrund der Schöpfung Gott „sich zurückzieht" oder sogar „stirbt". Nicht im wörtlichen Sinn natürlich. Die Idee ist, dass Gott das Alles-was-es-gibt-Sein und Alles-was-es-gibt-Beherrschen aufgibt und ihm in diesem Sinn stirbt. Simone Weil stellte eine christliche Version dieser Theorie vor, nämlich: Ganz im Anfang entäußerte sich der Schöpfer aus seiner Fülle heraus – *Kenosis!* –, um Raum zu machen für die Schöpfung, sodass wir authentisch leben und handeln könnten. Poetisch ausgedrückt, ist er „seit Beginn der Welt" „das geopferte Lamm" (Offb. 13,8).

Ein weiterer Vorbehalt: „Beginn" bedeutet mehr als „der Anfang", die Gründung der Welt. Gottes Sein (seine bereitwillige Liebe) ist das Fundament, auf dem seine Schöpfung stets ruht. Er ist nicht nur *ein Wesen* wie alle anderen Wesen, das die Schöpfungsuhr ans Laufen bringt. Er ist *das eigentliche Sein*, auf dessen sich selbst gebende Liebe wir für unser eigenes Sein vollkommen angewiesen sind und auf die wir uns verlassen müssen. Ohne den lebenden, liebenden Gott als Grundlage existieren wir nicht – existiert nichts.

Dennoch: Sogar da, wo Gott die Grundlage für jeden Moment unseres Lebens ist und für jeden Atemzug, den wir tun, erkennen wir, dass Gott kein anderer ist als ein geopfertes Lamm! Der Eine, von dem unsere Existenz absolut abhängig ist, führt das Universum durch die Gastlichkeit der Hingabe (und durch Teilhabe).

Gott ist letztlich Quelle und Ursache für alles, was es gibt. Gut. Manchmal bezeichnen wir Gott als die primäre oder erste Ursache. Und als erste Ursache ist Gott gut und ist alles, was er tut, Güte. Aber es gibt auch **sekundäre Ursachen***. Zu den Sekundärursachen zählen das *Naturgesetz* und die *menschliche Freiheit*.[1] Diese bezeichnen wir als Sekundärursachen, weil Gott sie zwar gegeben hat, sie aber auch Dinge bewirken, die Gott nicht direkt verursacht. Das heißt, Gott *erlaubt* das freie (und oft katastrophale) Spiel dieser Sekundärursachen – er gesteht dem *Naturrecht* und der *menschlichen Freiheit* ihre Auswirkungen zu. Letztlich ist Gott verantwortlich für alles, was es gibt – für das Naturgesetz und für die menschliche Freiheit –, aber wir würden sagen, dass er das, was Menschen tun und die Natur verursacht, nicht *direkt* veranlasst oder kontrolliert. Um es konkreter auszudrücken:

Sekundärursachen

Gott erlaubt das freie (und oft katastrophale) Spiel der Sekundärursachen. Das heißt, er gesteht dem Naturrecht und der menschlichen Freiheit ihre Auswirkungen zu.
Letzten Endes ist Gott verantwortlich für alles, was es gibt – für das Naturrecht und für die menschliche Freiheit –, aber wir sagen, dass er menschliches Handeln und Naturereignisse nicht direkt verursacht.

Das Naturgesetz bezieht sich auf die Gesetze der Natur, das ist ja klar. Auf der einen Seite stimmen diese Gesetze vollkommen mit dem Schöpfer überein, der sie gegeben hat. Die Schwerkraft zum Beispiel ist gut und macht genau das, was sie machen soll. Sie gehorcht immer ihren eigenen von Gott gegebenen Regeln. Strikt. Unabänderlich. Die

Schwerkraft ist nötig, damit wir überleben, aber sie kann auch kaltblütig alles zerschmettern und zerstören, was sich ihr in den Weg stellt. Die Schwerkraft stimmt vollkommen mit Gottes Gesetz überein, und die Schwerkraft kann töten. Aber wenn sie tötet, dann sagen wir nicht, dass Gott das getan hat. Und doch stimmt Gott zu, dass die Schwerkraft wirkt, sogar wenn dieses Wirken grausamste Resultate hat.

Indem er Raum macht für Sekundärursachen, mischt sich Gott nicht direkt in jede Naturkatastrophe ein. Tektonische Platten verschieben sich, Wetterbedingungen kommen und gehen, alle in Übereinstimmung mit dem, wie Gott sie geschaffen hat. Aber wenn sich die Platten reiben und ein Erdbeben verursachen oder wenn Winde wehen und einen Wirbelsturm verursachen, dann stimmt Gott dem zu, auch wenn das eine Stadt von der Landkarte auslöscht! Aber anders als unsere Vorfahren es taten, dürfen wir weder annehmen, dass ein solches Blutbad direktes Handeln Gottes ist, noch dürfen wir denen die Schuld geben, von denen wir meinen, Gott würde sie strafen.

Mit der menschlichen Freiheit ist es genauso. Gott ist das Risiko eingegangen, uns wählen zu lassen: Wollen wir seinem Willen zustimmen oder ihn bewusst ablehnen? Diese Freiheit ist eine weitere wesentliche Sekundärursache. Wenn wir unsere Freiheit nutzen, um Gott abzulehnen, werden wir ironischerweise auf tausend unterschiedliche Arten versklavt. Autonomie („Freiheit" von Gott), die Katastrophe von Eden, ist in Wirklichkeit eine Täuschung, die uns bindet. Wir werden Sklaven von Trieben und Zwängen und Versuchungen und Süchten, von Ängsten und Zorn usw. Und als Sklaven von Eigensinn und Egoismus tun wir Böses und verursachen viel Schmerz. Gottes gute Gabe ist durch unsere Missachtung eine todbringende oder lebensschädigende Sekundärursache geworden. Und Gott stimmt zu. Er verhindert oder unterbricht nicht jedes böse menschliche Handeln.

Jesus erklärt dieses Prinzip deutlich im Lukasevangelium.

> Zu dieser Zeit kamen Leute zu Jesus und berichteten ihm, dass Pilatus einige Männer aus Galiläa während des Opferdienstes im Tempel hatte umbringen lassen. So hatte sich ihr Blut mit dem ihrer Opfertiere vermischt. Da sagte Jesus zu ihnen: „Ihr denkt

jetzt vielleicht, diese Galiläer seien schlimmere Sünder gewesen als ihre Landsleute, weil sie so grausam ermordet wurden. Ihr irrt euch! Wenn ihr euch nicht zu Gott hinwendet, dann werdet ihr alle genauso umkommen. Erinnert euch an die achtzehn Leute, die starben, als der Turm am Teich Siloah einstürzte. Glaubt ihr wirklich, dass ihre Schuld größer war als die aller anderen Leute in Jerusalem? Nein! Wenn ihr nicht zu Gott umkehrt, wird es euch ebenso ergehen." (Lk. 13,1-5)

Siehst du, wie Jesus beide Sekundärursachen anspricht: das *Naturgesetz* beim Einstürzen des Turms und die *menschliche Freiheit* bei Pilatus' Massaker? Er kritisiert die Annahme, man könne anhand der Umstände sagen, wer gerecht und wer böse ist. Zur Zeit Jesu glaubten die Juden, dass Gott durch Manipulation von Sekundärkräften – vom Blitzschlag bis hin zur Armee Cäsars – böse Menschen aktiv niederstreckt und gute segnet. Aber nach dem, was Jesus sagt, läuft es nicht so. So ist Gott nicht. Er regelt nicht bis ins Einzelne Gericht und Urteil. Wenn Jesus sagt: „Er lässt seine Sonne für Böse wie für Gute aufgehen und er lässt es regnen für Fromme und Gottlose" (Mt. 5,45), dann spricht er über die *unterschiedslose Gnade* Gottes als der primären Ursache von allem Guten.

Auf der anderen Seite lässt Gott zu, dass seine geschaffene Ordnung zerstört wird (ohne es direkt zu veranlassen). Charles Darwin erkannte das: „Gott mag die Naturgesetze geschaffen haben, aber wenn der Blitz einschlägt, können wir nicht glauben, dass Gott den, der getroffen wird, absichtlich tötet."[2] Eine Kombination aus menschlicher Freiheit (schlechte Entscheidungen des Fahrers) und Naturgesetz (Wirkung von Eis auf Asphalt) können zu einem tödlichen Autounfall führen. Hat Gott ihn verursacht? Nein, Gott verursacht nicht direkt Autounfälle, doch er schuf die universellen Bedingungen, die zu ihnen führen. So sagen wir, in Gottes guter Ordnung sind das menschliche Wirken und das Naturgesetz (die Sekundärursachen) *Gegebenheiten*. Gegebenheiten[3] kommen von einem guten Gott, uns zugute – Gott sei Dank sind wir frei, uns zu verlieben, und in der Lage, aufrecht auf dem Boden zu stehen –, aber Gegebenheiten können auch menschliches Leid bewirken, von gebrochenen Herzen bis zu gebrochenen Knochen, von Entsetzlichem bis zu

Banalem. Kurz gesagt, Gott erschafft das, was wir „gegeben" nennen, und gibt sein Ja dazu, im Guten wie im Schlechten, obwohl wir ihn in den uralten christlichen Litaneien um Befreiung davon anrufen.

Nicht nur Zuschauer: Gottes Teilhabe

So ist Gottes *Zustimmung* eine Realität; es ist aber auch eine Realität, dass er nicht als unbeteiligter Zuschauer neben uns steht. Er stimmte zu, am gesamten Zustand des Menschseins teilzuhaben. Voll und ganz. In Liebe sah er unsere Not und kam durch die Inkarnation in unser Leid hinein. Er erlebte die große Last dieser Kräfte im Fleisch gemeinsam mit uns. Anders gesagt, als das geopferte Lamm hatte Gott in Christus *total Anteil* an unserem Trauma und unserer Katastrophe. In seiner Leidensgeschichte sammelte und erlitt er das gesamte menschliche Unheil aller Zeiten; er *stimmte zu*, mit dem Kreuz die „Anziehungskraft" aller Sünde – aus Vergangenheit und Zukunft – zu erleiden.

So ist nun das Kreuz Christi weit mehr als die Kreuzigung am Karfreitag. In der Passion Christi beinhaltet und vereint das Kreuz Gottes Zustimmung und seine Teilhabe zur „Jakobsleiter", die Himmel und Erde verbindet (1. Mo. 28,12; Joh. 1,51) und die ganze Schöpfung und die ganze Geschichte enthält. Bruder John Behr verleiht dieser Wahrheit besonders schön Ausdruck:

> Wenn der Apostel Paulus von der „Breite und Länge und Höhe und Tiefe" [des Geheimnisses des Kreuzes] spricht (Eph. 3,18), sieht der hl. Gregor darin, dass er die Form des Kreuzes in die Struktur des Universums einschreibt, welches geschaffen ist von dem Gott, der sich am Kreuz offenbart. Die transzendente Macht des ewigen, zeitlosen Gottes, sichtbar im Leiden Christi, ist dieselbe Macht, die die ganze Schöpfung erhält, sodass das Kreuz in der Tat die *axis mundi* ist, die stille, ewige oder zeitlose Achse, um die die Welt sich dreht.[4]

Was bedeutet die Kraft des Kreuzes für uns? Oder für Leidende? Sie bedeutet, dass derselbe Christus, der Karfreitag gekreuzigt wurde, jetzt das Universum mit seiner *„Kreuz"*-Liebe erfüllt. Er ist nicht passiver und machtloser Zeuge von Kindesmissbrauch oder Unterdrückung der Armen, ohne etwas zu unternehmen. Nein, er geht in das Leiden hinein, erlebt die Angst, lebt den Kummer *für alle, mit allen, für alle Zeit* mit. Der christusgleiche Gott trinkt unseren Leidenskelch. Das geopferte Lamm hat alles getragen, bis hin zu den Grundlagen des Kosmos. Sekundärursachen nagelten ihn an den Leidensbaum. Und was tat Christus? In Liebe gab er seine *Zustimmung*, solidarisch mit uns mitzuleiden.

In diesem Sinn sage ich, dass Gott das Sagen hat, aber *nicht* die Kontrolle, denn er kontrolliert nicht. Manchmal wünschte ich, dass er es täte, aber wenn ich die Geschichte und die Menschheit ansehe, sehe ich nirgends, dass er Kontrolle ausübt. Manchmal scheint es so und fühlt es sich so an, als wäre er nicht da, distanziert und stumm, schwach oder vielleicht sogar tot. Ist Gott einfach gestorben und hat uns alle im Stich gelassen, und wir gehen jetzt den Bach runter?

Nein! Statt zu kontrollieren und zu zwingen, schenkt Gott in Christus seine Fürsorge und Zustimmung, mit und für uns zu leiden. Verwerfen wir das Bild des Versager-Vaters, der stumm zusieht, wie seine Kinder von einem Rüpel verprügelt werden! Stattdessen sehen wir auf das wahre Bild der Kreuzesform – Christus selbst –, den, der unsere Schreie gehört hat und gekommen ist, um mit uns zu leiden und zu sterben und so die Not zu überwinden, den Tod zu besiegen und uns zu erheben, dass wir mit ihm leben und herrschen.

Die *„Kreuz"*-Herrschaft Christi

Ich weiß: Liebe kann so schwach aussehen wie das Kind in der Krippe, so machtlos wie der jüdische Mann am Kreuz oder so widerstandslos wie ein Prediger, der in Jerusalem oder in Somalia zu Tode gesteinigt wird. Wir könnten gut fragen, wie der gekreuzigte Gott souveräner König und Herr der Herrlichkeit sein kann. Was für eine Souveränität ist das? Was für ein König ist das? Ist das Kreuz seine Regierungsform?

Ja! Christus regiert wirklich – er regiert im Himmel und in der Welt, selbst über Sekundärursachen. Es steht außer Frage, dass er regiert; die Frage ist nur: *wie?* – Nicht durch willkürliche Machtausübung oder durch Zwang. Seine Herrschaft ist überhaupt nicht so wie das, was wir uns unter Kontrolle vorstellen. Nein, Christus herrscht ausschließlich durch die *„Kreuz"*-Macht der Liebe – nicht wie weltliche Mächte, die durch Gewalt herrschen. Gottes Regierung ist aktiv in der Welt. Aber er herrscht nur durch die Zustimmung seines sich selbst gebenden Sohnes und durch die willigen Jünger seines Sohnes. Durch ihn sind sie jetzt Könige und Priester, „... und sie werden über die ganze Erde herrschen" (Offb. 5,10). Doch wie er, so herrschen auch sie ausschließlich durch dienende Liebe („durch das Blut des Lammes und weil sie sich zu dem Lamm bekannt haben", Offb. 12,11), mit dem Ziel der Wiederherstellung aller Dinge in Christus.

Das Kreuz offenbart und definiert die Reich-Gottes-Herrschaft – und Gottes eigentliches Wesen – als selbstentäußernde Liebe. Er herrscht und regiert durch *unsere* Zustimmung, *unsere* Hingabe, *unsere* Unterordnung – durch unsere Bereitschaft, der Welt seine sich selbst gebende Liebe zu vermitteln.

Das ist eine andere Art von Königreich! Eine merkwürdige Art von König!

In seinem Buch *Parables of the Kingdom* stellt Robert Farrar Capon Stärke als „rechtshändige Macht" der moralischen und geistlichen Kraft gegenüber, die er „linkshändige Macht" nennt. Jesus, sagt er, verzichtet konsequent auf weltliche Stärke zugunsten der selbstentäußernden Kraft. Das beste Beispiel dafür ist seine Bereitschaft, das Kreuz zu tragen, statt zehntausend Engel herbeizurufen!

In einem Kurs am theologischen Seminar[5] wurden per Brainstorming Wörter für diese beiden Arten von Herrschaft gesucht – Kontrolle gegenüber Zustimmung bzw. gottähnlicher Konstantin gegenüber dem gottähnlichen Jesus. Die Ergebnisse waren:

Weltliche Macht als Gewalt: Autorität, Anerkennung, Stärke, Territorium, Brutalität, Kontrolle, Waffen, Angst, Erfolg, Einfluss, Eroberung, Ruhm, Blutvergießen, Zorn, Gewalt, Pracht, Beherrschen, Größe, Manipulation, Unterdrücken, Aggression, Eifern, Unsicherheit, Hegemonie.

„Kreuz"-Macht als Liebe: Verletzlichkeit, Schwäche, Gehorsam, Unterordnung, ausgestoßen, verflucht, ignoriert, verraten,

risikobereit, verwundet, Vergebung, Leiden, Durst, Unehre, Schande, einsam, leer, blutig, Verheißung, mitleidig, Abhängigkeit, Hoffnung, Glaube, Opfer, Befreiung, Empathie.

Wie das kleine Kind in der Krippe stellt also auch das geschlachtete Lamm jede weltliche Vorstellung von König und Königreich, Gott und Macht neu her. Das Kreuz offenbart das ganze Wesen eines christusgleichen Gottes. Durch Jesus wissen wir also:

- Gott kontrolliert nicht, deshalb ist das Reich Gottes ohne Zwang.
- Gott ist nicht gewalttätig, also hat das Reich Gottes nichts zu tun mit den gewaltbasierten Machtsystemen der alten Zeit. Schwert und Gewehr gehören nicht in sein Waffenarsenal.
- Gott gewinnt durch Liebe, also überzeugt das Reich Gottes durch Zeugnis, Worte, Mitleid, Geist, und wenn nötig Martyrium, aber niemals durch Gewalt.

Aaron Riches, ebenfalls ein kanadischer Theologe, brachte diese Themen in folgendem wunderbaren Text für mich zu einem Höhepunkt:

> Lies Origenes: *Die Herrlichkeit des Herrn ist das Kreuz.* Was könnte ein größerer Skandal sein? Die Verklärung könnte jeder x-beliebige Atheist verstehen: „Herrlichkeit" ist ein Körper und ein Gesicht, die im übernatürlichen Licht strahlen. Das erschüttert meine heidnischen Voreingenommenheiten hinsichtlich der Bedeutung von „göttlich" und „übernatürlich" keineswegs. Wofür wir Glauben brauchen, ist dies: zu sehen, dass der tote Jesus, vergessen und verlassen, nackt am Kreuz hängend, wahrhaftig die inkarnierte Liebe Gottes ist. In der Verwundung seines verletzlichen Seins liegt die Fülle der göttlichen Herrlichkeit. Er schämt sich nicht, unser Gott zu sein.[6]

Göttliches Nachgeben

Kenotische Kraft mag schwach wirken, weil sie geduldig und demütig ist, aber am Ende ist Gott-als-Liebe – der wahrhaft christusgleiche Gott – die überwindende Stärke, die mächtiger ist, weil er tut, was kein Tyrann je tun kann: Er gewinnt Herzen, macht Menschenleben neu und verwandelt Gesellschaften.

Die selbstentäußernde Herrschaft, die ich meine, wird in der Schöpfungsgeschichte im ersten Buch Mose mit starken Bildern illustriert (und gerne übersehen). Pastor Ashley Collishaw zeigte mir das Folgende, und die Anerkennung für diese Einsicht kommt ganz allein ihm zu.

Am Anfang die Schöpfung dem Menschen anzuvertrauen, ist Ausdruck eines *kenotischen* Gottes, eines ergebenen und menschgewordenen Gottes. Es ist eine Offenbarung des *„Kreuz"*-Gottes, der bereit ist, demütig Ja zu sagen und sogar am Fall der Menschheit Komplizenschaft zu tragen. Immerhin hat Gott in dieser Geschichte Adam und Eva in den Garten gestellt. Gott pflanzte den Baum der Erkenntnis von Gut und Böse in den Garten. Gott schuf wohl auch die listige Schlange, die sie zur Sünde verführte. Und merkwürdigerweise erlaubte Gott der Schlange, die beiden zu verführen, ohne sie zu unterbrechen oder einzuschreiten. Im entscheidenden Moment ist Gott merkwürdig still und abwesend.

Und warum der Baum? War der Baum eine Demonstration von Gottes Herrschermacht, seinem Willen, sein Gesetz durchzusetzen, Gehorsam zu verlangen und Ungehorsam mit einem Fluch zu bestrafen? Sollte der Baum eine Falle sein, die nur darauf wartete, über moralisch unreifen Unschuldigen zuzuschnappen? Das klingt nicht fair.

Was aber, wenn der Baum einen anderen Zweck hätte? Was, wenn er die Beziehung zwischen Gott und Mensch ermöglichen und aufrechterhalten könnte? Was, wenn er eine Demonstration von Gottes Nachgeben und ein Mittel wäre, durch das wir legitim wie Gott werden könnten?

Das erste Mosebuch sagt, der Mensch sei „nach Gottes Bild" geschaffen. Und wenn nun das Bild, das wir in uns tragen, das Bild der *niedergelegten Allmacht* ist? Mit anderen Worten: Das in uns vorhandene Bild Gottes enthält eigentlich große Macht und Stärke, aber wir werden tatsächlich nicht wie Gott, solange wir diese nicht – wie Gott es tat – niederlegen!

Damit Gottes reale Gegenwart mit der Welt der menschlichen und nichtmenschlichen Natur interagieren kann – damit seine Gegenwart nicht nur unsere Existenz ermöglicht, sondern aktiv an unserer Welt teilhat –, wollte Gott, dass sein Bild in willigen menschlichen Vermittlern und durch sie gezeigt (initialisiert) wird. Wird das Bild Gottes durch das Niederlegen seiner innewohnenden Macht vollkommen, dann bewahrt der Mensch Gottes Gegenwart in der Welt nur durch *Unterordnung seines Willens*. Ich zitiere Collishaw:

> Um das „nachgebende" Bild von Gott darzustellen, braucht der Mensch wirkliche Macht, die er niederlegen kann. Der Baum und das Gebot, nicht von ihm zu essen, geben dem Menschen eine echte Wahl und damit eine echte Möglichkeit, Macht und Kontrolle auszuüben. Der Akt der Entscheidung setzt diese Macht in die Tat um. Entscheidet sich der Mensch zu gehorchen und nicht zu essen, verzichtet er auf diese Macht. Der Baum ist der simpelste Mechanismus für Gott, dem Menschen Macht zu geben, und der simpelste Mechanismus für den Menschen, diese Macht niederzulegen und damit passiv und beständig das in ihm wohnende Bild von Gott zum Ausdruck zu bringen. Wenn wir die Macht, die uns zur Verfügung steht, nicht ergreifen, verebenbildlichen wir Gott und setzen seine Gegenwart frei.[7]

Gott hätte die Messlatte für gehorsame Hingabe kaum niedriger legen können. Wir müssen nicht einmal etwas tun! Wir sollen einfach auf etwas verzichten, während wir mit unzähligen Freuden erfüllt werden („Von *allen* Bäumen des Gartens", 1. Mo. 2,16). Bei Gottes Gebot ging es nicht darum, dass er uns an unseren Platz verweisen wollte, sondern dass er uns zum Bild des Göttlichen erhebt. Er gewährt uns Macht, indem er uns würdig erachtet zu entscheiden. Wir werden dann wie er, wenn wir diese Macht freiwillig niederlegen! Seine *kenotische* Zustimmung wird zur Gelegenheit für unsere *kenotische* Zustimmung; seine Herrlichkeit kann unsere Herrlichkeit werden.

Leider haben es Adam und Eva vermasselt. Wir alle. Wir werden ständig verführt vom Feind, der uns anlügt und sagt: „Nein! Durch Nachgeben und Unterordnung wirst du nicht wie Gott! Du wirst wie Gott, wenn du dir *nimmst*, was dir zusteht. Wenn du die Macht *ergreifst*, die Gott zurückhält. Wenn du auf deiner Freiheit bestehst und deinen Willen durchsetzt und dir alles nimmst, was dir rechtmäßig zusteht."

Also haben Adam und Eva zugegriffen, genau wie wir es tun. In ihrer Freiheit und Macht und Willkür werden sie (und wir) keineswegs „wie Gott", ganz im Gegenteil, sondern kommen unter die Verdammnis des Todes und die Herrschaft des Teufels. Die Menschheit wurde eine Rasse von Sklaven der Angst, Scham und Schuld.

Gott sei Dank, es gab einen anderen Garten! Und in diesem Garten kniet ein anderer Mann – ein zweiter Adam – und gibt seinen Willen ganz Gott dem Vater hin, liefert sich ihm aus. O ja, auch er wurde versucht. Dieselbe Schlange war zu ihm gekommen und hatte versucht, Jesus mit Macht, Herrschaft und mit Königreichen zu locken. Er führte Jesus in Versuchung, seine Mission nicht durch Sich-Hingeben zu erfüllen, sondern durch Ergreifen, wie es Adam und Eva getan hatten. Satan bot ihm eine Abkürzung zur Macht an, unter Umgehung der *Kenosis*, unter Umgehung von Zustimmung und Kreuz. Aber Christus durchschaute das, bestand die Prüfung und erfüllte treu, wofür die Menschheit bestimmt war – die Perfektion des göttlichen Bildes –, indem er die Macht niederlegte, sich dem Vater unterordnete und der ganzen Welt Gottes erlösende Liebe vermittelte.

Und jetzt gibt es einen anderen Baum. Wie nichts anderes ist das Kreuz Ausdruck von Gottes Wesen. Das permanente und in sich stimmige Profil ist: Selbstentäußerung, Menschwerdung und Prägung durch das Kreuz. So hat uns Christus Gott dargestellt. Der Baum des selbstentäußernden Todes Christi, für immer in unsere Welt gepflanzt, ist ein dauerndes Angebot des ewigen Lebens, und durch unser Ja können auch wir die menschliche Bestimmung erfüllen. Wie im Garten Eden legt Christus seine Macht nieder und lädt auch uns ein, unsere Macht niederzulegen. Durch einfaches Hingeben, wie er es getan hat, haben wir teil an seinem kenotischen Tod, sodass wir auch Teilhaber am göttlichen Leben werden können. Von nun an bewegen wir uns von Zustimmung zu Teilhabe.

Innehalten und nachdenken

- Hast du schon jemals Liebe als Zustimmung betrachtet? Wenn Liebe nicht einvernehmlich ist – als Geschenk gegeben und ohne Zwang empfangen –, handelt es sich dann wirklich um Liebe? Fallen dir Beispiele für Liebe als Zustimmung ein?
- Wenn Gott Liebe ist und wenn zur Liebe das Ja gehört, wie könnte das innerhalb der Dreieinigkeitsbeziehung von Vater, Sohn und Geist sichtbar werden?
- Wie ist Gottes Liebe als Zustimmung in der Schöpfung (im Naturgesetz) sichtbar? Wie in der menschlichen Freiheit?
- Inwiefern erlaubt Gottes Liebe Sünde? Und wie reagiert sie darauf?
- Inwiefern ist Gottes Liebe als Zustimmung ein Kreuz, das Gott selbst tragen musste, schon vor Golgatha – im Kontext von Gottes Erfahrungen mit seinem Bundesvolk?

Innehalten und beten

Gott, in deiner großen Liebe zu uns hast du uns fähig gemacht, dich zurückzulieben ... oder auch nicht! Welch ein Kreuz du als Vater trägst, wenn deine Kinder deine Liebe nicht erwidern! Wie muss dir das Herz brechen, wenn du die Untreue deiner Braut erlebst! Es tut mir leid. Ich bin bereit. Öffne mein Herz, sodass ich nie vergesse, dass das Ja zu deiner Liebe das Leben ist, das ich mir ganz ehrlich am meisten wünsche. Herr, lass es geschehen!

8

Das Kreuz als göttliche Teilhabe

Seit es Menschen gibt, tut Gott, weshalb auch immer, nichts mehr ohne einen menschlichen Partner.
Bischof Desmond Tutu

Wenn Gottes *Zustimmung* zulässt, dass – zur Freude und zum Leid des Menschen – *Gegebenheiten* wirken (die Sekundärursachen Naturgesetz und menschliche Freiheit), hat Gottes *Gnade* (durch den Heiligen Geist) teil an der Welt, wo immer bereitwillige Partner (zuerst und vor allem Jesus Christus) der Welt seine Herrschaft der Liebe und Fürsorge vermitteln.

Die Inkarnation ist Gottes höchster Akt der Gnade – der Teilhabe, Partnerschaft, Anteilnahme – an der Welt, die an Sekundärursachen krankt. In seinem Leben und Sterben trägt Jesus Sünden und Leiden, erlebt unseren Schmerz und unsere Qual, erträgt die Tragödien und Verbrechen der gesamten Menschheit seit Adam. Am Kreuz hat Christus teil an den extremen Tiefen des menschlichen Zustandes, ja, er geht sogar in den Tod und ins Grab. Jahrelang dachte ich, Jesus wäre von Gott gestraft. Genau dieser Fehler wurde in Jes. 53,4-5 prophezeit, wo der Prophet sagt:

> Dabei war es unsere Krankheit, die er auf sich nahm;
> er erlitt die Schmerzen, die wir hätten ertragen müssen.
> Wir aber dachten, diese Leiden seien Gottes gerechte Strafe für ihn.
> Wir glaubten, dass Gott ihn schlug und leiden ließ,
> weil er es verdient hatte.
> Doch er wurde blutig geschlagen,
> weil wir Gott die Treue gebrochen hatten;
> wegen unserer Sünden wurde er durchbohrt.
> Er wurde für uns bestraft …

Die Strafe und der Schmerz, das Durchbohren und Blutigschlagen geschah nicht durch die Hand des Vaters. *Wir* taten das – Menschen, eifernde, religiöse Menschen. Mehr noch, Jesus trug (und ertrug) tatsächlich das Gewicht unserer Sünde, unserer Not und unserer Krankheit. Jesus wurde ein bereitwilliger Opfer-Teilhaber am Zustand des Menschen, mit dem Ziel, die Menschheit von eben dem zu heilen: dem Fluch der Sünde und des Todes.

Im Hebräerbrief lesen wir über die Theologie der Teilhabe:

> Die Kinder aber sind wir, Menschen aus Fleisch und Blut. Christus ist nun auch ein Mensch geworden wie wir, um durch seinen Tod dem Teufel – als dem Herrscher über den Tod – die Macht zu entreißen. So hat er alle befreit, die ihr Leben lang in der Furcht vor dem Tod gefangen waren. ... Deshalb musste er uns, seinen Brüdern und Schwestern, auch *in allem gleich werden*. Dadurch konnte er ein barmherziger und zuverlässiger Hoherpriester für uns werden und sich selbst als Sühneopfer für unsere Sünden Gott darbringen. Denn weil *er selbst gelitten hat* und denselben Versuchungen ausgesetzt war wie wir Menschen, kann er uns in allen Versuchungen helfen. (Hebr. 2,14-15.17-18)

Mit anderen Worten, in seiner Gnade nimmt Gott die Gegebenheiten an, erduldet und überwindet sie. In und durch Jesus wirkt er mit uns zusammen, sodass er uns durch Jesus auch retten und heilen kann. Christus nimmt alles Leid der irdischen Gegebenheiten mit sich hinauf ans Kreuz und tauscht unseren Fluch gegen seinen Segen, unseren Tod gegen sein Leben ein, indem er sich uns „einpropft". Wo er für uns stirbt und wir mit ihm (richtig, wir sind nicht etwa aus dem Schneider), findet definitiv der Gnaden-Austausch von Jesaja 61 statt. Diese Verse haben wir in Lukas 4 als die Ankündigung des Dienstbeginns von Jesus betrachtet, aber lass sie uns noch einmal mit Blick auf ihre Erfüllung am Kreuz lesen:

> Der Geist des Herrn ruht auf mir,
> weil er mich berufen und bevollmächtigt hat.
> Er hat mich gesandt, den Armen die frohe Botschaft zu bringen
> und die Verzweifelten zu trösten.

Ich rufe Freiheit aus für die Gefangenen,
ihre Fesseln werden nun gelöst und die Kerkertüren geöffnet.
Ich rufe ihnen zu: „Jetzt erlässt der Herr eure Schuld!"
Doch nun ist auch die Zeit gekommen, dass unser Gott mit seinen Feinden abrechnet.
Er hat mich gesandt, alle Trauernden zu trösten.
Vorbei ist die Leidenszeit der Einwohner Zions!
Sie streuen sich nicht mehr voller Verzweiflung Asche auf den Kopf, sondern schmücken sich mit einem Turban.
Statt der Trauergewänder gebe ich ihnen duftendes Öl, das sie erfreut.
Ihre Mutlosigkeit will ich in Jubel verwandeln, der sie schmückt wie ein Festkleid.
Wer sie dann sieht, vergleicht sie mit Bäumen, die Gott selbst gepflanzt hat (nennt sie „Eichen der Gerechtigkeit").
Man wird sie „Garten des Herrn" nennen, an dem er seine Größe und Macht zeigt. (Jes. 61,1-3)

Halte dir vor Augen, dass sich Jesus an uns bindet, an die Menschheit, an dich. Indem er ganz Mensch wurde, nahm Gott der Sohn „Gestalt des Fleisches" an, „das unter der Macht der Sünde steht" (Röm. 8,3 E), und durchdringt es mit seinem göttlichen Leben. Er tauscht für uns seinen Reichtum gegen unsere Armut, sein Heilsein gegen unsere Wunden, seine Freiheit gegen unsere Knechtschaft, sein Licht gegen unsere Finsternis, seine Freude gegen unseren Kummer, seine Schönheit gegen unsere Asche, seine Freude gegen unsere Trauer, seinen Lobpreis gegen unsere Verzweiflung. Vor allem nimmt er unseren Baum (das Kreuz als unseren Fluch) und gibt uns seinen Baum (die Eiche der Gerechtigkeit). Mit anderen Worten, durch sein Ja zur Gemeinschaft mit uns kann Christus die Tragödie unseres Gefallenseins nehmen, in sich aufnehmen und überwinden und uns sein herrliches Erbe geben.

Diese Botschaft mag sich vertraut anhören, aber bleib aufmerksam: Er wird unser Partner, wirkt in Zusammenarbeit mit uns, damit wir mit ihm zusammenarbeiten können. Seine Zustimmung zu seinem Vater und zum Kreuz ist ein Aufruf, seiner Liebe zuzustimmen. Er hat teil an unserer menschlichen Natur, damit wir an seiner göttlichen Natur teilhaben können. Und was ist seine göttliche Natur? *Kenosis!* Einerseits entäußert er sich oder macht sich leer, um uns zu füllen. Aber andererseits erfüllt er uns, damit wir uns leer machen können! Und wir leeren uns von uns selbst, um mit ihm erfüllt zu werden! Erfüllt mit seiner weltverändernden, lebensspendenden, übernatürlichen Liebe. Warum? Damit wir seinen Dienst der Versöhnung in dieser chaotischen Welt, die durch den Kollateralschaden der Gegebenheiten kaputtgemacht wurde, weiterführen können.

Teilhabe als Gottes Gnadeninitiative

Diese Teilhabe oder Partnerschaft ist deshalb keine Einbahnstraße. Christus hat nicht sein Kreuz getragen und ist nicht gestorben, um mir Kreuz und Tod zu ersparen, ebenso wenig, wie er seinem Vater nicht deshalb gehorchte, um mir den Gehorsam zu ersparen. Christus gibt uns durch seine Gnade vielmehr die Kraft der Liebe und bittet uns, das Kreuz auf uns zu nehmen und ihm zu folgen. So kann Paulus sogar sagen: „Mein altes Leben ist mit Christus am Kreuz gestorben. Darum lebe nicht mehr ich, sondern Christus lebt in mir! Mein vergängliches Leben auf dieser Erde lebe ich im Glauben an Jesus Christus, den Sohn Gottes, der mich geliebt und sein Leben für mich gegeben hat" (Gal. 2,19-20). Sieh dir diesen Vers genau an: *am Kreuz sterben* ist gleichgesetzt mit „lieben" und „sein Leben geben". „Mit Christus am Kreuz gestorben" zu sein und „im Glauben" zu leben, bedeutet, dass Christus in und durch einen lebt. Durch uns liebt er und durch uns gibt er sich selbst. Christus hat teil an der Welt und erfüllt seinen Auftrag durch uns, seine Partner, mit Liebe.

Es ist von wesentlicher Bedeutung,[1] dass wir die ganze Partnerschaft als eine Gnaden-Initiative sehen. Gott initiiert immer. Gott initiiert durch Gnade, und wir kooperieren durch Zustimmung. Gott initiiert unsere Erlösung durch Gnade, verwandelt uns durch Gnade, stärkt uns durch Gnade und wirkt mit uns zusammen durch Gnade, um Gottes Absichten in der Welt umzusetzen. Selbst unsere Fähigkeit zu Zustimmung und Teilhabe ist als Allererstes eine Gnadengabe.

Darüber hinaus erinnert uns die Theologin Lucy Peppiatt[2], dass Zustimmung und Teilhabe zwar beiderseitig sind, dass die Beziehung zwischen Gott und uns aber dennoch von einer fundamentalen Asymmetrie bestimmt ist. Damit meint sie einfach, dass unsere Beziehung hinsichtlich Errettung und Mission keine Partnerschaft auf Augenhöhe ist. Das Zusammenwirken mit Gottes Gnade erreiche ich immer noch nur durch Christus, nur durch Gnade, aber es ist Christi Gnade, die *in mir* wirkt. Das heißt, ich muss durch Glauben leben und dienen – doch nicht ich, sondern Christus, der in mir lebt. Ich muss in Freiheit und Glauben auf die Gnade antworten, aber es ist eine Antwort, die durch Christus, der in mir lebt, inspiriert und ermöglicht wird.

Und so sieht es aus, wenn wir an der ausschließlichen Gnade authentisch teilhaben: Diese Teilhabe geschieht durch Zustimmung und im Zusammenwirken mit dem, was Christus bereits in uns getan hat und was Gott jetzt tut, um die Welt zu verändern. Es ist eine Synergie am Werk, aber das ist eine Synergie der Gnade. Unser dürftiger, aber wertvoller Beitrag (das Lunchpaket eines Kindes) ist genau das, was die Gnade verwandelt und vervielfacht. Während Gott also demütig Ja dazu sagt, durch menschliche Partner in der Welt zu wirken, ist die ganze menschlich-göttliche Zusammenarbeit doch durch Gnade allein autorisiert. Mir fallen drei Aspekte ein, bei denen dies sicherlich zutrifft:

1. Gottes Selbstoffenbarung der Liebe geschieht immer vor unserer Zustimmung (kommt früher als diese).

Vergiss nicht: „Wir lieben, weil Gott uns zuerst geliebt hat" (1. Joh. 4,19). Zunächst beinhaltet diese Initiative natürlich Gottes Offenbarung der Liebe durch Christus in der Inkarnation. Als wir noch kraftlos waren, noch gottlos waren, noch Sünder und noch Feinde waren (Röm. 5,6-10), initiierte die Gnade unsere Errettung. Zweitens steht Gottes Gnade an erster Stelle, um uns alle für unsere Errettung zu erwecken. Gott muss zuerst unsere blinden Augen öffnen und den Schleier lüften, der unser Herz bedeckt; sonst könnten und würden wir nicht glauben. Er muss in unserem Herzen sagen: „Licht soll entstehen!", bevor wir zustimmen und teilhaben können (1. Mo. 1,3, 2. Kor. 4,3-6).

2. Der Ruf des Heiligen Geistes geht jedem einzelnen Werk voraus, in welchem Gott einen menschlichen Partner sucht (und vielleicht sogar fordert).

Das heißt, dass Gottes Liebesherrschaft in der Welt so gestaltet ist, dass sie immer bereitwillige Teilhaber einbezieht. Aber dieser Prozess beginnt auch immer mit einer Einladung durch den Geist Gottes, sich mit Plänen zu befassen, die er im Voraus gemacht hat (Eph. 2,10). Wenn Gott nicht der Urheber ist, dann investieren wir vielleicht in gute menschliche Ideen, die aber nirgends hinführen. „Wenn der Herr nicht das Haus baut, dann ist alle Mühe der Bauleute umsonst" (Ps. 127,1).

Auf der anderen Seite wird jedes wahrhaft gute Werk zuerst im Herzen Gottes empfangen und durch seinen Geist veranlasst, ob uns das bewusst ist oder nicht. In diesen Ereignissen muss Gott in der Partnerschaft die Führung übernehmen, sodass es tatsächlich seine befähigende Gnade ist, die wirkt. So diente Jesus dem Vater, und so müssen wir Jesus dienen. Ein Beispiel: Wenn Gott sagt, er möchte fünftausend Leuten zu essen geben, und uns einlädt, dabei zu helfen, können wir bereitwillig unsere fünf Brötchen und zwei Fischlein bringen (sei es durch Aktion oder Gebet). Wir werden zu Gottes Partnern. Und dann, allein durch Gnade, kann Gott in der Welt kraftvoll durch uns wirken, weit über das hinaus, was wir bitten oder uns vorstellen könnten (Eph. 3,20). Mit anderen Worten, wenn Gott einen menschlichen Partner findet, finden wir einen göttlichen Partner. Dann werden wir „natürlich übernatürlich" und bringen durch die Gnade des Heiligen Geistes Frucht hervor, die nicht aus den Trauben menschlicher Bemühungen gepresst werden kann.

Was ich hier sagen will: Solch ein Dienst erfolgt auf Gottes Einladung hin. Wir zwingen Gott nicht zu handeln, und wir missbrauchen auch nicht Fürbitte, um Gott zu managen und zu manipulieren, dass er tut, was uns am besten scheint. Vielmehr warten wir auf den Herrn, sehen und hören, wo er die Initiative ergreift. Ich kenne den alten Spruch: „Gott lenkt kein geparktes Auto." Gut. Lümmel nicht faul auf dem Sofa herum in Erwartung eines Blitzschlags aus deiner Fernbedienung. Wahrscheinlich ist es schon nötig, dass wir den Allerwertesten hochkriegen und „etwas *tun*", wie unsere Freunde von der Heilsarmee sagen. Mir fällt aber auf, dass Gott nicht ins Steuer greift, während ich lenke. Er wird mich meinen Weg fahren lassen, bis in den tiefsten Graben hinein, den ich nur erwischen kann. Ausgewogenheit scheint darin zu liegen, dass wir uns hinter das Steuer setzen und dann fragen: „Wohin soll ich fahren?" Manchmal ist Gott recht direktiv: „Hier entlang. Nein, nicht die andere Straße." Und manchmal scheint er zu sagen: „Fahr einfach los und pass beim Fahren auf. Ich sage dir dann, wo du rechts ranfahren sollst."

3. Mediation dient Gott als Hauptpartner.

Ein Mittler hat als Kanal – nicht Quelle – an der Macht Gottes teil. Der Heilige Geist ist Gottes befähigende Gegenwart. Dieses Verhältnis gilt sogar für die Mediation Christi! Höre, was Petrus zu Pfingsten predigt: „Wie ihr alle wisst, hat Jesus aus Nazareth (a) in Gottes Auftrag mitten unter euch mächtige Taten, Zeichen und Wunder (b) gewirkt. Ja, Gott selbst (c) hat durch diesen Mann (d) gehandelt und ihn so euch gegenüber als seinen Gesandten bestätigt" (Apg. 2,22).

Wenn Jesus Wunder wirkte, hat er nicht seinen „Gott-Schalter" kurz angeknipst und dann wieder ausgestellt, um Mittag essen zu gehen. Vielmehr gab er als Mensch ein Vorbild für das Leben eines Mittlers, der sich selbst leer machte, damit die Kraft der Liebe Gottes durch ihn wirken konnte. Es ist ein bisschen wie eine elektrische Leitung, durch die Gott den Strom fließen lässt. Unser Mitmachen (Teilhaben) ist von wesentlicher Bedeutung, aber wir sind nicht Erzeuger dieser Kraft der heilenden, verändernden Liebe. Erinnerst du dich an das nächste Kapitel in der Apostelgeschichte, wo Petrus und Johannes einen Gelähmten heilen und alle total erstaunt sind? Petrus sagt: „Ihr Leute aus Israel! Warum wundert ihr euch darüber, dass dieser Mann jetzt gehen kann? Und weshalb starrt ihr uns an? Glaubt ihr denn, wir hätten diesen Gelähmten aus eigener Kraft geheilt oder weil wir so fromm sind?" (Apg. 3,12). Sie müssen zugeben, dass sie den Mann zum Laufen bekommen haben, aber es war in Wirklichkeit nicht ihre Kraft oder Frömmigkeit, die das bewirkt hat. Sie waren dienende Mittler.

Auch durch das Bild des Pförtners oder Türhüters (mit Bezug auf Joh. 10,1-2) lässt sich der Unterschied in Gottes und unserer Rolle erkennen. Jesus sagt in Joh. 10, dass es Aufgabe des Türhüters ist, die Tür zu öffnen, damit der gute Hirte hereinkommen kann. Ich öffne eine Tür und Jesus tritt durch sie ein.

Gut. Ich bin also nicht der Hirte, ich bin lediglich der Pförtner oder Türhüter. Wie kommen wir an diese Aufgabe? Müssen wir einen Kurs belegen, müssen wir uns zertifizieren lassen oder kann jeder Türhüter werden? Reicht es, nur zu wissen, dass wir diese Rolle ausfüllen können? Ich habe erlebt, wie Kleinkinder und schwer behinderte Menschen mit Gott zusammenwirkten und spontan als Pförtner dienten. Sie machten einer Gemeinde die Tür für Gottes Liebe und Gnade auf. Oft scheinen sie sich ihrer Rolle nicht bewusst zu sein, nicht zu ahnen, dass sie etwas Machtvolles und Göttliches freisetzen – so wie das Kind mit den Broten und Fischen im Evangelium.

Ich habe auch gesehen, wie Menschen ihr ganzes Leben dem Gebet und Bibelstudium widmen und ganz bewusst geistliche Reife anstreben, damit sie dienen können, wo immer und wann immer Gott sie beruft. Manche sind in ihrer Kompetenz und Zuversicht gewachsen, während sie den Pförtner spielen. Gott segne sie! (Und das tut er.) Aber menschliche Anstrengung ohne Christus trägt keine göttliche Frucht. „Es ist nicht so wichtig, wer pflanzt und wer begießt; wichtig ist allein Gott, der für das Wachstum sorgt" (1. Kor. 3,7).

Seinsgrund

ist ein Begriff, der üblicherweise dem Theologen Paul Tillich zugeschrieben wird. Ich leihe ihn hier aus, nicht so sehr, um mich mit Tillichs Theologie zu identifizieren, sondern um meine eigene einzuführen – den Panentheismus der alten Orthodoxie (Gott ist nicht alles, aber Gott ist in allem).
In der Heiligen und göttlichen Liturgie des Johannes Chrysostomos beten wir: „Himmlischer König, Tröster, Geist der Wahrheit, Allgegenwärtiger und alles Erfüllender, Schatz der Güter und Spender des Lebens! Komm und nimm Wohnung in uns."[3]

Manchmal sehe ich eine souveräne Kreuzung zwischen den beiden Typen, und ich schnappe nach Luft: „Christus ist in unserer Mitte!" Was sie gemeinsam haben, ist eine Demut und Bereitschaft, ob natürlich oder ausgeformt, instinktiv oder absichtlich, spielerisch oder ernst.

Ist das nicht der springende Punkt im Gleichnis von dem Boden und der Saat? Mein Herz kann ein Beet für den Samen Gottes sein, in dem er sprießt, blüht und Frucht trägt. Die Erde bringt nichts aus sich selbst hervor, doch nichtsdestoweniger spielt sie eine wichtige Rolle im Fruchttragen. Ein zustimmendes Herz ist der reichste Boden für die Saat und kann tatsächlich dazu beitragen, wie viel und in welcher Qualität geerntet wird. Während es innerhalb der Partnerschaft zwischen Gottes und unserer Rolle starke Unterschiede und eine enorme Bandbreite an dienstbereiten Menschen gibt, ist unsere Hingabe (Zustimmung) an Gottes Saat-Initiative ein realer und unverzichtbarer Faktor für geistliche Frucht.

Stufen der Teilhabe

Noch einmal: Gott sagt Ja zu dem freien Spiel der Sekundärursachen – er akzeptiert Gegebenheiten –, aber das heißt auf keinen Fall, dass ihm die Hände gebunden sind. Er zwingt und kontrolliert nicht, sondern betritt den Schauplatz unseres Lebens durch Gnade. Seine Teilhabe ist real, und sie ist abgestuft: Die drei großen Schauplätze von Gottes Beteiligung sind der Kosmos, die Menschheit und die Inkarnation. Ich habe diese drei Schauplätze bereits angesprochen, aber um unser Kapitel abzuschließen, werde ich sie zusammenfassen und zwei weitere hinzufügen: unsere Rollen als Priester im Reich Gottes und als Gebetspartner.

1. Gott hat teil am ganzen Kosmos als dem ***Seinsgrund*.***

Das heißt, der Schöpfer ist nicht einfach nur außerhalb seiner Schöpfung als „etwas“, was neben etwas anderem steht. Nein, Gott der Schöpfer hält alles in sich, gibt allem das Sein und erfüllt alles mit seiner Liebe. Gott ist nicht ein „Wesen“ unter anderen Wesen; er ist die unendliche Quelle alles Seins und in ihm sind alle Dinge.[4] Paulus beschreibt unseren Glauben an „einen Gott. Er ist unser Vater, der über allen steht, der durch alle und in allen wirkt“ (Eph. 4,6). „Christus war vor allem anderen; und alles hat nur durch ihn Bestand“ (Kol. 1,17). „Durch ihn allein leben und handeln wir, ja, ihm verdanken wir alles, was wir sind“ (Apg. 17,28). „Schöpfer“ bezeichnet nicht lediglich einen Architekten und Bauherrn am Anbeginn der Zeit. Unser Schöpfer stützt und durchdringt seine geliebte Schöpfung jederzeit und steht in inniger Beziehung zu ihr. Gott hat teil an unserem Universum und unser Universum hat teil an ihm, ist von ihm existenziell abhängig. Gott ist der Unterschied zwischen Sein und Nichtsein. Vielleicht ist Gott die Existenz selbst.

Das ist ein Geheimnis. Es erklären zu wollen, hat wenig Zweck. Aber um eines generellen Eindrucks willen werde ich dich kurz dem überintelligenten Verstand von David Bentley Hart aussetzen. Verzeih seine langen Wörter – es hilft, dieses Thema und seine endlosen Silbenfolgen eher als Poesie anzusehen, über die man staunt, denn als Fachsprache, die man verstehen müsste.

> Der gesamte Kosmos – seine Pracht, seine wunderbare Ordnung, seine je und je tieferen Abgründe – sind von jeher eine Art Theophanie [Gotteserscheinung], eine Manifestation des transzendenten Gottes in den Höhen und Tiefen der Schöpfung. *Die gesamte Realität hatte teil* an jener transzendentalen Vollkommenheit, die ihre unendliche Erfüllung in Gott hatte und die sich in uns ausdrückte, in unserer rationalen Betrachtung und schlüssigen Artikulation und künstlerischen Feier der Schönheit und Größe des Daseins. Die menschliche Wachheit gegenüber dem Seinsgeheimnis war also auch schon eine Offenheit für das Göttliche, denn *die Welt war ein Abbild und Teilhabe an dem Gott*, der die Quelle allen Seins ist.[5]

Ist dir jetzt schwindelig? Versuche, mit deinem Herzen zu hören. David Hart sagt, dass Gott sich nicht einfach zurückzog, um Platz für uns zu machen. *Kenosis* ist mehr als ein Sich-selbst-Leeren; sie ist ein Ausgießen und In-etwas-hinein-Gießen. Im Ausgießen seiner Liebe – im Sich-Leeren (Kenosis) – kommt das Universum in Existenz. Die Energie der ausgegossenen göttlichen Liebe dringt in alles, was es gibt. Wie Gott das Universum mit seiner Liebe erfüllt, hat das Universum teil an Gottes Liebe, um zu existieren – in ihm sind wir.

Ich stelle mir ein Baby im Bauch seiner Mutter vor – in Mama, verbunden mit Mama, ernährt von Mama. Jede Zelle des Babys enthält Mamas DNS. Durch die Adern des Babys fließt Mamas Blut. Das Baby findet Leben in seiner Mama; Mamas Leben strömt durch das Baby. Vielleicht ist unsere gegenseitige Teilhabe mit Gott ein bisschen ähnlich. Unser Leben in Gott, Gottes Leben in uns.

2. Gott hat teil an der Welt durch bereitwillige menschliche Partner.

Im Fall des Kosmos strömt Gottes Teilhabe mit „Sein“ in alles, was ist, doch, wie ich schon sagte: Gott stimmt Sekundärursachen voll und ganz zu, ohne zu unterbrechen oder einzugreifen. Um sich direkt in unsere Welt „einzumischen“ (auch in Sekundärursachen) – damit seine Liebe buchstäblich „Fleisch annehmen“ sollte –, beschloss Gott, mittels seiner krönenden Leistung an ihr teilzuhaben: der Menschheit.

Dieses Kapitel begann mit einem Spruch, den ich den berühmten südafrikanischen Menschenrechtsaktivisten, Bischof Desmond Tutu, sagen hörte: „Seit es Menschen gibt, macht Gott, weshalb auch immer, nichts mehr ohne einen **menschlichen Partner***.“

Gottes Partner

„Ganz offen gesagt, gilt, abgesehen von einigen bedeutsamen Einschränkungen und Ausnahmen:
Nur in und durch Menschen, innerlich reife Männer und Frauen, kann Gott in der Welt des Menschen auf Erden existieren und handeln.
Der Beweis für die Existenz Gottes ist die Existenz von Menschen, in denen Gott lebt und die ihn offenbaren.“

Jacob Needleman
„What is God?“

„Weshalb auch immer.“ Heißt das, Gott braucht menschliche Partner für sein Werk in der Welt? *Brauchen* ist im Zusammenhang mit Gott ein sehr starkes Wort. Doch wenn er menschliche Partner nicht brauchen würde, warum beendet er dann nicht auf übernatürliche Weise die Armut, gibt den Hungrigen zu essen, heilt die, die an tödlichen Krankheiten leiden, und so fort? Ist ihm das Manna ausgegangen?

Tutus „Weshalb auch immer" ist sein Appell an das Geheimnis. Ich sage, das Geheimnis der Partnerschaft ist nicht in einem Bedürfnis Gottes zu finden, sondern darin, dass Gott unser Leben bewusst für Liebe und Gemeinschaft mit ihm gemacht hat und uns die Möglichkeit gab, ihn anzunehmen oder zurückzuweisen.

Tutu führte uns dann durch die Bibel und beschrieb mächtige erlösende Partnerschaften, die Gott mit bereitwilligen Partnern schmiedete, z. B. mit Mose, dem stotternden Schafhirten, der ein Volk aus der Sklaverei führte; mit David, dem Hirtenjungen, der Israels König wurde; dem kleinen Jungen mit ein paar Broten und Fischen, womit er die übernatürlichen Möglichkeiten eines frei hergegebenen Brotbeutels vorführt. Und natürlich gab sich der Bischof selbst bereitwillig für ein Projekt hin, das größer war als Moses Exodus: das Ende der Apartheid und die Einrichtung der weltweit ersten *Wahrheits- und Versöhnungskommission*.

Tutu hob die Geschichte von Maria hervor, einer Jungfrau im Teenageralter, die ihren Körper als erstes Heim für Jesus Christus hergab. Dies ist *das* Beispiel schlechthin dafür, wie Gott buchstäblich durch das Leben (und den Körper) eines willigen menschlichen Partners in die Welt kommt. Nachdem der Engel Gottes Wunsch verkündet hatte, sie mit „dem Sohn des Höchsten" zu befruchten, antwortete Maria demütig: „Ich will mich dem Herrn ganz zur Verfügung stellen. Alles soll so geschehen, wie du es mir gesagt hast" (Lk. 1,38).

In unserer (häufig berechtigten) Sorge um Mariolatrie, d. h. Götzenverehrung Marias, übersehen und unterschätzen wir, glaube ich, die enorme Größe ihres Ja zu Gott. Denk doch: Von seinem himmlischen Thron kam Gott tatsächlich durch ihren Körper zur Erde. Neun Monate lang trug sie Gott Sohn, die zweite Person der Dreieinigkeit, in ihrem Bauch. Durch die Nabelschnur floss ihr Blut in Christus und durch seine Adern. Mehr noch, als Gott, das Wort, Fleisch wurde, als er unsere Natur annahm, um ganz Mensch zu werden, war 100% dieser Menschlichkeit – seine ganze menschliche DNS – von ihr beigesteuert. Die Lieder der alten Kirche nennen Maria manchmal „Tür zum Himmel". Man kommt *nicht* in den Himmel durch sie. Jesus allein ist unser Zugang zu Gott (Joh. 10,9). Aber Maria gab sich hin, um Gottes Tür zu werden, das Portal, durch das er aus seiner Dimension in unsere kommen wollte.

Marias Beispiel fordert uns heraus, ebenso unser bereitwilliges Ja zur Partnerschaft mit Gott zu sagen. Wir sollen sie nachahmen und Christus in unserem Herzen aufnehmen und tragen, wie sie es in ihrem eigenen Körper tat. Wie sie, sollen wir dem Vater dienen, indem wir seinen Sohn in die Welt tragen. Und während Christus unser einziger Mittler vor Gott dem Vater ist (1. Tim. 2,5), scheint der Vater eine große Schar von willigen Partnern einzuladen, dieser Welt seine Liebe (d. h. die Gegenwart des Erlösers) zu vermitteln.

Ich sage natürlich nicht, dass wir als Partner bei dem grundlegenden Erlösungswirken Christi beteiligt waren. Christus war der einzige menschliche Partner, der, weil er auch Gott ist, die Erlösung aller bewirken konnte. Über seine einzigartige und universelle Mission hinaus können wir fragen, wie Gottes Liebe die Welt verändert. Wie gibt Gott Hungernden zu essen, wie bekleidet er Nackte und verbreitet die gute Nachricht von Jesus? Das alles ist reales Wirken Gottes in der Welt, und nichts davon geschieht auf magische Weise. Gott hat Menschen wie dich und mich erwählt, um mit seiner Liebe zu dienen und sie zu vermitteln.

Mit anderen Worten, Gott hat eine Ordnung der Liebe aufgerichtet, in der er zustimmt, menschliche Mittler zu gebrauchen, die den Abgrund zwischen Himmel und Erde überbrücken. Gott schuf Adam und Eva, dich und mich, als Mittler und Agenten zwischen zwei Welten, durch die sein Reich kommt, sein Wille geschieht wie im Himmel, so auf Erden. Wir leben mit einem Fuß in der himmlischen Welt und haben mit Engelsheeren zu tun und mit dem anderen fest auf der Erde, nach unserer DNS Säugetiere, aber gekrönt mit Gottes Pracht und Herrlichkeit (Ps. 8,5). Es ist eine demütig machende Ehre, dass Gott uns erwählt, um seine Gegenwart im Kosmos zu vermitteln, das Bild Gottes für die Welt zu sein und die ganze Schöpfung zu verwalten (Ps. 8,6-8).

Dieser himmlische Bereich ist auch nicht weit weg. Das Himmelsreich ist nicht in irgendeiner entfernten Galaxie angesiedelt oder in einer illusorischen Dimension. Nach dem, was Jesus sagt, ist es um uns herum, unter uns und in uns (Mt. 3,2, Lk. 17,21) – Gottes Reich der Liebe ist immer zur Hand, ein Geysir, der jeden Moment aufsprudeln kann. Aber aus welchen Gründen auch immer manifestiert es sich in unserer Welt und unserem Leben durch menschliche Vertreter – jene, die zustimmen,

Gottes Liebe zu vermitteln. Gott füllt uns mit seiner übernatürlichen Liebe und beruft uns, uns in Liebe zu entleeren (Kenosis!). Wir sind perfekt dafür gemacht, die Freundlichkeit und Großzügigkeit Gottes in die Welt zu gießen, alles, was ist, zu nähren und zu pflegen. Adam und Eva sollten diese Rolle ausleben, sich um den Garten kümmern und in Gottes Gegenwart wandeln. Wir alle sollen das tun.

Oder sollten. Wir „fielen". Was immer das bedeutet, es bedeutet *nicht*, dass Gott die kosmische Ordnung oder die bedeutende Rolle änderte, die der Mensch in Gottes Teilhabe an der Welt spielt. Angesichts unserer moralischen Unreife war der Sündenfall tatsächlich unvermeidlich, und Gott wusste das. Er wusste, dass der Aufstieg der Menschheit auch seine Barmherzigkeit nötig machen (und bekommen) würde. Gott wusste das im Vorhinein und hat deshalb im Vorhinein bestimmt, dass er seine eigene Teilhabe x-fach potenzieren würde. Von Anfang an war er dazu bestimmt, Mensch zu *werden*.

3. Gott hat teil an der Welt durch die Inkarnation.

Gott kam in die Welt (der Sekundärursachen), indem er sich durch die Inkarnation mit der Menschheit eins machte – durch Jesus. Gott kann direkt mit der Welt interagieren – vergessen wir nicht, dass Jesus von Nazareth das Wort war, das Fleisch wurde (Joh. 1,14). Das heißt, die lebensspendende, Ordnung stiftende, intelligente Liebe, welche das Universum erschafft und unterhält, wurde auch zum Prototyp eines Mittlers. Christus ist die perfekte Verbindung zwischen Himmel und Erde, denn in ihm finden wir die perfekte Einheit von Gott und Mensch. Durch Jesu menschliche und göttliche Natur fließt Gottes Liebe in die Welt.

Die Theologin Kathryn Tanner von der Universität Yale sagt:

> Bei Inkarnation geht es um … die Perfektion der Menschlichkeit. Durch diese vervollkommnete Menschlichkeit in Einheit mit Gott werden Gottes Gaben an uns gegeben – sind wir gerettet –, in genau dem Ausmaß, wie wir in Glauben und Liebe eins sind mit Christus; Einheit mit Christus, dem Geber der Gaben, ist das Mittel unserer Perfektion als menschliche Wesen, ebenso wie die Einheit von Menschlichkeit und Göttlichkeit in Christus das Mittel für seine perfekte Menschlichkeit war.[6]

Kathryn Tanners Punkt ist von wesentlicher Bedeutung: Die Inkarnation ist das Mittel, durch welches Gott als Erlöser und Geber von Gaben an der Welt teilhat. Und wir sind in dem Ausmaß „gerettet", wie wir durch Glauben und Liebe an Christus teilhaben (uns ihm anschließen, mit ihm vereint sind). Das heißt, in Christus, durch Gnade, bietet er uns die göttliche Dynamik der Beziehung an. Er vereint sich mit uns; wir vereinen uns mit ihm. Er hat teil an uns und wir haben teil an ihm. Die Liebe Gottes und der Menschenwelt begegnen und vereinen sich in dem Gott-Menschen Jesus von Nazareth. Und auch hier gilt: Unsere Teilhabe ist gegenseitig, aber nicht gleich. Er gibt und wir empfangen. Er erlöst und wir werden erlöst. Er liebt – wir werden geliebt.

Und hier werde ich noch deutlichere Worte verwenden als Identifikation oder Teilhabe. In der Inkarnation *nimmt* Christus auf geheimnisvolle Weise die ganze Menschheit und die Fülle der menschlichen Natur (des gefallenen Adam) vollständig *an oder in sich auf*. Er nimmt in sich auf, trägt, leidet alles, was wir leiden – in sich selbst, in seinem ganzen Leben und ganz besonders in seinem Tod. Er erleidet unsere Schwächen und unsere Wunden, den Zustand des Menschen in aller Breite und Tiefe. Er trägt selbst unsere Gewalt und Sünde, indem er zum Brennpunkt aller menschlichen Unterdrückung und Aggression wird. Siluan von Athos sagte es so:

> „Denn nicht der Vater spricht das Urteil über die Menschen, er hat das Richteramt vielmehr dem Sohn übertragen, … weil er der Menschensohn ist" (Joh. 5,22-27). Dieser Menschensohn, der große Richter der Welt, wird beim Jüngsten Gericht sagen, dass „einer meiner geringsten Brüder" sein eigenes Ich ist. Mit anderen Worten, er assimiliert jedes Menschen Existenz und bezieht sie in seine eigene persönliche Existenz ein. Der Menschensohn hat die gesamte Menschheit in sich aufgenommen – er hat den „ganzen Adam" angenommen und für ihn gelitten. [7]

Im menschlichen Körper – Inkarnation – überwand das Wort all sein Leiden in Echtzeit. Es überwand die Versuchung, als es damit konfrontiert war; es vergab Sünde, als es damit konfrontiert war; und es überwand den Tod, indem es ihn erfuhr. Weil Jesus die ganze Menschheit in sich aufnahm – alle, die „in Adam" sind –, haben wir auch teil an dem Sieg seines Heils. Diese Erlösung ist nicht nur theoretisch, sondern „in Christus", in Echtzeit – ein gnadengewährtes Leben in Christus, das tatsächlich überwindet. Durch unsere Einheit mit Christus werden wir Teilhaber Gottes in seinem Dienst der Versöhnung.

4. Christus hat teil an der Welt durch die Priester seines Reichs.

Christus, der wurde, was Adam nicht sein konnte, tat, was die Menschheit und sein Bundesvolk nicht tun konnten: Er stellte die Menschheit wieder her und gab ihr wieder Würde an ihrem Platz als Gottes Berührungspunkt im Kosmos. Der „neue Adam" hat einen neuen Bund aufgerichtet und eine königliche Priesterschaft, eine heilige Nation gewählt, die durch Beten und Handeln das himmlische Gottesreich auf die Erde einlädt. Durch die Gnade und Kraft des Heiligen Geistes stimmen wir Gottes aktiver Versöhnung zu, laden sie zu uns ein und haben teil an ihr. Kathryn Tanner fährt fort:

> Vereint mit Christus werden wir dadurch als Diener der Wohltat Gottes für die Welt ermutigt, indem wir uns an die anpassen, mit denen wir Kontakt haben, die in Not sind, so wie Gott in Christus *für uns* war in unserer Not und wie Christus ein Mensch für andere war, besonders für die in Not.[8]

Wie Christus stehen auch seine Diener in Partnerschaft mit dem Geber und solidarisch mit denen, die seine Gaben brauchen. So wie Christus eins ist mit Gott und der Menschheit (Teilhabe), um eine lebendige Brücke für die Liebe Gottes zu sein, so vereinen sich die Priester seines Reichs mit Jesus (durch den Glauben) und mit Notleidenden (durch Mitgefühl), um Kanäle für das Evangelium von der Gnade zu werden. Dieser Dienst der Mittlerschaft ist vollkommen *kenotisch* und *kreuzförmig*, und zwar insofern, als dazugehört, sich von Ego und Eigensinn zu leeren und der Erfüllung mit der Liebe Christi zuzustimmen. Und dann eifern wir dem *„Kreuz"*-Gott nach, indem wir diese göttliche Liebe um anderer willen in die Welt fließen lassen.

5. Christus hat teil an der Welt durch Gebet.

Gebet ist ein Hauptmittel für die Partnerschaft mit Gott. Gebet ist ein Akt der bereitwilligen Partnerschaft in der Vermittlung der Liebe Gottes. Unsere Gebete spielen eine Rolle in der Wiederherstellung aller Dinge. So macht Gebet wirklich etwas aus, da Gott nach Partnern Ausschau hält, die seine heilende Liebe in dieser gebrochenen Welt willkommen heißen wollen.

Das partnerschaftliche Gebet ist auch ein Akt der Unterordnung und der Auslieferung. Obwohl hier und dort das Beten eher einer militanten Proklamation ähnelt, die „den Himmel auf die Erde zieht", ist christusgemäßes Beten *kenotisch, kreuzförmig* und bereitwillig – nicht zwingend, fordernd oder manipulativ. Partnerschaftliches Gebet hört erst zu, um Gottes Willen herauszufinden, statt in seinem Namen der Welt den eigenen Willen aufzudrücken. Partnerschaftliches Gebet ist gegründet in und wird gefördert von Gottes Barmherzigkeit, und daher richtet es sich am besten an diese nie versagende Barmherzigkeit. Wie oder in welcher Form Gott seine Barmherzigkeit schenken will, ist letztlich seine Sache. Wir können bitten und flehen, aber Forderungen zu stellen und zu diktieren scheint mir nicht in Ordnung zu sein.

Zum Beispiel haben wir die Freiheit, Gott demütig zu bitten, dass er heilt, versorgt und beschützt, weil wir an den Dienst Christi denken, der den Willen seines Vaters offenbarte, Heiler, Versorger und Beschützer zu sein. So bitten wir im Glauben, dass wir Gottes Fürsorge empfangen dürfen. Dieses Glaubensgebet ist jedoch *nicht* psychologisches Getue, Anmaßung oder Vortäuschung. Wir sollen nicht unser Erbe an uns reißen. Autorität im Gebet ist *nicht* die lautstarke Äußerung unserer eigenen willkürlichen Forderungen. Effektives Beten ist nicht eine Formel, die man beherrschen muss, denn der Heilige Geist offenbart und überwindet, dass wir nicht wissen, wie wir beten sollen (Röm. 8,26). Es ist weit besser, Gottes guten Willen zu suchen, als gegen den Stachel unseres eigenen Willens auszuschlagen.

„Dein Wille geschehe" dient manchmal als Ausflucht für glaubensloses Gebet, aber schließlich hat uns Jesus selbst gelehrt, so zu beten (Mt. 6,10). Auch sein eigenes Gebet im Garten Gethsemane gipfelte in dieser Bitte (Mt. 26,42). Dort zeigte Jesus auch in vollkommener Weise die Voraussetzung, die einen Kanal für Gottes aktive Gnade und übernatürliche Liebe eröffnet: sich selbst entleerende *(kenotische)* Auslieferung.

In meinen eigenen Gebeten lerne ich, mich auf *kenotische* Auslieferung zu fokussieren und eine Haltung aufmerksamer und empfänglicher Offenheit anzunehmen. Wenn ich Fürbitte tue, nenne ich die Person, Situation oder Not, ohne zu diktieren, wie Gott zu antworten hat, und dann bete ich mit echter Erwartung: „Herr, hab Erbarmen." Wenn ich die Führung des Geistes spüre, konkreter zu werden (wie im Vaterunser), dann folge ich dieser Führung, aber ich tue es mit offenen Händen.

Bislang erlebe ich die positivste Frucht von Gebet bei kontemplativen Formen des hörenden Gebets mit offenen Händen, welche sich auf eine Begegnung stützen, wie sie David mit dem Guten Hirten in Psalm 23 hatte.

Eine abschließende Warnung

Beim Durcharbeiten dieses Kapitels äußerte mein Freund Greg Albrecht folgenden hilfreichen Vorbehalt, welcher den Weg zur Partnerschaft öffnet und gleichzeitig der Gefahr durch einen Messias-Komplex vorbeugt.

> Die Werke Gottes erfordern aufgrund seiner eigenen Vision und Bestimmung [die Beteiligung von] Menschen. Aus seiner Liebe heraus hat er zugestimmt, seine eigenen geliebten Kinder einzubeziehen, sich gedemütigt, das zu tun – aber wehe dem, der anfängt zu denken, dass Gott ihn *nötig hätte*, um den Hungernden zu essen zu geben etc. Gott hat vielmehr uns gewählt und eingeladen, den Segen der Beteiligung zu erhalten und seine Gnade, die uns gegeben wurde, weiterzugeben. Wie Johannes der Täufer zu der religiösen Schlangenbrut sagte: „Bildet euch nur nicht ein, ihr könntet euch damit herausreden: ‚Abraham ist unser Vater!' Ich sage euch: Gott kann selbst aus diesen Steinen hier Nachkommen für Abraham hervorbringen" (Mt. 3,9).

Beschließen wir also dieses Kapitel mit dem unkommentierten Nachdenken über drei Bibeltexte, die das sich entäußernde, gebende Wesen von Gott in Christus beschreiben und in denen die Apostel ermahnen, nach dem Vorbild Christi in gleicher Weise teilzuhaben.

2. Korinther 8,7-9

Ihr seid durch so vieles überaus reich beschenkt: durch euren Glauben, durch Worte, die der Heilige Geist euch schenkt, durch das Verständnis der Botschaft Gottes, euren Einsatz für den Herrn und die Liebe, die wir in euch geweckt haben. *Lasst diesen Reichtum nun auch sichtbar werden, indem ihr der Gemeinde in Jerusalem helft.* Natürlich will ich euch nichts befehlen. Aber angesichts der Opferbereitschaft der anderen würde ich gern sehen, wie echt eure Liebe ist. Ihr wisst ja, was unser Herr Jesus Christus in seiner Liebe für euch getan hat: *Er war reich und wurde doch arm, um euch durch seine Armut reich zu machen.*

Philipper 2,5-7

Nehmt euch Jesus Christus zum Vorbild: Obwohl er in jeder Hinsicht Gott gleich war, hielt er nicht selbstsüchtig daran fest, wie Gott zu sein. Nein, *er verzichtete darauf und wurde einem Sklaven gleich:* Er wurde wie jeder andere Mensch geboren und war in allem ein Mensch wie wir.

1. Johannes 4,9-11

Gottes Liebe zu uns ist für alle sichtbar geworden, als er seinen einzigen Sohn in die Welt sandte [gab], damit wir durch ihn leben können. Das Einzigartige an dieser Liebe ist: Nicht wir haben Gott geliebt, sondern er hat uns seine Liebe geschenkt. Er gab uns seinen Sohn, der alle Sünden auf sich nahm und sie gesühnt hat. Meine Freunde, *wenn uns Gott so sehr geliebt hat, dann müssen auch wir einander lieben.*

Innehalten und nachdenken

- Gottes Gnade hat teil an der Welt, wo immer bereitwillige Partner seine Herrschaft der Liebe der Welt mitteilen. Warum, glaubst du, hat Gott beschlossen, über den Umweg von Mittlern zu arbeiten? Warum wollte er Leid und Böses nicht direkt verhindern oder unterbrechen?
- Denke an einige biblische Glaubens-Partner, entweder die hier erwähnten oder andere, zu denen du dich hingezogen fühlst. Was war die Frucht dieser Partnerschaften?

- Durch auch schon einen einzigen menschlichen Partner segnet Gottes Gnade großzügig sehr viele andere Menschen. Fallen dir inspirierende Glaubens-Partner aus deiner Zeit ein?
- Kann man unwissentlich mit Gott zusammenarbeiten? Was, wenn so jemand kein Christ wäre? Zählt Gandhi wohl zu den Glaubenspartnern Gottes? Was ist mit Sean Penns Dienst an den Armen in Haiti?
- Wenn wir mit Gott zusammenarbeiten, arbeitet Gott auch mit uns zusammen! Gott muss mit uns gehen, sonst bleiben unsere Bemühungen ohne Frucht. Welche Erfahrungen hast du mit seiner Partnerschaft gemacht?
- Mit dem *„Kreuz"*-Gott zusammenzuarbeiten bedeutet, sein eigenes Kreuz auf sich zu nehmen. Wie könnte das aussehen?

Innehalten und beten

Gott, danke, dass du deine Liebe in die Welt ausgießt durch bereitwillige Partner – besonders Jesus! Es ermutigt mich, dass du mit einem kleinen Jungen zusammengewirkt und sein Mini-Mittagessen vermehrt hast. Wenn das so ist, dann melde ich mich auch! Ich stelle mich zur Verfügung und will mithelfen; was willst du gerne durch mich tun? Herr, lass es geschehen!

9

Gott ist gut und *Shit Happens*

Eine Anti-Theodizee des Kreuzes[1]

Ich bin unaufhörlich hin- und hergerissen zwischen der Güte Gottes und dem Elend der Menschen und dem, was diese beiden verbindet.

Simone Weil (Seventy Letters)

Der Theologe der Herrlichkeit nennt das Schlechte gut und das Gute schlecht. Der Theologe des Kreuzes benennt das Ding, wie es wirklich ist.

Martin Luther (Heidelberger Disputation)

Gottes Güte und das Elend des Menschen

Bis jetzt führte uns unsere gemeinsame Reise zu drei Hauptannahmen, wenn wir über Gott nachdenken. Wir können sagen: Gott ist gut, Gott ist wie Christus und Gott ist *kreuzförmig* – d. h., die Liebe Gottes offenbart sich im Kreuz Christi. Halten wir nun einmal inne und fragen wir uns ganz ehrlich: Stimmt das wirklich? Können wir diese Wahrheiten angesichts von Leid und Schmerz in unserer Welt mit Integrität bestätigen?

Simone Weil hat einmal gesagt: „Wenn du Gott betrachtest, solltest du immer die 70.000 Sklaven im Sinn haben, die Crassus kreuzigen ließ, als er die Sklavenrebellion in Rom niederschlug – als ein Symbol für das entsetzliche Elend, das sich des menschlichen Lebens bemächtigt hat."[2] Nur wenige Jahre später hätte man hinzufügen können: „und die sechs Millionen Juden wie Simone Weil".

Was fangen wir mit dem klaffenden Abgrund zwischen der perfekten Güte und unendlichen Liebe Gottes auf der einen und der Not, dem Leid und dem Bösen in der Welt insgesamt auf der anderen Seite an? Passen sie zusammen, und wenn ja, wie? Diese Frage ist im Lauf der Zeit immer wieder aufgetaucht – seit der Mensch sich der Realität sowohl der Höhen Gottes als auch der Tiefen des menschlichen Elends bewusst ist. Wenn ich frage: „Was ist wahr über Gott?" und: „Wie ist die Welt?", scheinen die beiden Realitäten nicht zusammenzupassen. Die fundamentale Wahrheit der Natur Gottes (Liebe) scheint unvereinbar mit dem Alltag in dieser Welt (Leid).

Theologien der Herrlichkeit

„Eine Theologie der Herrlichkeit nennt das Schlechte gut und das Gute schlecht. Eine Theologie des Kreuzes benennt das Ding, wie es wirklich ist. … Wer Christus nicht kennt, weiß nichts von Gott, der im Leid verborgen ist. Deshalb zieht er Werke dem Leiden vor, Herrlichkeit dem Kreuz, Stärke der Schwäche, Weisheit der Torheit und allgemein das Gute dem Bösen. Dies sind Menschen, die der Apostel ‚Feinde des Kreuzes von Jesus Christus' nennt (Phil. 3,18)."
Martin Luther

Das wahre Leben widersetzt sich unseren rationalen Versuchen, einen Gott der Liebe mit dem Problem des Bösen zu versöhnen. Eine Unzahl solcher Theodizeen versucht vergeblich zu erklären, warum Gott Leiden zulässt. Martin Luther nannte diese logischen Versuche, die Spannung zwischen einem Gott der Liebe und der Realität des Bösen mit Logik zu erklären, **„Theologien der Herrlichkeit"***. Luther behauptete, dass jene, die sich aus dem Problem des Bösen herausreden wollen, am Ende immer das Böse gut nennen. Wenn wir zum Beispiel sagen: „Gott hat alles unter Kontrolle", oder: „Vielleicht will Gott uns etwas lehren", ist dies der erste Schritt dahin, alles mögliche Schreckliche zu rechtfertigen, als ob Gott die Schuld daran hätte. Oder wir sagen, da Gott ja gut ist, sei seine Güte auch in den abscheulichen Übeln und sinnlosen Tragödien unserer Welt zu erkennen (wie wir es schon in Calvins System gesehen haben).

Ich traf einmal einen Mann, der mir folgendes Erlebnis erzählte: Während einer Hausbibelstunde fiel auf einmal auf, dass das kleine Kind von einem aus dem Kreis verschwunden war. Mit einem flauen Gefühl im Magen suchten alle nach dem Kind. Schließlich fand man es im Swimmingpool hinter dem Haus. Ertrunken. Tot. „Gott hat trotzdem alles unter Kontrolle." „Vielleicht will Gott uns etwas beibringen." „Gott brauchte noch einen Engel."

In Wahrheit ist jede sogenannte „Erklärung" für eine so sinnlose Tragödie banal, unbefriedigend und geistlich missbräuchlich. Dieses unsagbare Trauma veränderte für immer den Blick dieser Menschen auf die Vorsehung – auf Gott und wie er wirkt (oder auch nicht).

Eine Freundin, alleinerziehende Mutter, besuchte auch einen Bibelkreis. Ihre Kinder ließ sie in der Obhut eines Babysitters, dem sie vertraute. Mit der Zeit kam ihr allerdings der Verdacht, irgendetwas sei nicht in Ordnung. Als sie ihrer Sorge nachging, fand sie heraus, dass der Babysitter ihre Kinder tragischerweise sexuell missbraucht hatte. „Warum, Gott!? Wo warst du? War dein Arm zu kurz zu retten?" Welche Rechtfertigung konnten wir ihr zum Trost sagen? Jede vermeintlich erlösende Erklärung, ihre Kinder wären aus dem und dem Grund missbraucht worden, hätte Gottes Vorsehung tatsächlich als dämonisch dargestellt.

Zurück zu Simone Weil. Gott gebrauchte ihr Buch „Das Unglück und die Gottesliebe" an einem Krisenpunkt in meinem Leben, als ich versucht war zu verzweifeln. Diese Worte berührten mich stark und ich erkannte die Wahrheit in ihnen:

> Das große Geheimnis des menschlichen Lebens ist nicht das Leiden, sondern das Elend. Es verwundert nicht, dass Unschuldige getötet, gefoltert, aus ihren Ländern vertrieben, in Armut oder Sklaverei gezwungen, in Lagern und Zellen eingesperrt werden – denn wir wissen, dass es Verbrecher gibt, die solche Taten begehen. Ebenso wenig verwundert es, dass Krankheit lange Leidensperioden auslöst, die das Leben lähmen und zu einem Bild des Todes machen – denn die Natur ist dem blinden Spiel von Gegebenheiten und Automatismen unterworfen. Was

> aber verwundert, ist, dass Gott dem Elend die Macht verleiht, die Seelen genau dieser Unschuldigen zu packen und als ihr souveräner Herr zu ergreifen.[3]

Das verwundert wirklich! Erstaunlich, dass ein Gott, von dem wir behaupten, er sei sowohl allmächtig als auch all-liebend, dem Elend solch eine Präsenz in unserem Leben zugesteht. Nicht nur, dass Böses geschieht, aber dass es rund um den Globus überall vorhanden ist und dass Gott anscheinend nicht die Macht hat, es aufzuhalten! Wie verstehen wir diese Diskrepanz, ohne den Glauben aufzugeben?

Jenseits der Vernunft

Luther kam zu dem Schluss, dass wir uns aus diesem Geheimnis nicht herausargumentieren können – diesem Gegensatz zwischen einem Gott der Liebe und dem deutlich sichtbaren Vorhandensein des Bösen in der Welt. Die Vernunft kann dieser Unstimmigkeit nicht adäquat begegnen.

Unsere einzige Hoffnung ist vielmehr, dass Gott uns eine Offenbarung gibt, die beide Realitäten umfasst – Gottes Liebe und das Elend des Menschen. Luther glaubte, die einzige ausreichende Antwort auf dieses Dilemma sei die Offenbarung, die durch das Kreuz Jesu Christi gegeben wurde. Am Kreuz sehen wir die vollkommene Liebe Gottes und das verstörende Elend der ganzen Menschheit an einer Stelle, in einem Moment, in einem Menschen – Jesus Christus, dem Gott in Kreuzesgestalt.

Statt uns mit einer cleveren Antwort zu verwirren, nimmt uns das Kreuz gefangen. Es bietet eine *Anti-Theodizee*. Die Liebe und die Angst – beide im Extrem vorhanden – verwundern. Die Güte Gottes und das Elend der Menschheit ist kein bloßes Problem, Rätsel oder Paradox. Das Kreuz lässt unsere Lösungen verstummen. Gottes Liebe (ein Kreuz) und das Elend des Menschen (eine Kreuzigung) erscheinen als wahrer Gegensatz – und fassungslos rufen wir wie Jesus selbst: „Gott ist gut, *aber* es ist nicht alles gut! Wo bist du?"

Wenn wir in den finsteren Abgrund sehen, könnte uns durchaus die Verzweiflung verschlingen, aber gerade in „der dunklen Nacht"[4] sehen wir den gekreuzigten Christus. Seine ausgestreckten Arme und seine verwundeten Hände umspannen die unendliche Kluft zwischen Gottes Vollkommenheit und unserem Schmerz. Wir hören in seinen Worten sowohl Angst als auch Hoffnung, Verzweiflung und dann Trost. Aus seiner durchbohrten Seite fließt ein übernatürlicher Strom der ewigen Liebe – Blut und Wasser, „Kummer und Liebe", wie es in einem Lied heißt.[5] Das Leben unseres Erlösers gibt sich durch das gepeinigte Fleisch eben desselben Opfers und strömt in die Welt. Angesichts des Kreuzes sind alle unsere Erklärungen kraftlos, unsere verstandesmäßigen Argumente seicht und unsere Theodizeen erbärmlich leer. Was uns letztlich gegeben ist, ist ein Kreuz der Liebe, das alles neu machen wird. Wie es in dem alten Lied heißt: „Nur das Blut des Lammes Jesus!"

Am Kreuz sehen wir, dass Gott weder der ist, der triumphierend eingreift, noch der, der passiv nichts unternimmt. Schon immer hat er Saat und Ernte unserer Sünde und Gewalt erlitten, aber nirgends mehr als am Kreuz.

Nun bin ich aber auf meine ungeschickte Art poetisch geworden. Gehen wir zurück und sehen wir uns die Sache etwas genauer an, damit wir wirklich klarstellen können: Nur ein Gott in Kreuzesgestalt kann die menschliche Notlage erklären, nur er kann daraus erlösen.

Das Problem des Bösen und der Theodizee

Wie schon gesagt, existieren seit der Antike zahlreiche Formulierungen des sogenannten „Problems des Bösen" sowie viele Versuche, es zu lösen.[6] Die wahrscheinlich bekannteste Aussage zu der Frage stammt von David Hume, einem Philosophen der Aufklärung, in seinem Buch *Dialogues Concerning Natural Religion* (1779 posthum veröffentlicht). Er sagt: „Ist Gott willens, Böses zu verhindern, aber nicht fähig dazu? Ist er dann also machtlos? Ist er fähig, aber nicht willens? Ist er dann also böswillig? Ist er sowohl fähig als auch willens? Woher dann das Böse?"[7]

Wenn Gott per Definition vollkommen gut und vollkommen mächtig ist, warum gibt es dann Böses in der Welt? Das Böse ist ja ganz deutlich zu erkennen. Also muss Gott entweder nicht vollkommen gut oder nicht vollkommen mächtig sein – dann also überhaupt nicht Gott.

Leider hat, trotz Luthers Warnung, in den letzten Jahren der Irrtum um sich gegriffen, Böses gut zu nennen,. Dieser Irrtum tritt immer dann auf, wenn wir versuchen, die Geheimnisse Gottes zu erfassen und in die endlichen Schubladen menschlicher Vernunft einzuordnen.

Es gibt viele Beispiele dafür, dass das Böse der vergeltenden Hand Gottes zugeschrieben wird:

- Erinnerst du dich, dass die terroristischen Anschläge des 11. September (2001) als Beweis angeführt wurden, dass Gott seinen Schutzwall um die Vereinigten Staaten weggenommen hätte, weil die Nation moralisch lax geworden sei und Homosexualität toleriert habe?
- Erinnerst du dich, dass populäre Fernsehprediger den Wirbelsturm Katrina (August 2005), der New Orleans getroffen hatte, als Gottes Strafe für die Promiskuität und den Hedonismus dieses modernen „Sodom“ identifizierten?
- Erinnerst du dich, dass das Erdbeben auf Haiti (Januar 2010) Gottes Zorn auf die angeblichen Voodoo-Pakte dieses Landes mit dem Teufel (um 1804) zugeschrieben wurde?
- Erinnerst du dich an den Tsunami, der die Kernschmelze von Fukushima Daiichi verursacht hat (März 2011)? Was hat ihn wohl ausgelöst? Du ahnst es: Gottes Zorn auf das japanische Volk, weil es vor einigen Generationen seinen Kaiser anbetete.

Was haben alle diese Katastrophen gemeinsam?

- Sie alle waren Naturkatastrophen.
- Sie alle resultierten in massiver Zerstörung und Tod.
- Sie alle wurden Sündern (oder besser: Sündenböcken) zugeschrieben, die göttliche Strafe verdienten.
- Häufig wirkten diese Urteile fast wie eine freudige Schlussfolgerung – ein triumphierendes Verdikt, das nach Schadenfreude roch, der Freude an Schmerz und Elend anderer.

Eine solche Begründung für Leid ist das, was Martin Luther mit „Böses gut nennen“ meinte, und sie ist nicht neu.

Das Erdbeben in Lissabon

Das Problem des Bösen hatte sich bereits zwei Jahrzehnte vor Humes zugespitzt: Der französische Philosoph und Dichter Voltaire bezeichnete das Erdbeben, das 1755 Lissabon erschütterte, als historischen, tödlichen Schlag gegen jede Form von Vorsehung oder Theodizee, die behauptete, das Problem des Bösen zu lösen.

Keine Theodizee hält, was sie verspricht.

Das Ergebnis dieses Prozesses vor dem Tribunal der Philosophie ist, dass keine bis heute vorgestellte Theodizee ihr Versprechen gehalten hat; keine hat es geschafft, die in der Weltherrschaft wirkende moralische Weisheit gegen die Zweifel zu rechtfertigen, die sich aus der Erfahrung der Welt ergeben.[9]

Immanuel Kant

Am 1. November 1755 wurde die portugiesische Hauptstadt Lissabon von einem Erdbeben erschüttert, das zahlreiche Besucher der Allerheiligenmessen in den Tod riss: Sechs riesige Kathedralen stürzten über ihnen zusammen. Überlebende flohen aus den bebauten Gebieten zum offenen Hafen, nur um noch in derselben Stunde dem Wüten eines Tsunamis zum Opfer zu fallen. Das Erdbeben löste Feuer aus, die eine Woche lang brannten und die Stadt weitgehend zerstörten. Gigantische Wellen rollten nach Norden Richtung Spanien und nach Süden Richtung Marokko und rissen ganze Küstenstädte mit sich. Schätzungen zufolge kamen in der ganzen Region zwischen 60.000 und 100.000 Menschen ums Leben.

Neben Voltaires Analyse rief die Katastrophe Reaktionen quer durch das ganze philosophische und theologische Spektrum hervor, u. a. von John Wesley (der sie als Strafe Gottes bezeichnete), Immanuel Kant, Jean-Jacques Rousseau und Voltaire.[8] Letzten Endes entsprachen die theologischen Auswirkungen durchaus der physischen Zerstörung – in ganz Europa wurde Glaube erschüttert, wurde Optimismus ertränkt, wurden Theodizeen niedergerissen.

Voltaires bissige Reaktion war ebenso logisch wie zerstörerisch: Wenn Gott aktiv an der Geschichte beteiligt ist, dann ist er unmoralisch und willkürlich. Für viele gibt es deshalb keinen Gott. Ein Kommentator fasste Voltaires Kritik folgendermaßen zusammen:

> Was Voltaire über das Erdbeben … schreibt, ist hauptsächlich negativ … und zieht den Glauben an eine Weltordnung der Vorsehung ins Lächerliche. Wie kann es eine Ordnung der Vorsehung geben, wenn etwas so Schlimmes passiert? Die Naturkatastrophe eines Erdbebens kann nicht dem Menschen angelastet werden wie das moralische Übel der Sünde. Seine Ursachen liegen woanders. Die Werke Gottes werden im Namen der Moral verurteilt, sodass die Vorstellung von Gott im Menschenherzen getötet wird. Glaube an Gott wird im Namen eines Pessimismus angegriffen, der das Böse in der Welt nicht mit göttlichen Absichten versöhnen kann.[10]

Bevor wir uns vorschnell daranmachen, „Gottes geheimnisvolle Vorgehensweise" zu verteidigen, ist es weiser, alle unsere brüchigen Annahmen von diesen beiden miteinander verbundenen Erschütterungen, der Lissaboner Katastrophe und der Kritik Voltaires, vollständig zum Einsturz bringen zu lassen. Viele Christen geraten in Panik, wenn sie mit solch scheinbar treffenden und maßgeblichen Urteilen gegen Gott, oder besser gesagt: gegen ihr *Bild von Gott* konfrontiert werden. Wir sollten uns jedoch nicht voreilig bemühen, einen kollabierenden Glauben an die Vorsehung zu festigen, ohne die schwerwiegende Wahrheit in den Argumenten unserer Gegner anzusehen. Statt abzutun oder abzuwehren, wollen wir in Voltaires eindringlichem Gedicht noch einmal die großen Tragödien unserer eigenen Zeit durchleben – die Wüsten- oder Tropenstürme:

> O malheureux mortels! ô terre déplorable!
> O de tous les mortels assemblage effroyable!
> D'inutiles douleurs, éternel entretien!
> Philosophes trompés qui criez: « Tout est bien »;
> Accourez, contemplez ces ruines affreuses,
> Ces débris, ces lambeaux, ces cendres malheureuses,

Ces femmes, ces enfants l'un sur l'autre entassés,
... Direz-vous, en voyant cet amas de victimes:
« Dieu s'est vengé, leur mort est le prix de leurs crimes? »
... Lisbonne, qui n'est plus, eut-elle plus de vices
Que Londres, que Paris, plongés dans les délices:
Lisbonne est abîmée, et l'on danse a Paris.

(O unglückliche Sterbliche! O beklagenswerte Erde! / O entsetzliche Versammlung aller Sterblichen! / Unnütze Schmerzen, ewige Fragen! / Betrogene Philosophen, die schreien: „Alles ist gut"! / Geht hin, seht euch diese schrecklichen Ruinen an, / diese Trümmer, diese Fetzen, diese Unglücksasche, / diese aufgehäuften Frauen- und Kinderleichen! / ... Sagt ihr angesichts dieser Masse von Opfern: / „Das ist Gottes Rache, ihr Tod ist der Preis für ihre Verbrechen!"? / War Lissabon, das nicht mehr ist, lasterhafter als London, als Paris, wo man sich ins Vergnügen stürzt? / Lissabon ist zerstört, und in Paris wird getanzt.)[11]

Fehlen uns die Worte, weil wir keine rationalen Erklärungen für das Böse haben? Absolut! Aber es ist unerlässlich, dass wir diese verwirrende Realität akzeptieren. Warum?

- Zunächst, weil es unsere Realität *ist*. Jeden Tag passieren überall auf der Welt schreckliche Dinge, und Gott verhindert sie nicht. Das zu ignorieren hieße einen imaginären Gott zu erfinden – einen Götzen.
- Zweitens: Erst wenn alle täuschenden Wunschträume und Plattitüden ausgeräumt sind, stehen wir auf festem Fels und können die tatsächliche Güte Gottes entdecken und eine Theologie des Kreuzes entwickeln, die uns durch Katastrophen hindurch trägt.

Zur Hölle mit unserem Leugnen, unseren Bewältigungsmechanismen und unseren Schuldzuweisungs-Spielchen! Das ist doch der gleiche Unfug, den Gott schon vor langer Zeit im Buch Hiob aufgedeckt und widerlegt hat! Mal ehrlich: Was soll denn das, wenn Gott doch gut ist? Wo fangen wir an? Was haben wir verpasst? Welche theologischen Trümmer werden rausgeschmissen und welche Wahrheit bleibt als Felsgrund?

Allmacht: Die irrige Prämisse

Der erste Schritt nach vorn ist eine Rückkehr zu den Schlüsselprämissen im Problem des Bösen. Wir können jede noch einmal prüfen und folgendermaßen beantworten:

- *Das Böse existiert.* Dies ist eine schlichte Tatsache, die nicht zur Diskussion steht und nicht umkehrbar ist. Auch die Form von Bösem, die wir „Bedrängnis" nennen, hat keinen Sinn oder Zweck. Jeglicher Versuch, das Böse über ein „Es ist" hinaus zu rechtfertigen, ist eine Beleidigung, denn er leugnet die Erfahrung von Elend, das die Opfer der Gegebenheiten versklavt, unterdrückt und entmenschlicht. Böses ist real. Punkt.
- *Gott ist ganz und gar gut.* Wir können niemals beweisen, wie wir zu dieser Aussage kommen. Unser Glaube an Gottes Güte ist von A bis Z eine Offenbarung, eine Glaubensaussage, eine Prämisse, der wir uns entweder zuwenden und die wir als wahr erleben, sogar in der Tragödie, oder vor der wir „uns zur Wand drehen" (Jes. 38,2) und schließlich verzweifeln (wenn die Betäubung erst einmal nachlässt). Mit dem Akzeptieren dieser Prämisse verkünden wir: „Gott ist gut. Punkt." – Das ist der Felsgrund unseres Glaubens.
- *Gott ist allmächtig.* Eine der Prämissen muss falsch sein, zumindest in ihrer uneingeschränkten Form. Wenn Böses existiert und wir dennoch daran festhalten, dass Gott gut ist, was ist dann mit seiner Macht? Letzten Endes fordert der *„Kreuz"*-König – das Kreuz selbst – diese Prämisse und verwirft unsere Vorstellungen davon, was es bedeutet, dass Gott *in dieser Welt* allmächtig ist. Wenn wir mit dieser dritten Prämisse meinen, dass Gott die Geschichte *kontrolliert* und alle Geschehnisse (gute und böse) *verursacht*, sind die Schlussfolgerungen unmöglich, unmoralisch, ja, schlicht heidnisch. Dann ist Gott eher Zeus als Christus.

Eine Theologie des Kreuzes entdeckt das Offensichtliche und gibt es zu, nämlich: Gott ist wirklich allmächtig und unveränderlich in seiner Liebe, aber überraschenderweise erfahren wir ihn auch oft (wenn auch nicht ausschließlich) als in der Zeit, in dieser Welt *ganz und gar machtlos*.

„Ganz und gar machtlos“? Eine solche gewagte Aussage mache ich nur sehr vorsichtig, nicht um Gottes allmächtige Liebe zu mindern, sondern um menschlichen Vorstellungen von einer Macht im Sinn von Zwang zu widersprechen, die Gott fälschlicherweise zugeschrieben wird.

Mit „in der Zeit“ meine ich: in dem System von Gottes zeitlicher (an Zeit gebundener) Schöpfung, im Gegensatz zu dem Bereich der Ewigkeit, der Zeit und Raum transzendiert.

Gott, der Allmächtige, der ganz und gar Machtlose

Warum lässt Gott bestimmte Übel in der Welt zu? Warum ließ Gott das Massensterben in Lissabon oder Auschwitz zu? Das ist insofern eine Fangfrage – sogar eine grausame –, als sie voraussetzt, dass Gott als kosmischer Regulator da sitzt und für jedes zeitliche Ereignis seine Erlaubnis gibt oder zurückhält, manche absegnet und andere verhindert, gemäß einem ewigen Masterplan. Wo für ein bestimmtes Übel nicht der menschlichen Freiheit die Schuld gegeben werden kann, ziehen sich manche Theodizeen hinter das *Geheimnis* zurück, um Gottes offenbar willkürliche Entscheidungen zu rechtfertigen. Aber wenn Gottes „Entscheidungen“ (als willkürliche Erlasse) dahinterstecken, können Skeptiker mit Lissabon oder Auschwitz bestens argumentieren, dass Gottes Entscheidungen entsetzlich sind.

Im Kontrast dazu reagiert eine Theologie des Kreuzes auf „Warum lässt Gott dies oder das zu?“ mit „Gott lässt alles zu (offensichtlich und erkennbar)!“ Wenn Gott allmächtig ist, hat seine Macht nicht die Form von Kontrolle. Wie schon gesagt: Gott kontrolliert nicht (d. h. er setzt Macht nicht als Gewalt oder Zwang ein). Gottes Allmacht ist vielmehr zwiefältig:

- Gott ist *allmächtig* als der *Schöpfer* von allem, was ist, innerhalb einer festgelegten Ordnung. Gott setzte die Begrenzungen des Universums fest. Innerhalb dieser Begrenzungen entschied Gott voller Liebe, den Gegebenheiten (freier Wille und Naturgesetz) freie Hand zu lassen, ohne direkt einzugreifen. Der Kosmos ist nicht Verlassensein, sondern vielmehr ein Ausdruck von Gottes Fülle und Großzügigkeit, er gibt Raum für authentisches Gedeihen.
- Gott ist *allmächtig* als der *Erlöser* von allem, was ist, durch seine übernatürliche Liebe und grenzenlose Gnade. In einem Lied,

das wir als Kinder gesungen haben, hieß es: „Die Güte des Herrn hat kein Ende. Sein Erbarmen hört niemals auf. ... Groß ist deine Treue, o Herr." Aber wir haben ja schon gemerkt, dass Gottes Fürsorge für die Welt nicht magisch ist: Sie wird vermittelt durch bereitwillige menschliche Partner, die beten und arbeiten, dass Gottes Wille auf Erden geschieht. Vor allem wird Gottes Gnade durch Jesus Christus vermittelt.

Umgekehrt entscheidet sich der Gott in Kreuzesgestalt auch dafür, in der Zeit eine gewisse *machtlose* Liebe an den Tag zu legen:

- Gott wählte bewusst *machtlose Liebe* im *kosmischen Kreuz* der Schöpfung. Das heißt, als Gott durch den Logos (Joh. 1) das Universum schuf, gab er die Kontrolle an das Naturgesetz ab. Von Anbeginn der Zeit hielt sich Gott freiwillig zurück („fesselte" sich selbst), der Ordnung der Gegebenheiten Gewalt anzutun.
- Gott wählte bewusst *machtlose Liebe* im *historischen Kreuz* der Kreuzigung. Das heißt, als Gott in Christus dem Kreuz zustimmte und ans Kreuz ging, gab er die Kontrolle an die menschliche Autonomie ab (d. h. Freiheit als Rebellion). Er ließ uns sogar seinen Körper an den Querbalken des Kreuzes nageln und wurde damit hilflos und leblos.

Keines dieser Kreuze – weder das kosmische noch das historische – sind bloße momentane Ereignisse in der Biografie Christi. Gottes *„Kreuz"*-Liebe geht weit über die Nanosekunden des Urknalls oder die Stunden des Karfreitags hinaus. In Kapitel 8 sahen wir, wie mit der Inkarnation Gott in Christus in unser Elend eingetreten ist und es miterlebt hat – wie er unseren „Kelch des Leidens" trank, für alle Menschen, für alle Zeit.

Und doch geht es auch nach dem Kreuz mit unserer Sünde und dem Leiden weiter, nicht wahr? Die kosmische Kreuzigung erstreckt sich durch Raum und Zeit auf jedes zerstörerische „Handeln Gottes" (!?)[12] – jede Naturkatastrophe. Und die historische Kreuzigung schließt jedes Ereignis ein, wo rationale Wesen (Menschen oder Engel) entscheiden, in der Welt Schaden anzurichten. Weil unsere Sünde und unser Leiden nicht aufhören, deshalb hört auch die *„Kreuz"*-Liebe Christi nicht auf. Leidet Christus dann also in gewissem Sinn immer noch mit uns mit?

Wie Christus weiterhin mitleidet

Wenn Gott ein Vater ist, der uns liebt, und wenn wir als seine Kinder leiden – so viele Millionen leiden chronisch, leben beständig im Elend –, dann weiß Gott das. Er sieht uns und liebt uns. Und während er nicht eingeschränkt ist zu wirken, zu fühlen oder zu reagieren, ist er gewiss fähig zu agieren, zu lieben, zu handeln. Und er beschloss, folgendermaßen zu handeln: „Denn Gott hat die Menschen so sehr geliebt, dass er seinen einzigen Sohn für sie hergab. Jeder, der an ihn glaubt, wird nicht zugrunde gehen, sondern das ewige Leben haben" (Joh. 3,16).

Der Hebräerbrief macht klar, dass Gott durch die Inkarnation ganz und aus erster Hand in das menschliche Elend eintreten konnte. Über die mitfühlende Empathie eines besorgten Vaters hinaus hat der menschgewordene Gott tatsächlich Armut, Vertreibung und Flüchtlingsstatus erfahren – später dann auch Hohn, Demütigung, Missbrauch, Folter und den gewaltsamen Tod.

So offenbart Christi Leidenserfahrung die Liebe Gottes und ist in der Inkarnation und am Kreuz ihre Erfüllung. Sein ganzes Leben lang, von Geburt bis Tod, wurde das Wort Fleisch, um die menschlichen Gegebenheiten in ihrem ganzen Ausmaß zu ertragen; und dann gipfelte der lebenslange Kampf Jesu am Kreuz.

In der Inkarnation wurde Christus „Mensch und war wie wir der Macht der Sünde ausgesetzt" (Röm. 8,3). Indem er unser Menschsein aufnahm und es in sich selbst durchlitt – indem er alle unsere Sünden und unsern Schmerz trug (Jes. 53), ohne jedoch zu sündigen –, besiegte er sie in seinem Tod („Es ist vollbracht!", Joh. 19,30) und seiner Auferstehung.

Daher wird jegliches Leid vor und nach dem Kreuz dort endgültig erledigt. Nicht dass wir nicht länger litten. Nicht dass Christus nicht länger mit uns fühlte. Nein, aber alles, was wir erleiden (und was Christus mit uns mitleidet) findet seinen Platz am Kreuz, sodass sich alles, was er vollbringt, in seiner (und letztlich in unserer) Auferstehung erfüllt.

Schließlich: Wenn wir von Gottes mitleidender Liebe in Christus sprechen, reden wir nicht darüber, dass Gott leidet, was wir leiden. Vielmehr bezieht sich sein Mitleiden auf die dauerhafte Identifikation Christi mit seinem leidenden Volk – eine transformierende Einheit der aufopfernden Liebe Christi und unserer Not. Seine Liebe und unsere Gebrochenheit begegnen sich, sodass die Erlösung stattfinden kann. Wenn ich also sage, dass Christus mit uns „mitleidet“, dann denke dir Jesus als das „Mit-“ [Gott mit uns] und uns als das „-Leiden“, die sich zu unserer Erlösung vereinen.

Ich glaube das. Aber gleichzeitig machen mir Formen von charismatischem Triumphalismus Sorgen, die sich in Bezug auf (jetzt) ungeheilte Opfer von Elend, für die eindeutig (noch) keine Erlösung vorhanden ist, in einem Zustand krasser Leugnung befinden. Damit unsere Theologie wahr ist, muss sie auch im schlimmsten aller Fälle zutreffen. Dazu ist nur das Kreuz in der Lage. Ich denke, Folgendes können wir jemandem, dem es schlecht geht, ehrlich sagen:

- Ja, du leidest. Deine Not ist nicht zu leugnen.
- Jesus *sieht* dein Leiden, und dein Leiden *liegt ihm am Herzen*.
- Jesus *kennt* dein Leid durch und durch und aus Erfahrung, weil auch er litt, aber auch, weil er in dir wohnt.
- Jesus hat auch gelitten; er *identifiziert sich* mit deinem Schmerz.
- Jesus ist jetzt hier bei dir. Er leidet hier mit dir mit, selbst wenn du das Gefühl hast, er wäre *abwesend*!
- Seine mitleidende Liebe bedeutet *nicht*, dass er in demselben hilflosen Zustand von Leid oder Verzweiflung ist wie du.
- Sein Mitleiden bedeutet: Er möchte deinen Schmerz mit dem in Verbindung bringen, was seine göttliche Liebe schenken kann.
- Wir können seine aufopfernde Liebe annehmen, die deinen Schmerz verwandeln und Erlösung bringen kann, auch in der dunklen Nacht der Verlassenheit und der Not. Begegnen wir ihm am Kreuz!

Kreuzigung als Gottverlassenheit

Ich beginne zu sehen, wie die Wahrheit des Christentums nicht durch Jesu Zeichen und Wunder bestätigt wird – vielleicht nicht einmal durch die Auferstehung! Ja, ich brauche Jesu Auferstehung, sonst wäre er nicht lebendig für mich. Ja, ich bete im Nizänischen

Glaubensbekenntnis: „Ich warte auf die Auferstehung der Toten und das Leben in der zukünftigen Welt." Aber ganz ehrlich, Hitler würde ich nicht lieben und anbeten, und wenn er fünfzigmal auferstanden wäre! Ebenso wenig ruht mein Glaube letzten Ende auf der Tiefe der weisen, wahren und liebevollen Worte Christi – so schön und lebensspendend sie auch für mich sind.

Was mich vielmehr ergriffen hat, was allein mein Leben aus der Grube retten konnte, ist die Authentizität der Erfahrung Christi am Kreuz – einschließlich der gefühlten Abwesenheit Gottes –, eine Erfahrung, die wir teilen und durch die wir Gott für uns selber sehen. Alles Geringere wirkt wie ein seichtes Märchen und würde für eine echte Mediation nicht ausreichen, denn nur der gekreuzigte Gott kann die unendliche Distanz bis zu meiner eigenen Realität überspannen und dafür Mittler sein. Ein Gott, der nicht unser eigenes verzweifeltes „Warum?" zu Gott zurückschreien kann, wäre unfähig, den Abgrund zu überwinden.

Kreuzigung und Verlassenheit

Christi Kreuzigungserfahrung der Gottverlassenheit ist, was das Christentum lebensecht macht, echt für unser Leben – für unsere Vertrautheit mit Gottes gefühlter und praktischer Abwesenheit, besonders dann, wenn wir in Not sind.

Ich stimme George P. Grant zu, einem Schüler von Simone Weil, Überlebender der Bombenangriffe auf London im Zweiten Weltkrieg, der sagte:

> Trifft nicht Jesu Tod mehr als Sokrates das Herz dessen, was das Leben ist – die Angst, die ihn große Tropfen Blut schwitzen ließ? Das ist es, was mich vom Christentum überzeugt; es erscheint mir wichtig. Dies entspricht eher dem Leben. Ich meine, es ist merkwürdig; ausgerechnet das macht das Christentum attraktiv und notwendig. Es drückt so sehr die Abwesenheit Gottes von Gott aus, die Abwesenheit, dass Gott Gott total verlassen hat. Das ist es, was mich beim Christentum hält.[13]

Für Grant ist es Christi Kreuzigungserfahrung der Gottverlassenheit, was das Christentum lebensecht macht, echt für unser Leben – für unsere Vertrautheit mit Gottes gefühlter und praktischer Abwesenheit, besonders dann, wenn wir in Not sind.

Beachte, dass ich von Gottes *gefühlter* und *praktischer* Abwesenheit spreche. Wir wissen vielleicht aus der Theologie, dass Gott überall und immer gegenwärtig ist, aber wir fühlen es nicht immer. In der Not macht Gottes reale Gegenwart oft keinen praktischen Unterschied aus; die Menschen leiden dennoch und sterben auf alle mögliche grausame Weise. In der Kreuzigung hat Jesus deshalb unsere Verlassenheitserfahrung vollständig geteilt, angenommen und sie dadurch vollkommen erlöst.

Gegenstücke

Wenn ich sage, Gott ist sowohl gegenwärtig als auch abwesend oder allmächtig und in der Zeit ohnmächtig, dann meine ich, dass wir Gott ganz real auf beide Arten erfahren, manchmal abwechselnd, aber oft gleichzeitig. Wir sehen und erfahren also einen Gott, der gleichzeitig Folgendes ist:

- nahe und weit weg
- gegenwärtig und abwesend
- offenkundig und verborgen
- persönlich und unpersönlich
- existent (Theismus) und nichtexistent – ja, wir als Einzelne und Gesellschaften haben tatsächlich unsere atheistischen Perioden!

Diese Spannung von Gegensätzen sieht auf dem Papier schwierig aus, aber in der Schwere und Anmut der Existenz in echtem Leben und echtem Sterben ist sie vollkommen einleuchtend. Ich liebe es zu singen, dass Gott nahe ist, gegenwärtig, manifest. Aber wenn ich es nicht schaffe zu singen – oder zu lachen oder zu lächeln oder zu hoffen oder auch nur aufrecht zu stehen –, dann kann ich mich voller Liebe an das „alt raue Kreuz" klammern.

Diese Spannungen zuzugeben, indem wir die Güte Gottes, die Realität der Not und die Distanz zwischen den beiden anerkennen, bewahrt uns davor, verrückt zu werden. Es stellt sich auch die Frage, wie Gott die Distanz zwischen Gottes Güte und unserem Leiden überwindet. Das Kreuz offenbart, dass Christus diese Distanz erfahren hat, aber es zeigt uns auch, wie Gott sie in Christus überbrückte.

Gott lässt alles zu *und* Gott ist gegenwärtig

Das ist der schwierige Teil: Wenn Gott gegenwärtig ist und wenn Gott alles zulässt, bedeutet das dann, dass er nur daneben sitzt und zuschaut, wenn etwas Böses passiert? Welcher anwesende Vater würde in der Ecke sitzen und passiv dem Leiden zusehen, ohne einzugreifen? Wie könnten wir solch einen Vater „gut" nennen? Wo ist Jesus, wenn das Kind belästigt wird? Wenn ein Zivilist von der Regierung gefoltert wird? Wenn ein Raketenwerfer ein Passagierflugzeug ausschaltet? Wenn ein Terrorist einen Christen im wortwörtlichen Sinn kreuzigt?

Gott kontrolliert die Situation nicht, ebenso wenig sitzt er aber auch schmollend in der Ecke, passiv und tatenlos. Siehe: Er ist da, am Kreuz. Und er nimmt alles Böse und Leid und Sünde und Kummer in sich auf. Alle Verzweiflung und Selbstsucht, die zum Selbstmord führen; alle Perversion und Obsession, die zu sexuellen Übergriffen führen; alle Machtlosigkeit und Verzweiflung, die zu Terrorismus führen; allen Stolz und alle Gewalt, die zu Unterwerfung und Sklaverei führen. Christus nimmt es alles am Kreuz auf sich. Er verspürte es alles, ertrug es alles, nahm es in sich auf und verwandelte es durch aufopfernde, radikal vergebende, mitleidende Liebe.

Er sitzt nicht in der Ecke, während ein Erwachsener einem Kind Schaden zufügt; er hängt an einem Kreuz. Er schaut nicht tatenlos zu; er erträgt und verwandelt und er wird das letzte Wort haben:

Barmherzigkeit. Erlösung, Wiederherstellung, Versöhnung.

Ja, Christus ist *machtlos* zu retten, denn er wurde der Kontrolle und dem Zwang gekreuzigt. Bei seiner Versuchung widerstand er jeglicher Verwendung der „rechten Hand der Macht", um seinen Auftrag zu erfüllen.

Ja, Christus ist *mächtig* zu retten, denn seine Liebe ist eine Kraft, die weit stärker ist als Gewalt: das „linkshändige" Zepter der nie nachlassenden Barmherzigkeit.

Die Distanz überbrücken

Zeit für eine Zusammenfassung. Zuerst haben wir betont, wie wichtig es ist, die Realität des menschlichen Leidens anzuerkennen – die reale und riesige Distanz zwischen dem Elend der Menschheit und der Güte Gottes. Nur wenn wir diese Kluft ganz und gar einräumen, rückhaltlos in den Abgrund unseres Elends sehen, lässt sich über die Brücken nachdenken, die sie überspannen könnten.

Zweitens haben wir den Bankrott unserer rationalen Argumente aufgedeckt, unserer Theodizeen. Luthers oben genannter Punkt ist, dass solche Erklärungen nur die Güte und die Macht Gottes rechtfertigen können, indem sie Böses gut nennen. Wie Luther brachte Simone Weil stattdessen ihre Theologie des Kreuzes ein. Sie argumentierte, dass das Kreuz eine fehlerhafte Prämisse in dem Problem offenbart: Der Gott in Kreuzesgestalt, sagt sie, ist *in dieser Welt* offensichtlich *nicht* allmächtig.

Drittens haben wir gesehen, wie diese Distanz durch „Christus allein, und zwar den Gekreuzigten" überbrückt worden ist. Am Kreuz sehen wir Gottes Güte und unser Leiden. Anders gesagt, Gott hat das Problem des Schmerzes nicht erklärt. Vielmehr hat er es durch das Herabkommen der lebendigen Gnade, durch die Inkarnation, durch die Kreuzigung durchkreuzt. Simone Weil hat einmal gesagt: „Die Unendlichkeit von Raum und Zeit trennt uns von Gott. … Wir können nicht einen Schritt zum Himmel hin machen. Gott durchkreuzt das Universum und kommt zu uns."[14] Überraschend, übernatürlich, wird die Schlucht des Elends selbst zur Brücke, wo Kontakt – eine echte Begegnung – mit dem lebendigen Gott eine echte Möglichkeit wird. Simone Weil erinnert sich an ihre eigene Gottesbegegnung mit diesen Worten:

> Beim Nachdenken über die Unlösbarkeit des Gottesproblems hatte ich mit dieser Möglichkeit nicht gerechnet: ein echter Kontakt, von Person zu Person, hier unten, zwischen einem menschlichen Wesen und Gott. … Darüber hinaus hatten weder meine Sinne noch meine Vorstellungskraft irgendeinen Anteil daran, dass Christus plötzlich von mir Besitz ergriffen hatte; durch mein Leiden fühlte ich nur die Gegenwart einer Liebe, die analog ist zu dem, was man im Lächeln eines geliebten Angesichts liest.[15]

Am Kreuz, durch Gnade allein, kommt unser kleines Herz mit der übernatürlichen Liebe Gottes und mit der Schönheit des Evangeliums in Kontakt. Das Kreuz Christi wird unsere Vision der göttlichen Herablassung und der menschlichen Zustimmung. Das Kreuz – das Leiden *par excellence* – verkündet, wie gewaltig weit Gott von uns entfernt ist, aber es dient auch als die vermittelnde Brücke für seine Nähe.

Nur im Sinne des Kreuzes ist eine adäquate Reaktion möglich. Nur im *„Kreuz"*-Gott können wir wahrhaftig bestätigen, dass Gott Liebe ist, ohne unsere eigene Fähigkeit zur Sünde zu leugnen oder unsere Augen vor dem Leid der Welt zu schließen.

Folgendes nehmen wir aus diesem Kapitel mit:

- Das Kreuz repräsentiert und reagiert auf das Problem des Bösen (aber es „löst" es nicht auf).
- Das Kreuz weist gescheiterte Theodizeen zurück und ersetzt sie.
- Das Kreuz spiegelt das wahre, *kenotische* und *„kreuzförmige"* Wesen Gottes wider.

Wir beenden dieses Kapitel mit einer kurzen Reflexion von Richard Rohr, der unsere „Anti-Theodizee" vom Kreuz als Gottes Zustimmung und Teilhabe sehr schön zusammenfasst:

> Wir leben in einer endlichen Welt, wo alles stirbt, wo alles seine Kraft verliert. Das ist schwer zu akzeptieren, und wir suchen unser ganzes Leben lang nach Ausnahmen für diese Regel. Wir suchen nach etwas Starkem, Unsterblichem, Unendlichem. Die Religion sagt uns, jenes Etwas sei Gott. Wunderbar, sagen wir, diesem starken Gott schließen wir uns an. Dann kommt dieser Gott daher und sagt: „Auch ich leide. Auch ich habe teil an der Endlichkeit dieser Welt." Dieses Bild von Gott ist nicht ein „allmächtiger" und überwältigender, sondern vielmehr ein armer, verletzbarer und demütiger Gott wie Jesus. …
>
> Die Menschwerdung und das Leiden Jesu sagen, dass Gott nicht losgelöst ist von den Prüfungen der Menschheit. Gott ist nicht hoch oben. Gott ist nicht ein bloßer Zuschauer. Gott ist nicht jemand, der das menschliche Leiden toleriert oder auch heilt. Nein, Gott hat mit uns an *allem* teil – an dem Guten und

dem Schlechten! Ich frage mich, wie Menschen es angesichts der Tragödien der Geschichte vermeiden sollen, traurig und zynisch zu werden, wenn sie das nicht wissen.[16]

Innehalten und nachdenken

- „Gott ist gut, und zwar immer." Glauben wir das? Auch bei einer Katastrophe? Wie sieht Gottes Güte dann aus? Welche Form nimmt sie an?
- „Gott hat die Kontrolle." Glaubst du das? Auch angesichts menschlichen Leides? Angesichts von Konflikten? Angesichts des Bösen?
- Wie geht das, dass in Christus am Kreuz sowohl göttliche Güte als auch menschliches Elend vorhanden sind? Wenn du über die Kreuzigung nachdenkst, wo erkennst du diese beiden jeweils?
- Erinnere dich an eine Situation, in der du die Gegenwart Gottes inmitten von persönlichem Leid verspürt hast. Wie hat Gott dich getröstet? Hast du in solch einer Zeit die Finsternis der Abwesenheit Gottes gespürt? Wie hast du das ausgehalten?
- In menschlichen Erklärungen für das Leid steht Gott oft als willkürlich da. Hast du schon einmal so törichte Ratschläge wie die von Hiobs Freunden erlebt? Wie könnte man darauf reagieren?

Innehalten und beten

Gott, du bist gut und alles, was du tust, ist Güte. Und doch, wenn es dunkel wird, kann ich dich manchmal überhaupt nicht sehen oder fühlen. Wo bist du dann hingegangen? Warum hast du mich verlassen? Komm schnell! Ich brauche dich! Herr, lass es geschehen!

Teil III

„Zorn Gottes“ umdeuten

- Wir befassen uns noch einmal mit unserer Vorstellung von „Zorn“ im Licht des *christusgleichen*, des *„Kreuz“*-Gottes.
- Hat Gott eine dunkle und zornige Seite als Gegengewicht zu seiner Güte und Liebe?
- Wenn nicht, wie sollen wir es dann verstehen, wenn die Bibel vom „Zorn Gottes“ spricht?
- Wie verhält sich Zorn zur Zustimmung Gottes?
- Wenn wir „Zorn Gottes“ umdeuten, wie verstehen wir dann das Kreuz?
- Und wie stellen wir das Evangelium dar?

10

Liebe und Zorn als Zustimmung

Der Herr, der Gott Israels, sprach zu mir: „Nimm diesen Kelch, den ich dir reiche! Er ist gefüllt mit meinem Zorn. Gib allen Völkern, zu denen ich dich sende, davon zu trinken!“

Jeremia 25,15

Parabel: Zorn als Wettkampf im Hammerwerfen

Wir beginnen diesen Teil über das Umdeuten von „Gottes Zorn“ mit der Parabel von einem echten Erlebnis aus meiner Kindheit. „Gottes Zorn“ ist wie ein Wettkampf im Hammerwerfen. Als ich klein war, sprach mein Vater eine ernste Warnung aus: „Niemals“, so sagte er zu mir, „niemals darfst du einen Hammer in die Luft werfen!“ Anscheinend hielt er dieses Verbot für einen guten und in väterlicher Liebe erteilten Rat. Für mich war es eine verlockende Herausforderung, ein unwiderstehlicher Anreiz und eine Regel, die danach schrie, gebrochen zu werden. Mein Nachbar Dougie und ich (damals etwa sieben) mopsten uns jeder einen väterlichen Hammer und wetteiferten, wer ihn am höchsten werfen konnte. Nicht schräg nach vorn, sondern senkrecht nach oben. Vielleicht habe ich gewonnen – der arme Dougie war jedenfalls Verlierer. Mein Hammer, der weit in die Höhe fuhr, prallte beim Herunterfallen nämlich direkt auf seinen Schädel. Überall Blut. Gebrüll. Ich rannte nach Hause, sperrte alle Türen zu und versteckte mich in meinem Zimmer. Kurz darauf klingelte das Telefon (Dougies Mutter) und wir alle rasten in das Krankenhaus, wo die Ärzte schon dabei waren, Dougies Kopf zusammenzunähen – ohne die Wohltat einer Narkose. Auch hier – Gebrüll.

Es entging mir nicht, dass der meiner Sünde innewohnende „Zorn" sehr großen Schmerz verursachte, sowohl für Dougie als auch für mich, obwohl mein Vater ausschließlich mit Lieben und Trösten reagierte. Der „Zorn" enthielt und forderte auch keinerlei aktive Strafe. Ich hatte nicht das Gefühl, dass mein Vater Dougie mit dem Hammer schlug, weil er mit mir zusammen ungehorsam gewesen war. Auch als Dougs Vater meinen Freund festhielt, während der Chirurg nähte, dachte ich nicht, dass sie sich an uns rächten. Der „Zorn" unserer Väter war eine selbstverschuldete Erfahrung: dass wir ihre liebevolle Fürsorge abgewiesen und empfangen hatten.

Schlimmer als jede Strafe war, dass ich mit ins Krankenhaus gehen und Dougies Schreien anhören musste. Das konfrontierte mich mit dem Schmerz, den ich verursacht hatte, und erlaubte mir nicht, den Kopf in den Sand zu stecken und mich voller Selbstvorwürfe in meinem Zimmer zu verkriechen. Es trug auch wesentlich dazu bei (viel besser als Prügel), dass ich nicht nur meinen Ungehorsam zugab, sondern mich mit meinem Opfer versöhnte. Ich frage mich, ob dieses Ereignis nicht vielleicht der Wahrheit des „großen und schrecklichen Tages" beim Jüngsten Gericht des Herrn nahekommt.

Widerwärtiger Zorn

Die Bibel beschreibt göttliche Gewalt und den Zorn Gottes oft im Extrem – so widerwärtig, dass viele Bibelleser solche Texte lieber meiden und ihr Vorhandensein schließlich vergessen. Ich denke an Klagelieder 2, wo wir den weinenden Propheten Jeremia sehen, der sich „die Augen fast ausweint" und „den der Schmerz überwältigt", dem „das Herz bricht" (Vers 11). Er beobachtet die Belagerung Jerusalems und sieht die Leichen der Alten und kleinen Kinder in den Straßen liegen – Tod durch Verhungern und Schwert überall. In 2,20 und 4,10 beschreibt er Frauen, die so verzweifelt sind in ihrem Überlebenskampf, dass sie schließlich ihre eigenen Babys kochen und essen! Wer ist für diese Gräuel verantwortlich? Jeremia sagt: Gott. In Jeremias Klageliedern sehen wir den Zorn Gottes in all seiner Heftigkeit!

Wie um alles in der Welt können wir solchen Horror, diesen *Monstergott*, mit dem aufopfernden, radikal vergebenden, barmherzigen und geduldigen Gott in Einklang bringen, der in und durch den Herrn Jesus Christus offenbart ist? Nachdem wir unsere „*Kreuz*"-Theologie einigermaßen detailliert entwickelt haben, können wir jetzt beginnen, sie kreativ in diesem ganzen Buchteil anzuwenden, den ich mit „Gottes Zorn umdeuten" überschrieben habe.

Das Umdeuten von Zorn

ist der Deutungsprozess, durch den wir seinen „Zorn" als Metapher für Gottes Zustimmung zu den Folgen der Sünde erkennen (Überlassen), auch wenn der Text die Ereignisse so beschreibt, als ob Gott aktiv zu gewalttätiger Vergeltung provoziert worden wäre (Strafe um der Strafe willen).

In diesem Kapitel werden wir die Begriffe von Gottes Zustimmung verwenden, um das Problem des „Zorns" anzusprechen. Diesen Interpretationsprozess nenne ich zwar **Zorn umdeuten***, ich habe aber keinesfalls die Absicht, das Wort „Zorn" aus dem biblischen Text herauszuradieren, als ob es da nicht wäre oder nicht sein soll-te. Ganz und gar nicht; in der populären English Standard Version taucht es über 200 Mal auf. Vielmehr nimmt uns die Bibel selbst auf eine fortschreitende, *kreuzförmige* Pilgerreise mit, vom primitiven buchstäblichen Verständnis von Zorn, wo Gott so aussieht, als rauche er vor Wut und reagiere gewalttätig, hin zu einem metaphorischen Verständnis von Zorn, in dem Gott den selbstzerstörerischen Konsequenzen unserer eigensinnigen Ablehnung zustimmt – uns ihnen überlässt. Weil Liebe ist, wie sie ist, wird und kann der Gott in Kreuzesgestalt uns nicht zum Gehorsam zwingen. Gott gewährt uns die Würde (und die Unbequemlichkeit), herauszufinden, wo wir jeweils selbst am Ende sind. An dem Punkt werden wir uns bereitwillig der Gnade in die Arme werfen. In der Bibel lautet das Kürzel für diesen Prozess „Zorn". Dieser Prozess ist in Schriften wie den Klageliedern poetisch dargestellt.

Klagelieder

Zwischen den Zeilen dieses Trauergedichtes von Jeremia lesen wir, wie die Israeliten selbst Zerstörung über sich gebracht haben. Willkürliche Entscheidungen hatten dieses Leiden verursacht. Ziemlich buchstäblich war das böse Imperium Babylon – nicht Gott *per se* – gekommen, um Jerusalems Bewohner auszulöschen und die Stadt in Schutt und Asche zu legen. Aber du brauchst gar nicht zwischen den Zeilen zu lesen; lies die Zeilen selbst. Aus Jeremias Perspektive hatte *Gott* diese Katastrophe über sie gebracht. Wenn wir die Verben in Kapitel 2 (E) überfliegen, sehen wir Folgendes:

Vers 1:

- Mit seinem Zorn umwölkt der Herr Jerusalem.
- Er schleuderte vom Himmel zur Erde …
- Nicht dachte er an …

Vers 2:

- Schonungslos hat der Herr vernichtet …
- Niedergerissen in seinem Grimm …
- Zu Boden gestreckt …

Vers 3:

- Abgehauen hat er in Zornesglut …
- Er zog seine Rechte zurück …
- Er brannte wie flammendes Feuer …
- Ringsum alles verzehrend …

Vers 4:

- Er spannte den Bogen wie ein Feind.
- Er erschlug alles …
- Er goss seinen Zorn aus wie Feuer.

Vers 5:

- Wie ein Feind ist geworden der Herr.
- Er hat vernichtet …
- Jammer über Jammer gehäuft …

Vers 6:

- Er zerstörte seinen Tempel.

- Er ließ vergessen …
- In glühendem Zorn verwarf er …

Vers 7:

- Er verschmähte …
- Er verwarf …
- Er lieferte aus …

Vers 8:

- Der Herr plante zu schleifen …
- Er nahm Maß zum Vernichten …
- Trauern ließ er die Mauern …

Vers 9:

- Er zerstörte und zerbrach …

Vers 17:

- Getan hat der Herr, was er geplant …
- Er hat seinen Drohspruch vollzogen …
- Schonungslos hat er niedergerissen …
- Den Feind ließ er über dich jubeln.
- Er richtete auf die Macht deiner Bedränger …

Vers 20:

- Herr, sieh doch und schau: Wem hast du solches getan? Frauen essen ihre Leibesfrucht …

Vers 21:

- Du hast sie erschlagen am Tag deines Zorns.
- Du hast schonungslos geschlachtet.

Vers 22:

- Du hast gerufen, wovor mir graut …
- Am Zorntag des Herrn gab es keinen, der entkam und entrann.

Abscheulich. Und wenn diese grausigen Ereignisse mit aktiven Verben Gott zugeschrieben werden, lassen sie Gott abscheulich und tyrannisch aussehen. Heftig schluchzend verkündigt und schildert Jeremia Gott als einen Zerstörer, der, brennend vor Zorn, den Tod ausgießt. Jeremia stellt Jahwe als unbarmherzig und rachsüchtig dar.

Achte einmal auf die Schlüsselverben hier: *zuschreiben, verkündigen, schildern, darstellen*. Könnte es sein, dass Gott gar nicht der Schuldige ist? Könnte das wirkliche Rätsel in unseren Fehleinschätzungen darüber begründet sein, wie Gott gegenwärtig ist und wie wir seinen Anteil an den tragischen Folgen unserer Sünde interpretieren und beschreiben sollten? Sind diese uralten und grimmigen Darstellungen Gottes mit dem vereinbar, was Gott uns schließlich in Christus über sein Wesen offenbarte?

Diese feurigen Visionen von einem launischen Gott sind nicht nur für zivilisierte moderne Menschen mit Erste-Welt-Problemen abstoßend, sondern stellten auch ein ernstes Dilemma für die Jünger der Urgemeinde dar, so sensibilisiert wie sie waren für die Liebe und gewaltlose Barmherzigkeit Christi. Sie hielten fest an der Offenbarung des Gottes in Kreuzesgestalt, unseres lebensspendenden Retters und barmherzigen Erlösers: Wie schafften es die frühchristlichen Kommentatoren, solche Texte in ihre Sicht von einem liebenden Gott zu integrieren? Um diese Texte im Licht des Evangeliums zu lesen, haben sie „Zorn" oft heruntergespielt, sinnbildlich dargestellt oder vergeistlicht.

Nun waren ihre Bemühungen zwar nicht ohne Fehler, aber sie leisteten eine großartige Arbeit, in all dem Christus zu finden und solche Texte zu betonen, wo der christusgleiche Gott hindurchscheint.

Stell dir nur vor: Klagelieder, dasselbe Buch, nächstes Kapitel:

Die Güte des Herrn hat kein Ende,
sein Erbarmen hört niemals auf,
es ist jeden Morgen neu! Groß ist deine Treue, o Herr!
(Klgl. 3,22-23)

Jeremia! Beschreibst du denselben Gott? Den, von dem du uns gerade gesagt hast, er habe dir mit Steinen die Zähne herausgehauen und dich in den Staub getreten (Klgl. 3,16)? Wie sollen wir dieses bipolare Bild von Gott entwirren? Und selbst wenn wir es können, wie sollen wir diese Texte über wahnsinnigen Zorn deuten?

„Kreuz"-Theologie bietet uns Gottes Liebe als Zustimmung an, als einen Weg voran. Sie erlaubt die Realität der Grausamkeit der Sünde, ohne Gott als moralisches Monster zu zeichnen.

Wenn Gott in der Welt durch Zustimmung wirkt, dann sehen wir im „Zorn" nicht die Rache eines willkürlichen Gottes, sondern eine *Metapher für die Konsequenzen von Gottes Ja zu unserem Nein*. Das heißt, Gottes Zorn (die Metapher) ist seine Erlaubnis, dass wir uns ihm widersetzen, und unsere Erfahrung all dessen, was das nach sich zieht. Wenn wir das Verhältnis von Zustimmung und Zorn verstehen, können wir den Begriff „*kreuzförmige* Zustimmung" verwenden, um Zorn zu „entmetaphorisieren" – ein super Wort für „Zurückverwandeln einer Metapher zu dem, was sie eigentlich beschreibt". Wir brauchen die Metapher nicht zu leugnen – nicht einmal die Metapher des Zorns. Stattdessen überlegen wir, auf welche Echtzeit-Realität die Metapher hinweist. Wir müssen uns auch fragen, warum Gott überhaupt in der Metapher vorkommt. Sicher, die Bibelautoren verwenden Metaphern, aber warum lassen sie Gott wie einen Komplizen aussehen, wenn er doch in Wirklichkeit gar nicht der ist, als den sie ihn darstellen: der wutentbrannte Rächer?

Metaphern wörtlich nehmen

Beginnen wir damit, dass wir unsere Theologie der Zustimmung auf das Problem anwenden, wie wir „Zorn" in den hebräischen und christlichen Schriften verstehen. In dem Bemühen, die Bibel *ernst* zu nehmen, tappen viele Gläubige in die Falle, sie allzu *wörtlich* zu nehmen – das heißt, die Teile der Schrift, die die Autoren poetisch, sinnbildlich oder symbolisch meinten, so zu lesen, als wären sie dazu gedacht, knallharte Fakten auszudrücken. Intuitiv ist uns klar, dass wir nicht glauben sollen, Jesus wäre tatsächlich ein wolliges Lämmchen mit sieben Hörnern, doch viele vergessen, dass wir uns in demselben apokalyptischen Genre Jesus auch nicht wörtlich als den vorstellen sollten, der mit einem aus seinem Mund herausschießenden Schwert durch den Himmel fliegt und seine Feinde zerstückelt! Merkwürdig, dass man das Bild für Frieden metaphorisch sieht, das Bild für Zorn aber wörtlich – ein Fehlermuster, das sich, möchte ich hinzufügen, durch die Jahrhunderte zieht.

Wenn die Bibel in Metaphern spricht, müssen wir sie als solche lesen und interpretieren, sonst verstehen wir die Botschaft nicht. Diese nachlässige Tendenz, Metaphern wortwörtlich zu nehmen, ist ein Hauptgrund für das Missverständnis über „Zorn" (d. h. Gottes Zorn). Wie der Kirchenvater Johannes Cassianus einmal gesagt hat:

> Und so, da diese Dinge nicht ohne furchtbares Sakrileg buchstäblich verstanden werden können über den, von dem die Autorität der Heiligen Schrift verkündet, er sei unsichtbar, unbeschreiblich, unbegreiflich, arglos und einfach, so kann diesem unveränderlichen Wesen Verärgerung (ganz zu schweigen von Zorn) nicht ohne entsetzliche Gotteslästerung zugeschrieben werden.[1]

Glaube Stufe 2

Fowlers „Stufe 2"- bzw. mythisch-wörtlicher Glaube passt zum Schwarz-weiß- oder Entweder-oder-Denken, das in die frühe Kindheit gehört. Metaphern werden am wahrscheinlichsten mit einem Stufe-2-Glauben wörtlich gelesen.
Bei Kindern ist dieser Irrtum oft niedlich – aber bei Erwachsenen mit religiösem oder politischem Einfluss ist er dumm und gefährlich.

Wenn biblische Metaphern gelesen werden, als wären sie wörtlich zu verstehen, sind die Texte, nach denen Gott mit glühender Rache eingreift, anstößig, weil sie einen Gott darstellen, der persönlichen Zorn mit brutaler Gewalt zum Ausdruck bringt – den willkürlichen *Über-Gott*, der viel eher heidnisch als christlich ist. Immer, wenn wir Metaphern wörtlich lesen, geben wir schließlich die Schuld für das Böse entweder der Bibel oder Gott. Aber was ist das eigentliche Problem? Es geht weder um den sogenannten „Gott des Alten Testaments" (welchen?) noch um die Bibel selbst, sondern vielmehr um unseren eigenen schlichten Literalismus – eine Entwicklungsstufe, über die wir unbedingt hinauswachsen müssen.

Über den Glauben auf Stufe 2 hinaus

In *Stufen des Glaubens* beschreibt James W. Fowler die geistliche Entwicklung in einer Schrittfolge von 0 bis 6. Ich fasse sie hier zusammen:[2]

- **Stufe 0** – *Erster, undifferenzierter* Glaube (Geburt bis 2 Jahre). Frühes Erfahren der Sicherheit der Umgebung (d. h. Wärme, Sicherheit und Geborgenheit gegenüber Schmerz, Vernachlässigung und Missbrauch).
- **Stufe 1** – *Intuitiv-projektiver* Glaube (3 bis 7 Jahre). Dem Unbewussten ungeschützt ausgesetzt. Glaube wird hauptsächlich durch Erfahrungen, Geschichten, Bilder und andere Menschen gelernt.
- **Stufe 2** – *Mythisch-wörtlicher* Glaube (Schulkinder). Starker Glaube an die Gerechtigkeit und Wechselseitigkeit des Universums; hier sind die Götter anthropomorph. Metaphern und symbolische Sprache werden oft missverstanden und wörtlich genommen.
- **Stufe 3** – *Synthetisch-konventioneller* Glaube (Adoleszenz; 12 Jahre bis Erwachsenenalter). Konformität mit religiöser Autorität und Entwicklung einer persönlichen Identität. Aus Angst werden Konflikte mit Glaubensinhalten ignoriert, denn in ihnen drohen Widersprüche und Ungereimtheiten.
- **Stufe 4** – *Individuierend-reflektierender* Glaube (Mitte 20 bis Ende 30). Angst und Auseinandersetzung. Für die eigenen Überzeugungen und Gefühle wird persönliche Verantwortung übernommen. Offenheit für eine neue Komplexität des Glaubens, gesteigertes Bewusstsein für Konflikte im eigenen Glauben.
- **Stufe 5** – *Verbindender* Glaube (auch: Midlifecrisis). Paradoxe und Transzendentes, Realität hinter den Symbolen ererbter Systeme wird anerkannt.
- **Stufe 6** – *Universalisierender* Glaube oder „Erleuchtung" (mittleres bis spätes Erwachsenenalter). Behandelt alle Menschen mit Mitgefühl. Sieht Menschen als Teil einer universellen Gemeinschaft gemäß den Prinzipien von Liebe und Gerechtigkeit.

Was mir als für unser Verständnis von Zorn besonders relevant auffällt, ist Fowlers Beschreibung des Stufe-2- oder „mythisch-wörtlichen" Glaubens. Diese Stufe findet man hauptsächlich bei Schulkindern. Dazu gehört ein starker Glaube an (strafende) „Gerechtigkeit" und Wechselwirkung (Ursache und Wirkung, Auge um Auge). Die Götter des Stufe-2-Glaubens sind fast immer anthropomorph (d. h. ihnen werden menschliche Züge verliehen, z. B. Emotionen – in diesem Fall Zorn). Beachte, dass während dieser Stufe Metaphern und symbolische Sprache oft missverstanden und wortwörtlich genommen werden.

Und da liegt der Hase im Pfeffer. Wenn wir die Bibel studieren, um Gott zu finden, treiben wir uns selbst in die Ecke kindischer Irrtümer, sobald wir Folgendes vergessen:

1. Viele Texte wurden in Stufe-2-*Sprache* geschrieben, die Autoren des Alten Testaments setzten aber voraus, dass sie als Metapher verstanden würden.

Freiheit

Es wird immer noch diskutiert, ob der „freie Wille" Realität oder Täuschung ist. Was wir „Freiheit" nennen, ist oft die Illusion von Autonomie und eigenem Willen. Wahre „Freiheit" ist: a) Gottes liebende Zustimmung zu unserem authentischen Anderssein und b) das Aufblühen als Resultat unseres Ja zu Gottes Sorge für unser Leben.

---

2. Selbst die Stellen, die alttestamentliche Autoren manchmal aus einer Stufe-2-*Perspektive* schreiben (z. B., wenn der Judaismus selbst mythisch-wörtlicher Glaube war), interpretieren Jesus und die neutestamentlichen Autoren metaphorisch durch eine *„Kreuz"*-Brille.

Stell dir nun Folgendes vor: Ganze Strömungen in der Christenheit stecken nicht nur im Stufe-2-Glauben fest, sondern fordern, dass ihre Pastoren nach entsprechender Ausbildung die Bibel durch die mythisch-wörtlichen Augen von Schulkindern interpretieren. Innerhalb solch einer religiösen Kultur wird das Erwachsenwerden und Vorankommen als Rückfall gebrandmarkt; Reifwerden wird als Abfallen empfunden. Dieses Problem ist zudem sowohl fundamentalistischen Gläubigen als auch Glaubensgegnern gemeinsam.

Zum Beispiel wenden sich viele ehemalige Christen und Glaubensgegner-Aktivisten gegen den christlichen Glauben, weil sie wie ihre „Gegner" auch die Bibel lesen und als unreife Literalisten, Buchstabengläubige, dann zurückweisen.

Dazu fällt mir ein Song ein, der genau dieses Problem beschreibt. Das Lied war ein Thema für mich als Kind, und jetzt scheint er prophetische Bedeutung angenommen zu haben! Der erste Vers beschreibt das Wunder und die Ehrfurcht einer Kindheit voller Schönheit und Magie, wie man dann aber lernen musste, vernünftig, logisch, verantwortlich, praktisch zu sein.

Von da dreht sich die Abwärtsspirale immer schneller – von der Abhängigkeit zur klinischen Sterilität. Die Vorstellungskraft verkrustet und schließlich stirbt die Hoffnung im hochmodernen Zynismus. Das Ende vom Lied: Spiele höflich deine Rolle als Hirntoter. Und wehe dem, der sich dem System widersetzt! Pass auf, was du sagst, sonst wirst du als radikal, liberal, fanatisch, kriminell beschimpft.

Das in diesem Liedtext beschriebene Dilemma entsteht, wenn Stufe-2-Gläubige und gleichermaßen Ungläubige auf das Rednerpult, die Kanzel oder die Bloggerwelt eindreschen! Metaphern werden wörtlich genommen, menschliche Erfahrungen vergöttlicht und unser Zorn auf Gottes Charakter projiziert. Da stecken wir dann fest. Und doch können und müssen wir über diese unreifen Stufen unserer geistlichen Entwicklung hinauswachsen.

Indem wir die biblischen Gerichtsbeschreibungen durch die Brille der *kreuzförmigen* Zustimmung – vor dem Hintergrund des Kreuzes – lesen, werden wir die Zorn-Metapher nach und nach verstehen. Und wir werden ausgerüstet sein, uns den sogenannten toxischen Texten der Bibel wieder zu-, statt uns von ihnen abzuwenden. In späteren Kapiteln werden wir sogar ihre Genialität und ihren Zweck betrachten.

An diesem Punkt möchte ich ein Beispiel dafür geben, wie man über Gottes Liebe und Zorn in Begriffen der Zustimmung und des Kreuzes spricht – ich werde demonstrieren, wie ich das Problem des Zorns gegenüber Evangelikalen ansprechen würde, die zum Stufe-2-mythisch-wörtlichen Glauben neigen, und zu post-evangelikalen Skeptikern, die die Bibel als widerwärtig ablehnen, weil auch sie sie weiterhin starr wörtlich lesen. In den folgenden Punkten sehen wir die Synthese dessen, was wir über den „*Kreuz*"-Gott gelernt haben. Sie beschreiben Gottes Liebe, die über dem Zorn steht und über den Zorn hinausreicht, und in der gilt: „Erbarmen triumphiert über das Gericht" (Jak. 2,13 E).

Die Brille der *kreuzförmigen* Zustimmung

- Gott ist gut.
- Gott ist Liebe.
- Gott ist nicht gewalttätig, denn er übt nie direkte Gewalt aus.
- In seiner Liebe wird Gott seine Ziele *nicht* mit Gewalt durchsetzen.
- Indem er sich weigert, Gewalt auszuüben, stimmt Gott dennoch unserer Freiheit zu, einer Gabe, die wir durch Gewalt missbrauchen.
- Seine Liebe sagt Ja zu unserer **Freiheit***, selbst wenn wir sie gewalttätig gegeneinander und gegen Gott einsetzen.
- Gottes Zustimmung ist *nicht* Komplizenschaft.
- Gott könnte jedoch als Komplize unserer Gewalt *erscheinen*, weil er sie zulässt; Gott stimmt ihr zu und stimmt uns zu. In Liebe nimmt Gott die Schuld auf sich, Bundesbeziehungen mit gewalttätigen Menschen zu unterhalten.
- Wenn Gott sich weigert, Macht und Gewalt anzuwenden, und stattdessen der freien Herrschaft unserer Rebellion und ihrer bitteren und gewalttätigen Frucht zustimmt, scheint Gott in seiner Zustimmung gewalttätig zu sein.
- Unser Blut klebt an Gottes Händen, gerade so, wie Gottes Blut an unseren Händen klebte.
- In Liebe stimmt Gott zu, unseren Zorn am Kreuz zu erfahren und auszuhalten.
- Er stimmt zu, unseren Zorn gegen „Rom" (die Imperien unserer Zeit) zuzulassen.
- Er stimmt zu, „Roms" Zorn gegen uns zuzulassen.
- *Seine Zustimmung ist Zorn.*
- *Seine Zustimmung ist Liebe.*

Was haben wir in der Schrift und in unserer Erfahrung gesehen? Zunächst, dass Gott in seiner Liebe dem Menschen und den natürlichen (und übernatürlichen[3]) Kräften der Welt echte Freiheit gewährt. In seinem Zorn stimmt Gott auch zu, die gewaltigen Konsequenzen dieser Kräfte sich entwickeln zu lassen und sie nicht zu verhindern. Und so sind wir, wo wir in der Bibel von Gottes Zorn hören, eigentlich Zeuge von Gottes gewaltloser, *kreuzförmiger* Zustimmung – den schmerzlichen Resultaten dessen, dass Gott uns „machen lässt".

Wesenhafter Zorn

In seinen Büchern und Blogs beschreibt Pastor Gregory Boyd diese folgenschwere Zustimmung als *organisches* oder *immanentes Gericht*. Diese Begriffe stimmen gut mit dem überein, was ich mit dem Ausdruck *Zorn als Zustimmung* beschrieben habe. Boyd lehrt, dass das Urteil der Sünde nicht eine von außen zugefügte Strafe durch einen göttlichen Richter ist. Gott ist nicht aktiv damit beschäftigt, Sünder zu verhören, festzunehmen, zu überführen, zu verurteilen und zu strafen. Das ist nicht nötig, und tatsächlich ist es überhaupt nicht das, was Gott will. Unter dem Strich steht: Sünde trägt ihre eigene Strafe (oder ihren „Lohn", Röm. 6,23), weil in die Struktur des Universums Konsequenzen eingebaut sind. Das meint Boyd damit, dass Zorn organisch oder immanent sei. Das heißt, in dem Stufe-2-, dem Ursache-und-Wirkung-Glauben liegt auch Wahrheit, richtig? Aber es ist nicht so, dass buchstäblich meine Sünde Gott zornig macht und sein Gericht herausfordert, sondern vielmehr, dass Sünde selbst schädlich ist für uns und andere. Was wir brauchen, ist ein Erlöser-Gott, der uns vor uns selbst, unserer Sünde und ihren Konsequenzen rettet.

Boyd beschreibt den Prozess folgendermaßen: In seiner Geduld erlaubt Gott, dass immer weiter gesündigt wird. Seine Barmherzigkeit bleibt, bis er sie schließlich entziehen muss. Irgendwann zieht Gott seine Barmherzigkeit zurück und übergibt uns unserer selbstzerstörerischen Starrköpfigkeit. An diesem Punkt sind Boyd und ich unterschiedlicher Meinung.

Zunächst glaube ich nicht, dass sich das „unsinnige" Böse (zufälliges und irrationales Leid) einfach deshalb fortsetzt, weil Gott mit einer

Situation Geduld zeigt, die er jederzeit beenden könnte, sei es durch Eingreifen oder indem er dem Bösen seine Barmherzigkeit entzieht. Wäre das nicht herrlich! Allerdings denke ich, die meisten von uns wären sich einig, dass Gott viel zu geduldig ist. Wenn ein liebender Vater einfach eingreifen und das Böse beenden könnte, dann würde er es tun. Aber er tut es nicht.

Zorn

Buchstäblicher, menschlicher Zorn kombiniert emotionale Wut mit gewalttätiger Vergeltung. Wir beschreiben den „Lohn der Sünde" (selbstzerstörerische Konsequenzen) als den Zorn Gottes, weil wir davon ausgehen, die Konsequenzen der Sünde wären Gottes Reaktion darauf. Tatsächlich ist der biblische „Zorn" eine Metapher. Er steht für die innewohnenden Konsequenzen unserer Weigerung, in Gottes Gnade zu leben.

Zweitens: Ich glaube nicht, dass Gott jemals entscheidet, seine Barmherzigkeit abzuziehen. Die Schrift beschreibt Barmherzigkeit als ewiges, nie versagendes Attribut Gottes. Seine großzügige Barmherzigkeit währt ewig! Psalm 136 sagt das 26-mal in 26 Versen, sogar wenn der Satz einen Akt des Zorns beschreibt (wie z. B. die ägyptischen Plagen in Vers 10)! Mir scheint deshalb, dass unsere *Erfahrung* der göttlichen Barmherzigkeit auch irgendwie immanent sein muss – abhängig von unserer Bereitschaft, sie zu empfangen … oder zurückzuweisen. Aber von Gott aus wird seine Barmherzigkeit nicht mal gegeben und mal zurückgehalten; sie ist immer verfügbar.

Wie im vorigen Kapitel gesagt, lernte ich diese Wahrheit zunächst mit dem Kinderlied: „Die Güte des Herrn hat kein Ende. Sein Erbarmen hört niemals auf." Moment mal: Dieses Lied ist ein direktes Zitat aus dem Buch der Klagelieder! In beiden Fällen – Psalm 136 und Klagelieder 3 – gilt: Wenn wir von Zorn sprechen, „schmuggelt" Gottes Geist die Botschaft der immerwährenden Barmherzigkeit ein, nicht als Widerspruch, sondern als eine Gegenerzählung (d. h., Gottes alternativen Gesichtspunkt). Genau da, wo der Psalmist oder der Prophet die

Erfahrung von Konsequenzen von Sünde als Gottes Zorn darstellen, erzählen sie auch von der Bundestreue Gottes zu der großartigen Verheißung: Der Strom der Gnade Gottes versiegt niemals. Die Sonne scheint und der Regen fällt großzügig auf sowohl den Gerechten wie den Ungerechten, und dazu gehört auch der Sonnenschein und der Regen der wunderbaren Gnade Gottes.

Wenn die Barmherzigkeit verborgen ist und der Zorn der Selbstzerstörung ins Spiel kommt – könnte man ja annehmen, Gott wäre mit seiner Geduld am Ende und hätte beschlossen: „Okay, genug Barmherzigkeit erwiesen, jetzt will ich meine Barmherzigkeit zurückziehen und meinen Zorn loslassen!" Wenn wir stattdessen aber überlegen, ob nicht in Wirklichkeit wir es sind, die, bewusst oder unbewusst, diese Entscheidung treffen? Was, wenn das Ventil, das die Barmherzigkeit abschaltet, in der gleichen Weise in uns sitzt wie der Zorn? Was, wenn es genau das Gleiche ist?

Klippen, Gräben und ein überglücklicher Schafhirte

Ein Beispiel: Ich komme an den Rand einer Klippe, ignoriere die Warnschilder, klettere über den Zaun und rutsche ab in den Tod: Wann genau hat Gott mich in seinem Zorn niedergestreckt? Nie! Und wann genau hat Gott seine Barmherzigkeit abgezogen? Nie! Aber indem ich beschloss, über die Einladung der Gnade hinaus die Gesetze der Schwerkraft herauszufordern, erfahre ich die Konsequenzen meiner eigenen Trotzhaltung. Mein freier Wille, gekoppelt mit Ursache und Wirkung, zieht Resultate nach sich. Und Gott greift nicht direkt ein – überall und jeden Tag übertreten Menschen Grenzen, und Gott gewährt uns diese Würde, selbst wenn sie zu unserem Untergang führt. Gott enthebt uns einfach nicht unserer Entscheidungen oder unserer Welt.

Greg Albrecht, der Leiter von *Plain Truth Ministries*, diente früher als Studiendekan am *Ambassador College*. Auf seinem Schreibtisch, zu den zwei Stühlen gerichtet, auf denen Studenten, die in sein Büro gerufen worden waren, oft unbehaglich hin- und herrutschten, stand ein Spruch: „Ich habe kein Recht, Ihnen die Konsequenzen Ihres Handelns vorzuenthalten." Gott hat zwar dieses Recht, aber er legte es von Anfang an nieder und bot stattdessen seine ewige Barmherzigkeit denen an, die sie bereitwillig annehmen. So gibt es also ein *Gesetz* der Konsequenz

(Zorn) neben einem *Geschenk* der Gnade, und beide wohnen Gottes guter Ordnung inne.

Gott stimmt also zu, aber vergiss nicht: Es gibt noch so viel mehr. Gott hat auch teil. Das ist superwichtig. Ja, unser himmlischer Vater erlaubt, aber er ist auch wahrhaft gut und er kümmert sich, und so ist das oben genannte Szenario unvollständig. Nur für sich würde es zu einem Leben unter dem Gesetz führen – und das ist nicht die ganze Geschichte. Über die Schwerkraft hinaus gibt es wirklich Gnade. Gott rekrutiert und sendet beständig und voller Barmherzigkeit willige Helfer, um zu warnen, zu retten und uns von unseren vielen Fehlern zu erlösen. In meiner eigenen Dummheit habe ich die Verletzungen – an mir selbst und an anderen – erfahren, die daher kommen, dass ich außerhalb der gottgegebenen Weisheit herumgespielt habe. Wiederholt bin ich in selbstverschuldete Gruben voller schmerzhafter Dornen gestolpert. Und was machte Gott? Jesus sagt es uns im Lukasevangelium:

> Stellt euch vor, einer von euch hätte hundert Schafe und eins davon geht verloren, was wird er tun? Lässt er nicht die neunundneunzig in der Steppe zurück, um das verlorene Schaf so lange zu suchen, bis er es gefunden hat? Wenn er es dann findet, nimmt er es voller Freude auf seine Schultern und trägt es nach Hause. Dort angekommen ruft er seine Freunde und Nachbarn zusammen: „Freut euch mit mir, ich habe mein verlorenes Schaf wiedergefunden!" (Lk. 15,4-6)

Bei einem Treffen mit meinem geistlichen Berater sprachen wir über meine Ängste – meine Unsicherheit und Verletzbarkeit: Ich wagte nicht recht zu vertrauen, dass Gott mich vor einem erneuten Fall in die dunklen Gräben (Jud. 1,24) bewahren würde, in denen ich früher festsaß. Steve führte mich zu diesem Gleichnis und lenkte meinen Blick weg von dem geistlichen Schwindelgefühl, dem Gefühl, über einer Klippe zu hängen. Steve erinnerte mich, dass Jesus mir nachkam, als ich schon gefallen war, und mich suchte, bis er mich fand. Und als er mich gefunden hatte, trug er mich auf seinen Schultern und freute sich. Und er brachte mich nach Hause, rief seine Freunde und Nachbarn und feierte mich! Das Gleichnis spricht von seiner Motivation: Er sehnt sich nach mir und will mich haben, und das voller Freude! Er hat meine eigenwilligen Katastrophen nicht immer verhindert, aber er hat mich immer wieder an des Vaters Festtafel der Erlösung und Barmherzigkeit eingeladen.

Zwischenstation: Zusammenfassung

Wie Wanderer, die bei einer Zwischenstation kurz anhalten und durchatmen, sind wir jetzt bereit, eine Pause zu machen und diese Gedanken vor einem neuen Kapitel zu sammeln. Wir haben viel Gelände durchquert und ordentlich an Höhe gewonnen. Jetzt können wir das Gelernte zu einer präzisen Definition von Zorn, der die Barmherzigkeit nicht außer Acht lässt, destillieren. ***Zorn*** ist eine Metapher für die intrinsischen Konsequenzen unserer Weigerung, in der Gnade Gottes zu leben.* Zur Wiederholung:

- Gottes Erbarmen währt ewig. Er lässt es nie enden.
- Wenn Barmherzigkeit dem Zorn weicht, ist es zwingend so, dass *wir selbst* den Schalter umgelegt und die Barmherzigkeit durch unser sündiges Verhalten zurückgewiesen haben. Tragischerweise schadet unsere Zurückweisung von Barmherzigkeit nicht nur uns selbst, sondern auch anderen, die sich vielleicht fragen, warum Gott sie straft, wo es doch tatsächlich *unsere Sünde* ist, die sie verletzt.
- Gott ist nie parteiisch darin, wer seine Barmherzigkeit empfängt und wer nicht. Er entzieht seine Barmherzigkeit niemals. Aber die geduldige Gnade Gottes kann empfangen oder abgelehnt werden.
- Diese Erfahrung ist organisch, dem Wesen der Dinge ebenso innewohnend wie der menschlichen Freiheit und unserer Fähigkeit, uns zu Gottes Gnade hin- oder von ihr wegzuwenden.
- Wo viel innewohnender Zorn ist, da ist noch viel mehr aktive Barmherzigkeit! Unser überglücklicher Hirte sucht und findet uns, trägt uns und freut sich über seine wiedergefundenen Schafe.

Nun sind wir bereit für die nächste Etappe der Wanderung, wo wir uns ansehen wollen, wie die Bibel Zorn als „Überlassen" beschreibt.

Innehalten und nachdenken

- Wenn das Leben schwierig ist, stellst du dir dann vor, dass Gott über dich verärgert ist oder dich sogar straft? Wie bist du zu dieser Schlussfolgerung gekommen?
- Wie berührt dich die Vorstellung von Gottes intrinsischem Zorn? Was, wenn in Wirklichkeit die *Sünde* straft und nicht Gott?
- Warum sollte Gott uns an uns selbst, an unsere Sünden oder an unsere Feinde „übergeben"? Ist Gott weit weg? Sind wir ihm egal oder nicht? Wie zeigt sich Gottes Fürsorge in deinem Leben?
- Sünde verletzt uns. Das ist das Gesetz von Saat und Ernte. Aber warum leiden Unschuldige? Wenn wir davon ausgehen, dass Leiden ein Zeichen dafür ist, dass Konsequenzen „geerntet" werden, machen wir dann nicht denselben Fehler wie Hiobs Freunde?
- Wenn Barmherzigkeit – nicht Zorn – ewig währt, was bedeutet das?

Innehalten und beten

Gott, wenn ich versagt habe und die Konsequenzen tragen musste, habe ich oft mit dem Finger auf dich gezeigt. Ich habe dir vorgeworfen, mich zu strafen. Ich ging davon aus, dass du mir gegenüber Zorn walten ließest. In Wahrheit warst du unerklärlich freundlich – unfehlbar barmherzig. Gib denen, die den „Zorn" ihrer eigenen Entscheidungen erleiden, dieselbe Gnade wie mir. Herr, lass es geschehen!

11

Göttlicher Zorn als „Überlassen"

Er überwand aber den Zorn nicht durch Körperstärke, noch durch Waffengewalt, sondern durch das Wort bezwang er den Strafenden, indem er an die den Vätern geleisteten Eidschwüre und die mit ihnen geschlossenen Bündnisse erinnerte.

Weisheit 18,22 M

Ich bin Jesus, den du verfolgst! Es ist schwer für dich, gegen den Stachel auszuschlagen.

Apostelgeschichte 26,15.14

Was ist mit Gottes aktivem Zorn?

In Kapitel 10 behandelten wir Gottes Zorn im Sinne von *Zustimmung* – einen passiven Zorn, der uns erlaubt, über die Stolpersteine unserer eigenen Entscheidungen zu fallen. Aber was ist mit Gottes *aktivem* Zorn? Beschreibt nicht die Bibel – mitunter sogar Jesus! – Gott als einen zornigen und gekränkten König, der auf Sünde mit Gewalt reagiert? Schreibt die Bibel Gott nicht ausdrücklich aktiven Zorn zu?

Zum Beispiel: Hat nicht Gott die Erstgeborenen der Ägypter erschlagen (2. Mo. 12)? Hat nicht Gott die unter den Juden, die murrten, in der Wüste umgebracht (4. Mo. 26)? Hat nicht Gott Sodom und Gomorra angezündet (1. Mo. 19)? Hat nicht Gott Jerusalem wiederholt in Schutt und Asche legen lassen (Jer. 52)? Und sogar im Neuen Testament: Hat nicht Gott Hananias und Saphira zu Petrus' Füßen niedergestreckt (Apg. 5) oder Herodes bei lebendigem Leib von Würmern zerfressen lassen (Apg. 12,23)?

Nein.

Und ja.

Erst einmal: Nein. Waren diese Ereignisse Gewaltakte eines zornigen und strafenden Gottes, der auf Sünde reagierte? Nein. Wenn die Bibel konkret über die unmittelbaren Ursachen für einen Tod spricht, dann schreibt sie sie Naturereignissen zu, z. B. Krankheiten, Erdbeben, Schlangen oder Feuer, das vom Himmel regnet (Vulkanausbrüchen). Und wer oder was sind die aktiven Ausführenden und geistlichen Mächte hinter diesen Katastrophen? Die Schrift sagt oder setzt voraus, dass sie das Werk „des Vernichters" sind, von Engeln oder Menschen, die Gewalttaten ausführen, oder vom Satan (1. Mo. 19,13, 2. Mo. 12,23, Jer. 4,7, Apg. 5,3, 1. Kor. 10,9-10). Gottes *Zorn* ist metaphorisch und passiv, aber seine aktive *Teilnahme* gilt dem Schutz und der Erlösung für sein Volk, sie wird vermittelt durch bereitwillige Partner, die mit Buße, Hingabe oder Fürbitte zustimmen (z. B. dem bittenden Verhandeln Abrahams in 1. Mo. 18 oder des Mose in 2. Mo. 33).

Wer brachte David auf schlechte Gedanken?

Es zeigt sich immer mehr, dass Gott Lebensspender, nicht Todbringer ist, und dementsprechend reflektieren die biblischen Autoren diese Perspektive mehr und mehr, sind stets sorgfältiger bemüht zu versichern, dass Gott keine Schuld trifft. Ein einfaches Beispiel für diese Veränderung zeigt sich an der Stelle, wo David seine Streitkräfte zählt. In der früheren Version der Geschichte lesen wir: „Der Herr wurde noch einmal zornig auf die Israeliten. Darum verleitete er David dazu, sie ins Unglück zu stürzen. Er brachte den König auf den Gedanken, eine Volkszählung durchzuführen" (2. Sam. 24,1). David macht seine Pläne, aber Joab widersetzt sich ihm. Da stimmt etwas nicht! Mach es nicht, David! (Vers 3).

David jedoch behauptet sich gegen Joab und führt die Zählung durch. Unmittelbar darauf bereut David seine Entscheidung. Obwohl Gott vermeintlich die Zählung angeordnet hatte, schämt sich David und sagt: „Meine Schuld ist groß. Bitte, Herr, vergib mir! Wie dumm bin ich gewesen!" (Vers 10). Warum war es eine Sünde, wenn doch der Herr dahinterstand? Wenigstens tut David Buße, sodass Gott ihm vergeben kann. Aber Moment – statt David zu vergeben, gibt ihm der Herr drei Möglichkeiten zur Auswahl: drei Jahre Hungersnot in Israel, drei Monate, in denen David vor seinen Feinden fliehen muss, oder drei Tage Pest im Land (Vers 13).

David antwortet: „Ich habe große Angst. Aber ich will lieber dem Herrn als den Menschen in die Hände fallen, denn er ist *sehr barmherzig*." Und wir lesen: „Da ließ der Herr in Israel die Pest ausbrechen" (Vers 15). Merkwürdig jedoch: Es taucht ein Engel auf, der die Hand ausstreckt, um die Pest auszulösen. Die Plage des Engels dauerte an, bis 70.000 Menschen von Dan bis Beerscheba tot waren! Wie passte diese Pest denn zu Gottes „großer Barmherzigkeit"?

An diesem Punkt sagt der biblische Text, dass der Engel sich wendet, um Jerusalem zu treffen, Gott aber beginnt die Sache zu bereuen. Der Erzähler drückt das so aus: Da „*reute* den Herrn das Unheil und er sagte zu dem Engel, der das Volk ins Verderben stürzte: Es ist jetzt genug, lass deine Hand sinken!" (Vers 16 E). Doch erst nachdem David einen Dreschplatz gekauft, einen Altar gebaut und Brand- und Friedensopfer dargebracht hatte, hörte die Plage in Israel auf.

Erscheint dir Gottes Urteil hart? Der Bericht in 1. Samuel sagt, dass Gott zornig gewesen sei, deshalb David zur Sünde provoziert und dann als Strafe 70.000 Menschen umgebracht habe. Ich finde das hart. Bin ich zu sentimental? Wenn du deine Schwierigkeiten mit diesem Text hast, befindest du dich in guter Gesellschaft. Der Autor von 1. Chronik hatte die auch! Und in einer Kritik dieser Perspektive erzählt er die Geschichte neu – mit einem riesengroßen Unterschied. Wer inspirierte die Volkszählung? Der Herr? Nein! Der Chronist sagt: „*Satan* wollte Unheil über Israel bringen; deshalb brachte er David auf den Gedanken, eine Volkszählung durchzuführen" (1. Chr. 21,1).

Diese Geschichte stellt uns zwar immer noch vor immense Schwierigkeiten bezüglich Zorn und Strafe, aber verpassen wir nicht diesen weltbild-erschütternden Perspektivwechsel! Der Chronist verwirft die frühere Version in 1. Samuel, dass *Gott* David auf den Gedanken gebracht habe, und schiebt die Schuld stattdessen auf Satan! Tausend Jahre später bestätigt der Jakobusbrief diese Korrektur: „Niemand, der in Versuchung gerät, kann behaupten: ,Diese Versuchung kommt von Gott.' Denn Gott kann nicht vom [oder: zum] Bösen verführt werden, und er verführt auch niemanden zum Bösen. Es sind vielmehr unsere eigenen selbstsüchtigen Wünsche, die uns immer wieder zum Bösen verlocken" (Jak. 1,13-14). Gott trifft keine Schuld.

Wie Paulus den Begriff *Zorn* überarbeitet

Was der Chronist andeutet, legt Paulus als Prinzip fest. Mehr als jeder andere Autor demonstriert er, wie Christen diese Texte nach der Offenbarung Gottes in Christus lesen sollten.

Beispiel: In 4. Mose 16,21 und 25 rebellieren die Kinder Israel gegen Moses Führung, murren gegen den Herrn und treiben dann „Unzucht" mit den Moabiterinnen. In diesen Geschichten sagt der Erzähler, dass das Gericht in Form von Plagen auf das Volk kam, mit einer Sterberate im fünfstelligen Bereich! Der Autor sagt klar, dass *Gott diese Plagen sandte*. Gott tötete die Menschen. Dieser Blickwinkel auf Ereignisse ist ein gutes Beispiel für Fowlers Stufe-2-mythisch-wörtliche Erzählweise, wie an früherer Stelle erwähnt.

In 1. Korinther 10 jedoch erklärt der Apostel Paulus, über diese Geschichten reflektierend:

> Stellt die Güte und Geduld von Christus, dem Herrn, nicht auf die Probe. Sie taten es damals, wurden *von Schlangen gebissen und starben*. Lehnt euch nicht gegen Gott auf, indem ihr ihm Vorwürfe macht. Das taten einige von ihnen, und Gott *vernichtete sie durch seinen Todesengel*. Alle diese Ereignisse sind uns als Beispiel gegeben. Sie wurden niedergeschrieben, damit wir gewarnt sind; denn die letzte Zeit dieser Welt ist angebrochen. (1. Kor. 10,9-11)

Sorgfältig unterscheidet Paulus hier: Ja, das Volk stellte Gott auf die Probe, aber was brachte sie tatsächlich um? Zuerst einmal die Sünde. Und „die Schlangen". Und „der Verderber". Paulus' Warnung lautet nicht: „Gott kriegt dich schon", sondern: die der Sünde innewohnenden Konsequenzen öffnen die Tür für „Schlangen" oder „den Verderber", die dann unser Leben zerstören. Beachte, dass selbst beim Zitieren eines alttestamentlichen Textes, der nur Gott als Verursacher der Plagen nennt, Paulus die Zerstörung dennoch dem Verderber zuschreibt. Für Paulus ist überall dort, wo es um „Zorn" geht, Satan der Verderber, nicht Gott. Gott ist der Erlöser.

Warum geht Paulus davon aus? Wie wurde dies zu einem allgemeinen Prinzip in der paulinischen Theologie? Die einfache Antwort ist, dass Paulus die Offenbarung Gottes in Christus erfahren hatte, einschließlich dieser alles überspannenden Wahrheit: „Der Dieb kommt, um zu stehlen, zu schlachten und zu vernichten. Ich aber bringe Leben – und dies im Überfluss. Ich bin der gute Hirte. Ein guter Hirte setzt sein Leben für die Schafe ein" (Joh. 10,10-11). Da Gott vollkommen in Christus offenbar ist – dem Herrn, dem der Apostel auf der Straße nach Damaskus begegnet war –, konnte Paulus die hebräische Schrift nur durch diese Brille lesen.

Der Verderber

In manchen alttestamentlichen Geschichten wird wenig zwischen dem „Zorn Gottes" und der Gewalt des „Verderbers" unterschieden. Der „Verderber" ist quasi Gottes „Auftragsmörder", der die Straftaten ausführt, damit Gottes Hände rein bleiben. Aber Jesus und Paulus unterscheiden ganz scharf: Gott ist immer der Lebensgeber und Erlöser. Satan ist der Todbringer und Zerstörer.

Führen wir diesen Gedanken einen Schritt weiter: Wir wissen, dass die Juden des ersten Jahrhunderts das Buch namens „Weisheit" schätzten. Wir wissen, dass es Teil der griechischen Übersetzung der hebräischen Bibel (genannt Septuaginta, kurz LXX) war, welche neutestamentliche Autoren wie Lukas zu Jesu Zeiten verwendeten und zitierten.

Wir wissen, dass es bis zur Reformation von den meisten Kirchen als Teil der christlichen Bibel angesehen wurde (und von vielen heute noch wird).

Im ganzen Römerbrief können wir beobachten, wie sich Paulus auf das Buch Weisheit eingelassen hat, da seine Gegner das gegen ihn verwenden wollten.[1] Darüber hinaus wissen wir, dass Paulus die Weisheit mit dem Hintergrundwissen der guten Nachricht von Jesus gelesen hat.

Ich sage das, um auf die Bedeutung und Popularität des Buchs im Judaismus und Christentum des ersten Jahrhunderts – und im Denken des Paulus – hinzuweisen, denn darin wird klar unterschieden zwischen dem Verderber und Gott, und es sieht Gottes Messias als den Befreier, der den Verderber besiegt. Lesen wir die Weisheit Salomos „durch Christus". Ist sie nicht schön?

> Auch die Gerechten berührte eine Erfahrung des Todes: Eine große Anzahl wurde in der Wüste dahingerafft; doch der Zorn hielt nicht lange an.
>
> *Ein Mann ohne Tadel* sprang als Vorkämpfer ein, mit der Waffe seines Dienstes, mit Gebet und sühnendem Räucheropfer. *Er trat dem Zorn entgegen*, machte dem Unheil ein Ende und zeigte so, dass er dein Diener war.
>
> Er besiegte die Menge nicht durch Körperkraft und nicht durch Waffengewalt, sondern *durch das Wort bezwang er den Strafenden*, indem er an die den Vätern gegebenen Eide und die Bundesschlüsse erinnerte.
>
> Denn als die Toten sich schon häuften, trat er dazwischen und *hielt den Zorn auf* und schnitt ihm den Weg zu den Lebenden ab.
>
> Denn als Gewand war die ganze Welt dargestellt und die Erweise der Herrlichkeit an den Vätern auf Steinen in vier Reihen eingraviert und deine Größe auf dem Diadem seines Hauptes.
>
> Davor *wich der Verderber voll Furcht zurück*; es genügte allein schon diese Erfahrung des Zorns. (Weish. 18,20-25 M)

Nimm die alte Sprache nicht übel, denn was die messianischen Verheißungen angeht, wird es nicht viel besser als das! Sieh dir die Parallelen in diesen Versen an. Der Messias – unser Jesus – ist:

- der Mann ohne Tadel,
- der Verteidiger,
- der Sieger,
- der Diener,
- der Gekrönte.

Sieh auf seinen Sieg:

- Er hielt den Zorn auf,
- er bezwang den Strafenden.

Beachte die Identifikationen: Der Zorn entspricht dem Zerstörer und dem Strafenden. Überwindet und unterdrückt Jesus Gott? Natürlich nicht! Ist Gott der wutentbrannte, menschenverderbende Strafende? Nicht in diesem Abschnitt! Und nicht in Paulus' Denken. Hat also Gottes Zorn sehr viele zerstört?

Nein.

Aber auch ja. Indirekt. Es handelt sich um Akte von Gottes Zorn insofern, als Gott zustimmte, dass eine natürliche und übernatürliche Zerstörung durch Ereignisse, die durch menschliche Entscheidungen in Gang gesetzt wurden, ihren Lauf nehmen konnte. In dem Sinn wird Gott gesehen, als habe er den Verderber „geschickt“ und die Zerstörung „gesandt“. Gott wird wahrgenommen als der, der die Zerstörung und sogar den Zerstörer beauftragt (1. Mo. 19,14, 2. Mo. 12,29, 4. Mo. 21,6). Aber wieder kommt uns Paulus zu Hilfe!

Zorn als „Überlassen“

Paulus klärt im ganzen ersten Kapitel des Römerbriefs, dass das, was in der Erzählung als aktiver Zorn beschrieben wurde, in Wirklichkeit eine Metapher ist. Dreimal definiert er „Zorn“ als „Überlassen“ (Gottes Zustimmung): dass er rebellische Menschen ihre eigenen selbstzerstörerischen Flugbahnen ziehen lässt – selbst wenn das Schrapnell ihrer Aktionen bei anderen Kollateralschäden herbeiführt. Pass auf:

> Gott lässt aber auch seinen Zorn sichtbar werden. Vom Himmel herab trifft er alle Menschen, die sich gegen Gott und seinen Willen auflehnen. Sie tun, was Gott missfällt, und treten so die Wahrheit mit Füßen. …
>
> Deshalb hat Gott sie all ihren Trieben und schmutzigen Leidenschaften überlassen, sodass sie sogar ihre eigenen Körper entwürdigten. …
>
> Weil die Menschen Gottes Wahrheit mit Füßen traten, gab Gott sie ihren Leidenschaften preis, durch die sie sich selbst entehren …

> Gott war ihnen gleichgültig; sie gaben sich keine Mühe, ihn zu erkennen. Deshalb überlässt Gott sie einer inneren Haltung, die ihr ganzes Leben verdirbt. Und folglich tun sie Dinge, mit denen sie nichts zu tun haben sollten … (Röm. 1,18.24.26.28)

Das ist auch nicht nur eine Entdeckung im Neuen Testament. Obwohl Jesaja viel mythisch-wörtliche Sprache verwendet, scheint er sich voll bewusst zu sein, dass Gottes Zorn eine Metapher ist, und klärt das bei einer Reihe von Gelegenheiten. Im Buch Jesaja lesen wir: „Doch niemand sucht bei dir Hilfe, Herr. Keiner will an dir festhalten. Denn du selbst hast dich von uns abgewandt. Du *lässt uns die Folgen unserer Sünden tragen* und daran zerbrechen" (Jes. 64,6). Das spielt sich im Exil ab, als Jerusalem seinen Feinden *überlassen* wurde.

Im Römerbrief nun möchte Paulus diese Tatsache entschieden klarmachen. In Römer 5 lesen wir:

> Gott aber beweist uns seine große Liebe gerade dadurch, dass Christus für uns starb, als wir noch Sünder waren. Schon jetzt sind wir von Gott angenommen, weil Jesus Christus sein Blut für uns vergossen hat. Und erst recht werden wir am kommenden Gerichtstag durch ihn vor *Gottes* Zorn gerettet. (Röm. 5,8-9)

Ist dir das kursiv gesetzte Wort „Gottes" aufgefallen, das hier eingefügt wurde? Jawohl, *eingefügt*. Inzwischen werden meine Leser mitbekommen haben, dass ich Wörter sehr häufig kursiv setze, um sie zu betonen – C. S. Lewis (und mein Verleger) würden sagen, allzu häufig. Ich tue das, um die Punkte hervorzuheben, auf die ich die Leser besonders aufmerksam machen möchte. Alle kursiv gesetzten Wörter in diesem Buch, auch die innerhalb von Zitaten, zeigen *meine* Betonung an – ich habe sie eingesetzt. Außer hier. Die Kursivstellung von *„Gottes"* in der Übersetzung der New American Standard Bible ist die Art der Übersetzer, deutlich zu machen, dass sie das Wort hinzugefügt haben. Kein Manuskript enthält es. Der Vers endet, wenn er wortwörtlich übersetzt wird: „Wir werden gerettet durch ihn *vom Zorn*".[2] Übersetzer haben den Ausdruck mit „Gottes Zorn" oder „Zorn von Gott" oder „Zorn Gottes" wiedergegeben, weil sie meinen, so sei der Satz zu verstehen. Andere Übersetzungen, z. B. die New International Version, fügen „Gottes" ohne jeglichen Hinweis darauf ein, dass sie das Wort hinzugesetzt haben, weder durch Kursivstellung noch eine Fußnote. Sie gehen davon aus, dass es dahin gehört.

Gottes Zorn *versteht sich von selbst*? Wirklich? Von wem? Und warum? Die Übersetzer nehmen an, dass sie das Wort „Gottes" einfügen können und sollten, obwohl es in den Manuskripten nicht steht und auch nicht durch die Grammatik nahegelegt wird. Wir Leser sollen die Interpretation der Übersetzer akzeptieren, dass Paulus der Meinung gewesen wäre, Jesus rette uns vor dem Zorn Gottes, obwohl Paulus sicherlich *nicht* „Zorn *Gottes*" gesagt hat. Ich wage zu behaupten, dass das auch nicht das ist, was er im Kontext dieser Stelle sagen will.

Was Paulus tatsächlich sagt, ist, dass Gott uns durch Christus vor dem Zorn errettete. Punkt. Wir sollen nicht glauben, dass Jesus uns vor Gott Vater errettet, sondern vor den unserer Sünde innewohnenden Folgen, nämlich dem Tod. Der Apostel der Gnade könnte den Kontrast nicht klarer darlegen als im darauffolgenden Kapitel: „Der Lohn, den die Sünde auszahlt, ist der Tod. Gott aber schenkt uns in der Gemeinschaft mit Jesus Christus, unserem Herrn, ewiges Leben" (Röm. 6,23). Diesen Vers rattern wir allzu schnell aus dem Gedächtnis herunter, nicht wahr? Sehen wir uns ihn noch einmal genau an:

- Wer rettet uns? Gott.
- Wovor rettet uns Gott? Vor dem Lohn (bzw. den Konsequenzen) der Sünde.
- Vor welchen Konsequenzen rettet uns Gott? Dem Tod.
- Was empfangen wir *nicht* von Gott? Wir empfangen nicht den Lohn oder die Konsequenzen der Sünde von Gott.
- Was empfangen wir von Gott? Wir empfangen ein Geschenk.
- Welches Geschenk empfangen wir? Errettung. Auferstehung. Ewiges Leben.
- Wie? Durch Jesus Christus.

Also: Ja, Gott rettet uns vor „dem Zorn", vor Sünde, vor Tod. Dann ist „Zorn" nicht die Strafe Gottes, sondern unser Erleben der fatalen Folgen, die der Sünde – der Zurückweisung von Gottes Barmherzigkeit – innewohnen.. Ja, der Schweinestall war die Strafe, der „Zorn“, die Konsequenz. Wovon? Von den selbstsüchtigen Entscheidungen, die der verlorene Sohn selber getroffen hatte. Und, ja, in Liebe stimmt der Vater zu und überlässt ihn diesen Konsequenzen – überlässt *uns* diesen Konsequenzen, bis wir ans Ende kommen. Sind wir völlig erledigt, kommen wir zurück, wie der verlorene Sohn, und bekommen – was? Strafe? Nein. Zorn? Nein. Wenn wir zurückkommen, nimmt uns Gott mit offenen Armen an und gibt uns ein Geschenk: ewiges Leben!

Wer ist der Mittler des Heils in Römer 5? Wessen Liebe wirkt? Wer vergibt Sündern und wer versöhnt sie? Gott! Gott ist der Mittler des Heils durch Christus. Und wovor rettet uns Gott? Vor sich selbst? Nein. Sagt Gott bzw. lässt Gott in Römer 5 auch nur darauf schließen: „Ich liebe euch so sehr, dass ich euch vor mir selbst retten werde“? Nein. Gott rettet uns vor „dem Zorn“. Punkt.

Ist Gottes Zustimmung Komplizenschaft?

Aber was ist mit denen, die Gott herausfordern: „Wie kannst du das zulassen? Ist deine Erlaubnis – dein ‚Überlassen‘ – nicht dasselbe wie Komplizenschaft?“?

Und auf irgendeiner Ebene ist die Antwort wahrscheinlich Ja. Wenn nicht Komplizenschaft, so hat Gott doch die letzte Verantwortung als die allererste Ursache von allem übernommen – sodass manche Bibelautoren den Ausdruck „Zorn Gottes“ tatsächlich verwenden, um das zu beschreiben, was genau genommen Sekundärursachen sind. Letztlich ist das Gottes gute Ordnung, und Gott ist letzten Endes verantwortlich für alles, was ist, einschließlich der innewohnenden Folgen unseres Freiheitsmissbrauchs. Ich sage dazu *Zorn als Überlassen* oder *Zorn als* kreuzförmige *Zustimmung*.

Zorn als Zustimmung ist der große und furchtbare Preis von Gottes Plan und Gottes *kreuzförmiger* Natur, aber damit nicht genug. Gott hat auch entschieden, die ganze Welt durch seine Liebe zu erlösen und wiederherzustellen. Die Welt durch Liebe zu erlösen, statt sie mit Gewalt zu erobern, bedeutet zuzulassen, dass entsetzliche Dinge geschehen. Aus unserer begrenzten menschlichen Perspektive sieht das dann so aus, als wäre Gott gleichzeitig sowohl zornig als auch schwach.

Die kognitive Dissonanz (der „Gehirnkrampf"), die wir empfinden, kann rational nicht aufgelöst werden. Stattdessen sehen wir voller Staunen auf das Kreuz – einen Baum der Liebe und des Lebens, nicht einen Baum von schlauen Argumenten und Antworten. Am Kreuz erleben wir Gottes gewaltlose Zustimmung.

Gottes gewaltlose Zustimmung erstreckt sich auf die gesamte natürliche und geistliche Realität. Sie umfasst gewaltlose Zustimmung zur menschlichen Freiheit, im Guten wie im Schlechten. Sie umfasst gewaltlose Zustimmung zu den Naturgesetzen, in Schönheit wie in Tragödie, im Erschaffen wie im Zerstören. Sie umfasst gewaltlose Zustimmung zu geistlichen Gesetzen: Saat und Ernte, Segen und Fluch. In diesem Sinn bedeutet Gottes Zustimmung, dass Gott auf die Ausübung seiner allmächtigen Fähigkeiten in dieser Welt verzichtet.

Das von allem Anfang an geschlachtete Lamm starb dem Allmächtigsein schon vor der Schöpfung. Dieser *kenotische* Selbstverzicht hat Raum gemacht für die Schöpfung. Für Freiheit und für Gewalt. Für Völkermord und Wirbelstürme und Autounfälle und Pädophilie.

Aber auch für Liebe.

Immanente Liebe

Gottes gewaltlose Zustimmung und sich selbst entäußernde Liebe machen Raum, sodass das Naturgesetz und die menschliche Freiheit ungehindert funktionieren können. Diese selben Attribute vermitteln der Welt auch Gottes überreichliche Liebe, die sich der Menschheit und durch die Menschheit als göttliche Fürsorge manifestiert.

Übernatürliche Liebe wurde von Gott in das Gewebe der Welt eingearbeitet; eine Liebe, die nicht nur Ja sagt zu Gewalt, sondern die Gewalt auch untergräbt und überwindet. Alles andere als schwächlich in dieser gewaltlosen Zustimmung, ist Gottes Liebe mächtig – *all*mächtig! Tatsächlich ist sie die einzige erfahrbare Kraft, die alles recht und neu machen kann. Gottes Liebe braucht die Freiheit oder die Gesetze dessen, was existiert, nicht zu verletzen, indem sie die natürliche und geistliche Ordnung aufhebt, denn Liebe ist der Grund alles Existenten. Liebe ist Teil jener Ordnung – ihre eigentliche Mitte. Ganz oben in dieser

Ordnung steht der Mensch, der mit dem Potenzial zur Gottesebenbildlichkeit erschaffen wurde – das heißt, dass er zustimmen kann, Gottes übernatürliche Liebe zu tragen und in die ganze Schöpfung auszusäen.

Irgendwie wissen wir jedoch – wir sehen es mit eigenen Augen, hören es mit eigenen Ohren –, dass etwas kaputt ist, zerrissen wurde. Die ganze Schöpfung stöhnt unter Bedrängnis, am allermeisten der Mensch. Gottes Zustimmung zu Gewalt scheint uns zu knechten, nicht zu befreien. Oder vielleicht trägt Gottes liebende Zustimmung zu unserer Freiheit die Frucht der Gewalt und nicht die Frucht der Liebe. Unsere Freiheit selbst wurde das gewaltsame Mittel unserer Knechtschaft.

Von diesem Standpunkt aus scheint Gott grausam zu sein, entweder weil er abwesend oder weil er Komplize ist. Gott wirkt machtlos, denn wie sollte er einen Riss ausbessern, den letztlich seine Liebe und unsere Freiheit verursacht haben?

Gott sei Dank steht Jesus Christus an der Spitze der Menschheit. Seine gewaltlose Zustimmung zum Kreuz – die Schnittstelle zwischen dem Leid der Menschheit (unserer Freiheit zur Gewalt) und Gottes radikaler Vergebung – wird zur Gelegenheit, dass übernatürliche Liebe durch Gottes eigene Wunden in die Welt fließt. Gottes Liebe, die alles andere als schwach oder kraftlos ist, wird als unaufhaltsamer Katalysator für die Erneuerung der Welt Gewalt, Macht und Zwang in den Schatten stellen.

Dass Christus Herr der Welt und des Universums ist (oder: das Reich Gottes), stellt keinen Gegensatz zu Gottes gewaltloser Zustimmung dar. Tatsächlich ist *Zustimmung* eben (und ausschließlich) die Art und Weise, wie Gottes Liebe in der Welt erscheint. In den Evangelien z. B. wirkte Christus nicht mit der Kraft wundersamer Eingriffe (der magischen Aufhebung von Gesetzen), sondern in der Autorität übernatürlicher Liebe (der Anwendung von Gottes höchstem Gesetz).

Gottes Reich kommt nicht durch Gewalt, freiheitsverletzenden Zwang oder gesetzeswidrige Eingriffe voran. Die Herrschaft Gottes in seinem Reich ist Ausdruck übernatürlicher Liebe in jenen und durch sie, die Ja dazu sagen, dass Gottes Liebe, von Christus vermittelt, in ihnen wohnt und sie verändert. Wir reden hier nicht nur von enthusiastischen

Aktivisten, die gute Werke und Liebesdienste tun. Diese Zustimmung ist auch nicht auf getaufte und konfirmierte Christus-Nachfolger beschränkt. Diese Zustimmung wird vielmehr in 1. Joh. 4,7-8 definiert: „Meine Freunde! Lasst uns einander lieben, denn die Liebe kommt von Gott. Wer liebt, ist ein Kind Gottes und kennt Gott. Wer aber nicht liebt, der kennt Gott nicht; denn Gott ist Liebe."

Wegen ihrer eigenen gewaltlosen Zustimmung können die, die lieben, wie Christus es tat (bewusst oder unbewusst, vergleiche Mt. 25,37-40), wie zerrissene Tücher oder zerbrechliche Gefäße wirken (2. Kor. 4,7-18), aber durch ihre Wunden verströmt übernatürliche Liebe ihr heilendes Licht in die natürliche Welt und durchdringt die Welt.

Gott stimmt dem Zögern in unserer Zustimmung zu: Das Ergebnis ist, dass unsere gewalttätige Welt zwar unaufhaltsam, aber nur schmerzlich langsam verklärt wird.

Liebe wird sich durchsetzen, denn obwohl sie aussieht wie passive Zustimmung zu extremer Gewalt, ist sie dennoch „unüberwindlich wie der Tod, ... so unentrinnbar wie das Totenreich! ... Sie ist eine Flamme des Herrn! Mächtige Fluten können sie nicht auslöschen, gewaltige Ströme sie nicht fortreißen" (Hld. 8,6-7). Christi Tod und Auferstehung sind die Erstlingsfrüchte dessen, was Gottes Liebe für das ganze Universum bestimmt hat.

Ist Gott ein zorniger König?*

Dennoch, die Kritiker haben recht: Wenn im Alten Testament das Reich Gottes beschrieben wird, ist Gott dabei oft gewalttätig und willkürlich, ein Gott des Zorns. Statt uns allzu schnell von den Kritikern oder diesen Texten einfach abzuwenden, erlaubt uns eine Interpretation im Licht des Kreuzes, drei große Möglichkeiten zu untersuchen. Ich will diese mit dem Ausdruck „Gott, der zornige König" illustrieren und jeweils kommentieren.

1. Vielleicht ist Gott tatsächlich ein zorniger König.

Vielleicht war es wirklich so, dass Gott aktiv bestimmte, Israel solle in den Krieg ziehen, seine Feinde auslöschen und versklaven oder durch die Hand dieser Feinde seinen „Zorn" erleiden. In diesem Fall kommt Jesus, um einen neuen Bund einzuführen und Gottes Umgang mit Menschen im neuen Reich Gottes zu verändern. Aber diese verbreitete evangelikale Interpretation wird dem ewigen „*Kreuz*"-Gott nicht gerecht, der die Vollkommenheit an Güte und Liebe war, ist und immer sein wird. Wörtlich verstanden, werden diese Texte dem Bild Christi nicht gerecht, sind in Wirklichkeit toxisch und sollten verworfen werden.

Aber wenn wir dieselben Texte im Licht von Christi Offenbarung des „*Kreuz*"-Gottes lesen, könnten sich die Abschnitte der Bibel, die Gottes Zorn und Gewalt beschreiben, als überaus wertvoll erweisen – als inspirierte Warnungen davor, dass Gottes Leute ihre eigenen Schatten anbeten und ihre eigene Gewalt „taufen", wie es immer wieder im Namen Gottes geschieht. Dieser Gedanke führt uns zu einer zweiten Möglichkeit.

2. Vielleicht ist Gott überhaupt kein zorniger König.

Vielleicht leiten die alttestamentlichen Charaktere und Autoren Gottes Emotionen, Reaktionen und Zerstörungstaten von ihren eigenen kulturellen und politischen Filtern ab, die das Wesen Gottes falsch darstellen. In diesem Fall ruft uns Jesus auf, völlig neu über Gott zu denken (*Metanoia*, Buße). Jesus offenbart das wahre Wesen des Gottesreichs nicht als ein übermächtiges, militärisches Reich, sondern als *Shalom*: eine Kultur von Harmonie, Ganzheitlichkeit und Frieden.

Bei dieser Sichtweise ist Gott niemals ein Gewalt ausübender Herrscher. Den Geist der lebendigen Liebe und unseren König in Kreuzesgestalt dürfen wir nie auf einen Götzen unseres eigenen Anthropomorphismus reduzieren. Das heißt, wir müssen uns weigern, einem vollkommenen und unendlichen Gott unvollkommene und endliche menschliche Attribute zuzuschreiben, als wären sie wörtliche Beschreibungen. Da kommt die Frage auf: Sollten wir die Bibel einfach ignorieren, wenn sie Gott als einen zornigen König beschreibt? Oder sollten wir uns bemühen, aus irrigen menschlichen Projektionen göttliche Wahrheit zu ziehen?

Manchmal nutzte Jesus solche Texte einfach, um einen Gegensatz aufzuzeigen: „Ihr habt gehört, dass zu den Alten gesagt worden ist: … Ich aber sage euch: …" (Mt. 5,21.39). An solchen Stellen arbeitet er nicht klug irgendeine verborgene Bedeutung heraus; er demonstriert vielmehr einfach die höhere Autorität seiner eigenen inkarnatorischen Offenbarung. Jesus zeigt uns in der Regel, dass Gott überhaupt nicht ein zorniger König ist. Er stellt Gott als einen gnädigen und liebenden Vater dar.

Ist Gott ein zorniger König?

Wenn Jesus in einigen Gleichnissen einen zornigen und rachsüchtigen König auftreten lässt, spiegelt dieser das Wesen von Königen wider, nicht das Wesen Gottes. Am Kreuz übertrumpft Christus die Metapher vom zornigen König mit einem weit besseren und mehr Leben spendenden Bild – dem gekreuzigten König leidtragender Liebe.

Ich sage „in der Regel“, denn Jesus schreckte nicht davor zurück, in seinen Gleichnissen die Metapher vom zornigen König zu verwenden. Ein Beispiel ist das Gleichnis vom unbarmherzigen Schuldner in Mt. 18,21-35. Das Gleichnis endet so:

> Zornig übergab der Herr ihn den Folterknechten. Sie sollten ihn erst dann wieder freilassen, wenn er alle seine Schulden zurückgezahlt hätte. Auf die gleiche Art wird mein Vater im Himmel jeden von euch behandeln, der seinem Bruder oder seiner Schwester nicht von ganzem Herzen vergibt.

Was passiert hier? *So* sieht Jesus Gott? Rutscht er ab in die alten Vorstellungen vom gewalttätigen Gott? Das glaube ich nicht. Besonders nicht, nachdem er gerade eben mit Petrus über Gottes Forderung der siebzigmal siebenmaligen Vergebung gesprochen hatte (Mt. 18,21-22)!

Wahrscheinlicher ist, dass Jesus bewusst das unter seinen Zuhörern verbreitete Missverständnis über Gott – Gott, der zornige König – ausleiht und ironisch verwendet. Er wird schließlich dieses falsche Bild mit der Wahrheit des Kreuzes untergraben, wo er als König der Herrlichkeit siebzigmal sieben Milliarden Mal vergibt. Und als Richter der Welt spricht er sein Urteil: überreichliche Vergebung statt niemals endender Folter.

3. Vielleicht ist Gott ein *metaphorisch* zorniger König.

Dennoch, wenn wir die Zorniger-König-Texte lesen, müssen wir einräumen, dass manchmal Gottes sogenannter Zorn nicht einfach ein Missverständnis, sondern vielmehr eine Metapher ist. Wie gesehen, weist das Vokabular des Zorns auf die Realität, dass Gottes liebevolle Herrschaft *Zustimmung* zu unseren selbstzerstörerischen Vorgehensweisen und ihren Folgen beinhaltet. Der *„Kreuz"*-König ist nicht wörtlich ein zorniger Monarch, der auf seinem himmlischen Thron vor Wut kocht, aber wir erfahren doch wirklich „Zorn" als Gottes passive und indirekte Zustimmung zu den destruktiven Kräften der Gegebenheiten. Die Zorntexte dienen also als dringende Warnungen vor realen und zerstörerischen Konsequenzen, sollen aber nicht wörtlich genommen werden als direkte Drohungen eines launischen göttlichen Todbringers.

Mit dieser Sichtweise verwendet Jesus in einigen seiner Gleichnisse wie der Prophet Jeremia freimütig, aber bewusst die Metapher eines zornigen Meisters – ein Zugeständnis an unsere Vorstellungen von Zorn –, weil es wirklich um tödliche Konsequenzen geht. In Matthäus 24,50-51 beendet Jesus das Gleichnis:

> … dann wird die Rückkehr seines Herrn ihn völlig überraschen. Denn sein Herr kommt, wenn er nicht damit rechnet. Er wird den Verwalter *hart bestrafen* und ihm den Lohn geben, den die Heuchler verdienen. Er wird ihn hinausstoßen, dorthin, wo es nur *Heulen und Zähneknirschen* gibt.

Wirklich? Sollen wir das so verstehen, dass unser himmlischer Vater solche Gewalt ausüben wird? Oder Christus selbst? Nein! Aber indem es Christus ablehnte, besiegelte das religiöse Establishment das Schicksal Jerusalems. Der zornige Meister ist wieder eine Metapher für Gottes Zustimmung, die ihm das Herz zerriss. Die Sünde der Menschen resultierte in der römischen Belagerung – eine Wiederholung der Klagelieder. Der grausame Höhepunkt des Gleichnisses drückt die Verzweiflung von Gottes Warnungen aus. Er kam persönlich, um zu versuchen, den „Zorn" abzuwenden, den die Menschen auf sich bringen würden.

Wir können diese verzweifelten Appelle vom Autor des Lebens hören, der uns unter Tränen anfleht – manchmal laut –, wie Eltern ihr Kleinkind anschreien, das unbedacht auf eine verkehrsreiche Straße läuft. Wenn diese Eltern schreien, ist das dann Zorn? Wenn sie rufen: „Bleib stehen, sonst wirst du überfahren!", ist das Zorn? Wenn dieses Kind angefahren wird, sind die Eltern Verursacher? Nein, aber wenn das Kind in den Verkehr stolpert, dann wird es Weinen und Trauern geben – und zwar bei den Eltern!

Matthäus 24,45-51 geht noch weiter. Das Bild hier zeigt nicht besorgte Eltern, sondern einen nachtragenden Herrn. Das ist verstörend, allerdings nicht so sehr, wenn wir drei Besonderheiten bedenken:

- Der Zorn des Herrn in dem Gleichnis verweist nicht auf das, was Gott ihnen antun wird, sondern was Rom ihnen antun wird, wenn sie ihren eigenen Messias-König abweisen.
- Der Herr in dem Gleichnis steht nicht für das Gottesbild Jesu (oder dieses Evangeliums); das ist Jesus selbst.
- Der springende Punkt bei allen Gleichnissen Jesu ist *nicht* der Zorn Gottes, sondern vielmehr das Geheimnis der Barmherzigkeit, Gnade und Vergebung, offenbart in Christi Tod und Auferstehung.

Zorn als Liebe und Zustimmung im „wahren Leben"

Bevor wir dieses Kapitel abschließen, müssen wir uns fragen, wie der „Zorn" von Liebe und Zustimmung im „wahren Leben" aussieht. Wenn Zorn eine Metapher für immanente Konsequenzen ist, wie sieht das aus, und wie kommt der Erlöser ins Bild? Über diese Frage wollen wir anhand von zwei Geschichten nachdenken – eine ist alt und sehr bekannt, die andere aus der heutigen Zeit und persönlich.

1. Die Bekehrung des Saulus von Tarsus

Wenn ich über immanenten „Zorn" nachdenke, erinnere ich mich an das, was Jesus zu Paulus gesagt hat: „Es ist schwer für dich, gegen den Stachel auszuschlagen." Darf ich noch einmal an das Ereignis erinnern? In der Apostelgeschichte hören wir dreimal das Zeugnis von Paulus' Bekehrung. Das zeigt, wie wichtig die Erfahrung für ihn, für die Urgemeinde und für uns war. Die vollständigste Version findet sich in Apostelgeschichte 26, wo wir Paulus' eigene Erinnerungen lesen:

> Ich ließ mir eine Vollmacht des Hohenpriesters geben und brachte viele Christen ins Gefängnis. Wenn sie zum Tode verurteilt werden sollten, stimmte ich dafür. In allen Synagogen der Stadt belegte ich sie mit harten Strafen und versuchte sie dahin zu bringen, dass sie Christus verleugnen. In meinem maßlosen Hass verfolgte ich sie schließlich sogar bis ins Ausland.
>
> Aus diesem Grund reiste ich im Auftrag der obersten Priester und mit ihrer Vollmacht versehen nach Damaskus. Plötzlich umstrahlte mich und meine Begleiter mitten am Tag, o König, ein Licht vom Himmel, das heller als die Sonne war. Wir stürzten alle zu Boden, und ich hörte eine Stimme in hebräischer Sprache: „Saul, Saul, warum verfolgst du mich? Dein Kampf gegen mich ist sinnlos [wörtlich: Es ist schwer für dich, gegen den Stachel auszuschlagen]."
>
> Ich fragte: „Herr, wer bist du?", worauf er antwortete:
>
> „Ich bin Jesus, den du verfolgst! Aber steht jetzt auf; denn ich bin dir erschienen, um dich zu meinem Diener und Zeugen zu machen. Verkünde den Menschen, was du heute erlebt hast und was ich dir in Zukunft zeigen werde. Ich sende dich zu deinem Volk und zu den Völkern, die nichts von mir wissen. Und vor all ihren Angriffen werde ich dich schützen. Du sollst ihnen die Augen öffnen, damit sie sich von der Finsternis dem Licht zuwenden und aus der Herrschaft des Satans zu Gott kommen. Dann werde ich ihnen die Sünden vergeben, und weil sie an mich glauben, haben sie einen Platz unter denen, die zu mir gehören."
>
> (Apg. 26,10-18)

Dieser Ausdruck „gegen den Stachel ausschlagen" war eine verbreitete Redewendung, ähnlich unserem Ausdruck „mit dem Kopf durch die Wand wollen". Er besagt, dass Sturheit sinnlos ist und dass man sich damit eigentlich nur selber wehtut. Gegen den Stachel (in anderen Übersetzungen „Sporen" oder „Stock des Treibers") ausschlagen war ein Bild aus der Landwirtschaft, der „Stachel" der angespitzte Stock, mit dem Ochsen bei der Feldarbeit gelenkt wurden. Gegen den Stachel auszuschlagen, sich also dem Bauern zu widersetzen, war schmerzhaft und nutzlos.

Früher als Paulus verwendete der athenische Tragödiendichter Euripides (480-406 v. Chr.) denselben Ausdruck, um die Nutzlosigkeit des Widerstands gegen die Götter auszudrücken. In seinem Drama *Die Bakchen* sagt Dionysos: „Ich würde dem Gott eher Opfer bringen als im Zorn gegen seinen Stachel auszuschlagen, ein Sterblicher gegen einen Gott."[3] Mit anderen Worten, göttliche Strafe (oder „Zorn") wurde nicht als aktive Vergeltung eines zornigen Gottes erfahren, sondern als die Schmerzen, die unser eigener zorniger Widerstand verursacht – unser „Ausschlagen".

Zurück zu Saulus von Tarsus. Erstens zeigt ihm Jesus, dass Verfolgung der Kirche Jesu dasselbe ist wie Verfolgung Jesu. Zweitens zeigt er ihm, dass Widerstand gegen Jesus „gegen den Stachel ausschlagen" ist. In einer E-Mail-Korrespondenz mit Sean Davidson[4] (einem Wissenschaftler, Priester und theologischen Sparringspartner) vergleicht dieser „gegen den Stachel ausschlagen" mit „Zorn" als Metapher:

> „Saul, Saul, warum verfolgst du mich? Es ist schwer für dich (es verletzt dich/tut dir weh), gegen den Stachel auszuschlagen." Das gibt dem Zorn Gottes einen anderen Rahmen. Jesus drückt Bedauern aus, dass Saulus sich verletzt in seinen fehlgeleiteten/pervertierten Bemühungen, Gerechtigkeit zu üben. Wenn es je eine Zeit für „Zorn" als gewalttätige Vergeltung gab, dann in diesem Moment, wo Paulus entschlossen war, die Kirche in ihrem verletzlichen Anfangsstadium zu vernichten. Es gibt eine Intervention, auch mit einer gewissen Gewaltausübung, aber begleitet von Worten von fast zärtlicher Sorge: „Es tut dir weh …"

Was tut ihm weh? Wer tut ihm weh? Das Ausschlagen tut weh. Ausschlagen tut dem weh, der ausschlägt. Dieses Bild zeigt, wie immanenter „Zorn" in Echtzeit aussieht.

Sean schrieb weiter:

Erinnerst du dich an die Worte, die Hananias gesagt wurden? „Dabei wird er erfahren, wie viel er um meinetwillen leiden muss" (Apg. 9,16). Er nimmt es schließlich als ein Vorrecht auf – ja, eine Freude –, für den Namen Jesus zu leiden. Es ist interessant, wie selbst das in Paulus'Theologie verwandelt wird. Dies ist irgendwie ganz anders als der „Zorn", unter dem er stand, als er die Kirche mit Gewalt verfolgte. In einer Hinsicht ist es eine beunruhigendere Art von Leiden, aber doch ein Zeichen von Segen, wenn man den Zusammenhang mit Gottes Herrlichkeit bedenkt.

Wie wahr. Ein Gegen-„Zorn" von Martyrium entsteht in Jesu Tod und auch im Martyrium der Apostel (einschließlich Paulus' Enthauptung): Statt sie der Sünde zu überlassen, überlässt Gott sie den Sündern – dem Zorn böser Menschen – und opfert sie als lebendige Opfer der Liebe zur Welt.

2. Mark festschnallen

Als unser zweites Beispiel für „Zorn" als Zustimmung möchte ich „Beweisstück B" anführen, einen Mann, den ich hier Mark nennen will. „Leslie", eine Freundin von mir, schickte mir eine dringende Nachricht, in der es um ihren Freund Mark ging: Sein Leben wäre völlig aus dem Ruder gelaufen, er hätte Gott eine Absage erteilt. Sie war überzeugt, er habe Wahnvorstellungen und habe seinen Lkw in selbstmörderischer Absicht über den Rand einer Klippe gesteuert. Das hatte er zwar überlebt, aber anscheinend unternahm niemand irgendetwas – weder seine Ortsgemeinde noch das Krankenhaus, nicht einmal Gott.

Ich schlug vor, dass wir für Mark beteten, und Leslie erzählte mir, wie wütend sie auf Gott war. Sie sagte: „Wenn Gott hier direkt vor mir stünde, würde ich ihn anschreien und boxen und ihm in die Eier treten, wenn er überhaupt welche hat!" Nun dann! Ich fragte sie, was Gott ihrer Meinung nach mit Mark tun sollte. Sie erwiderte: „Er sollte ihn festschnallen und nicht eher wieder loslassen, bis es ihm besser geht. Das würde *ich* tun."

Ich gab zu bedenken, wie merkwürdig diese Welt doch wäre, wenn Gott wirklich so handeln würde! Man stelle sich all die festgeschnallten Menschen auf der ganzen Welt vor! Wo würden wir sie alle hintun?

Wer würde für sie sorgen? Wie genau sollten sie gesund werden? Ich bin mir ziemlich sicher, dass auch ich die meiste Zeit gegen meinen Willen festgeschnallt wäre.

Aber Gott liebt uns zu sehr, um den Oberwärter eines globalen Hochsicherheitsgefängnisses zu geben. Er hat beschlossen, unsere Freiheit – unser authentisches Anderssein – nicht so zu verletzen. Er hat beschlossen, stattdessen durch fürsorgliche Freunde wie Leslie in Liebe die Hand auszustrecken und Mark so zu einem besseren Weg einzuladen. Wer weiß – vielleicht ist sogar die Tatsache, dass Mark an ein Krankenhausbett geschnallt ist, bis es ihm besser geht, einem liebenden Freund zu verdanken. Inzwischen, versicherte ich ihr, war Gott von ihrer Wut weder überrascht noch peinlich berührt oder verletzt. Tatsächlich stellte er ihr sogar Wuttexte zum Beten zur Verfügung – z. B. Psalm 6 und 13 –, die ihr erlaubten, ohne Angst vor Gottes Vergeltung ihrem Zorn Luft zu machen. Und so erklärte sich Leslie bereit, mit mir für Mark zu beten.

Lass uns kurz überlegen, wie „Zorn“ in Marks Leben wirkt. Straft Gott Mark? Nein. Nach Berücksichtigung aller mentalen, emotionalen und chemischen Faktoren (was Gott mit Sicherheit tut), ist „Zorn“ eine Metapher für Marks Wunden, die er sich selber mit seinem Trotz zugefügt hat. Zum jetzigen Zeitpunkt konnte er solchem „Zorn“ nicht einmal mehr allein entrinnen. Der Retter wird eingreifen müssen, durch liebende Menschen, die bereit sind, wirklich zu helfen, statt das Problem zu leugnen oder zu verlangen, dass es auf ihre Weise gelöst wird. Wenn Mark überleben soll, muss Liebe den „Zorn“ überwinden – und das könnte sie.

Überlegen wir auch, was „Zorn“ in Leslie auslöst. Selbst in ihrem Verlangen, Mark zu retten, kränkt es sie, dass Gott durch Zustimmung wirkt. Sie will, dass Gott zwingt, einschreitet, Mark „festschnallt“ in einer Weise, die sie anwenden würde, wenn sie könnte, die sie aber für sich selbst niemals akzeptieren würde. Leslies Wut darüber, dass Gott nicht Kontrolle ausüben will, wird vergehen, wenn sie zustimmt, diese Wut wie David zu durchbeten. Aber wenn nicht – wenn sie in der Haltung verharrt, dass sie Gott „in die Eier treten“ will – dann wird auch sie den beständigen Schmerz verspüren, den Paulus als „gegen den Stachel ausschlagen" kannte. Auch dies ist der „Zorn" von Liebe und Zustimmung.

Zusammenfassung

In diesem Kapitel ging es hauptsächlich darum, dass uns eine Theologie der *kreuzförmigen* Zustimmung hilft, die Metapher von Gottes Zorn und der Realität der Liebe Gottes zu verstehen, sowohl in der Bibel als auch in unserer Erfahrung. Eigentlich ist alles in der Geschichte vom verlorenen Sohn enthalten: Der Vater sagt Ja zu der hartnäckigen Missachtung und egoistischen Rücksichtslosigkeit des Sohnes. In Liebe lässt Gott ihn gehen und überlässt ihn dem „Zorn" der Sünde. Als der Sohn dann wach wird und heimkehrt – dem Weg des Vaters zustimmt –, empfängt ihn der Vater mit großer Freude und ohne Vorwurf. Die Party geht weiter!

Diese Offenbarung – Gottes *kreuzförmige* Zustimmung und Teilhabe – lenkt unseren Blick zurück auf die Ereignisse und die Bedeutung von Golgatha. Wir sind jetzt so weit, dass wir zum Kreuz zurückgehen können, um ein neues Verständnis seiner Bedeutung zu gewinnen, mit einem besonderen Augenmerk auf das, was Christus entschieden erreicht hat.

Innehalten und nachdenken

- In diesem Kapitel haben wir zwischen Gottes passivem Zorn (Überlassen) und biblischen Berichten unterschieden, die Gottes aktiven Zorn beschreiben. Denkst du, diese Unterscheidung ist tatsächlich bei Gott zu finden, oder könnte sie in der Sichtweise der Autoren liegen?
- Ist es fair, Geschichten über Gottes aktiven Zorn als Metaphern für natürliche Folgen zu interpretieren? Nenne ein paar Beispiele.
- Selbst wenn Gott sein rebellisches Volk nicht tatsächlich „zerschmettert": Wir lesen, dass manchmal „der Verderber" oder „ein böser Geist" Zerstörung brachte. Sollten wir diese Beschreibungen wörtlich verstehen oder sind auch sie manchmal Metaphern?

- Fallen dir bekannte Ereignisse unserer Zeit ein, bei denen religiöser Fundamentalismus Gott die Schuld an einer Naturkatastrophe gibt? Oder dem Satan? Oder den Menschen?
- Wenn du liebevoll handelst, gibt dir das ein Gefühl, in Partnerschaft mit Gott zu stehen? Was, wenn du der Welt Gottes Fürsorge vermittelst und die Konsequenzen der Sünde erleichterst, genau wie Jesus es tat?
- Wenn du mit Gott im Gebet zusammenarbeitest, wie gehst du mit nicht erhörten Bitten um? Machst du Gott Vorwürfe? Machst du dir selbst Vorwürfe? Wie wäre es, wenn du Vorwürfe und Schuldzuweisungen sein ließest und das Geheimnis des Lebens akzeptieren würdest?

Innehalten und beten

Gott, es ist schwer, deine Kreuzesliebe zu verstehen. Wenn du uns Raum für Leben und Lieben gibst, finden wir auch Möglichkeiten zu fallen und zu versagen. Wie kommt es, dass im Schweinestall deine Liebe zum Leben führt? Aber ich beginne langsam zu erkennen, wie mich mein eigenes stures Ego sabotiert. Ich brauche nicht festgeschnallt zu werden; ich muss befreit werden! Herr, lass es geschehen!

12

Den „Zorn“ des Kreuzes umdeuten, Teil 1

Metaphern in den Evangelien

Die Kinder aber sind wir, Menschen aus Fleisch und Blut. Christus ist nun auch ein Mensch geworden wie wir, um durch seinen Tod dem Teufel – als dem Herrscher über den Tod – die Macht zu entreißen. So hat er alle befreit, die ihr Leben lang in der Furcht vor dem Tod gefangen waren.

Hebräer 2,14-15

Wie hat uns Jesus erlöst?

In unseren lichtesten Momenten glauben wir Christen, dass wir uns nicht selber retten können und es auch nicht tun. Wir glauben, dass Jesus allein uns rettet – in Vergangenheit und Gegenwart. Wenn das Wort **„Errettung“*** auch häufig auf ein evangelikales Schlagwort reduziert wurde, wollen wir uns hier einmal auf seine eigentliche Verwendung im Neuen Testament besinnen. Was bedeutet „Jesus rettet“ im Kontext des Neuen Testaments? Wir glauben, dass der menschgewordene Gott für uns das tat, was wir nicht für uns selbst tun konnten, und persönlich kam, um uns zu retten. Er hat uns aus unserer Entfremdung und zurück ins Haus des Vaters geführt. Menschwerdung, Leiden und Auferstehung Christi zusammen sind „das vollendete Werk Christi“, durch das wir das Geschenk der Versöhnung empfangen. Seit der Tyndale Bible aus dem Jahr 1534 übersetzen einige englische Bibeln diese *Versöhnung* als „atonement“ – ursprünglich „at-one-ment“, etwa: Einsmachung (Sühne, Buße, Wiedergutmachung). Durch Gnade bewirkt

Jesus Christus, dass wir mit Gott eins werden, und stellt die Einheit und Harmonie wieder her, die seit dem Paradies für uns vorgesehen sind. Letztlich wird dieser Weg der Erlösung in unserer Auferstehung und ewigen Verherrlichung gipfeln.

Errettung

ist ein populärer, aber nicht ganz eindeutiger Begriff. Im Neuen Testament kann er sich auf Erlösung, Heilung oder Befreiung beziehen. Er kann für eine Rettung aus praktischer Not, ein bestimmtes Bekehrungsereignis, eine lebenslange Glaubensreise oder sogar für unsere zukünftige Auferstehung stehen. In diesem Buch wird der Leser in der Regel in der Lage sein, den Begriff je nach Verwendung zu interpretieren. Er sollte jedoch nicht von der üblichen engen evangelikalen Verwendung ausgehen, die „die Errettung" mit dem Moment gleichsetzt, in dem man das sogenannte Übergabegebet spricht. Meiner Ansicht nach ist das Heil das, was Gott in uns tat, tut und tun wird – durch Christus, in uns, auf unserem Weg zur Einheit mit ihm.

Aber *wie* funktionierte diese Versöhnung, diese „Einsmachung"? *Wie* hat uns Leben, Tod und Auferstehung Christi gerettet und mit Gott versöhnt? Hatte die Bestrafung Christi Gottes Zorn irgendwie besänftigt? Oder stellte das Kreuz gerade Gottes strikte Ablehnung von „Zorn" als einer Lösung für Sünde dar? Über dieses „Wie" streiten Theologen seit Jahrhunderten. Ihre Gedanken dazu nennt man „Sühne-" bzw. „**Erlösungstheorien***".

Zunächst einmal müssen wir aber erst zwei bedeutende Probleme ansprechen, die aus der heute üblichen Verwendung dieses Wortes entstehen. Erstens reduzieren wir im Blick auf „Sühne" das gesamte Erlösungswerk Christi auf eine ökonomische Transaktion oder gesetzliche Wiedergutmachung, die vollständig am Karfreitag stattgefunden habe. Nun war das Kreuz tatsächlich ein maßgebliches Ereignis in unserer Errettung, aber wir dürfen nicht all das vergessen oder leugnen, was durch die Inkarnation für unsere Erlösung erreicht wurde, und auch nicht die wesentlichen Elemente, die durch Christi Auferstehung von den Toten, sein Hinabsteigen in das Reich des Todes, seine Himmelfahrt und schließlich sein Wiederkommen in Herrlichkeit noch geschehen werden.

Anders als im Popmusik-Slogan wurde Christus *nicht* nur geboren, um zu sterben („born to die"). Sein Rettungsprojekt ist viel größer und umfassender, als das Wort „Erlösung" ausdrücken kann. Unsere Errettung begann in dem Moment, wo das ewige Wort darauf verzichtete, nur Gott zu sein, und auch Mensch wurde, beides „unvermischt und ungetrennt". Durch die wundersame Einheit von Gott und Mensch in einer Person – die Inkarnation – konnte er die Geschöpflichkeit ertragen, auch seinen freiwilligen Tod am Kreuz; er konnte als Mensch von den Toten auferstehen und dadurch für die Menschen – für uns – Sündlosigkeit, Unverweslichkeit und Unsterblichkeit gewinnen (vgl. 1. Kor. 15,42-55).

Erlösungstheorien

sind nicht das Evangelium. Es handelt sich um theologische Interpretationen, die die Bedeutung des Kreuzes und das Geheimnis der Erlösung erkunden.
Beispiele sind u. a.:
Irenäus (130-203): Rekapitulationstheorie.
Origenes (182-254): Sühneopfertheorie.
Anselm (1033-1109): Genugtuungstheorie.
Petrus Abaelardus (1079-1142): Moraleinflusstheorie.
Johannes Calvin (1509-1564): Strafersatztheorie.

Und dies ist der Ruhm des christusähnlichen Gottes: „Gott wurde Mensch, damit der Mensch Gott werden kann." Diese kühne Behauptung ist nicht New-Age-Geschwafel. Sie ist die inspirierte Offenbarung des Psalmisten (Ps. 82,6) und Jesu Christi (Joh. 10,34). Die Theologen der frühen Kirche, darunter Irenäus, Athanasius und Augustinus, wiederholten sie einstimmig. Als eine wichtige christliche Doktrin sprach man von Deifikation oder Vergöttlichung bzw. Theosis. Nicht dass wir buchstäblich (wie in der Dreieinigkeit) Gott oder Gott gleich werden; vielmehr werden wir, wie Petrus sagte, Anteil erhalten an der göttlichen Natur (2. Petr. 1,4) und so durch Gnade Gottes Geschenk der Unsterblichkeit erhalten.

Das Evangelium

wie es in den vier Evangelien erzählt wird, ist die Geschichte
von Jesu Leben, seinem Tod und seiner Auferstehung.
Das Evangelium ist nicht eine Erlösungstheorie,
auch nicht vier geistliche Gesetze oder fünf Schritte
oder irgendeine menschliche Lehre.
Es ist die gute Nachricht von dem, was Christus
tatsächlich in der Geschichte getan hat,
um die Wiederherstellung aller Dinge zu initiieren.

Ein zweites Problem mit der Erlösung und den Erlösungstheorien ist, dass manche Theologen derart an ihrer eigenen Lieblingstheorie hängen, dass sie ihr den Vorrang einräumen und sie sogar fälschlicherweise für das Evangelium selbst halten. Wer mit ihrer Interpretation nicht übereinstimmt, muss sich vorwerfen lassen, das Evangelium zu verraten. Manche Theoretiker beschuldigen jene der „Ketzerei", die nicht ihrer Meinung sind. Andere stehen bestimmten Erlösungstheorien kritisch gegenüber und meinen, sie enthielten Gift für das Evangelium. Deshalb führen christliche Theologen immer wieder einmal – erst kürzlich wieder – „Erlösungs-Kriege". Ein Austausch oder eine Diskussion über Erlösungstheorien ist möglicherweise aufbauend, aber diese Streitigkeiten können wirklich scheußlich werden. Ist es nicht grotesk, dass Gläubige sich im Namen des Kreuzes theologische Schläge verabreichen, ja, regelrecht grausam miteinander umgehen?

Ganz klar: Erlösungstheorien sind nicht das Evangelium und sie sind auch nicht zu verwechseln mit den biblischen Metaphern, die sie zu interpretieren behaupten:

- *Das Evangelium* ist die Geschichte, wie Jesus kam, um die Liebe und Barmherzigkeit Gottes zu offenbaren, und wie Christus mit seinem Leben, seinem Tod und seiner Auferstehung Gottes Rettungswerk entscheidend vollendete.
- *Erlösungstheorien* hingegen sind menschliche Interpretationen und Arbeitsmodelle, die verschiedene Aspekte des Geheimnisses erkunden, wie diese Erlösung „funktionieren" kann. Täusche dich nicht: Erlösung ist ein Geheimnis.
- Darüber hinaus werden Erlösungstheorien oft als Synonyme für die *biblischen Metaphern* behandelt, mit denen Christi Werk der Erlösung beschrieben wird. Zum Beispiel verwendete Jesus das Wort „Sühneopfer" als eine Metapher in den Evangelien. Später entwickelt Origenes (185-254 n. Chr.) die „Sühneopfertheorie" über die Erlösung. Die *Metapher* und die *Theorie* sind nicht dasselbe.

Erlösungstheorien mit dem Evangelium selbst oder mit den biblischen Metaphern, die sie deuten wollen, zu verwechseln, führt zu einem furchtbaren Fehler. Der Fehler entsteht, wenn wir über die Bedeutung des Kreuzes reden wollen, aber die Erzählungen in den Evangelien und die neutestamentlichen Metaphern überspringen und uns direkt auf umstrittene und polarisierende Theorien stürzen. Wir liegen falsch, wenn wir die Evangeliumsgeschichte nicht berücksichtigen und stattdessen Theorien *über* das Evangelium darlegen – Interpretationen, viele Jahrhunderte nach der „ein für alle Mal" gültigen Überlieferung des Glaubens (Jud. 1,3) von Theologen ausgearbeitet wurden. Dennoch werden diese Theorien des Kreuzes häufig aufs Podest gehoben und sogar vergöttert. Gemeindeglieder werden oft mit einer totalisierenden Theorie indoktriniert, als ob diese ganz wörtlich die Wahrheit des Evangeliums wäre.

Noch schlimmer ist vielleicht, dass neben allem anderen auch Elemente des eigentlichen Evangeliums zum Status von Theorien degradiert werden. Der Sieg Christi z. B. gilt auch als die Theorie *Christus Victor*, obwohl er in Wirklichkeit ein unbestreitbares neutestamentliches Bild ist.

Gottes Erlösungswerk durch Jesus hat so viele Facetten, dass Christus und die Apostel es nötig und hilfreich fanden, eine Konstellation von Metaphern zu verwenden, um seinen Nutzen zu beschreiben. Jede Metapher dient zur Klärung, kann aber auch vernebeln. Jede Metapher erweitert das Verständnis, kann aber auch überstrapaziert werden, sodass wir uns selbst in die Fehlerecke treiben. Deshalb müssen wir mit unseren *Theorien über die Metaphern* sehr vorsichtig sein – *keine* Theorie hat ein Monopol auf das Evangelium und es sollte auch von keiner behauptet werden, sie wäre das Evangelium. Aus dem Grund werde ich in diesem Buch der tatsächlichen Geschichte der Errettung und einigen Schlüsselmetaphern in der Bibel den Vorrang lassen und die Standardtheorien ganz bewusst nur am Rande behandeln, denn für unser Verständnis des Kreuzes sind sie drittrangig.

Dies ist mein Gebet: dass wir mit offenem Herzen bereit sein mögen, unsere Annahmen über die Bedeutung des Kreuzes noch einmal neu anzusehen und zu reformieren, und dabei ganz neue und wunderschöne Entdeckungen über das herrliche Evangelium Christi machen. Ich bete um eine neue Phase, in der wir, befreit von religiösen Zwangsjacken und theoretischer Erbsenzählerei, über das Kreuz (und alle anderen Elemente des Erlösungsplans Jesu) nachdenken. Ich bete, dass wir alle lernen, uns gut auszudrücken und jede Kursänderung vorzunehmen, die Gott will. Ich bete, dass wir viel genauer erkennen, was diese Metaphern bedeuten und was nicht. Am meisten bete ich, dass wir alle miteinander innehalten, um den Gott in Kreuzesgestalt von Neuem anzubeten.

Die Heilsgeschichte

Einige der Erlösungsmetaphern würde ich gerne im Detail erkunden und biblische und historische Schlüsselsymbole für Erlösung aufdecken. Davor muss ich noch einmal sagen: Erlösungstheorien sind *nicht* das Evangelium. Im ganzen Neuen Testament liegt die Betonung nicht auf den symbolischen Erklärungen – obwohl sie als Metaphern tatsächlich auf das „Wie" der Erlösung hinzuweisen scheinen –, sondern auf der Geschichte selbst. Das Evangelium zu predigen bedeutete nie, Theorien darüber zu äußern, wie die Erlösung vonstattengeht, sondern vielmehr, die gute Nachricht zu verkünden: die Ereignisse und Auswirkungen von Christi Leben, Tod und Auferstehung. Wenn die Evangelisten in der Apostelgeschichte predigen gingen, sei es Petrus oder Stephanus vor dem Hohen Rat in Jerusalem oder Paulus und Barnabas vor Heiden in griechischen und römischen Städten, war ihre Botschaft immer die gleiche, üblicherweise in dieser Reihenfolge:

- Gott sandte Jesus in die Welt, um die gute Nachricht vom Frieden zu verkünden, uns von dem Bösen abzuwenden und uns zu erlösen (von uns selbst).
- Jesus wurde gekreuzigt (manchmal: „Ihr habt ihn getötet").
- Gott weckte ihn von den Toten auf.
- Jesus ist Herr und Retter; er macht alles neu.
- Jetzt wendet euch diesem Jesus zu, vertraut ihm euer Leben an und er wird auch euch neu machen.

Siehst du, wie diese Gliederung der Leidensgeschichte Jesu folgt? Keine Theorien, keine schlauen Analogien. Das **Evangelium*** ist das, was tatsächlich in Raum und Zeit geschah, in der Geschichte. Die Tatsachen. Ich denke, moderne Christen, besonders die, die sich selbst mit dem Evangelium (wörtlich: Verkündigung der guten Nachricht) identifizieren, sollten darauf achten, dass sie der Kraft der Handlung vertrauen – dass sie die Geschichte, die von Matthäus, Markus, Lukas und Johannes berichtet wurde, erzählen, weitergeben, darstellen. In orthodoxen Kirchen gibt es ein Buch mit den vier Evangelien, einzeln in Gold oder Holz gebunden. Diesen Band nennt man „das Evangelium", weil die Geschichte – die Worte und Werke, das Leben, der Tod und die Auferstehung Christi – darin sind, um gelesen und gehört zu werden. Keine Erlösungstheorie, so schön oder zutreffend sie auch sein mag, kann oder sollte es ersetzen. Aber tatsächlich kann eine gute Metapher, recht verwendet, als Scheinwerfer dienen, um den Reichtum der Geschichte zu erhellen. Die ersten Apostel und Theologen verwendeten erhellende Metaphern, Jesus ebenso. Deshalb werden wir mit einigen Metaphern anfangen, die direkt aus den Evangelien kommen.

Eine Zusammenstellung von Metaphern in den Evangelien

Beginnen wir mit einer Auswahl der biblischen Metaphern, mit denen die Bedeutung von Jesu Auftrag beschrieben wird.

Es gehört zu den Tragödien der „Erlösungskriege“, wie sich viele Pastoren und Theologen in Theorien verbeißen, die Jahrhunderte nach Verfassen des Neuen Testaments aufgestellt wurden, und mit welch großer Mühe sie diese später verfassten Theorien wieder der Heiligen Schrift aufzwingen. Wenn das nicht schon beunruhigend genug wäre, ist das vergleichsweise geringe Interesse an der Weite und Tiefe der Metaphern, die Jesus selbst verwendet, alarmierend. Selbst hier werde ich kaum an der Oberfläche kratzen können, aber damit hoffentlich einige Stellen aufzeigen, an denen meine Leser tiefer schürfen können. Welche Metaphern verwendete Jesus?

Verloren/gefunden

Jesus sah seinen Auftrag eindeutig darin, verlorene Menschen zu finden und zu retten. Als er sich selbst in Zachäus' Haus einlud, ist Zachäus so bewegt, dass er verkündet: „Die Hälfte meines Besitzes will ich den Armen geben, und jedem, den ich betrogen habe, das Vierfache zurückerstatten!“ Jesus erwidert: „Heute hat Gott dir und allen, die in deinem Haus leben, Rettung gebracht. Denn auch du bist ein Nachkomme von Abraham. Der Menschensohn ist *gekommen, Verlorene zu suchen und zu retten*“ (Lk. 19,9-10).

Diese Metapher ist aus mindestens drei Gründen wichtig. Erstens: Sie bedeutet, dass Jesu Auftrag nicht ausschließlich in dem bestand, was er am Kreuz getan hat. Wenn das Kreuz auch in vielerlei Hinsicht ein entscheidender Höhepunkt war, erfüllt Jesus seinen Auftrag, „zu suchen und zu retten“, schon vor seinem Tod mit voller Kraft. „Der Menschensohn ist gekommen ...“, das heißt: Gottes Erlösungsplan war bereits zu Jesu Lebzeiten aktiviert.

Zweitens deutet die hier verwendete Suchen/retten-Metapher darauf hin, wie wir verloren sind, wovon wir errettet werden und zu was wir eingeladen sind. „Denn auch du bist ein Nachkomme von Abraham“ ist ein Hinweis darauf, wie Zachäus von Gottes Bundesvolk entfremdet gewesen war. Er war ausgegrenzt worden, als Außenseiter behandelt, hatte keine Gemeinschaft mehr mit seiner Gesellschaftsgruppe und wurde nicht mehr zum gemeinsamen Gottesdienst zugelassen. Jesus ergreift die Initiative, ihn zu finden, und seine Liebe zu Zachäus initiiert den Prozess eines ganzheitlichen „At-one-ment“, einer Einsmachung, der Versöhnung nicht nur mit Gott, sondern auch mit der Gesellschaft.

Auch in Lukas 15 verwendet Jesus die Verloren/gefunden-Metapher, nämlich in den Gleichnissen vom verlorenen Schaf, der verlorenen Münze und dem verlorenen Sohn (bzw. Söhnen). Alle drei Gleichnisse sind Metaphern für etwas, was Jesu empörten Gegnern aufgefallen war: „Dieser nimmt Sünder auf und isst mit ihnen“ (Vers 2). Die drei Gleichnisse Jesu zeichnen eine Analogie zwischen dem Aufnehmen von „Sündern“ in die Tischgemeinschaft und dem Finden von etwas Kostbarem, das aus irgendwelchen Gründen verloren gegangen war.

Wie empfindet der Himmel (d. h. Gott) Jesu unterschiedslose Gastfreundschaft? Jesus sagt es uns: „So wird auch im Himmel Freude herrschen über einen Sünder, der zu Gott umkehrt – mehr als über neunundneunzig andere, die nach Gottes Willen leben und es deshalb gar nicht nötig haben, zu ihm umzukehren“ (Vers 7).

Heute mag uns das Finden einer verlorenen Münze oder eines Schafs, das sich von der Herde entfernt hat, nicht viel sagen. Hast du aber schon einmal den Frust über ein verlorenes Handy erlebt oder das furchtbare Gefühl, wenn man sein Portemonnaie mit allen Karten und Papieren verloren hat? Die Panik einer jungen Frau, die ihren Diamant-Verlobungsring nicht mehr finden kann? Welche Erleichterung, wenn jemand den verlorenen Gegenstand zurückbringt!

Jetzt intensiviere dieses Gefühl. Du bist mit der Familie unterwegs und merkst plötzlich, dass dein Kind weg ist! Ist der kleine Kerl in den Wald gewandert? Hat jemand das kleine Mädchen im überfüllten Kaufhaus geschnappt? Welch ein Raubtier mag sich mit ihm davongemacht haben? Ein Bär? Ein Puma? Ein Perverser? Du bist schon halb wahnsinnig vor Angst, da wird das Kind gefunden und zu dir gebracht: Welch eine Gefühlsexplosion! Tränen und Jubel!

Wie viel mehr freut sich der Vater über die gefährliche, aber erfolgreiche Rettungsaktion seines Sohnes! Wenn die Verlorenen gefunden und zurückgeholt werden!

Was meint Jesus in diesen Verloren/gefunden-Szenarien mit „Buße tun"? Offensichtlich meint er damit: gefunden sein. Offensichtlich meint er: willkommen sein!

Auch diese Absicht Gottes, diese Mission Jesu wird bereits während seines Dienstes ausgeführt. Werden die Verlorenen nicht schon gefunden und gerettet? Ja! Und wie? Indem Jesus sie eifrig sucht und Gott sie voller Gnade zu Hause willkommen heißt.

Der dritte Grund, weshalb diese Metapher so wichtig ist: Sie ist eine Umdeutung des „Zorn"-Anteils an der Erlösung! O ja, es gibt das Opfer des Erretters, der die Dornen, Nägel und das Kreuz erleiden muss, um uns zu finden. Verwirrt, ängstlich, wütend und voller Schmerzen, schnappen wir nach unserem Retter wie ein Tier in der Falle. Aber wo in dieser Metapher finden wir: „Dem Zorn Gottes war Genüge getan", wie es in einem Lied heißt? Wo sehen wir einen zornigen Gott, der zufriedengestellt werden muss? Wo wird Vergeltung gefordert, damit Sünde vergeben werden kann? Das ist einfach alles nicht aufzufinden. Vielleicht werden wir später in einer anderen Metapher darauf stoßen. Wir dürfen nichts überhasten und das Evangelium nicht auf eine einzige Erlösungstheorie reduzieren, nicht wahr?

2. Der große Arzt

Auf ähnliche Vorbehalte gegen das Essen mit Zöllnern (wie Zachäus) und Sündern (wie mir) reagierte Jesus mit einem anderen Bild. „Die Gesunden brauchen keinen Arzt, sondern die Kranken. Denn ich bin nicht gekommen, um Gerechte zu rufen, sondern Sünder" (Mk. 2,17). Diesmal wird das Problem nicht als Verlorensein dargestellt, sondern als Krankheit. Was wiederhergestellt werden muss, ist eine Art geistlicher (und offenbar sozialer) Gesundheit. In diesem Fall wird Sünde nicht als Schuld gesehen, die bestraft, oder Fehlverhalten, das vergeben werden muss (üblicherweise unsere dominante Metapher), sondern als eine Art Krankheit, die in der leidenden Seele wurzelt, die geheilt werden muss, in diesem Fall durch Gemeinschaft mit Jesus.

Wenn wir Sünde als tödliche Krankheit sehen, die sich in hässlichen Symptomen und dem sicheren Tod auswirkt, dann wird uns klar, wie nutzlos Strafe als Heilmittel ist. Erinnerst du dich, welchen Schrecken HIV/AIDS hervorrief, als es in Nordamerika auftauchte? Hier war diese neue Epidemie, anscheinend unheilbar, die sich rasend schnell verbreitete und viele das Leben kostete. Wie haben wir reagiert? Zuerst mit Verstecken und Leugnen, dann mit Schuldzuweisungen und mit der Suche nach Sündenböcken, genau wie im ersten Garten! Aber wann haben Angst oder Wut je eine Krankheit geheilt? Wann haben Scham und Schuldgefühle je ein Leben wiederhergestellt? Wann hat Bestrafung des Opfers je ein Herz oder ein Leben verwandelt? Ebenso ist es mit der Sünde. Als eine Krankheit kann sie nicht aus uns herausgestraft werden! Wir brauchen keinen Strafrichter, sondern vielmehr einen großen Arzt.

Und wie heilt das Essen mit Jesus die Krankheit der Sünde? Ich weiß es nicht, aber ich stelle mir allein schon die Gegenwart Jesu als heilend vor. Ich stelle mir vor, dass sein Blick, sein Lächeln und seine freundlichen Worte Schmutz und Schande der Sünde wegwaschen. Jesus ist dann sowohl der gute Arzt als auch das Gnadenrezept, das die Seele von den lähmenden Auswirkungen der Sünde heilt. Beachte auch bei dieser Metapher, wie Jesus schon zu Zeiten seines aktiven Dienstes rettet.

Die heilende Schlange

In ähnlicher Weise verwendet Jesus eine weitere Heilungs-Metapher, diesmal mit direktem Bezug zum Kreuz. In seinem Mondschein-Dialog mit Nikodemus („Israels Lehrer", Vers 10) sagt Jesus: „Du weißt doch, wie Mose in der Wüste eine Schlange aus Bronze an einer Stange aufrichtete, damit jeder, der sie ansah, am Leben blieb. Genauso muss auch der Menschensohn erhöht werden, damit jeder, der glaubt, durch ihn das ewige Leben hat" (Joh. 3,14-15).

Später in demselben Evangelium fügt Jesus hinzu: „Und wenn ich erhöht sein werde, werde ich alle zu mir bringen." Johannes kommentiert dazu: „Auf diese Weise deutete Jesus seinen Tod am Kreuz an" (Joh. 12,32-33).

Dieses Symbol, die Schlange auf der Stange, sieht man oft an einem vorbeirasenden Krankenwagen oder auf einem medizinischen Notfallarmband. Die Schlange auf der Stange ist ein weit verbreitetes Zeichen für Heilung. Manchmal stellt das Symbol zwei Schlangen dar, die sich um eine Stange herumwinden, an der oben zwei Flügel sind. Dieses Symbol [in den USA auch für Medizin, A. d. Ü.] wird Hermesstab genannt, mit Bezug auf den griechischen Gott Hermes (den römischen Merkur).

Die andere Version hat eine einzelne Schlange, die sich um einen Stab windet, ohne Flügel. Dies ist der Stab des Äskulap, eines griechischen Arztes, der später zum griechischen Gott der Medizin und der Heilkunst wurde (Sohn von Apollo und Koronis). Äskulap verfügte über derartige Fähigkeiten, dass manche glaubten, er könne Tote zum Leben erwecken. Dieses Bild ist das Symbol der *American Medical Association*, man sieht es auf den erwähnten Armbändern.

Manche Kommentatoren glauben, der Äskulapstab habe seinen Ursprung eigentlich in der Geschichte der Nehuschtan – eben der Schlange auf der Stange, auf die Jesus in Johannes 3 und 12 Bezug nimmt. In diesen Stellen macht Jesus Anleihe an eine Geschichte aus 4. Mose 21, wo eine Schlangenplage das Volk Israel quälte. Erinnern wir uns, dass „Zorn" eine Metapher für Gottes Zustimmung sein kann: Diese Plage war also eine Konsequenz, verursacht durch die zugelassene Rebellion des Volkes. Gott will nie strafen, sondern heilen; deshalb stellte er auch die Mittel zur Heilung bereit. Er ließ Mose eine bronzene Schlange an einer Stange aufstellen, und jeder, der darauf sah, wurde geheilt.

Jesus verwendet diese Geschichte, um die Heilungsmetapher zu verstärken. Ich sage „verstärken", weil in diesem Fall Sünde mehr ist als eine lähmende chronische Krankheit; sie ist tödliches Gift aus dem Schlangenbiss (denk an den ersten Garten). Sie infiziert und tötet letztlich alle. Darüber hinaus verstärkt Jesus die Metapher, weil er selbst am Kreuz aufgerichtet und zur sicheren, rettenden Heilung wurde. Jeder auf der ganzen Welt und zu allen Zeiten, der auf den „*Kreuz*"-Gott sieht, wird von den tödlichen Auswirkungen der Sünde geheilt werden.

Warum ist es in der Geschichte ausgerechnet eine Schlange auf der Stange? Es fällt mir ein bisschen schwer, Jesus als eine Bronzeschlange zu sehen. Bei „Schlange" denke ich an Satan, nicht an Jesus. Paulus jedoch wird eine Generation später schreiben: „Von diesem Fluch des Gesetzes hat uns Christus erlöst. Als er am Kreuz starb, hat er diesen Fluch auf sich genommen. In der Heiligen Schrift lesen wir ja: ‚Wer so aufgehängt wird, ist von Gott verflucht'" (Gal. 3,13). Das bedeutet, das Jesus in seinem Tod selbst den Fluch der Sünde und des Todes für uns alle in sich aufnimmt, die Dunkelheit der Welt in sich einsaugt, wo sein eigenes Blut das allmächtige geistliche Gegengift ist, das von Sünde reinigt und den Tod überwindet. Indem er wie die gefallene Menschheit wird, kann er sie heilen.

Nun ist es extrem wichtig, daran zu denken, dass die Schlange auf der Stange eine Metapher ist. Das „Gift" ist der Fluch der Sünde, und das „Blut" Christi ist seine vergebende Liebe bis hin zum Tod. Und der „Blick", der heilt, ist das aktive Vertrauen auf den, der an jenem Kreuz hing. Bei dieser Metapher ist es wichtig, dass wir sehen, vor wem oder was wir gerettet werden. Christus rettet uns vor der Schlange, heilt uns von dem tödlichen Gift und hebt den unausweichlichen Fluch des Todes auf.

Die Symbolik erinnert an Gottes Urteil über die Schlange in dem ursprünglichen Bericht über Eden: „Von nun an werden du und die Frau Feinde sein, auch zwischen deinem und ihrem Nachwuchs soll Feindschaft herrschen. Er wird dir auf den Kopf treten, und du wirst ihn in die Ferse beißen!" (1. Mo. 3,15). Die Schlange beißt Evas Nachkommen in die Ferse: Dieses Bild nimmt die Kreuzigung Christi vorweg. Es ist das, was Christus am Kreuz *erträgt* und *überwindet*; er erleidet den giftigen Biss für uns alle. Warum? Weil Christus mit seinem Einstehen für uns das tat, was wir für uns selbst nicht tun konnten: In seiner Passion überwand Jesus das Gift unserer Sünde durch vollkommenen Gehorsam und völlige Vergebung. Und er überwand den Tod, indem er ins Grab ging, den Tod zertrat und am dritten Tage auferstand. Mit diesem Sieg „tritt der Nachkomme der Frau" (Christus) der Schlange ein für alle Mal „auf den Kopf".

Versöhnungsopfer

Jesus wird nur zweimal „Gottes Opferlamm" genannt, beide Male von Johannes dem Täufer (Joh. 1,29.36), der sagt: „… das die Sünde der Menschen wegnimmt". Wegen dieser Aussage sehen manche eine Verbindung dieser Stelle zu dem Opfern von zwei Ziegenböcken am jüdischen Versöhnungstag:

> Danach soll [Aaron] die beiden Böcke nehmen und sie vor den Herrn stellen, an den Eingang der Stiftshütte. Und Aaron soll Lose werfen über die beiden Böcke, ein Los „Für den Herrn" und ein Los „Für die Verwendung als Sündenbock". Und Aaron soll den Bock herzubringen, auf den das Los „Für den Herrn" fiel, und ihn als Sündopfer opfern. Aber den Bock, auf den das Los „Für die Verwendung als Sündenbock" fiel, soll er lebendig vor den Herrn stellen, um über ihm die Sühnung zu erwirken und ihn als Sündenbock in die Wüste fortzuschicken. (3. Mo. 16,7-10 S)

In dieser Zeremonie werden die Menschen auf zwei Weisen von ihren Sünden befreit. Ein Ziegenbock wird dem Herrn geopfert, sein Blut wird auf den „Gnadenstuhl" in der Bundeslade gesprengt. Er wird nicht für Sünde gestraft und kann niemals eine Bezahlung für Sünde sein; diese Ziege wird Gott eher als Geschenk überreicht im Austausch für die Barmherzigkeit, die umsonst empfangen wird. Bei diesem Bock geht es nicht darum, dem Zorn Genüge zu tun, sondern um die Erneuerung der Bundeseinheit durch ein gemeinsames Mahl.

Später bekennt der Priester die Sünden des Volks, legt dem anderen Ziegenbock die Hände auf, welcher diese Sünden dann symbolisch aus der Stadt hinausträgt und (vermutlich zum Sterben) in der Wüste verschwindet. In diesem Bild trägt der zweite, der „Sündenbock", die Sünde auf Nimmerwiedersehen weg, obwohl er unschuldig ist. Sicherlich können wir die Parallele zu Jesus erkennen, der unsere Sünde wegnimmt und Gottes Barmherzigkeit sichert, indem er sein Leben außerhalb der Mauern von Jerusalem niederlegt.

Daran könnte Paulus gedacht haben, als er im Brief an die Römer schreibt:

> Um unsere Schuld zu sühnen, hat Gott seinen Sohn am Kreuz vor aller Welt sterben lassen. Jesus hat sein Blut für uns vergossen und mit diesem Opfer die Vergebung für alle erwirkt, die daran glauben. Daran zeigt sich, dass es gerecht von Gott war, als er die Sünden der Menschen bisher ertrug; er hatte Geduld mit ihnen. Jetzt aber vergibt er ihnen ihre Schuld und erweist damit seine Gerechtigkeit. Gott allein ist gerecht und spricht den von seiner Schuld frei, der an Jesus Christus glaubt. (Röm. 3,25-26)

Christus ist als Sühnopfer gegeben und erfüllt damit vielleicht die Typologie der beiden Böcke. Aber Paulus, der Apostel der „alleinigen Gnade", hat alles umgedreht. Wer bringt das Opfer dar? Gott! Wer empfängt das Opfer? Wir! Ist dies ein Beschwichtigungsopfer, um Gottes Zorn zu besänftigen? Nein! Christus ist die Opfergabe der Gnade für alle. Alle, die ihn im Glauben annehmen (einschließlich jener Sünder und Feinde, deren Verurteilung Gott vorweggenommen hatte), empfangen Vergebung und Versöhnung mit Gott. Gott musste sich nicht mit uns versöhnen – er war nie unser Feind. Wir waren es, die geflohen sind und verloren gingen, wir waren es, die feindselig und rebellisch waren, wir waren es, die Versöhnung nötig hatten. Nicht Gott brauchte ein Opferlamm, wir brauchten es. Und so sandte Gott seinen Sohn für uns, um wie der Sündenbock unsere Sünden, unsere Schuld und Strafe für ewig wegzutragen.

In seinen Briefen hebt Johannes das von Gottes Gnade geschenkte Opfer hervor:

> Denn Christus hat unsere Sünden, ja, die Sünden der ganzen Welt auf sich genommen; *er hat sie gesühnt.* (1. Joh. 2,2)
>
> Das Einzigartige an dieser Liebe ist: Nicht wir haben Gott geliebt, sondern er hat uns seine Liebe geschenkt. Er gab uns seinen Sohn, der alle Sünden auf sich nahm und sie *gesühnt* hat. (1. Joh. 4,10)

Das Lamm Gottes

Trotz dieser offensichtlichen Parallelen wird Jesus kein einziges Mal „Gottes Ziegenbock" oder „Sündenbock" genannt. Nein, das Johannesevangelium identifiziert Jesus vielmehr mit dem *Passahlamm*, wenn es darauf hinweist, dass Jesus am „Tag vor dem Passahfest, an dem alle mit Vorbereitungen beschäftigt waren", gekreuzigt wurde (Joh. 19,14), also an dem Tag, an dem die Lämmer geschlachtet wurden. Paulus wird noch deutlicher: „Christus [wurde] als unser Passahlamm geopfert. Darum lasst uns das Passahfest feiern" (1. Kor. 5,7-8).

Passah wurde jährlich gefeiert, um an den Schutz Gottes vor der zehnten Plage in Ägypten zu erinnern (2. Mo.12). Auch in dieser Geschichte wird das Lamm nicht für die Sünden der Menschen gestraft. Es wird vielmehr als Braten für eine Mahlzeit in der Familie geschlachtet – oder für ein Gastmahl für die Gegenwart Gottes. Sein Blut wurde mit Ysop an die äußeren Türpfosten gestrichen als Identifikationszeichen der Hausbewohner: Sie gehörten zu Gottes Bundesvolk und standen unter seinem Schutz. Weil die Exodusgeschichte Gott manchmal als den Handelnden darstellt, der die Erstgeborenen in Ägypten tötete, könnte man den falschen Eindruck gewinnen, in der Lamm-Metapher wende Jesu Tod Gottes gewaltsames Handeln ab, indem er sich diesem selbst unterziehe. Aber diese Interpretation weicht von der eigentlichen Aussage und Bedeutung der Geschichte ab.

Beachte, gegen wen sich das Urteil richtet: „In dieser Nacht werde ich durch Ägypten gehen und in jeder Familie den ältesten Sohn töten und auch jedes erstgeborene männliche Tier. Ich werde mein Urteil an allen Göttern Ägyptens vollstrecken" (2. Mo. 12,12). Das Urteil trifft die trotzigen Unterdrücker von Gottes Bundesvolk mit all ihren Göttern. Dieses Gericht zielt auf „den Feind", der Gottes Kinder 400 Jahre lang versklavt und brutal behandelt hat, und das erst nach neun dramatischen Warnungen!

Trotzdem, ganz schön grausig, jedenfalls aus Sicht der Ägypter – besonders der erstgeborenen –, und die Geschichte scheint diese Gewalttat Gott zuzuschreiben.

Man muss aber sagen: Gott lässt zwar zu (stimmt zu, gibt nach), dass die selbstzerstörende Anmaßung des Pharaos furchtbare Früchte trägt, doch wer ist der eigentliche Todbringer hier? Und wo in der Geschichte finden wir letztlich Gott und das Lamm?

> Wenn der Herr durchs Land geht, um die Ägypter zu töten, und das Blut an den Pfosten und Balken sieht, wird er an diesen Türen vorübergehen; *er wird dem Todesengel nicht erlauben*, in eure Häuser einzudringen und euch zu töten. (2. Mo. 12,23)

Mit unserem differenzierten Blick auf „Zorn" erinnern wir uns, dass der Erzähler in früheren biblischen Geschichten Gottes Befreiungswerk mit dem Zerstörungswerk des Zerstörers verquickt, als steckten sie unter einer Decke. Aber als Christen lesen wir die Geschichte im Licht der Offenbarung Jesu. Jesus stellt eindeutig klar: Der „Dieb" tötet und zerstört, während Gott (in Christus) kam, um zu retten, zu heilen und Leben zu bringen (Joh. 10,10).

Ferner zeigt die Lamm-Metapher im Buch Exodus, wenn wir sie als reife Christen lesen, dass das Blut des Lamms tatsächlich Gottes Gegenwart und Schutz vor dem Zerstörer willkommen heißt, sogar während die Unterdrücker und ihre Götter dem Zorn des Zerstörers ausgeliefert sind.

Erlösung und Jubel

Was bedeutet dir Erlösung? Denk dabei an das Leben im Alltag. Ist „Erlösung" für dich, dass etwas (oder jemand), was aus dem Ruder gelaufen ist, sich wieder zum Guten wendet? Vielleicht denkst du ja auch praktischer und verstehst unter „Erlösung" eher so etwas wie „Einlösung", wie das Einlösen eines Gutscheins. Was meinen wir, wenn wir sagen, Gott hat uns *erlöst*, oder: Jesus ist unser *Erlöser*?

Auch das wird noch deutlicher, wenn wir uns an Israels wunderbaren Auszug aus Ägypten erinnern. Israel wird ermahnt: „Denkt daran, dass auch ihr einmal Sklaven in Ägypten wart und der Herr euch von dort *erlöst* hat" (5. Mo. 15,15)[1].

Gott verwendet die Hintergrundgeschichte vom Auszug aus Ägypten auch in späteren Zusammenhängen als Archetypus – sei es für die Erlösung von Plünderungen der Philister in Kanaan oder aus den Flüchtlingslagern im babylonischen Exil. Schließlich gipfelt die Erlösungsmetapher in Jesu Heilswerk. Bei der Erlösungsmetapher (und Gott als *Erlöser*) geht es in diesen Kontexten hauptsächlich um die Befreiung von Menschen aus Gebundenheit oder Unterdrückung, in die sie irgendwie geraten waren.

Ursprünglich war jedoch auch dieses Befreiungsmotiv ein Symbol, es stammte aus den priesterlichen Gesetzen Israels. Die Gesetze von Erlass- und Jubeljahr, die in 3. Mose 25 stehen und im ultra-romantischen Buch Ruth so wunderschön illustriert werden, waren … nun, erlösend! Diese Gesetze behandeln Situationen, in denen der Schuldenberg eines Menschen durch einen Schicksalsschlag oder widrige Umstände so angewachsen war, dass er sein Eigentum, sein Erbe und vielleicht sogar seine Freiheit verlieren würde. Selbst im allerschlimmsten Fall würde der Sippe unter dem mosaischen Gesetz all das erlassen, und zwar im Jubel- oder Erlassjahr, das alle 50 Jahre stattfand. Warum? Weil es Gottes Land war und man es im Grunde nicht verlieren oder verkaufen konnte – man konnte es nur zeitlich begrenzt verpachten. In jedem Jubeljahr ging man zurück zu seinem Land und zu seiner Sippe und fing wieder neu an – ein tolles System, solange es eingehalten wurde (was leider nicht der Fall war).

Als Jesus seinen Dienst in Nazareth ankündigte (Lk. 4), zitierte er Jesaja 61 und verkündete „ein Gnadenjahr (wörtlich: Erlassjahr) des Herrn“: Seine Ankunft signalisierte das Erlassjahr, eine Zeit der Freiheit (Erlösung) von Schulden und Gebundenheit, die Rückgabe alles Verlorenen und die Sammlung aller Versprengten. Jesus wird unser „Erlass“. Warum? Ich nehme an, einfach, weil die Zeit gekommen war. Die Schuld hatte lange genug gewährt. Sie länger zu ertragen wäre eine zu große Last gewesen, nicht nur für den Einzelnen, sondern für die Gesellschaft.

Das ist so ähnlich wie die Entscheidung kanadischer Gesetzgeber, die sahen, wie sich die Rückzahlung von langfristigen Studentendarlehen hinzog, bis die Leute weit über 40 Jahre alt waren. Sie erkannten, dass das nicht nur persönliche Einschränkungen für den Einzelnen bedeutete, sondern dass auch die Wirtschaft im Allgemeinen darunter litt. In einem „Jubeljahr“-Akt entschieden sie: Genug ist genug. Alle Studiendarlehen, egal wie hoch, werden nach 15 Jahren getilgt – bei attestierter Behinderung nach zehn Jahren. Die Studenten waren nicht nur erleichtert; sie wurden dadurch auch angeregt, die Wirtschaft anzukurbeln und dieses Geld in ihre Träume zu investieren.

Aber erinnerst du dich, dass ich sagte, der Erlass gelte für den schlimmsten Fall? Den brauchte man im damaligen System aber gar nicht abzuwarten. *Zu jeder Zeit* konnte dir ein „**Löser***“ – ein enger Verwandter oder der Patriarch der Sippe – dein Eigentum, Erbe oder deine Freiheit einfach zurückkaufen. Er konnte dir deinen Platz in der Sippe wiederbeschaffen und dich seinem Schutz unterstellen. Also gehört zur Erlösung *Freiheit von* (Gebundenheit, Entfremdung, Feindschaft), aber auch *Rückkehr zu* (seiner Familie, seinem Erbe).

Löser aus der Verwandtschaft

Das Buch Ruth ist eine romantische Illustration des Lösers in Aktion: Boas kauft Naomis verlorenen Besitz zurück (löst ihn) und heiratet Ruth, ihre verwitwete Schwiegertochter. Damit gibt Boas der Familie ihr Erbe zurück und sichert ihre Zukunft. Dieser Familie entstammen dann König David und Jesus.

Im ganzen Alten Testament nimmt Gott diese Rolle ein. Er sagt, er habe es auf sich genommen, Israels (Er-)Löser zu sein. Er erlöste sie aus der Gefangenschaft in Ägypten und würde sie aus dem Exil in Babylon erlösen. Er würde ihnen das Land zurückgeben, das er ihnen versprochen hatte, und den Bund, den sie gebrochen hatten. Dieses Thema ist ein Schlüssel, besonders im Buch Jesaja.[2] Gott würde Israel durch seinen besonderen Mittler erlösen, einen mit-leidenden Diener, der wie Mose an ihrer Not Anteil haben würde, mit ihnen solidarisch sein, sie aus der Gefangenschaft führen, ihnen ihr Erbe zurückgeben und sie ihre ursprüngliche Bundesberufung erfüllen lassen würde, nämlich ein Segen für die Welt zu sein.

Christus war und ist dieser Mittler, dieser Diener, dieser Erlöser. Im Neuen Testament sehen wir, dass seine Erlösung viel umfassender ist als erwartet – sie gilt für das ganze Universum! Die Erlösung Christi bezieht sich sicherlich auf Gebundenheit, aber nicht nur die Gebundenheit durch Menschen: Erlöst werden wir von der Gebundenheit an die Sünde (umsonst, durch Gnade; Röm. 3,24; Eph. 1,7) und ihre Konsequenzen, einschließlich der Vergänglichkeit durch den Tod (Röm. 8,23). Wir werden zurückgeführt in Gottes Familie – eine Familie, die nicht nur aus den zwölf Stämmen Israels besteht, sondern tatsächlich aus der gesamten Menschheit!

In *Erlösung* sind drei weitere neutestamentliche Metaphern eingeschlossen: *Adoption* (Kindschaft, Röm. 8,23), *Versöhnung* (Erlösung, Röm. 5,10-11; Hebr. 9,12) und *Erbe* (Hebr. 9,15). Alle diese Metaphern finden sich im Gleichnis vom verlorenen Sohn – dem Evangelium in Kleinformat –, denn die Erlösung des Vaters bedeutet auch die Wiedergewinnung eines verlorenen Sohnes (Adoption), eines verschleuderten Erbes und einer zerbrochenen Beziehung (Versöhnung).

Ich war auch überrascht, als mir klar wurde, dass Erlösung nicht nur für uns gilt oder für das, was wir verloren haben. Auch Gott erfährt Erlösung. Durch Christus gewinnt er uns für sich selbst zurück. Wir waren *sein* eigener Besitz, der eine Weile verloren war, und er hat uns zurückgekauft: „… zu unsrer Erlösung, dass wir sein Eigentum würden zum Lob seiner Herrlichkeit" (Eph. 1,14).

Der Preis dieser Erlösung, so erfahren wir, ist Jesu kostbares Blut – sie kostete ihn sein Leben (Eph. 1,7). „Ihr gehört nicht euch selbst; denn um einen teuren Preis seid ihr erkauft worden" (1. Kor. 6,19-20 E). Natürlich konnte es keinen höheren Preis geben als das Leben Christi. Aber eine Schwierigkeit zeigt sich in der Metapher: *Wer* wird bezahlt?

Ganz sicher zahlt nicht Jesus an den Vater, denn Gott hält uns nicht in Unfreiheit! Gott ist nicht das metaphorische Äquivalent zum Pharao oder zu Babylon! Tatsächlich sehen wir, dass Jesus uns *für* Gott kauft, nicht *von* Gott: „Du allein bist würdig, das Buch zu nehmen, nur du darfst seine Siegel brechen. Denn du bist als Opfer geschlachtet worden, und mit deinem Blut hast du Menschen *für* Gott freigekauft, Menschen aller Stämme und Sprachen, aus allen Völkern und Nationen" (Offb. 5,9).

Doch wen bezahlte Jesus, wenn nicht Gott? Dieser Frage werden wir mit unserer nächsten Metapher nachgehen.

Das Lösegeld

Jesus sagte einmal: „Der Menschensohn ist nicht gekommen, um sich bedienen zu lassen. Er kam, um zu dienen und sein Leben als *Lösegeld* hinzugeben, damit viele Menschen aus der Gewalt des Bösen befreit werden" (Mk. 10,45). Und Paulus schreibt an Timotheus, Jesus habe „sein Leben als Lösegeld hingegeben, um uns *alle* aus der Gewalt des Bösen zu befreien" (1. Tim. 2,6).

Lösegeld?

Christus gab sein Leben hin „als ein Lösegeld"
(Mt. 20,28). Aber an wen?
Nicht an Gott, denn Gott ist nicht der Sklavenhalter.
Nicht an Satan, denn Gott schuldet Satan nichts.
Nicht an das Gesetz, denn Gnade triumphiert über das Gesetz.
Jesus erlöst uns vom Tod, indem er mit seinem Leben bezahlt.
Doch auch dem Tod schuldete er nichts:
Deshalb überwindet er ihn.

In der heutigen Zeit assoziieren wir Lösegeld mit den Forderungen von Kidnappern, die für die Freilassung eines Entführten etwas verlangen; in diesem Fall, dass man sich selbst im Austausch für einen Gefangenen gibt. So lesen wir es in „Der König von Narnia" von C. S. Lewis, wo Aslan sich im Tausch für Edmunds Leben in die Gewalt der Weißen Hexe gibt und auf dem Steinernen Tisch getötet wird. Sie kann diesen Handel verlangen, weil das Gesetz verlangt, dass jemand sterben muss. Auch das kann, wenn man es so sieht, ein bisschen verwirrend sein, und tatsächlich ist es in drei Punkten problematisch. Genauer gesagt:

a. *Wurde das Lösegeld an Gott gezahlt?* Die Kirchenväter argumentierten: Wenn das Leben Christi als Lösegeld (bzw. Wiedergutmachung) gezahlt wurde, dann nicht an Gott, denn Gott ist nicht der Sklavenhalter. Das macht der Hebräerbrief deutlich: „Christus ist nun auch ein Mensch geworden wie wir, um durch seinen Tod dem Teufel – als dem Herrscher über den Tod – die Macht zu entreißen. So hat er alle befreit, die ihr Leben lang in der Furcht vor dem Tod gefangen waren" (Hebr. 2,14-15).

Lewis' Geschichte löst dieses Problem, weil er nicht Gott als den darstellt, der eine Bezahlung verlangt. Die Hexe ist es, die Strafe – ein Leben für ein Leben – verlangt und das Gesetz von Sünde und Tod gegen Aslan anwendet. Wie im Neuen Testament gibt Aslan sein eigenes Leben hin und am Ende lässt „ein tieferer Zauber [aufopfernde Liebe] aus der Zeit vor der Zeit" den anstelle eines Verräters unschuldig Getöteten wieder zum Leben auferstehen.

b. *Wurde das Lösegeld an Satan gezahlt?* Einige der Kirchenväter nahmen diese Theorie in ihre Überlegungen auf, verwarfen sie schließlich aber doch. Die Wahrheit ist, sagten sie, dass Gott dem Teufel – dem Dieb – nichts schuldet. Der produktive Theologe Origenes (182-254 n. Chr.) beginnt mit einer Lösegeldzahlung an Satan, behandelt aber wie Lewis das Opfer Christi an Satan als eine Falle, für die Jesu Menschsein der Köder ist. Der Teufel schluckt den Köder, doch die göttliche Natur Christi und die übernatürliche Liebe überwindet – *die* sind ihm zu heiß! –, Jesus kommt wieder heraus aus dem Tod und mit ihm all jene, die Satan in seinem Kerker gefangen gehalten hatte.

Die Wahrheit ist, dass Jesus Satan am Kreuz vollständig gerichtet und besiegt hat (Joh. 12,31; 16,11; Kol. 2,15). Hier wird kein Handel abgeschlossen. In einem anderen Bild sagte Jesus:

> Wenn sich der Satan also selbst bekämpft und gegen sich auflehnt, ist es aus mit ihm. Das wäre sein Untergang. Niemand kann einfach so in das Haus eines starken Mannes eindringen und seinen Besitz rauben. Erst muss er den Mann fesseln, und dann kann er sein Haus plündern. (Mk. 3,26-27)

In dieser Metapher wird kein „Deal" verhandelt, keine Falle gelegt. Jesus beschreibt seinen Dienst wie einen erfolgreichen Einbruch: dass er Satans Haus stürmt, ihn unschädlich macht, ihn fesselt und dann das Haus *plündert* – seine Habe als Beute nimmt (das heißt, all die befreit, die Satan versklavt hatte). Das erinnert an die Hintergrundgeschichte des Auszugs aus Ägypten, wo Gott Sklaven und Gold des Pharao *als Beute nahm* (2. Mo. 12,36). Er zahlt nichts an Satan oder den Pharao, sondern, ganz im Gegenteil: Er plündert ihr Territorium und lässt sie mittellos zurück.

c. *Wurde das Lösegeld an das Gesetz gezahlt?* Beide, Origenes und Lewis, weisen auf eine dritte Möglichkeit hin – dass das Lösegeld die Forderungen eines Gesetzes erfüllt. Das heißt, der Feind hatte die Möglichkeit, die rechtmäßige Erfüllung des Gesetzes zu fordern. Manchmal werden Abschnitte aus 3. Mose oder dem Hebräerbrief zum Beweis dafür zitiert:

> Denn im Blut ist das Leben, und ich habe angeordnet, dass es auf dem Altar dargebracht wird, um euch von eurer Schuld zu befreien. Weil im Blut das Leben ist, darum werdet ihr *durch das Blut mit mir, dem Herrn, versöhnt.* (3. Mo. 17,11)

> Nach den Bestimmungen des alten Bundes wird fast alles mit Blut gereinigt. Denn *ohne Blut ist eine Vergebung der Schuld nicht möglich.* (Hebr. 9,22)

Doch auch auf diesen fünf Punkten besteht die Bibel:

- Es gibt kein Gesetz oder Gerechtigkeitsprinzip, das höher wäre als Gott und dem er verpflichtet wäre. „Gerechtigkeit" ist nicht ein Gott, vor dem sich Jahwe beugen oder den er mit Blut besänftigen müsste. Ebenso wenig ist Gottes „Gesetz" irgendein Ausgleichsprinzip, das ihn bindet. In dem ganzen prophetischen Buch Hosea geht es genau um diesen Punkt: Gott hat vollkommene Freiheit, Sündern zu vergeben – den Schuldigen Barmherzigkeit zu erweisen. Auf legale Strafforderungen kann er mit dem entgegengesetzten Urteil reagieren: mit *völliger Vergebung*, gegründet auf seiner Gnade.
- Entsprechend gibt es keine Urteile oder Richtlinien, die nicht von Barmherzigkeit übertrumpft werden könnten, denn Gnade triumphiert über Gericht. Auf der Skala der Gerechtigkeit ist Barmherzigkeit immer ein „älterer Zauber" als Vergeltung oder Opfer.

- Tatsächlich konnte Israel schon lange vor dem Kreuz die Barmherzigkeit Gottes bezeugen. Gott hatte an ihnen nicht gehandelt, wie ihre Sünden es verdient hätten. Sie hatten überreiches Mitleiden und Barmherzigkeit erfahren (Ps. 103,10-12) und nicht eine Wie-du-mir-so-ich-dir-Gerechtigkeit, Auge um Auge, Zahn um Zahn.
- Statt Schlacht- oder Brandopfern möchte Gott, dass wir mit Zerknirschung und Verzweiflung über unsere schwere Schuld reagieren (Ps. 51,18-19).
- Außerdem gab es die rechtliche Möglichkeit für ein Lösegeld (quasi eine Gebühr), die die Schuld aus einigen Verbrechen abdeckte. Aber die Bibel macht klar, dass unter dem Gesetz gilt: „Niemand kann für das Leben seines Freundes bezahlen, niemand kann ihn bei Gott vom Tod freikaufen. Denn ein Menschenleben kann man nicht mit Gold aufwiegen – aller Reichtum dieser Welt wäre noch zu wenig! Keiner lebt hier ewig, niemand kann dem Grab entrinnen" (Ps. 49,8-10). Man kann Leute aus Schulden und Sklaverei freikaufen, aber wer könnte dich aus dem Grab loskaufen?

Hier haben wir unsere Antwort auf die Frage, an wen oder was das Lösegeld im Austausch für unser Leben bezahlt wurde. Als Jesus sein Leben für uns gab, wem gab er es? *Dem Tod selbst* wurde das Leben Christi übergeben. Aber Jesus „schuldete" auch dem Tod nichts, ebenso wenig wie Satan. Er „schuldete" nicht dem Hades (griechischer Gott des Todes) ein Leben. Nein, vielmehr ist der Tod das Tor, durch welches Jesus in den Hades (Tod) hineinging und dessen Gefangene als Beute herausführte. Im Psalm 49 lesen wir: „Ich bin gewiss: Gott wird mich erlösen, er wird mich den Klauen des Todes entreißen" (Vers 16). Mit Bezug auf Texte wie Matthäus 27,53-53, Epheser 4,8, 1. Petrus 3,18-20; 4,6 nannte die frühe Kirche diesen Siegeszug „die Höllenfahrt Christi" und feierte Christi posthumes Errettungswerk am Karsamstag.

In Christus weist die Lösegeld-Metapher deshalb auf die Errettung jener, die der Tod ergriffen und im Grab festgehalten hat. Der „Preis" ist Jesu Leben – der Tod (personifiziert) wird bezahlt – wobei

„Bezahlung" ein allzu starkes Wort sein könnte, weil der Tod ihn nicht halten kann. Und deshalb verkündet Jesus in der Offenbarung des Johannes: „Fürchte dich nicht! Ich bin der Erste und der Letzte, und ich bin der Lebendige. Ich war tot, doch nun lebe ich für immer und ewig, und ich habe die Schlüssel des Todes und des Totenreichs" (Offb. 1,17-18).

Ich frage dich: Wenn Jesus jetzt die Schlüssel des Todes und des Totenreichs in der Hand hält, was denkst du, wird er mit ihnen machen? Und damit gehen wir von den Metaphern in den Evangelien zu denen in den Paulusbriefen über – im Besonderen zu „Sieg" und „Rechtfertigung".

Innehalten und nachdenken

- Vergiss nicht, dass jede dieser Metaphern in Wirklichkeit ein Symbol ist. Wofür? Wie weisen die Metaphern auf Christus in seiner Menschwerdung und seinem Leiden hin?
- Welchen Bezug haben diese Metaphern jeweils auf deinen eigenen Glaubensweg? Welche beschreibt dein Erleben am besten?
- So wie diese Metaphern sowohl an das Leben Christi als auch an deinen eigenen Glaubensweg erinnern, so weisen sie auch nach vorn. Was sagen sie über deine Zukunft? Über den Tod? Das Jüngste Gericht? Deine Auferstehung? Die Ewigkeit mit Gott?
- Manche Prediger gehen davon aus, dass Jesus uns vor Gott errettet. Aber wenn der Vater nicht besänftigt oder bezahlt werden muss, sondern vielmehr Gott in Christus die Kosten übernommen hat, wie könnte sich das auf dein Gottesbild auswirken? Auf dein Gottvertrauen?
- Ich frage noch einmal: Wenn Jesus jetzt die Schlüssel des Todes und des Hades hat, was wird er deiner Meinung nach damit tun?

Innehalten und beten

Gott, die Religion geht oft davon aus, dass Jesus mich vor dir erretten musste, als ob du ein göttliches Monster wärst. Aber wenn Jesus doch wirklich der menschgewordene Gott war und als solcher alles tat, um mich zu retten, dann ist das etwas ganz anderes. Dann kann ich dich lieben, ohne im Mindesten zu fürchten, dass du vielleicht doch einen Knüppel hinter dem Rücken versteckt hältst! Herr, lass es geschehen!

13

Den „Zorn" des Kreuzes umdeuten, Teil 2

Metaphern bei Paulus

„Ich aber kenne nur einen Grund zum Rühmen: das Kreuz unseres Herrn Jesus Christus. Weil er starb, starb auch diese Welt für mich, und ich bin tot für ihre Ansprüche und Forderungen."

Paulus (Galater 6,14)

„Denn wie wir durch einen Baum das wahre Wort Gottes verloren haben, wurde es durch einen Baum zurückgegeben und zeigt in sich die Höhe, die Länge, die Breite, die Tiefe … durch die ausgestreckten Hände einer göttlichen Person."

Irenäus (Gegen die Häresien 5.17.3)

Der Apostel Paulus, ob man ihn mag oder nicht – und viele mögen ihn nicht, von seiner Zeit an bis heute –, wird nicht ohne Grund als Begründer des Christentums bezeichnet. Natürlich ist Christus allein der „Urheber und Vollender des Glaubens" (Hebr. 12,2 E) – Jesus ist unser einziger Retter und Herr. Aber, so wird argumentiert, in dem, was er über Christus und die Rolle des Kreuzes lehrte, ist Paulus' Bedeutung konkurrenzlos. Mit Sicherheit ist ihm die Grundlegung der Theologie der Heidenkirche zuzuschreiben (oder vorzuwerfen), unter der er „bewusst von nichts anderem sprechen [wollte] als von Jesus Christus, dem Gekreuzigten" (1. Kor. 2,2).

Als Einstieg in dieses Kapitel wollen wir uns eingehender mit *Sieg* und *Rechtfertigung* befassen – zwei Prismen quasi, und zwar die beiden wichtigsten, durch die Paulus das Kreuz-Ereignis deutete.

Sieg

In den 1930ern schrieb Gustaf Aulen, in den ersten 1000 Jahren der christlichen Evangelisation sei der Sieg Christi *(Christus Victor)*[1] das dominante Thema gewesen. Ich bin geneigt, ihm zuzustimmen. Der entscheidende Sieg Christi über Sünde, Tod und Teufel wird zweifellos im gesamten Neuen Testament gepredigt, von den Kirchenvätern erklärt und im christlichen Gottesdienst verkündet. Weist nicht auch Christus selbst schon auf ihn hin, wo er über das „Reich Gottes" redet? Jesus erweist sich als der verheißene Retter-König, der vorangeht und Sünde, Tod und Teufel besiegt und jedes Reich, jede Macht, jeden Herrscher und alle Autorität unterwirft. Durch seinen Tod eroberte er den Tod, und durch seine Liebe herrscht er über sein Reich der Liebe – nicht erst später einmal, sondern schon jetzt. Dieses Reich ist „in unserer Mitte".

Sehen wir uns dieses Thema, *Sieg*, ein bisschen näher an. Der Sieg Christi ist mindestens dreifältig: Jesus siegt am Kreuz, durch seine Auferstehung und, noch einmal, durch seine Liebe.

1. Am Kreuz

Paulus schreibt an die Gläubigen in Kolossä:

> Früher wart ihr gewissermaßen unbeschnitten, denn ihr habt euch von eurer sündigen Natur bestimmen lassen und wart durch eure Schuld von Gott getrennt. In seinen Augen wart ihr tot, aber er hat euch mit Christus lebendig gemacht und alle Schuld *vergeben*. Gott hat den Schuldschein, der uns mit seinen Forderungen so schwer belastete, *für ungültig erklärt*. Ja, er hat ihn zusammen mit Jesus ans Kreuz genagelt und somit auf ewig vernichtet. Auf diese Weise wurden die Mächte und Gewalten *entwaffnet* und in ihrer Ohnmacht bloßgestellt, als Christus über sie am Kreuz *triumphierte*. (Kol. 2,13-15)

Den zitierten Abschnitt beendet Paulus mit dem Sieg am Kreuz. Wir können den Text wie folgt rückentwickeln, um den Ablauf zu verstehen:

- Wen besiegt Jesus? Die Mächte und Gewalten.
- Wie besiegt er sie? Indem er sie entwaffnet.

- Welche Waffen nimmt er ihnen ab? Den legalen Schuldschein mit seinen schweren Forderungen gegen uns.
- Wie entwaffnet er sie? Indem er diesen Schuldschein für ungültig erklärt.
- Wie erklärt er ihn für ungültig? Indem er alle unsere Sünden vergibt.
- Das Ergebnis? Gott hat uns mit Christus lebendig gemacht (auferstehen lassen).

Das Kreuz, besonders als Sinnbild der Vergebung, ist es, was den Feind besiegt, denn ohne diese Forderungen, diese Gesetze und diese Schulden hat der Ankläger nichts gegen uns in der Hand. Am Kreuz bittet Jesus Christus den Vater, uns zu vergeben, und er tut es! Und die Waffen und Argumente des Feindes lösen sich unter seinen Händen auf.

2. Durch die Auferstehung

Dieser Sieg ist sowohl für die Lebenden als auch für die Toten gesichert. Dieser Sieg richtete sich besonders auf die völlige Niederlage von Tod und Hölle. Die Osterpredigt des heiligen Johannes Chrysostomos (4. Jahrhundert) illustriert die Siegesmetapher und die entsprechende Betrachtung der historischen Kirche. Lass uns innehalten und mit ihm beten:

> Niemand fürchte den Tod, denn des Erlösers Tod hat uns befreit.
> Er hat den Tod vernichtet, indem er ihn erlebte.
> Er hat die Hölle beraubt, indem er in sie hinabfuhr.
> Er erzürnte sie, der er sein Fleisch zu kosten gab.
> Jesaja weissagte dies und spricht:
> Die Hölle ward betrübt, als sie dich gewahrte.
> Sie ward betrübt, denn sie ward vernichtet.
> Sie ward betrübt, denn sie ward zu Spott.
> Sie ward betrübt, denn sie ward gestürzt.
> Sie ward betrübt, denn sie ward gefesselt.
> Die Hölle nahm einen Leib und begegnete Gott.
> Sie nahm Erde und traf auf den Himmel.

O Tod, wo ist dein Stachel?
O Hölle, wo ist dein Sieg?
Christ ist erstanden! Und du, o Tod, bist vernichtet!
Christ ist erstanden! Und die Bösen sind gefallen!
Christ ist erstanden! Und die Engel frohlocken!
Christ ist erstanden! Und das Leben ist befreit!
Christ ist erstanden! Und leer sind die Gräber,
denn Christus ist geworden der Erstling
unter denen, die da schlafen,
da er ist auferstanden von den Toten.
Ihm sei Lob und Preis von Ewigkeit zu Ewigkeit.
Amen!

Hier könnten wir schon aufhören, aber ich muss doch noch eine weitere Bemerkung zum Sieg hinzufügen, die Paulus verkündet hat, nur um den Punkt noch einmal zu unterstreichen:

> Danach kommt das Ende: Christus wird alles vernichten, was Gewalt und Macht für sich beansprucht, und wird Gott, seinem Vater, die Herrschaft über diese Welt übergeben. Nach Gottes Plan wird Christus so lange herrschen, bis er alle Feinde unterworfen hat. Als letzten Feind vernichtet er den Tod, denn es heißt in der Heiligen Schrift: „Alles hat Gott ihm zu Füßen gelegt." (1. Kor. 15,24-27)

3. Durch seine Liebe

Eben dieser Sieg gehört jetzt uns, in dem die Allmacht Gottes sich eindeutig als die Liebe selbst, Gottes ureigenes Wesen, identifiziert:

> Was also könnte uns von Christus und seiner Liebe trennen? Leiden und Angst vielleicht? Verfolgung? Hunger? Armut? Gefahr oder gewaltsamer Tod? … Aber dennoch: Mitten im Leid triumphieren wir über all dies durch Christus, der uns so geliebt hat. Denn ich bin ganz sicher: Weder Tod noch Leben, weder Engel noch Dämonen, weder Gegenwärtiges noch Zukünftiges noch irgendwelche Gewalten, weder Hohes noch Tiefes oder sonst irgendetwas auf der Welt können uns von der Liebe Gottes trennen, die er uns in Jesus Christus, unserem Herrn, schenkt. (Röm. 8,35.37-39)

Diese *„Kreuz"*-Liebe ist höher als die Himmel über der Erde, weiter als der Westen vom Osten, tiefer als das tiefste Meer. Im Himmel, auf Erden und unter der Erde bewegt sie jeden zu Hingabe und anbetender Unterordnung. Ihr Blick reicht weiter als das Hubble-Teleskop und erkennt Kleineres als das Higgs-Boson. Gottes Liebe ist da und sie herrscht, sie hält alles zusammen in der Fürsorge eines guten und barmherzigen Königs!

Rechtfertigung

Der Höhepunkt unserer Untersuchung der Erlösungsmetaphern ist in der protestantischen Tradition am bekanntesten und in den Schriften des Paulus offenkundig. Sie steht auch im Zentrum einer ausgedehnten theologischen Debatte in der Gegenwart, bei der Gelehrte dieses Wort – *Rechtfertigung* – mit neuen Augen ansehen.[2] Um mich nicht in theologischen Einzelheiten zu verlieren, werde ich mich bemühen, nah an der eigentlichen Metapher zu bleiben.

Das griechische Wort *dikaios* lässt sich mit *recht/richtig/in Ordnung* oder mit *gerecht/redlich* übersetzen. Es kann sich auf den Charakter einer Person beziehen (moralische Reinheit) oder auf ihren rechtlichen Status (Unschuld). In der Bibel bedeutet es auch, wie wir vor Gott stehen, der der vollkommene Maßstab für Gerechtigkeit ist, und wie wir vor Gott, dem guten und barmherzigen Richter, stehen – jetzt, jeden Tag und schließlich am Tag des Jüngsten Gerichts. Das Problem ist, dass, gemessen an Gottes vollkommenem Maßstab, niemand in Ordnung oder gerecht ist. Egal, wie viel Mühe wir uns geben, der Apostel Paulus kommt zu dem Schluss: „Es gibt keinen, auch nicht einen Einzigen, der ohne Sünde ist" (Röm. 3,10). „Alle sind schuldig geworden und spiegeln nicht mehr die Herrlichkeit wider, die Gott dem Menschen ursprünglich verliehen hatte" (Röm. 3,23).

Ich weiß noch, wie ich mich als Kind unter diesen Versen duckte, die von Evangelisten in furchtbar unheilvollem Tonfall und mit erhobenem Zeigefinger gepredigt wurden. Aber Paulus selbst ist nicht so verdammend. Er weist nur auf eine ganz offensichtliche Tatsache hin: Jeder sündigt und keiner ist perfekt. Das ist nichts Neues (nur für Selbstgerechte). Gott weiß sehr wohl, dass vor ihm niemand gerecht ist. Wir alle sind Gesetzesbrecher und wir alle sind dem „Zorn" ausgesetzt. Aber vergiss nicht, für Paulus ist „Zorn" nicht die kochende Wut eines erbosten Gottes, sondern vielmehr die tödliche Konsequenz unserer eigenen Sünde, nämlich Tod oder Verderben, was auch immer dazugehört.

Aber für unseren liebenden Vater geht das einfach nicht. Er weiß, dass wir uns nicht selbst rechtfertigen können – wir können uns nicht selbst vom „Zorn" befreien. Dazu sind wir einfach nicht in der Lage. Was tut Gott? Sehen wir uns den Kern der paulinischen Logik in Römer 3 an:

> Jetzt aber hat Gott uns gezeigt, wie wir vor ihm bestehen können, nämlich unabhängig vom Gesetz. Das ist schon im Gesetz und bei den Propheten bezeugt. Gott spricht jeden von seiner Schuld frei und nimmt jeden an, der an Jesus Christus glaubt. Nur diese Gerechtigkeit lässt Gott gelten. Denn darin sind die Menschen gleich: Alle sind schuldig geworden und spiegeln nicht mehr die Herrlichkeit wider, die Gott dem Menschen ursprünglich verliehen hatte. Aber was sich keiner verdienen kann, *schenkt* Gott in seiner Güte: Er nimmt uns an, weil Jesus Christus uns erlöst hat. Um unsere Schuld zu sühnen, hat Gott seinen Sohn am Kreuz vor aller Welt sterben lassen. Jesus hat sein Blut für uns vergossen und mit diesem Opfer die Vergebung für alle erwirkt, die daran glauben. Daran zeigt sich, dass es *gerecht von Gott* war, als er die Sünden der Menschen bisher ertrug; er hatte Geduld mit ihnen. Jetzt aber vergibt er ihnen ihre Schuld und erweist damit *seine Gerechtigkeit*. Gott allein ist *gerecht* und *spricht den von seiner Schuld frei*, der an Jesus Christus glaubt. (Röm. 3,21-26)

Vor Gott können wir also **Gerechtigkeit*** nicht erreichen, indem wir das richtige Gesetz beachten oder in die richtige Familie geboren werden oder uns der richtigen Religion anschließen. Wir können uns nicht selbst gerecht machen. Aber Gott kann es. Er kann uns aus Gnade rechtfertigen – das heißt: Er kann *ohne Gegenleistung erklären*, dass wir in Jesus gerechtfertigt sind. Er kann uns die Gerechtigkeit Jesu *in seiner Gnade schenken*. Er kann die Gerechtigkeit Jesu tatsächlich *praktisch in uns hervorbringen*. Er kann uns den richtigen Stand geben am jüngsten Tag und uns sogar faktisch gerecht machen, indem er uns mit der verändernden Kraft des Geistes Jesu erfüllt. Statt dem „Zorn" überlässt Gott uns Jesus. Von Jesus und in Jesus werden wir gerechtfertigt. Die Gerechtigkeit und Treue Jesu befreit uns vom „Zorn" – er rechtfertigt uns. Und nun sagt Jesus voller Freude zu einem gnädigen Gott: „Sie gehören zu mir!" (1. Joh. 2,1).

Gerechtigkeit

bedeutet, mit Gott in „rechter Beziehung" zu stehen, weil man auf Gottes Treue durch Christus vertraut. Durch die Gnade erneuert Christus in uns die Treue zum Bund mit Gott. Er befähigt uns auch, dem Bund mit Gott in dieser Welt treu zu sein. Das heißt, Gerechtigkeit sieht genauso aus wie Liebe zu Gott und Liebe zum Nächsten.

Paulus fügt hinzu, dass Gott vollkommen gerecht ist, wenn er uns rechtfertigt. Aber das verwirrt die Religion der Vergeltung: Wenn Gott Ungerechtigkeit ungestraft durchgehen lässt, ist er dann nicht selber der Ungerechtigkeit schuldig? Welcher gerechte Richter würde Kriminelle einfach laufen lassen? Ist das nicht die Vorgehensweise *korrupter* Richter?

Nein, Gott ist nicht korrupt, und Treue ist nicht ungerecht. Johannes der Geliebte sagt, Gott ist *treu* und *gerecht*, dass er uns unsere Sünden vergibt und uns reinigt von aller Ungerechtigkeit (1. Joh. 1,9). All das kann er tun:

> Entsündige mich mit Ysop, dass ich rein werde; wasche mich, dass ich weißer werde als Schnee.
>
> Lass mich hören Freude und Wonne, dass die Gebeine fröhlich werden, die du zerschlagen hast.
>
> Verbirg dein Antlitz vor meinen Sünden, und tilge alle meine Missetat. (Ps. 51,9-11 L)

Wie ist Gott in der Lage, den Ungerechten zu rechtfertigen und dennoch gerecht zu bleiben? Weil *Christus für uns starb*, „der Gerechte für die Ungerechten" (s. 1. Petr. 3,18). Was bedeutet das: „Christus starb für uns"? Ähnlich lesen wir auch, dass *das Blut Christi für uns vergossen wurde* „zur Vergebung der Sünden" (s. Mt. 26,28; Kol. 1,20). Wofür steht das „vergossene Blut"? Diese Ausdrücke sind ebenso geheimnisvoll und unfassbar, wie sie kraftvoll sind. Willst du sie erklärt bekommen, wirst du wahrscheinlich eine Reihe von Klischees oder weitere uneinheitliche Metaphern hören, die dich ihrer Bedeutung kein bisschen näherbringen.

Christus starb für uns; sein Blut wurde für uns vergossen

Halten wir es so einfach wie möglich. Zumindest das können wir sagen: *Jesus starb.*

Als Nächstes: Jesu Blut – es steht für sein Leben (welches er gibt, niederlegt, ausgießt) oder seinen Tod (Leiden, Sterben). So oder so: Jesus starb *für uns*. Was bedeutet „für uns"? Stellvertretend für uns, an unserer Stelle? In unserem Namen, als einer von uns? Uns zugute? Wie wir „für uns" interpretieren, hängt von unserer Erlösungstheorie ab. Doch wir sollten der Botschaft des Evangeliums keine theologische Theorie aufzwingen, deshalb schnell weiter:

Jesu Leben, in den Tod gegeben, ist tatsächlich ein Opfer. Jetzt spreche ich nicht über Symbolismus – die Metaphern von Schafen und Ziegen und heiligen Zeremonien haben wir hinter uns gelassen. Religiöse Opfer weisen vielleicht auf Jesus hin oder vielleicht auch nicht. Manchmal lassen sie Christi Opfer vorausahnen. Bei anderer Gelegenheit haben wir sie uns nach den verwirrten Zwängen unseres eigenen Herzens ausgedacht (Jer. 7,21-24). In jedem Fall muss es so sein, dass Christi Hingabe definiert, was Opfer wirklich bedeutet – nicht, dass Opfersymbole die Realität der Hingabe Christi definieren. Diese beiden zu vertauschen bedeutet, aus dem Opfer Christi auf schnellstem Weg etwas Heidnisches zu machen. Christus erhält seine Bedeutung nicht aus den Symbolen; die Symbole beziehen ihre Bedeutung von ihm, auch dann, wenn es sie schon gab, bevor er sich opferte.

Für Christus bedeutet Opfer einfach, sein Leben für jemand anderen niederzulegen (1. Joh. 3,16). Jeder, der sein Leben gibt, um einen anderen zu retten – sei es ein Feuerwehrmann, der stirbt, während er jemanden aus einem brennenden Gebäude zieht, ein Polizist, der bei einer Geiselbefreiung tödlich verwundet wird, oder ein Märtyrer, der zu Tode gesteinigt wird, weil er die gute Nachricht predigt – „zahlt den ultimativen Preis". Hier sind alle Metaphern vom Tisch. Hier ist Opfer (sein Leben lassen) grausame Wirklichkeit – ganz reales Geschehen.

Beachte, dass diese Art von Opfer nichts mit Strafe, Zahlung, Vergeltung oder Besänftigung zu tun hat. Hier wird immer ein Leben um eines anderen willen niedergelegt, nicht um jemandes Zorn zu befriedigen oder Ärger zu beschwichtigen, sondern als ein Opfer, das Leben schenkt, Leben rettet.

Als Gott seinen Sohn zur Erde sandte, um sie wiederherzustellen, war das Opfer – sein Leben, sein Tod – die kostspielige Hingabe selbstaufopfernder Liebe. Aber anders als der Feuerwehrmann, Polizist oder Märtyrer kann Jesus durch seinen Opfertod sogar die Toten retten, denn er führt sie mit sich aus dem Grab!

Evangelisten wie Paulus und Johannes fügen hinzu, dass Jesu Tod uns nicht nur vor dem Tod rettet, sondern auch ein für alle Mal entscheidend mit unseren Sünden aufräumt. Gott in Christus wird dem „Zorn", unserer Sünde, jenem mörderischen Tod buchstäblich *übergeben*. Er erleidet unsere trotzige, gewalttätige Zurückweisung. Weil diese Sünde gegen ihn gerichtet ist, hat er zwei Möglichkeiten: vergelten oder vergeben. Er kann sie uns entweder zornig zurückzahlen oder er kann sie uns gnädig vergeben – er kann mit Strafe oder mit Barmherzigkeit reagieren. Um der Liebe willen entscheidet sich Gott am Karfreitag für Barmherzigkeit und Vergebung. Gott entscheidet sich für Wiederherstellung statt Vergeltung. Das tut er für uns, das tut er aus Liebe.

Erstaunlicherweise geht diese Vergebung über die Verschwörer und Ausführenden seiner Kreuzigung – über Pilatus und Kaiphas und ihre Kumpanen – hinaus. Seine Vergebung gilt der gesamten Menschheit aller Zeiten. Wie das? Warum ist dieser Tod, dieses Blut, diese Vergebung universell? Ich nehme an, weil das vergossene Blut das Blut Gottes ist, der selbst universell ist, eine ewige Schatzkammer der Barmherzigkeit.

Dieser Gott, der universelle Liebe ist, entäußert sich und lässt ewiges Leben in den Kosmos strömen – durch die Wunden dieses jüdischen Rabbis aus dem ersten Jahrhundert, Jesus von Nazareth.

Und jetzt sind wir so tief in das Geheimnis vorgedrungen, dass wir eine Pause einlegen müssen.

Das Geheimnis der Erlösung

Der Kreis schließt sich und wir sind wieder bei der Frage der Erlösung. Wir haben uns sowohl die Metaphern als auch die Wirklichkeit der Rettungsmission Jesu angesehen. Für manche mag eine quälende Frage nach dem Wie geblieben sein. Der Mensch neigt dazu, das Geheimnis auf Funktionsweisen zu reduzieren oder wirtschaftlich zu berechnen. Wir wollen, ja, verlangen regelrecht zu erfahren, *wie* der Tod Christi Sünde wegnimmt. Paulus dagegen widersteht einem technischen Herangehen an diese Frage: „Der *Lohn*, den die Sünde auszahlt, ist der Tod. Gott aber *schenkt* uns in der Gemeinschaft mit Jesus Christus, unserem Herrn, ewiges Leben" (Röm. 6,23). Lohn, Zahlung, Sünde, Tod – aus solchen Wörtern hören wir Druck und Zorn heraus. Aber Christus gleicht das Konto nicht aus; er nagelt es an das Kreuz (Kol. 2,4)! Er hebt es vollständig auf. Gottes Vorgehen ist nicht an einen Kontenausgleich gebunden; nein, er ist frei für den grenzenlosen Weg der reinen Gnade und kostenlosen Gaben.

Wie rettet uns Jesus? Ich will die Metaphern nicht neu formulieren, die Geschichte nicht aufwärmen und auch die „Erlösungskriege" nicht neu entfesseln, sondern mich dieser wichtigen Frage mit dem *Definieren* und *Skizzieren* von fünf Schlüsselbegriffen nähern, die den Tod Christi noch einmal für uns *beschreiben*. Wie bei Metaphern gilt auch hier: Beschreibungen sind nicht das Evangelium, es sind nur Worte aus dem Mund unvollkommener Beobachter.

1. Kreuzform

Es scheint überflüssig zu sagen, dass Jesu Tod die Form des Kreuzes hatte, aber vergiss nicht, dass wir hier über Gottes Werk reden. Wenn wir Christi Tod für uns beschreiben, sprechen wir nicht nur über einen vollkommenen Menschen, der in der Gegenwart seines Gottes starb.

Nicht einmal bei Gott, dem menschgewordenen Sohn, der in der Gegenwart seines Vaters starb, sollten wir stehen bleiben. Nein, durch Gott, den Sohn, in dem Menschen Jesus, entäußert sich *die ganze Fülle* der Dreieinigkeit, gibt sich hin und verströmt sich um unseretwillen. Es ist nicht so, dass Gott, der Richter, von Gott, dem Opfer, Besänftigung erwartet. Vielmehr ist Christi Tod für uns der Höhepunkt von Offenbarung und Handeln der sich selbst hingebenden Liebe Gottes.

2. Repräsentation

Christus starb nicht nur *für uns*, sondern *als wir*. Ich meine, so wie Adam beim Sündenfall die gesamte Menschheit repräsentiert, so repräsentiert Christus die gesamte Menschheit in seinem Sieg. Er steht da in unserem Namen als unser Delegierter oder Mittler – der neue Adam oder der neue Mensch. Wie Paulus es sagt: „Denn durch das Vergehen des einen wurde die gesamte Menschheit dem Tod ausgeliefert; durch Jesus Christus aber, diesen einen Menschen, haben alle in überreichem Maß Gottes Barmherzigkeit und Liebe erfahren (Röm. 5,15). Und auch hier: „Der Tod ist durch die Schuld eines einzigen Menschen in die Welt gekommen. Ebenso kommt auch durch einen Einzigen die Auferstehung. Alle Menschen müssen sterben, weil sie Nachkommen von Adam sind. Ebenso werden einmal alle Menschen durch Christus vom Tod auferweckt“ (1. Kor. 15,21-22).

3. Identifikation (Teilhabe)

Christus kann uns repräsentieren, weil er vollkommen mit uns identifiziert ist. Er hat jeden Aspekt der menschlichen Natur bereitwillig angenommen und übernommen, jede Zelle seines Menschseins von einer menschlichen Mutter geerbt, sodass Paulus sagen kann, Gott sandte seinen Sohn „in der Gestalt des sündigen Fleisches“ (Röm. 8,3 L). Er identifizierte sich nicht nur mit unserem menschlichen Wesen, sondern auch mit der Situation der Menschheit im Ganzen.

Wie es im Hebräerbrief heißt: „Doch er gehört nicht zu denen, die unsere Schwächen nicht verstehen und zu keinem Mitleiden fähig sind. Jesus Christus musste mit denselben Versuchungen kämpfen wie wir, doch im Gegensatz zu uns hat er nie gesündigt“ (Hebr. 4,15). „Dennoch musste auch Jesus, der Sohn Gottes, durch sein Leiden Gehorsam lernen. Als er darin vollendet war, ist er für alle, die ihm gehorsam sind, zum Retter und Erlöser geworden" (Hebr. 5,8-9).

Der große erste systematische Theologe, Irenäus, beschrieb diese vollständige Identifikation – diese gegenseitige Teilhabe – folgendermaßen:

> Christus veranlasste den Menschen, sich an Gott zu hängen und eins zu werden mit ihm. Denn wenn nicht der Mensch den Feind des Menschen überwunden hätte, dann wäre der Feind nicht rechtmäßig besiegt worden. ... Und wenn nicht der Mensch mit Gott verbunden gewesen wäre, hätte er nie an der Unverweslichkeit Anteil haben können.[3]

Mit anderen Worten, in der einen Person Jesus Christus identifiziert sich Gott mit einem Menschen und identifiziert sich ein Mensch mit Gott. Ganz Gott und ganz Mensch, kommen in Christus Gottheit und Menschheit zusammen, um die Menschheit wiederherzustellen.

4. Substitution (Ersatz, Stellvertretung)

Leser, die sich mit den „Erlösungskriegen" auskennen, wundern sich vielleicht, dass ich dieses Wort verwende, denn an anderer Stelle habe ich Johannes Calvins Substitutionstheorie (aus dem 16. Jahrhundert) abgelehnt, nach welcher Christus „als Vermittler, als Bürge für den Übeltäter eintritt, ja, an seine Stelle tritt, um alle Strafe zu tragen und abzuleisten, die der Sünder zu erwarten hatte ... Er hat ja den Tod erduldet, den Gottes Zorn den Übeltätern bereitet!"[4] Für Calvin war die Stellvertretung Christi die „unbegreifliche Vergeltung, die er von der Hand Gottes erlitt". Kurz, Calvin (und nach ihm Jonathan Edwards) verbreitete die folgende Vorstellung: Gott strafte Jesus an deiner statt, damit sein Zorn vollständig befriedigt wäre, und war erst dann in der Lage, Sünde zu vergeben.

Ich würde sagen: Wenn wir in der Stellvertretung eine gewaltsame Bestrafung zum Zweck der Beschwichtigung oder Besänftigung von Zorn sehen, dann projizieren wir unsere eigene verkehrte Vergeltungssucht auf die göttliche Gerechtigkeit und reduzieren diese auf fleischliche Rache. Dabei war gerade Zorn doch die Motivation hasserfüllter Mörder, Jesus zu kreuzigen, und Vergeltung eben das System, welches Gottes Barmherzigkeit umstürzte! Calvins Sicht tut dem Dogma von der Dreifaltigkeit furchtbar Gewalt an; sie zerteilt die Gottheit, welche die Christen bis dahin als „in Ewigkeit eins im Wesen und ungeteilt“ bekannt hatten (siehe die Göttliche Liturgie des Chrysostomos). Calvins Modell zerreißt die Dreifaltigkeit: Hier steht am Karfreitag der Zorn des Vaters gegen die Barmherzigkeit des Sohnes.

Hinabgestiegen in das Reich des Todes

Folgende Verse werden manchmal als Hinweis auf Christi Sieg über den Hades zitiert:
Psalm 24,7 • Epheser 4,9 • Hosea 13,14 • Sacharja 9,11
Jesus Sirach 24,32 • Apostelgeschichte 2,24 • Kolosser 2,15 • 1. Petrus 3,19

In seiner *Institutio* (2.16.10) untergräbt Calvin auch die offensichtliche Absicht des Apostolischen Glaubensbekenntnisses, das von Christus als „gekreuzigt, gestorben und begraben, hinabgestiegen in das Reich des Todes“ spricht. Bis zum 16. Jahrhundert hatten Christen immer bekannt, dass Christus mit seinem **Hinabsteigen in das Reich des Todes*** den Sieg über das Grab gewonnen hat. Calvin hingegen tauscht die ursprüngliche Bedeutung gegen seine eigene Neuinterpretation aus, indem er nach eigenem Bekunden „das Glaubensbekenntnis völlig außer Acht lässt“. Er sagt vielmehr, Christus sei bereits zu seinen Lebzeiten in die Hölle hinabgestiegen, nämlich als er am Kreuz Höllenqualen litt – Gottes Zorn. „Er musste“, so Calvin, „die Härte der Vergeltung Gottes spüren, um den Zorn Gottes zu besänftigen ... Das war notwendig, damit er die Mächte der Hölle bekämpfte und den Schrecken des ewigen Todes [ertrug].“ Nach Calvins Meinung erlebte Christus auch da, wo er sichtbar vor Menschen litt, die „unsichtbare und unbegreifliche Vergeltung aus Gottes Hand“.

Gott hat Jesus am Kreuz überhaupt nicht gestraft – das ist meine eigene Überzeugung ebenso wie die der historischen Kirche. Nach dem, was der Apostel Paulus sagt, gab sich Gott *in Christus* voll vergebender Liebe hin, versöhnte die Welt mit sich selbst und rechnete uns unsere Sünden nicht an (2. Kor. 5,19). Das ist ein Grund, weshalb ich normalerweise nicht gerne von einer Substitution rede.

Auf unserer Wanderung in den Rocky Mountains in Colorado bemerkte Miroslav Volf, ein Theologe der Yale-Universität, dass viele Christen den Begriff *Substitution* wahrscheinlich nicht aufgeben könnten, und das sei auch nicht nötig, wenn man ihn sorgfältiger und biblischer definieren würde. Man könnte Calvins (in neureformierten Kreisen immer noch verbreitete) Theorie der *„Zorn-Befriedigung"*[6] zu etwas anderem umbenennen. Aber eine biblische Form von „Substitution" können wir beibehalten, wenn wir einfach fragen: „Hat Jesus für uns getan, was wir nicht selbst für uns tun konnten?" Natürlich! Stieg er stellvertretend für uns in den Ring? Stritt er für uns mit Sünde, Tod und Teufel? Sicher! Warf er sich vor uns in die Schusslinie? Aber ja! Der Schlüssel ist, immer daran zu denken: *Nicht Gott hält den rauchenden Colt in der Hand.* Das tun wir. Und während er verblutet, vergibt er uns und sagt: „Ich komme wieder – wir sehen uns in drei Tagen!"

Wenn wir weiter von Substitution (Ersatz, Stellvertretung) sprechen wollen, müssen wir diese beiden Grenzen beachten:

a. Substitution darf nicht von „Identifikation" getrennt werden. Jesus hat den Tod nicht ganz für uns übernommen – wir sterben ja schließlich immer noch, oder? Tatsächlich fordert Jesus uns auf, *unser* Kreuz zu tragen und ihm zu folgen. Im Grunde sagt er: „Sterbt mit mir." Aber Christus führt. Er identifiziert sich mit uns in unserem Tod und beruft uns, mit ihm zu sterben in seinem Tod: „Ich bin mit Christus gekreuzigt" (Gal. 2,20a S), damit wir auch mit ihm auferstehen können („Christus lebt in mir", Gal. 2,20b).

b. Substitution darf nicht zu „Besänftigung" verkommen. Nachdem er seine Argumente für eine gewisse Art von Substitution vorgebracht hatte, fragte ich Volf auf unserer Wanderung: „An welchem Punkt übertreten wir die Linie? Wann wird Substitution ketzerisch – sogar heidnisch?" Er antwortete: „Bei Besänftigung. Zu sagen, dass der Tod Christi einen zornigen Gott besänftigen würde, wäre – formal – Ketzerei." Seine Perspektive stärkte meine eigenen Ansichten und half mir, das Problem, das ich besprechen wollte, klar zu formulieren.

5. Austausch

Schließlich: Als der *„Kreuz"*-Gott Mensch wurde – sich als unser Stellvertreter und an unserer statt mit uns identifizierte –, fand in ihm und durch ihn ein gewaltiger Austausch statt. Er nimmt unseren Fluch (Tod) und gibt uns seinen Segen (Leben); er nimmt unsere Hölle und gibt uns seinen Himmel; er hat teil an der menschlichen Natur, damit wir teilhaben können an seiner göttlichen Natur. Wenn Christus an uns und wir an ihm Anteil haben, nimmt er unsere alten, instabilen und zerbrochenen Herzen aus geistlichem Stein und gibt uns neue, lebendige Herzen aus geistlichem Fleisch. Meine „Adamsnatur" ist ausgetauscht gegen eine neue, verherrlichte „Christusnatur". Das Alte ist vergangen, das Neue ist gekommen.

Das Sühneopfer von „Zorn" entlasten

Das ist es also, was ich damit meine, dass wir das Sühneopfer von der Vorstellung des „Zorns" entlasten. Ja, alle Menschen waren dem Zorn Gottes ausgeliefert (Eph. 2,3). „Zorn", nicht als Vergeltung eines zornigen Gottes, sondern als der Prozess des Verderbens unter dem Fluch und Verfall der Sünde. Und was tat Gott? Er hat uns von diesem Prozess, diesem „Zorn" erlöst! Er *befreite* uns aus der Knechtschaft der Sünde und *entkleidete* uns vom Tod. Wie? Indem er Jesus statt uns dem „Zorn" auslieferte? Nein! Indem er einer von uns wurde und, als Jesus, den „Zorn" durch seine große Barmherzigkeit überwand!

Wir schließen mit Paulus' Beschreibung des vom „Zorn" befreienden Werkes Christi:

> Aber wie sah euer Leben früher aus? Ihr wart Gott ungehorsam und wolltet von ihm nichts wissen. In seinen Augen wart ihr tot. … damals, als wir eigensüchtig unser Leben selbst bestimmen wollten. Wir haben den Leidenschaften und Verlockungen unserer alten Natur nachgegeben, und wie alle anderen Menschen *waren wir dem Zorn Gottes ausgeliefert. Aber Gottes Barmherzigkeit ist groß. Wegen unserer Sünden waren wir in Gottes Augen tot. Doch er hat uns so sehr geliebt, dass er uns mit Christus neues Leben schenkte.* Denkt immer daran: *Diese Rettung verdankt ihr allein der Gnade Gottes.* (Eph. 2,1.3-5)

So eine gute Nachricht! Welch ein Erlöser! Welch ein Evangelium! Oder zumindest eine Beschreibung des schönen Evangeliums, das wir nun verkünden sollen.

Innehalten und nachdenken

- Hast du schon jemals das Kreuz als einen Sieg betrachtet? Die Auferstehung war offensichtlich ein Sieg, aber inwiefern sieht Paulus das Kreuz selbst als den Ort, an dem Christus triumphierte?
- Hast du schon jemals über Jesu Hinabsteigen in das Reich des Todes nachgedacht? Inwiefern ist dieses Hinabsteigen Teil seines Sieges? Inwiefern ist es Teil deines Sieges?
- Hast du schon jemals darüber nachgedacht, was „Rechtfertigung" bedeutet? Wenn Paulus sagt, wir seien „gerechtfertigt durch den Glauben", was bedeutet das für dich? Wie sieht das im wirklichen Leben aus, jenseits abstrakter Theologie?
- Hast du schon jemals darüber nachgedacht, wie weit Gott in der Identifikation mit dir gegangen ist? Der allmächtige Schöpfer des Universums hat völlig teil am Zustand des Menschen! Gibt es Prüfungen in deinem Leben, die er verstehen könnte? Gibt es andere, bei denen du bezweifelst, dass er „kapiert", was sie für dich bedeuten?
- Wenn Gott einen Austausch mit uns vornimmt, dann ist es immer eine Verbesserung: Freude statt Trauer, Trost statt Kummer, Frieden statt Angst. Was musst du heute von ihm austauschen lassen? Könnte ein Gang ans Kreuz angebracht sein?

Innehalten und beten

Gott, ich bin dankbar für deinen Sieg … und könnte selbst ein paar Siege gebrauchen. Bitte mache Sieg und Versöhnung real für mich. Ich nehme deine Teilhabe gerne an. Ich würde mich über den Tausch – die Verbesserung – von manchen Dingen freuen. Ich glaube, ich bin bereit dafür. Herr, lass es geschehen!

14

Eine Botschaft, die Christus mehr entspricht

Das schöne Evangelium

Lobe den Herrn, meine Seele,
und vergiss nicht, was er dir Gutes getan hat:
der dir alle deine Sünde vergibt
und heilet alle deine Gebrechen,
der dein Leben vom Verderben erlöst,
der dich krönet mit Gnade und Barmherzigkeit.
König David (Psalm 103,2-4 L)

Das *„Kreuz"*-Evangelium

Dieses ganze Buch ist der Erneuerung unserer Sicht auf Gott gewidmet – auf einen sowohl *christusgleichen* als auch einen *„Kreuz"*-Gott. Dieses Bild von Gott als der durch und durch barmherzigen, menschgewordenen Liebe ist der Aufruf, entsprechend auch das Evangelium besser zu sehen, zu verstehen und weiterzusagen.

Vorsicht! Das Evangelium selbst braucht keine Verbesserung; das Evangelium ist vollkommen. Das Evangelium ist die Geschichte der unveränderbar guten Nachricht von Jesus Christus, wie sie in den Berichten von Matthäus, Markus, Lukas und Johannes offenbart wird. Auf der anderen Seite fällt neues Licht auf das Wunderbare, was Jesus für uns getan hat, denn der Geist der Wahrheit leitet und erleuchtet Gottes Kinder weiterhin und wir erkennen: Die Gute Nachricht ist *noch* besser als gedacht. Das Evangelium selbst verändert sich nicht, doch wir merken, dass sich vielleicht unsere Sicht, unser Verständnis und unsere Darstellung des Evangeliums verbessern könnte. Es braucht gar nicht unbedingt etwas Neues zu sein, ganz im Gegenteil. Vermutlich müssen wir für eine Art Qualitätskontrolle die „uralte Geschichte" durch eine von Jesus gereinigte Brille lesen. Nicht das Evangelium braucht also eine Optimierung – aber wir brauchen sie, um unsere Treue gegenüber dieser Botschaft wiederzuerlangen, zu sichern und zu erhalten.

Diesem Ziel dient eine Präsentation mit dem Titel „Das Evangelium mit Stühlen", oder, wie wir sie jetzt nennen wollen, „Das schöne Evangelium". Ursprünglich von einem orthodoxen Priester, Vater Anthony Carbo aus Colorado Springs, ausgearbeitet, wurde später eine neunminütige Version von Steve Robinson online gepostet.[1] Brian Zahnd und ich entdeckten sie und entwickelten eigene Adaptionen.[2] Wir waren beide so gepackt von dem „Evangelium mit Stühlen", dass wir uns zusammengetan haben, um eine „Stühle-Erweckung" anzuregen. Wir bringen anderen Leuten bei, dieses „schöne Evangelium" weiterzuerzählen, sodass es jetzt in den USA, Kanada, Großbritannien, Schweden, den Niederlanden, Portugal, Deutschland, Österreich, der Schweiz, in Kenia und Südafrika erzählt wird. Brian führte ein Trainingswochenende in Indien durch, wo sich über 200 Pastoren herausfordern ließen und auch anderen davon weitersagen. Eine andere Kollegin präsentierte es vor über 400 Insassen eines Gefängnisses, und die Gefangenen reagierten begeistert. Für sie war das wirklich eine gute Nachricht! Es wurde auch in den Lehrplan des Masterstudiengangs für Theologie an Ausbildungsstätten wie dem Westminster Theological Centre (Großbritannien) aufgenommen, an dem ich unterrichte.

Was ist also das „Evangelium mit Stühlen" – dieses *schöne Evangelium*? Es ist im Grunde eine visuelle Präsentation von zwei Versionen des Evangeliums, die mithilfe von zwei Stühlen erzählt werden. Ein Stuhl stellt dar, wie wir uns im Verlauf der biblischen Geschichte und tatsächlich auch im Verlauf unseres eigenen Lebens von Gott ab- oder ihm zuwenden. Der andere Stuhl stellt Gottes dazugehörige Ausrichtung dar: entweder uns zu- oder von uns abgewandt, entsprechend unseren Entscheidungen und entsprechend der Version des verkündeten Evangeliums. Du kannst unsere Videos im Internet ansehen, aber ich hoffe, dass du auch darüber nachdenkst und betest, wie du diese Präsentation verbessern, zu deiner eigenen machen und andere daran teilhaben lassen kannst. Nimm diese Ausführungen als deine Ausbildung, deinen „Stühle-Kurs". Was nun folgt, ist das Basis-Skript, das die beiden Möglichkeiten beschreibt, das Evangelium zu predigen. Es ist auch eine Wiederholung und einfache Zusammenfassung der Hauptaussagen aus diesem Buch.

Um es noch einmal zu sagen: Das Folgende stammt ursprünglich nicht von mir. Ich gebe einen Ansatz wieder, der Carbo anvertraut, von Robinson weitergegeben und später von Zahnd und mir nacherzählt wurde. Viele Ausdrücke sind nicht von mir, wenn ich auch meine Version in aller Freiheit bearbeitet habe. Auf der anderen Seite werden meine Leser bemerken, dass ich eine viel ältere Geschichte nacherzähle: die zusammengefasste biblische Geschichte, „den Glauben, wie er denen, die zu Gott gehören, ein für alle Mal überliefert ist" (Jud. 3).

Zwei Versionen des Evangeliums

Bevor es an die zwei Geschichten geht, beginne ich mit einer Einführung, in der ich einige der Grundwahrheiten, die wir in diesem Buch besprochen haben, zusammenfasse. Ich erzähle den Zuhörern, dass ich zwei Stühle verwenden werde, um zwei Versionen des Evangeliums zu vergleichen und einander gegenüberzustellen. Die erste Version stellt das dar, was Robinson „die protestantische Sicht" nennt. Da aber sehr viele Protestanten gar nicht daran glauben, bezeichnen wir sie stattdessen als „die moderne westliche Version". Es ist die Evangeliumsgeschichte, wie sie evangelikalen Christen am ehesten vertraut ist, die aber ursprünglich durch den schon an früherer Stelle erwähnten, damals etwa 27 Jahre alten Reformator Johannes Calvin ungefähr 1536 in Genf entstand. In Amerika wurde sie durch die Erweckungspredigten von Jonathan Edwards und danach von weiteren Evangelisten populär. Verbreitete Adaptionen aus dem 20. Jahrhundert sind unter anderem „Die vier geistlichen Gesetze" (Campus für Christus) und die Großveranstaltungs-Predigten von Pastor Billy Graham.

So ist also die erste Version, die ich illustriere, das, was die meisten Evangelikalen mit der Muttermilch aufgesogen habe, und sie dreht sich um jene Theorie der Versöhnung, die wir die *Straf-Theorie* nennen (oder die gesetzliche, vergeltende oder juristische Sichtweise). Dieser Ansatz stellt die Geschichte von Jesus als ein Drama im Gerichtssaal dar, wo Sünde mit Gesetzesbruch gleichgestellt wird, der bestraft, und wo Gott der Richter ist, dessen Gerechtigkeit Genüge getan werden muss. Da unsere Sünde sich gegen einen ewigen Gott richtet, muss auch die Strafe ewig (von Dauer) sein *oder* eine ewige Person (Jesus Christus) in den Riss treten, um an unserer statt bestraft oder geopfert zu werden. Erst nachdem der ewige Stellvertreter bestraft wurde, steht es dem Richter frei, dem bußfertigen Sünder zu vergeben, da die Schuld vollständig beglichen wurde.

Ich kann diese Version gut verstehen, weil ich so zu Christus geführt wurde und im Glauben darauf eingegangen bin. Das heißt, ich kam zu Christus, nachdem ich diese bestimmte Darstellung gehört hatte. Über die Jahre gab ich diese Version als Pastor und Evangelist weiter und erlebte, wie Glauben entstand – nicht nur Glauben an eine Präsentation oder ein Modell, sondern an Christus selbst.

Außerdem findet sich – ob man sich der Gerichtssaal-Analogie zugeneigt fühlt oder nicht –, trotz ihrer Begrenzungen einiges von ihrer tendenziell juristischen Sprache tatsächlich in der Bibel. In dem Sinn ist sie „biblisch".

Dann weise ich darauf hin, dass diese erste Version zwar sehr alt ist – mindestens 500 Jahre –, aber eigentlich nicht *uralt*. Ich sage den Zuhörern, dass es meiner Überzeugung nach einen älteren, akkurateren, biblischeren Bericht über das Evangelium gibt, einen, der von den Aposteln und den frühen Kirchenvätern in den ersten drei Jahrhunderten nach Christus verfasst wurde. Robinson nennt das „die orthodoxe Version", aber da andere Glaubensströmungen (wie die Kelten, die Wiedertäufer etc.) diese auch annehmen, haben wir uns geeinigt, von der *restaurativen Theorie* oder dem *heilenden Evangelium* oder sogar der *therapeutischen Version* zu reden. In dieser Version ist Sünde nicht nur ungesetzliches Verhalten, sondern vielmehr eine tödliche Krankheit. Der sündige Zustand ist ein Seelenleiden, das viel tiefer wurzelt als unser Tun und Denken. Diese Krankheit – dieser Zustand – unterwirft uns der Sinnlosigkeit und dem Tod. In dieser Analogie zu einem Krankenhaus oder Hospiz, eher als zu einem Gerichtssaal, kommt Gott nicht als ein Strafrichter daher, sondern als der große Arzt, der unsere Zerbrochenheit heilen und uns vor dem Fluch des Todes erretten will. Während beide Versionen beanspruchen, „biblisch" zu sein, kommt mir die letztere wahrhaft „apostolisch" vor, wenn damit die Übereinstimmung mit dem Glauben gemeint ist, „wie er denen, die zu Gott gehören, ein für alle Mal überliefert ist" (Jud. 3).

Hier haben wir also unsere zwei Analogien: Verbrecher oder Patienten, Gerichtssaal oder Krankenhaus, ein Richter oder ein Arzt. Wenn ich die Geschichte zweimal erzähle, gehe ich aber nicht nur von einer Erlösungstheorie zu einer anderen: Ich gehe von einer Theorie (in der ersten Version) zurück zur eigentlichen Geschichte von Jesus (in der zweiten Version). In dem Gerichtsdrama nach Calvins Vorstellung haben wir eine Analogie zum Werk Christi. Der Krankenhaus-Vergleich ist hilfreich, sogar biblisch. Besser noch ist allerdings, wenn wir weg von der Metapher und hin zu den eigentlichen Ereignissen kommen, die in der Bibel, und zwar ganz besonders in den vier Evangelien stehen.

Dann sind wir so weit und können uns nun den Stühlen zuwenden. Ich werde dieses Skript als Liste mit Aufzählungszeichen vorlegen, damit du ganz genau folgen kannst. Steht da etwas von „hinwenden" oder „abwenden", musst du als Leser wissen, dass ich einen Stuhl umstelle – zu dem anderen Stuhl hin bzw. von ihm weg.

Die erste Erzählung: das moderne/Gesetz-/Vergeltungs-Verständnis

- Gott schuf die Menschen (Mann und Frau) nach seinem Bild, um seine Herrlichkeit widerzuspiegeln und Gemeinschaft zu haben.
- Gott setzte den Menschen in den Garten Eden, damit er sich um die Tiere kümmerte, den Garten betreute und ihn, Gott, in der Welt repräsentierte.
- Aber dann geschah das Undenkbare: Adam und Eva sündigten und wurden damit zu „Sündern". Sie wenden sich von Gott weg.
- Da Gott heilig, rein und gerecht ist, kann er Sünde nicht ertragen. Deshalb wendet sich Gott vom Menschen ab. Adam und Eva

werden aus dem Garten vertrieben, sie tragen den Fluch der Sünde und reichen ihn an ihre Nachkommen weiter.

- Jede Mühe, die wir Menschen aufwenden, um Gott zu gefallen, uns selbst zu rechtfertigen, gerecht zu sein oder uns unserer Schuld zu entledigen, ist vergeblich. Wir sind „völlig verderbt"[3] und von heimtückischer Bosheit. So ist Gottes Einstellung uns gegenüber „Feindschaft" und Zorn, der besänftigt werden muss.
- Gott sei Dank: In seiner Liebe zu den Menschen sendet er seinen Sohn, um unseren Platz einzunehmen und an unserer statt zu leben, in vollkommenem Gehorsam und der rechten Beziehung zu Gott. Anders als wir wandte sich Jesus Gott immer zu und Gott war immer ihm zugewandt.
- Am Ende seines Lebens wird Jesus getötet und der Vater legt alle unsere Sünde und Schuld auf ihn. Da er selbst zu gerecht, heilig und rein ist, wendet Gott sein Angesicht ab, kehrt ihm den Rücken zu, verlässt seinen Sohn und gießt seinen vollen Zorn über ihn aus. Er opfert seinen Sohn, um seinen eigenen Zorn auf die Sünde zu besänftigen, indem er diese in Jesus vollständig bestraft.
- Wenn wir uns nun Gott zuwenden, wenn wir glauben, dass Jesus dies für uns getan hat – unsere Sünde getragen und den ganzen Zorn Gottes an unserer Stelle ausgehalten hat –, dann sind wir in Christi Gerechtigkeit gekleidet. Luther spricht von „zugeschneitem Mist". R. C. Sproul sagt, Christus werde unser „Asbestanzug für den glühend heißen Zorn Gottes auf Sünder". Da wir in Christi Gerechtigkeit gehüllt sind, kann sich Gott schließlich doch uns zuwenden.
- Wenn wir aber nicht glauben, dass Jesus das für uns getan hat, bleiben wir in unserer Sünde, entfremdet von Gott. Der Zorn Gottes ist weiterhin auf uns. Wenn wir uns bis zu unserem Tod nicht reumütig Gott zugewandt haben, sind wir Sünder zur Hölle verdammt, wo wir in alle Ewigkeit den Zorn Gottes in uns tragen. Dann ist Gottes Gunst auf ewig von uns abgewandt.
- Deshalb ist es äußerst wichtig, dass wir Buße tun und uns Christus zuwenden, damit wir, von aller Schuld befreit, ewig leben können.

Das ist im Wesentlichen die Gesetz- oder Vergeltungsversion. Sie stellt in etwa die Tradition dar, in der ich zum Glauben kam, die weiterzugeben ich ausgebildet wurde und die ich viele Jahre gepredigt habe.

Was dieses Evangelium insgesamt aussagt, ist: Wenn du dich von Gott abwendest, wendet sich Gott von dir ab. Wenn du dich Gott wieder zuwendest, wird Gott sich dir wieder zuwenden. Unsere Entscheidungen bestimmen die Ausrichtung des Gott-Stuhls:

1. Wir wenden uns von Gott ab …

2. … deshalb wendet sich Gott von uns ab.

3. Aber wenn wir uns Gott wieder zuwenden …

4. … wendet er sich auch uns wieder zu.

Fliegen in der Salbe

Im Lauf der Zeit begannen mir drei Elemente große Sorgen zu machen. Auf vielen Ebenen – biblisch, theologisch, pastoral und evangelistisch – setzt diese Darstellung scheußliche „Fliegen in die Salbe" (Pred. 10,1)!

Erstens: Sie legt die Erlösung in unsere Hände

Zugegeben, man würde immer sagen, dass Erlösung nur durch Gnade geschieht, von Gott initiiert und von Christus bewirkt wird. Aber am Ende ist deine Reaktion doch alles, was zählt. In gewisser Hinsicht stimmt das ja auch, nicht wahr? Wir können Gnade in aller Freiheit ablehnen oder annehmen, oder? Dann sind die Konsequenzen – auch die allerletzten Konsequenzen – davon abhängig, ob wir Gottes Gnade annehmen oder ablehnen, richtig?

Aber Moment! Führt meine Abwendung von Gott wirklich dazu, dass Gott sich von mir abwendet? Sieht mich Gott nur dann an, wenn ich mich entscheide, ihn anzusehen? Wer ist auf der Suche nach wem? Wer findet wen? Wer rettet wen? Ist eine Gnade, die von meiner Fähigkeit abhängt, den richtigen Weg einzuschlagen, überhaupt wirklich Gnade?

Was wäre, wenn, wie oben vorgeschlagen, das Urteil für die Abwendung von Gott nichts weiter wäre als eben das: die Abwendung von Gott? Die allein ist bereits eine Katastrophe mit furchtbaren und schmerzlichen Folgen. Was, wenn Gott auf unser Abwenden *nicht* damit reagierte, dass auch er sich abwendet, sondern mit der Rettungsmission, die uns vor uns selbst rettet?

Zweitens: Sie richtet Gott gegen uns

Wie konnte ein christlicher Lehrer je zu dem Schluss kommen, Gottes „vorrangige Einstellung sei Feindschaft"? Wie hätte Johannes 3,16 denn noch klarer sein können? „Denn so hat Gott die Welt *geliebt*." Wenn ich das sage, freue ich mich immer, dass die Leute hörbar mit einer Mischung aus offensichtlicher Empörung und Lachen über einen so riesengroßen Fehler reagieren. Zum Glück können sie diesen Fehler nicht einmal mehr nachvollziehen – wenigstens nicht, sobald er laut ausgesprochen und nicht mehr eine verborgene Grundvoraussetzung ist.

Aber weiter: Wie kamen wir je darauf, dass Gott zu heilig, zu gerecht und zu rein wäre, um Sünde anzusehen? Ist es uns irgendwie entfallen, dass Gott doch überall ist und alles sieht? Wenn Gott zu heilig wäre, um Sünde anzusehen, würde er dann irgendwas über irgendwen wissen? Nein: Ist Jesus nicht an jedem Tag seines Lebens mit Sündern unterwegs gewesen? Er ging, sprach und aß mit ihnen. Wollen wir sagen, dass Jesus nicht menschgewordener Gott war, ganz Gott und ganz Mensch, und zwar in jedem Augenblick seines Lebens? Was Jesus sah, sah Gott – mitsamt Sündenbefleckung und allem.

Wo hat sich also diese Vorstellung eingeschlichen? Ich will es dir sagen. Sie wurde aus einem halben Bibelvers in Habakuk ausgegraben! In 1,13 klagt Habakuk vor Gott über die furchtbaren Sünden seines Volkes. Er sagt in den ersten beiden Zeilen: „Dabei bist du doch zu heilig, um Böses mit ansehen zu können; du erträgst es nicht, wenn Menschen Unrecht geschieht." Um diese zwei Sätze herum wurde (zumindest in manchen Teilen der Welt) eine ganze Theologie aufgebaut, die Menschen die Schande zuschreibt, so abstoßend zu sein, dass Gott sie nicht ansehen kann! Hätte man doch nur weitergelesen! Die nächsten Zeilen dieses Verses lauten: „Warum siehst du dann dem Treiben dieser Verbrecher tatenlos zu? Warum schweigst du, wenn diese Gottlosen andere vernichten, die doch rechtschaffener sind als sie?"

Mit anderen Worten, eigentlich klagt Habakuk: Gott, deine Augen sind zu rein, um Sünde anzusehen, *warum tust du es denn*? Du bist zu heilig, um Bosheit zu tolerieren, *warum tust du es denn*? Im Verlauf des Buches macht Gott klar, dass er alle diese Sünde und Bosheit sieht, dass sie nicht unbemerkt geblieben ist und dass er sie in der Tat zurechtbringen will. Habakuk sieht voraus, dass Christus kommen wird, um sein Volk zu retten (Hab. 3,3-5), und er betet prophetisch: „Auch wenn du im Zorn strafen musst – so hab doch Erbarmen mit uns!" (Hab. 3,2).

Manchen mag eine Stelle in Jesaja verwirrt haben, wo es heißt: „Eure Schuld – sie steht wie eine Mauer zwischen euch und eurem Gott! Eure Sünden verdecken ihn, darum hört er euch nicht" (Jes. 59,2).

Das ist ziemlich verdammend, nicht wahr? Ganz klar, oder? Die Bibel sagt es, ich glaube es, und damit gut, richtig? Würden wir doch nur weiterlesen! Das gesamte Kapitel geht in dieser Weise weiter – Gott sieht die Ungerechtigkeit im Land und er sieht, wie die Ungerechtigkeit den Fluss des Segens und Wohlgefallens, der seiner Absicht entspricht, aufhält. Er ist bekümmert über die Situation. Und, was macht Gott?

> Als der Herr dies sah, missfiel es ihm, dass kein Recht da war; er sah auch, dass kein Mann vorhanden war, und war verwundert, dass kein Fürsprecher da war. Da half ihm *sein eigener* Arm, und seine Gerechtigkeit, die unterstützte ihn. (Jes. 59,15-16 S)

Wer oder was ist dieser *Arm des Herrn*? Lies weiter:

> Für Zion aber *kommt er als Erlöser*, als ein Befreier für alle Nachkommen von Jakob, die sich von ihrem gottlosen Leben lossagen. So spricht der Herr: Ich will einen Bund mit euch schließen: *Mein Heiliger Geist*, der auf euch ruht, *wird bei euch bleiben*, und die Worte, die ihr von mir empfangen habt, werden von Mund zu Mund gehen. Auch eure Kinder, Enkel und Urenkel werden sie noch kennen. Das bleibt für alle Zeiten so, denn mein Wort gilt! (Jes. 59,20-21)

Mit anderen Worten, wenn Gott sieht, dass Einzelne oder Nationen sich in Sünde suhlen – persönlich oder gesellschaftlich –, dann wendet er ihnen nicht etwa den Rücken zu, sondern ganz im Gegenteil: Er rollt die Ärmel hoch und reicht ihnen die Hand, um sie zu retten. In diesem Fall ist „die Hand/der Arm" eine Metapher für den Messias, eine prophetische Ankündigung von Gottes Heilmittel und die Verheißung, dass er uns *nicht* allein lassen wird.

Drittens: Sie spielt Gott gegen Christus aus

Genauso schlimm wie der erste Fehler – vielleicht noch schlimmer – ist, dass die Straf-Version Gott den Vater gegen Gott den Sohn ausspielt. Das heißt, obwohl der Vater den Sohn liebt, wird er so dargestellt, als wende er sein Angesicht vom Sohn ab, verließe den Sohn, schlage und strafe und quäle den Sohn, indem er seinen ganzen Zorn über die Sünde auf den Sohn ergießt.

Ich möchte meine Leser herausfordern, auch nur *ein einziges* Beispiel in den vier Evangelien zu finden, in dem Jesus den Vater als Hauptverschwörer und den Strafenden von Karfreitag darstellt. Untersuche das Evangelium ganz genau, wie es in der Apostelgeschichte gepredigt wird (25% des ganzen Buchs!) Forsche doch nach, ob du auch nur einen einzigen Hinweis darauf entdeckst, dass Gott der Vater an der Kreuzigung Schuld hätte. Dennoch: Paradoxerweise hat Gott unsere Erlösung tatsächlich dadurch zustande gebracht. Selbst Paulus' Ausdrucksweise – Gott sandte seinen Sohn als ein „Sühneopfer" – ist meilenweit entfernt von diesem Bild eines vergeltenden Gottes, der sich von Jesus abwendet oder Jesus schlägt, um seinen Zorn vollständig zu stillen.

Gott ist für dich, nicht gegen dich.

Jesus ist nicht gekommen, um dich vom Zorn des Vaters zu befreien. Gott in Christus kam, um dich vom „Zorn", der Knechtschaft und Zerstörung durch Sünde, Tod und Teufel zu befreien.

Woher haben wir also diese Vorstellung? Wie kommen wir dazu zu denken, dass Gott sein Angesicht von Christus abgewandt habe? Ich will es dir sagen. Sie gründet auf einer unvollständigen und falschen Lesung von Psalm 22,2, dem Vers, in dem David das prophezeit, was Theologen „Jesu Schrei der Gottverlassenheit" nennen. Er beginnt den Psalm mit den Worten: „Mein Gott, mein Gott, warum hast du mich verlassen?" Und dann tun wir, wozu wir immer neigen: Wir schaffen eine ganze Theologie, ohne weiterzulesen. Du weißt wahrscheinlich, wie das geht: Jesus schreit verzweifelt zu Gott – warum? Weil Gott ihn verlassen hat. Warum sollte der Vater das tun? Weil Jesus „zur Sünde geworden ist" (2. Kor. 5,21) und Gott zu heilig und gerecht ist, um Sünde anzusehen. Und so wendet der Vater sein Angesicht ab. Damit erfährt Christus die Hölle selbst – die Trennung von Gott. Es ist vollkommen biblisch und logisch. Aber nicht lange.

Machen wir noch einmal den Gegenvergleich. Jesus zitierte Psalm 22,2 – daher wissen wir, dass ihm am Kreuz dieser Psalm in den Sinn gekommen ist. Er erinnert sich nicht nur an einen Vers, sondern an den ganzen Psalm, welcher Tod und Auferstehung Christi aus seinem Blickwinkel prophetisch beschreibt, bis hin zu seinen Gedanken. Er sagt Details voraus: den Spott und die Gewalt seiner Folterer, und wie die Soldaten Nägel durch Jesu Hände und Füße schlagen und dann seine Kleider unter sich aufteilen würden. Er sieht über die Kreuzigung hinaus auf Christi Auferstehung und Inthronisierung als Herrscher über alles, und wie alle Völker kommen werden, um sich vor ihm zu beugen und ihn anzubeten.

Der Psalm beginnt düster, da Christus in Solidarität mit und für die leidet, die dringend Gottes Hilfe brauchten und nur in die Finsternis der Verzweiflung blicken konnten. Ihr Wehgeschrei wird das seine.

Und was passiert? Verlässt ihn Gott? Wendet er sein Angesicht ab? Ignoriert er seinen Hilfeschrei? Lesen wir nach:

> Alle, die ihr den Herrn achtet, preist ihn! Ihr Nachkommen von Jakob, ehrt ihn! Begegnet ihm in Ehrfurcht, ihr vom Volk Israel! Denn er hat den Hilflosen nicht verachtet, über sein Elend ging er nicht hinweg. Nein, Gott *wandte sich nicht von ihm ab*, sondern hörte auf ihn, als er um Hilfe schrie. (Ps. 22,24-25)

Lies das Kursivgedruckte noch einmal laut. *Er wandte sich nicht von ihm ab.* Auf wen bezieht sich „er"? Auf Gott den Vater. Wer ist mit „ihm" gemeint? Jesus. Gemäß dem lebendigen Wort Gottes, von dem der Psalmist prophetisch spricht und mit dem sich der Herr Jesus während seiner Kreuzigung identifiziert: Hat Gott ihn tatsächlich verlassen? Hat sich der Vater wirklich vom Sohn abgewandt? Was steht da?

Er wandte sich nicht von ihm ab.

Und die Antwort des Sohnes: „Vater, in deine Hände lege ich meinen Geist!" (Lk. 23,46). Wieder ein Zitat aus einem messianischen Psalm! Dies sind Worte aus Psalm 31,6. Wieder kennt Jesus den ganzen Psalm auswendig. Wenn wir weiterlesen bis zu Vers 23, hören wir ihn bezeugen: „Entsetzt hatte ich schon gedacht: ‚Herr, du hast mich verstoßen!' Du aber hörtest mich, als ich zu dir um Hilfe schrie." In der Finsternis des Augenblicks fühlt sich Christus in seiner Menschlichkeit verstoßen – er ist „entsetzt" – und schreit um Hilfe.

Und was macht Gott? Er hört und erhört. Wie? Der Hebräerbrief sagt es uns:

Als Jesus unter uns Menschen lebte, schrie er unter Tränen zu Gott, der ihn allein vor dem Tod retten konnte. Und Gott erhörte sein Gebet, weil Jesus den Vater ehrte und ihm gehorsam war. (Hebr. 5,7)

Der Vater zieht den Sohn nicht vom Kreuz herunter oder bewahrt ihn vor dem Sterben. Nein, er tut etwas noch Besseres: Er errettet ihn vom Tod selbst und gibt ihm die Schlüssel, denn damit war der Fluch des Todes für jedermann gebrochen.

Ich bitte dich: Gibt es irgendetwas in dieser Darstellung, was den Vater gegen den Sohn stellt? Aber wir müssen weitermachen. „Gott" bezieht sich nicht nur auf den Vater. Christen glauben, die Bibel offenbare einen Gott in drei Personen: Vater, Sohn und Heiliger Geist – *ungeteilt*. Wir glauben, dass ein dreifaltiger Gott sich in und durch den Herrn Jesus Christus offenbarte – eine Person in zwei Wesen, *ganz* Mensch und *ganz* Gott. In der Inkarnation war Jesus von Nazareth „Gott in Christus".

Ferner bekennen und glauben wir mit Paulus, dass die ganze Fülle Gottes im Fleisch in Christus wohnte. Wir glauben, dass Jesus jederzeit ganz Mensch und ganz Gott war, auch in seinem Leiden und Sterben. Wenn ich das „Evangelium mit Stühlen" erzähle, zitiere ich manchmal folgende Bibeltexte und frage: „Wo war Gott am Karfreitag?"

- Wir glauben: „Gott war in Christus und versöhnte die Welt mit ihm selber" (2. Kor. 5,19 L).
- Wir glauben, dass es dieser Jahwe war, der sagte: „Voller Reue werden sie auf *mich* sehen, den sie durchbohrt haben" (Sach. 12,1.10).
- Wir glauben, dass die Herrscher dieser Welt den Herrn der Herrlichkeit ans Kreuz geschlagen haben (s. 1. Kor. 2,8 L).

Worüber ich normalerweise nicht rede, ist, wie mysteriös und komplex die Lehre von der Dreieinigkeit ist, wenn es um das Leiden Christi geht. Wenn ich es wagte, dorthin zu trampeln, wo die Engel ihr Gesicht mit den Flügeln bedecken, dann würde ich wahrscheinlich irgendeine neue Ketzerei hervorbringen. Für den Moment kann ich nur einen Appetithappen der gesunden Lehre des großen Theologen und Wüstenvaters Johannes Cassian (360-435 n. Chr.) anbieten:

Doch wenn er von Jesu Passion spricht, zeigt er, dass der Herr der Herrlichkeit gekreuzigt wurde. „Denn wenn sie es gewusst hätten, hätten sie den Herrn der Herrlichkeit nie gekreuzigt", sagt er. Und so spricht auch das Glaubensbekenntnis vom einzigen und erstgeborenen Herrn Jesus Christus – „Wahrer Gott vom wahren Gott, eines Wesens mit dem Vater und Schöpfer aller Dinge" – und bestätigt, dass er von der Jungfrau geboren, gekreuzigt und danach begraben wurde. So verbinden wir in einem Leib (sozusagen) Gottessohn und Menschensohn und *vereinen Gott und Mensch, sodass es weder in der Zeit noch in der Passion eine Trennung geben kann*, da sich der Herr Jesus Christus als ein und dieselbe Person erweist, sowohl als Gott durch alle Ewigkeit als auch als Mensch durch das Erleiden seiner Passion; und obwohl wir nicht sagen können, dass der Mensch ohne Anfang ist oder dass Gott vergänglich ist, *können wir doch in der einen Person des Herrn Jesus Christus vom Menschen als ewig und von Gott als tot sprechen*.

Du siehst also, dass Christus die ganze Person meint und dass der Name beide Naturen repräsentiert, denn sowohl der Mensch als auch Gott wurden geboren, und so nimmt er die ganze Person auf, sodass wir sehen: Wenn dieser Name verwendet wird, wird kein Teil ausgelassen. Dann war da nicht vor der Geburt aus einer Jungfrau dieselbe Ewigkeit, die zur Vergangenheit der Menschheit gehörte wie zur Gottheit, aber *weil Gottheit und Menschheit vereint waren* im Schoß der Jungfrau, folgt daraus: *Wenn wir den Namen Christi nennen, kann nicht das eine ohne das andere gemeint sein.*[4]

Was sollen wir dann von einem Evangelium halten, das den Straf-Vater gegen den Opfer-Sohn richtet? Oder den barmherzigen Christus gegen den zornigen Gott? Als ich aufhörte, ein Vergeltungs-Evangelium zu predigen, brandmarkten mich manche als ketzerisch, aber eine sorgfältige Überprüfung des historischen christlichen Glaubens zeigt, dass der wirkliche Fehler darin gelegen hatte, überhaupt jemals diesen Monstergott gepredigt zu haben. Ich hatte sicher an einen Gott geglaubt – aber einen ungeteilten? Auch Karfreitag? Nein, fälschlicherweise hatte ich an eine getrennte Dreieinigkeit geglaubt.

Wir müssen irgendwie *beide* Wahrheiten bejahen: dass Christus eine echte Erfahrung unseres Verlassenheitsgefühls gemacht hat *und* dass er nie aufgehört hat, Gott zu sein, ebenso wenig, wie die Dreieinigkeit je aufhörte, eins zu sein. Ich überlasse es dem Leser, über dieses Geheimnis nachzudenken.

Mancher wird das nur überfliegen, während andere daraus ganz neue Erkenntnisse gewinnen – Fazit ist: Weder die Dreieinigkeit (Vater, Sohn und Heiliger Geist) noch die beiden Naturen Jesu Christi (Mensch und Gott) können je getrennt werden. *Niemals.* Nicht am Kreuz. Nicht im Grab. Nicht in der Totenwelt. *Niemals.* Jede Theologie, die den Vater gegen den Sohn ausspielt, ist laut den Vätern und Müttern des orthodoxen Christentums formal Ketzerei. Wir haben alle Freiheit, anders zu glauben, aber dann sollten wir uns nicht mit ihrem Glauben identifizieren.

Dies ist auch keine theologische Haarspalterei. Diese Heiligen wurden verbannt und gefoltert, sie erlitten das Martyrium, weil sie das schöne Bild der Apostel vom „Gott in Christus" weitergesagt hatten. Manchen, z. B. Maximus dem Bekenner, wurden die Zunge herausgerissen und die Hände abgehauen, damit sie diese Wahrheiten nicht mehr sprechen oder schreiben konnten. Aber sie haben dennoch gesprochen und geschrieben, damit du und ich statt eines minderwertigen Götzenbildes diesen schönen Gott anbeten können. Dieser schöne Gott wurde offenbart von, in und durch Christus – und war *nie* gegen ihn. Aber wer denkt und redet denn überhaupt so? Ich. Ich habe das getan. Und wenn ich der einzige Ketzer bin, der Buße tun musste – wunderbar! Mission erfüllt!

Wer nun angesichts von ein wenig gesunder Lehre ungeduldig wird (oder zu geistlich dafür ist): Bedenke doch, welche Monstrositäten die hervorgebracht haben, die sich von ihr abwenden! Überlege einmal, wie lästerlich wir Gott verleumdet haben, indem wir unseren Kindern und den Kindern anderer Leute rund um den Erdball erklärt haben, warum Jesus starb. Blasphemische Monstrositäten?

Während ich dieses Kapitel schrieb, kam eine neue Version von *Godzilla* in die amerikanischen Kinos. Eine Frau twitterte: „Das nächste Mal, wenn mir wer sagt: ‚Meine Theologie macht aus Gott kein Monster', sende ich ihm das hier." Sie fügte den Link zu einem Blog-Artikel bei, der mit „Godzilla und die erlösende Zerstörung Gottes"[5] überschrieben war. Die Moral (?) des Artikels war, dass „Godzilla, genau wie auch der Gott Israels, Zerstörung bringt, um zu retten." Der Autor fuhr fort: „Der Gott Israels wird nicht zögern, ein bisschen Chaos anzurichten, um seinem Volk die Augen für ihre Not zu öffnen."

1. Egal wie oft wir uns von Gott abwenden: …

2. … Gott wendet sich uns zu. Er vergibt uns, er sucht uns, er findet uns, er nimmt uns an in der Gnade.

3. Selbst wenn wir uns wieder von Gott abwenden …

4. … wendet sich Gott wieder und wieder und wieder uns zu! Er hört nie auf, sich dir zuzuwenden. Gott ist immer für dich!

Oder wie John Piper sagt, ohne mit der Wimper zu zucken:

> *Für Gott ist es richtig, Frauen und Kinder abzuschlachten, wann immer er will.* Gott gibt Leben und er nimmt Leben. Jeder, der stirbt, stirbt, weil Gott es so möchte … Alles was er tut, ist gerecht und richtig und gut. Gott schuldet uns nichts.[6]

Okay, genug der Zerstörung. Es ist Zeit für die zweite Version, die ältere und biblischere Geschichte – die wiederherstellende Erzählung, die wir *Das schöne Evangelium* nennen.

Die zweite Erzählung: das alte/heilende/wiederherstellende Verständnis

Auf die Gefahr hin, mir selbst den Wind aus den Segeln zu nehmen, will ich erst einmal aufzeigen, inwiefern sich die zweite Erzählung von der ersten unterscheidet. Wenn wir die Stühle verwenden, um Gottes radikal andere Reaktion auf Sünde zu illustrieren, sehen wir eine Botschaft, die den Namen *Evangelium, Frohe Botschaft* oder *Gute Nachricht* wirklich verdient.

Das wichtigste Element ist die Stellung des Gott-Stuhls. Immer und immer wieder fragen wir: *„Und was hat Gott getan?"* Das ist unser Signal, den Gott-Stuhl zu bewegen. Hier ist das, was wir Gott tun sehen werden:

„Das schöne Evangelium" – Vollversion

Wie du sehen kannst, hat die zweite Version unserer Präsentation des Evangeliums einen ähnlichen Anfang wie die erste.

- Gott schuf die Menschen (Mann und Frau) nach seinem Bild, um seine Herrlichkeit widerzuspiegeln und Gemeinschaft mit ihm zu haben.
- Gott setzte den Menschen in den Garten Eden, damit er sich um die Tiere kümmerte, den Garten betreute und ihn, Gott, in der Welt repräsentierte.
- Doch dann geschah das Undenkbare: Adam und Eva sündigten und wurden damit zu „Sündern". Sie <u>wenden sich von Gott weg</u>. Mit ihrer Sünde waren sie (und die ganze Schöpfung) nun

dem Verfall und Tod unterworfen. Das große Problem, das das Evangelium anspricht, ist nicht in erster Linie deine Schuld oder dass Gott diese bestrafen muss. Vielmehr geht es darum, uns vom Tod und der Angst vor dem Tod zu erretten, durch die uns der Teufel unser ganzes Leben lang gefangen hält (Hebr. 2,15).

▶ Geknechtet von Angst, wandte sich das Paar von Gott ab – sie flohen in die Schatten des Gartens und versuchten sich zu verstecken.

Und was macht Gott? Er kommt und sucht sie!

„Adam, Eva! Wo seid ihr?"

„Wir verstecken uns. Vor dir."

„Das sehe ich. Und was ist das da über euren Geschlechtsteilen?"

„Feigenblätter."

„Warum tragt ihr das?"

„Um unsere Blöße zu bedecken."

„Wer hat euch gesagt, dass ihr nackt seid?"

Jetzt fängt das Schuldzuweisen an, und es hat seitdem nie wieder aufgehört:

„Sie!" – „Er!" – „Die Schlange hat es mir gesagt!"

Und was macht Gott?

Aus Mitgefühl schickt er sie aus dem Garten weg, um sie davor zu schützen, dass sie vom Baum des Lebens essen – um sie davor zu bewahren, für immer in diesem Zustand der Scham zu bleiben.

Aber Gott schickt sie nicht nur aus dem Paradies fort – *er geht mit ihnen*. Und er bekleidet sie. Er bedeckt ihre Scham.

„Hier, Leute, probiert mal diese Felle an. Die halten wärmer."

▶ Adam und Eva haben Söhne – Kain und Abel. Kain steht nicht so auf Abels Anbetungsstil. Nenn es ruhig Eifersucht. Er fängt an Pläne zu schmieden.

Und was macht Gott? Er kommt und sucht ihn.

„Kain, was geht dir durch den Kopf?"

„Nichts!"

„Sei vorsichtig, Kain. Die Sünde hockt vor der Tür. Die frisst dich auf, bei lebendigem Leibe!"

Aber Kain wendet sich von Gott ab und ermordet seinen Bruder.

Und was macht Gott? Er geht und sucht ihn.

„Kain, hast du Abel irgendwo gesehen?"

„Bin ich der Hüter meines Bruders?"

„Ich weiß, was du getan hast, Kain."

Und Kain macht sich davon in die Gegend östlich von Eden, wo er die Zivilisation gründen wird, wie wir sie kennen: aufgebaut auf Lügen und Mord. So ist sie bis zum heutigen Tag.

Und was macht Gott? Er beschützt ihn.

Er gibt ihm ein Zeichen – ein Zeichen für Gottes Bundesschutz, das andere davor warnt, diesen seinen Sohn anzurühren.

▶ Hier haben wir einen Mann, an dem Gott Gefallen findet und der von Gott eine Verheißung bekommt.

„Abraham, ich will dir und Sara ein Wunder-Kind und durch seine Nachkommen eine mächtige Nation geben."

Aber Abraham ist ungeduldig. Er nimmt die Dinge selbst in die Hand. Vielleicht glaubt er nicht. Vielleicht bemerkt er aber auch, dass Saras Sklavin Hagar weniger Falten hat, einen besseren Teint, ein bisschen flotter ist. Er nimmt sie. Nebenbei: Wie einvernehmlich wird dieses Arrangement wohl gewesen sein? Sie bekommt einen Sohn, Ismael, das falsche Versprechen. Eine moderne Patchworkfamilie! „Schwiegermonster", Mobbing, Dysfunktion!

Und was macht Gott? Er hält sein Versprechen!

Er hält nicht nur sein Versprechen und gibt Abraham das Kind der Verheißung, Isaak – sondern er schließt auch mit Ismael, der selber Vater von zwölf Fürsten wurde, einen Bund (1. Mo. 17,20)!

- Hier haben wir einen Mann, an dem Gott Gefallen findet und der von Gott eine Verheißung bekommt.

„Mose, ich will dich zu einem mächtigen Befreier machen. Du wirst dein Volk aus der Sklaverei in Ägypten führen."

Aber Mose ist ungeduldig. Vielleicht hat er Probleme mit Jähzorn. Er nimmt die Dinge selbst in die Hand und ermordet einen ägyptischen Aufseher, den er dabei beobachtet, wie er einen jüdischen Sklaven misshandelt. Es läuft schief und er wird zum Flüchtling. In den nächsten 40 Jahren führt Mose das sehr bescheidene Leben eines Hirten in der Wüste.

Und was macht Gott? Er kommt und sucht nach ihm!

Er zeigt sich im Gebüsch. Es ist an der Zeit, Gottes Volk zu befreien. Er gibt ihm ein paar ganz schön beeindruckende Kräfte, einen Zauberstab und einen Bruder als Sprecher, damit er sein Stotterproblem vertuschen kann.

So sind sie einsatzbereit, und siehe da, zehn Plagen später ziehen sie ihren Weg nach Hause, durch das Rote Meer hindurch.

- Hier haben wir einen Mann, an dem Gott Gefallen findet und der von Gott eine Verheißung bekommt.

„David, ich mache dich zu einem großen König über ein mächtiges Reich. Wir wollen es ‚Reich Gottes' nennen. Und von deinem Samen wird eine königliche Abstammungslinie kommen, die niemals enden wird."

Aber David ist ein kleiner Voyeur. Er mag heiße Wannenbäder. Und hat seine Freude an einer besonders tollen Frau, die gerne auf dem Dach badet. Seit dem Vorfall mit seinem Tanz in Unterwäsche empfindet er seine eigene Frau eher als alte Hexe (oder waren es inzwischen schon Frau*en*, Plural?), und er nimmt sich Bathseba. Er schwängert sie, vermurkst die Vertuschung und schickt schließlich ihren Mann in den sicheren Tod an der Front.

Und was macht Gott? Er hält sein Versprechen.

Nachdem das Baby gestorben ist (nein, Gott hat das Baby nicht getötet!), gibt Gott derselben Frau einen zweiten Sohn, Salomo, der die erste Rate der Königsverheißung Gottes sein wird. Besser noch: Durch Jesus von Nazareth, einen Nachkommen von David und Bathseba, wird Davids königlicher Stammbaum bis in die Ewigkeit reichen!

- Hier haben wir ein Volk, auserwählt von Gott, um seine Gunst zu genießen und seine Herrlichkeit widerzuspiegeln, damit die Welt sie sehen kann.

Stattdessen aber werden sie korrupt und ungerecht. Sie beuten die Armen aus und unterdrücken die, die am Rand stehen. Gott sieht ihren moralischen und geistlichen Niedergang und spricht ihn an – mit einem skandalösen Akt der darstellenden Kunst: „Der Prophet und die Prostituierte".

Gott sagt zu dem Propheten Hosea: „Such dir eine Hure und nimm sie zur Frau! Du sollst Kinder haben, die von einer Hure geboren wurden. Denn auch mein Volk ist wie eine Hure: Es ist mir untreu und läuft fremden Göttern nach" (Hos. 1,2). Er wirft dem Volk seine Verbrechen vor und beschreibt die nationale Zerstörung, die es verdient.

Und was macht Gott? Er erinnert sich.

Hosea 11 geht ungefähr so:

„O Israel, es zerreißt mir das Herz. Ich weiß noch, wie ich dich als kleines Baby zum ersten Mal mit dem Löffel fütterte. Du warst so süß! Und dann konntest du kaum laufen und bist mir mit deinen ersten Schrittchen direkt in die Arme gewackelt! Hör mal, ich kann das nicht. Ich mache das nicht. Hier ist der Deal: Wenn du nicht Buße tust (umkehrst), dann *kehre ich um*. Denn ich bin Gott – ich bin nicht ein Mensch – ich *werde nicht* im Zorn kommen! Und dann *wirst* du mir folgen!"

- Dieses Drama wiederholt sich immer und immer wieder im ganzen Alten Testament. Gott gibt jemandem eine Verheißung, der wendet sich von ihm ab und erlebt die tragischen Resultate, *doch Gott kommt und sucht ihn.*

Schließlich, weil er die Menschen liebt und nicht will, dass die Schöpfung durch Sünde verdorben und dem Tod unterworfen ist, wird Gott Mensch, damit er die Menschheit *suchen* und *heilen* kann.

- Hier haben wir eine Frau, deren Herz immer wieder gebrochen wurde. Auf die Heirat folgt eine Scheidung. Eine zweite Heirat. Auch das klappt nicht. Eine dritte, eine vierte, eine fünfte – langsam haben wir das Bild vor Augen. „Kaputte Ware", wird hinter ihrem Rücken getuschelt. Und der Mann, mit dem sie jetzt zusammen ist, ist nicht ihr Ehemann. Nie kann sie die Liebe finden, die sie sucht.

  Und was macht Gott?

  Gott kommt und setzt sich mit ihr an einen Brunnen und sagt: „Ich weiß, wer du bist, was du getan hast und warum. Dein Problem ist nicht Promiskuität; dein Problem ist, dass deine Seele zugrunde geht vor Hunger nach echter Liebe. Nun, ich bin das Wasser des Lebens, und ich werde dich lieben und ich werde deinem Geist einen sprudelnden Brunnen des Lebens und der Liebe geben und du wirst nie wieder Durst haben." Und so geschah es! An jenem Tag wurde die heilige Photini (die „Erleuchtete") zur Evangelistin und verkündete das schöne Evangelium für den Rest ihres Lebens.[7]

- Hier haben wir einen Mann, der aus Gier und Ehrgeiz – und wahrscheinlich einer gehörigen Dosis „Napoleon-Syndrom" – Steuereintreiber wurde, der mit den römischen Besatzern unter einer Decke steckte und als Unterdrücker seines eigenen Volkes zum System gehörte, ausgeschlossen, abgelehnt, ohne Freunde.

  Und was macht Gott?

  Gott geht unter einem Baum her, sieht hoch und sagt: „Zachäus, komm da runter. Ich will tun, was kein anderer tut. Ich komme zu dir nach Hause, esse an deinem Tisch und werde dein Freund." An jenem Tag, sagt Jesus, „ist diesem Haus Heil widerfahren."

  Zachäus war so berührt, dass er allen, die er betrogen hatte, 400% zurückzahlte, und von seinem restlichen Vermögen gingen 50% an die Armen. Jesus hatte ihn nicht nur mit seiner Familie und seiner Gemeinschaft versöhnt, sondern auch die

Ketten der zwanghaften Gier gebrochen, die sein Leben ruiniert hatte. Er wurde zum großzügigsten Mann der Stadt!

- Hier haben wir eine Frau, die beim Ehebruch ertappt und zum Tempel geschleppt wurde, wo die religiösen Leiter sie verurteilten und zu Tode steinigen wollten.

Ach übrigens, wo ist der Mann? Warum nur sie? O, da gibt es wahrscheinlich irgendeinen „legalen" Grund, warum er nicht da ist, aber ich bin mehr an dem *illegalen* Grund interessiert: Das war getrickst. Johannes 8 sagt uns, dass es eine Falle war. Sie wurde in die Falle gelockt, damit die Leiter Jesus ein Bein stellen konnten: Okay, Jesus, sollen wir sie steinigen oder nicht? Wirst du dich für deine Liebesbotschaft sogar dem Gesetz des Mose widersetzen?

Und was macht Gott?

Gott kniet sich neben sie und kritzelt im Staub. Einer nach dem anderen, vom Ältesten zum Jüngsten, verschwinden die Ankläger. Jesus fragt:

„Wo sind deine Ankläger?"

Die Frau erwidert: „Sie sind weggegangen, mein Herr."

Und Jesus antwortet: „So verdamme ich dich auch nicht. Geh und sündige nicht mehr." Und dann füge ich mit tiefer Stimme hinzu: „... sonst verdamme ich dich aber *wirklich*!"

Nein! Das hat Jesus *nicht* gesagt. Aber haben wir es nicht mit unserem Tonfall und dem erhobenen Zeigefinger unterstellt: „Gehe und sündige nicht mehr ... *sonst ...!*?

Nein! So etwas meinte Jesus gar nicht. Ich höre ihn sagen:

„Hör zu, meine Tochter, heute habe ich *Tabula rasa* gemacht. Du bekommst einen neuen Start. Dir ist vollständig vergeben – sogar der Ehebruch, bei dem du gerade erwischt wurdest. Denk nicht mehr darüber nach! Ja, welcher Schmerz, welche Einsamkeit oder Sucht in deinem Herzen dich dazu getrieben hat – auch dieser ganze Schmerz verschwindet jetzt. Willkommen in einem neuen Leben!"

- Hier haben wir einen Mann, der den Verstand verloren hatte und so von den Mächten der Finsternis geknechtet war – besessen von einer Legion Dämonen –, dass er nicht mehr menschlich wirkt. Er ist ein Wahnsinniger, der angekettet auf einem Friedhof lebt, die Kleider zerrissen, den Körper bedeckt von Wunden, die er sich selbst zugefügt hat.

  Und was macht Gott?

  Er kommt und sucht nach dem Besessenen. Er steigt ins Segelboot und überquert den See Genezareth. In dem Moment, als er den Fuß auf trockenes Land setzt, zittern alle Mächte und Gewalten in der ganzen Region wie Espenlaub. „O Mist! Der Sohn Gottes ist da!"

  Ich höre diesen Gott sagen: „Ich werde zu dir kommen. Ich werde dich befreien. Ich werde dir deinen Verstand zurückgeben, deine Kleider, deine Familie." Und er tut es! Der Mann ist so dankbar, dass er Jesus folgen und sein Jünger werden möchte. Zu unserer Überraschung sagt Jesus aber: „Nein. Ich möchte, dass du stattdessen die ganze Gegend mit dem schönen Evangelium erfüllst." Und genau das tat er!

- Hier haben wir einen Mann, der zufällig – weil die Menschheit nicht heil und dem Tod unterworfen ist – entweder durch eine Krankheit oder von Geburt an gelähmt ist und nicht gehen kann.

  Du weißt, was eine solche Behinderung in jener Kultur bedeutet: Er gilt als von Gott verflucht, bestraft für irgendeine Sünde, die entweder er oder seine Eltern begangen haben oder vielleicht ein Vorfahre bis zu zehn Generationen vor ihm. Egal wessen Fehler es war, der Fluch lag auf ihm, und das bedeutete Ausschluss vom gemeinsamen Gottesdienst. Er konnte nie in den Tempel gehen, um Gott anzubeten.

  Und was macht Gott?

  Im überfüllten Wohnzimmer eines vollgestopften Hauses erzählt er gerade Gleichnisse vom Reich Gottes. Da fällt ihm Bauschutt in die Haare und er guckt hoch. Über ihm werden Dachziegel abgedeckt. In dem Loch tauchen vier Männer auf, die von diesem schönen Evangelium gehört haben mögen – von dem Gott, der Flüche bricht, nicht auferlegt. Sie lassen die Matte herunter, auf der ihr gelähmter Freund liegt.

Und was macht Gott?

Zuerst klärt er mal diese Sache mit dem Fluch. „Sohn", sagt er, „deine Sünden sind vergeben." Dann, angesichts der erhobenen Brauen der Skeptiker ringsum, fügt er hinzu: „Nimm deine Pritsche und geh." Und das tut er. Die Beine werden gerade, die Muskeln stark und der Mann steht langsam auf. Er streckt sich, hüpft etwas, nimmt dann sein Bett und marschiert hinaus, mitten durch die Menge. Kein Zweifel: Lange bevor er zu Hause ankommt, wird er rennen!

▶ Hier haben wir eine Frau, die aufgrund einer traumatischen Kindheit und einer dysfunktionalen Familie seit ihren frühen Teenagerjahren mit Alkoholismus zu kämpfen hat.

Mit Anfang 20 musste sie von einem Freund, der dann ihr Mann wurde, aus einem Drogenhaus gerettet werden. Mit Mitte 30 schaffte sie es nicht mehr aus der Sucht heraus. Sie konnte nie länger als drei Monate nüchtern bleiben.

Und was machte Gott?

Er sah den wahren Durst ihres Herzens und zog sie in seine Familie. Sie schloss sich unserer Glaubensgemeinschaft an und lernte beten. Sie entdeckte Gebet als eine Begegnung von Angesicht zu Angesicht mit einem lebendigen Freund. Sie wurde eine kraftvolle Fürbitterin und zeigte anderen, wie sie Christus auf dieselbe Weise begegnen könnten. Sie bekam zwei Kinder und brachte auch sie in unsere Gemeinde; ihr Mann wollte lieber etwas am Rand bleiben.

Trotzdem kämpfte sie weiter mit Alkohol und kam manchmal ziemlich betrunken zum Bibelhauskreis, als wolle sie testen, ob sie wirklich angenommen war. Sie versuchte mit aller Kraft, clean und nüchtern zu bleiben, nur um dann wieder zu straucheln. Schließlich stürzte sie total ab und verließ ihre Familie. Innerhalb von Monaten endete sie auf der Straße, wo sie manchmal einen

Pappkarton als Schutz fand, oder sie wohnte bei ihrem neuen Freund in seinem Wagen. Selbst da – auch im tiefsten Rausch – predigte sie und lehrte andere Süchtige, Jesus zu begegnen.

Es wurde schlimmer. Ihre Ehe endete in der Scheidung. Sie begann Drogen zu spritzen und zog sich Hepatitis C zu. Ihre geistige Gesundheit litt, sie hatte immer wieder mit der Polizei zu tun und überlebte kaum, als sie sich einige Male eine Überdosis gab.

Und was machte Gott?

Er kam sie suchen. Wie der Hirte nach dem verlorenen, in den Dornen verfangenen Lamm sucht, so ging er ihr nach. Er begann seine Suche in ihrem Herzen, denn er hatte sie nie wirklich verlassen.

Zuerst inspirierte Gott ihren Exmann, sie und ihren Freund in sein Haus aufzunehmen, wo er und die Kinder mehrere Wochen lang mit den beiden einen Entzug durchführten. Danach wurden sie in Rehabilitationsheime für Drogenabhängige aufgenommen.

Während der Reha setzte sie sich eines Tages hin und schüttete Jesus ihr Herz aus. Sie sagte sinngemäß: „Es tut mir so leid. Du hast mir einen Glauben gegeben, eine Familie, ein Zuhause und eine Gemeindefamilie. Und ich habe das alles verloren. Ich habe meinen Mann verloren, meine Kinder, mein Haus und meine Gesundheit. Ich habe alles ruiniert. Ich bitte dich gar nicht, das wieder heil zu machen. Ich möchte dir nur sagen, dass es mir sehr, sehr leid tut."

Und was machte Gott?

Sie sah innerlich, wie Jesus ihre Nadel nahm, die Spritze mit Drogen füllte, seinen Arm abband und den Inhalt in seine eigenen Venen spritzte! Was?! Das kann Jesus doch nicht tun! Und das sagte sie ihm auch. Aber ist es nicht ganz genau das, was Christus für jeden von uns getan hat? Hat er nicht am Kreuz alle unsere Sünde und unser Leid und unsere Krankheit in sich gezogen, die gesamte Situation der Menschen angenommen, genau deshalb, damit er sie heilte?

Sie hörte ihn fragen: „Fühlst du den Schmerz darüber, dass ich das tue? So habe ich für dich empfunden, jedes Mal, wenn du getrunken oder Drogen genommen hast." Nicht Zorn. Nicht Ekel oder Verachtung. Kein Anprangern oder Schuldgefühle. Nur sein Schmerz. Und etwas Tolles geschah: Sie hatte kein Verlangen mehr nach Drogen. Das Bedürfnis war weg. Gott gab ihr das Geschenk der Nüchternheit, gab ihr einen Weg zur Genesung und, ohne dass wir ein weiteres Kapitel darüber schreiben wollen, er heilte ihre Hepatitis! Die Ärzte setzten ihre Interferon-Behandlung ab und schlossen ihre Krankenakte mit den Worten „Geheilt durch die Kraft des Glaubens". Das ist jetzt über zehn Jahre her, und sie ist heute immer noch clean und trocken.

Aber ihren Mann, ihr Zuhause und ihre Familie hatte sie verloren.

Und was machte Gott?

Schnall dich an, gleich kommt er uns mit Hosea! Zuerst lernte auch ihr neuer Freund in der Reha Christus kennen. Auch ihm wurde die Freiheit von der Sucht geschenkt. Er bat sie, ihn zu heiraten – und sie fragte ihren Ex, ob er sie zum Altar führen würde! Ja, ist denn das überhaupt erlaubt? Kann Gnade *so* freundlich sein? Konnte ihr Ex so sehr vergeben? Sein Glaube ist nicht komplex oder theologisch, sondern läuft im Wesentlichen auf die Überzeugung hinaus: Wenn Christsein irgendetwas bedeutet, dann ist es die Entscheidung zu vergeben.

Sie vermisste ihre Kinder und betete jeden Abend am Telefon mit ihnen, bevor sie ins Bett gingen. Sie beteten, dass Gott irgendwie eine Möglichkeit schenken würde, dass sie wieder zusammen sein könnten, obwohl es ja unmöglich war.

Und was machte Gott?

Er inspirierte den Ex, der das neue Paar einlud, im ersten Stock des Hauses zu wohnen und die Kinder mit ihm gemeinsam aufzuziehen! Die beiden Männer begannen, morgens gemeinsam auf der Terrasse Andachten zu machen. Nicht möglich, oder! Schließlich verkaufte ihnen der erste Mann seine Haushälfte, zog aus und heiratete seinerseits wieder. Die beiden Paare lieben sich und kommen oft als Familie zusammen. Der neue Ehemann machte sich als Landschaftsgärtner selbstständig. In seiner Firma werden Suchtkranke angestellt und ausgebildet. Er hat gerade die Marke von zehn Jahren Trockensein geschafft. Die junge Frau fing noch einmal ein Studium an. Du wirst das nicht glauben können, aber es ist wahr: Während ich dieses schreibe, hat sie bereits einen Masterabschluss in Ehe- und Familienberatung gemacht und arbeitet heute sehr viel in diesem Bereich. Gemeinsam dient das Ehepaar Obdachlosen mit Mahlzeiten und Suchtkranken mit Hoffnung, und denen tut es sehr gut, ihre Geschichte der Wiederherstellung zu hören.

Das ist wahrhaftig der Gott, der sich *nie* von uns abwendet, uns *nie* verlässt und mit uns durch das Chaos des Lebens geht. Ich weiß das, weil ich es alles erlebt habe!

▶ Schließlich haben wir hier die gesamte Menschheit, erwählt und sehr geliebt von einem Gott, der *immer* für uns ist, uns *immer* zugewandt ist und uns *immer* nachgeht.

Getrieben von Angst und Stolz und dem Bedürfnis, unsere Machtsysteme mit Gewalt zu erhalten, nehmen wir diesen Gott gefangen und verurteilen, foltern und kreuzigen ihn. Das Beste, was die Menschheit zu bieten hatte – das beste religiöse System und das beste politische Reich der Welt verschworen sich, den Herrn der Herrlichkeit zu ermorden, der nur gekommen war, um die Welt zu suchen und zu retten und zu lieben.

Und was macht Gott?

Er sagt: „Ich vergebe euch. Als ihr mich hasstet, liebte ich. Euch, die ihr mein Leben nahmt, gebe ich mein Leben. Als ihr meine Feinde wart, machte ich euch zu meinen Freunden.

▶ Mancher wird widerstehen und Gottes Liebe und Vergebung bis zum bitteren Ende ablehnen. Aber wenn die Menschheit die Strafe für ihre eigene Sünde erfährt, wenn sie in den Tod geht, um für immer von Gott getrennt zu sein, was macht Gott?

▶ Gott sagt: „Unüberwindlich wie der Tod, so ist die Liebe!" (Hl. 8,6), d. h.: Meine Liebe ist stärker als der Tod. „Wollte ich mich im

Totenreich verbergen – auch dort bist du!" (Ps. 139,8). „Gott in Christus" geht uns in seiner großen Liebe bis in den Tod nach.

- Er sagt auch: „Ich bin die Auferstehung, und ich bin das Leben" (Joh. 11,25), und er besiegt den Tod. „Ich bin der Lebendige. Ich war tot, doch nun lebe ich für immer und ewig, und *ich* habe Macht über den Tod und das Totenreich" (Offb. 1,18). „Der Tag wird kommen, an dem die Toten in ihren Gräbern die Stimme von Gottes Sohn hören werden. Dann werden *alle* Menschen ihre Gräber verlassen" (Joh. 5,28-29).
- Nun gibt es keinen Ort, wo Gott nicht ist. Er ist überall und erfüllt alles mit seiner Liebe,[8] denn er ist Liebe, und von Gottes Gnadenthron fließt ein Feuerstrom (Dan. 7,10). Diese Liebe ist dir *immer zugewandt*; diese Liebe *wendet sich nie von dir ab*.
- Die, die auf Gottes Liebe mit Liebe reagieren, erleben diesen Feuerstrom als Wärme, als Trost, als ewige Freude und Frieden. Die, die auf Gottes Liebe mit Hass reagieren, erleben diesen Strom der Liebe als ein verzehrendes Feuer (Jes. 33,15; Hebr. 12,29), als „die Geißel der Liebe".[9]
- Selbst in diesem Leben wissen wir, dass Liebe „brennt" für die, die sich zu ihrem Feind machen: „Wenn dein Feind hungrig ist, dann gib ihm zu essen; ist er durstig, gib ihm zu trinken. So wirst du glühende Kohlen auf sein Haupt häufen [solange er hasst]" (Röm. 12,20).

Das allergewaltigste Finale!

Immer, wenn wir das „schöne Evangelium" lehren, erinnern wir an zwei grundlegende christliche Wahrheiten:

1. Gott verändert sich nicht.
2. In Christus ist Gott vollkommen offenbart.

Das Basis-Skript[10] des „schönen Evangeliums" ist eine gute Zusammenfassung und schlägt den Bogen über dieses gesamte Buch:

Christus kam nicht, um den Vater zu verändern oder den Zorn eines aufgebrachten Richters zu besänftigen, sondern um den Vater zu offenbaren.

Gott ist wie Jesus, ganz genau wie Jesus. Gott war schon immer wie Jesus. Wir wussten das nicht, aber jetzt wissen wir es.

Paulus sagte: Gott war in Christus und versöhnte die Welt mit sich selbst. Es ist nicht der Vater, der mit der Welt versöhnt werden musste, sondern die Welt, die mit dem Vater versöhnt werden musste. Jesus, der das Herz des Vaters vollkommen offenbart, reagiert auf die Sünde der Welt so: „Ich vergebe euch."

Selbst wenn wir uns von Gott *abwenden*, ist er immer da und konfrontiert uns mit seiner Liebe. Gott ist uns immer *zugewandt*. *Immer* für uns. Er kommt nicht als ein verurteilender Richter, sondern als ein großer Arzt.

Jesus rettete uns vor Sünde, Tod und Teufel und nicht vor Gott.

Gott wendet sich *nie* vom Menschen ab. Gott ist vollkommen offenbart in Jesus. Wann hat sich Jesus je von der sündigen Menschheit abgewandt und gesagt: „Ich bin zu heilig und zu perfekt, um eure Sünde anzusehen"? Hat Jesus so etwas je gemacht? Nein. Die Pharisäer, die machten das. Sie waren zu heilig und wandten sich ab. Gott ist wie Jesus, nicht wie die Pharisäer.

Das Evangelium ist Folgendes: Wenn wir uns abwenden, wendet er sich uns zu. Wenn wir weglaufen, konfrontiert er uns mit seiner Liebe. Wenn wir Gott töten, konfrontiert er uns mit seiner Barmherzigkeit und Vergebung.

Hast du andere Erfahrungen gemacht?

Als junger Evangelikaler meinte ich, Gott würde nicht auf mich hören oder zu mir sprechen, wenn ich „schlecht" war. Das haben mir weder meine Eltern noch meine Sonntagsschullehrer gesagt. Doch irgendwie zog ich diesen Schluss aus meiner eigenen religiösen Leistungsorientiertheit.

Aber hatte ich das so erlebt? Ein Teil von mir denkt: „Wenn es doch nur so gewesen wäre!"

„Hey Brad, was tust du?"

„Nichts!" – und ich wende mich von ihm ab.

Und was macht Gott?

„Sicher?" Er ist tatsächlich nähergekommen. Klingt lauter. Aufdringlicher!

„Äh – kann ich mich in 20 Minuten noch mal melden?"

„Warum, mein Sohn? Was hast du vor?"

Und wenn Gott überhaupt still ist, dann deshalb, weil ich mir die Ohren meines Herzens zuhalte. Doch irgendwie kann ich auch dann nicht das Gefühl abschütteln, dass Gott da ist, mich ansieht, wartet, vielleicht traurig. Aber wenn er je wütend oder abwesend wirkt, dann merke ich immer und immer wieder, dass die wahre Blockade meine eigenen Filter oder Projektionen sind – mein Stolz oder meine Scham –, die die Gegenwart der Liebe verzerren.

Die Wahrheit ist: Gott ist immer da. Und hier. Und jetzt. Das reine Feuer göttlicher Liebe sehnt sich nach dir, mein Freund, sein Geliebter – nicht nur mit Warten, Beobachten oder auch Nachgehen, sondern es verfolgt dich voller Energie. Dieser Gott verkaufte alles, was er hatte, um das Feld der Welt zu kaufen und die kostbare Perle zu besitzen. Du bist diese Perle. In der Tat ein sehr entschiedenes Nachgehen! Ein Dichter nannte Gott einmal den „himmlischen Bluthund".[11]

Ja, Gott ist all das. Aber ich hoffe, dass du durch diese Seiten auch gelernt hast, ihn so zu nennen: „den *christusgleichen Gott des schönen Evangeliums*".

Innehalten und nachdenken

- Was ist deine Geschichte? Ist es eine Erfolgsgeschichte, wie Gott dir nachgeht? Wann hat er dich gefunden?
- In welchem Kapitel der Geschichte befindest du dich heute? Im Kapitel Laufen? Warten? Frustration? Genießen? Oder gibt es ein besseres Wort für dieses Kapitel? Wo ist Gott in deiner Geschichte?
- Kannst du zurücktreten und das große Bild deiner Lebensgeschichte sehen? Wenn das Buch deines bisherigen Lebens einen Titel hätte, wie würde der lauten? Was für einen Titel hättest du gern? Was muss passieren, damit sich etwas ändert?

- Vergiss nicht: Das Kapitel, in dem du gerade steckst, ist wahrscheinlich nicht das Ende. Weitere Prüfungen warten auf uns. Es liegen auch noch mehr Triumphe vor uns. Was ist die beste „Haltung" die du beim Blick auf die Zukunft einnehmen kannst?
- Fühlen sich die folgenden Aussagen wahr an? Gott ist gut – Punkt. Gott liebt mich – Punkt. Das Leben kann schwer sein – ein Kreuz –, aber die Erlösung hat das letzte Wort. Glaubst du das auch dann, wenn du es nicht fühlen kannst?
- Lerne, in deinem Leben zu fragen: „Und was machte Gott?" Dann beobachte. Was siehst du?

Innehalten und beten

Gott, danke, dass du mich nie aufgibst. Danke, dass du mir nachgehst. Welch eine Treue! Danke für dein Erbarmen, dass es jeden Morgen neu ist. Ich brauche heute diese Barmherzigkeit. Und ich werde sie morgen ganz sicher auch brauchen. Wie gut, dass sie nie zu Ende geht! Herr, lass es geschehen!

15

Ein Weg, der Christus mehr entspricht

Epilog: Zur Vertiefung

„Die menschliche Natur ist so konstituiert, dass kein Verlangen der Seele in der Seele real ist, soweit es nicht durch Handlungen und Haltungen, die ihr entsprechen, das Fleisch durchdrungen hat."

Simone Weil (Schwerkraft und Gnade)

Wenn wir es ernst meinen, sollte die Vision eines christusähnlicheren Gottes und eines schöneren Evangeliums viele weitere „Und was ist mit ...?"-Fragen aufwerfen. Mir ist es jedenfalls so ergangen! Es liegt mir besonders am Herzen, dass wir den christusgleichen Gott der Gnade so sehr willkommen heißen und Christus in uns unser Leben so verändert, dass wir selbst ihm ähnlicher werden. Ich bete, dass eine klarere Sicht von dem Gott der Geduld und Barmherzigkeit über eine bloße Lehre hinauswächst, „unser Fleisch durchdringt" und zum Handeln führt, wie es auch für den Sohn Gottes war. In diesem Sinne warten folgende Fragen auf weitere Vertiefung:

1. Wie könnte im Licht des *„Kreuz"*-Gottes, offenbart durch Jesus von Nazareth, sein Wesen die verwandeln, die ihn anbeten (durch die Gnade des Heiligen Geistes)? Wenn man dem Gott, den man anbetet, ähnlich wird, könnten wir dann davon ausgehen, dass wir alle christusähnlicher werden? Hat Gott irgendein Muster für bevollmächtigte *„Kreuz"*-Jüngerschaft vorgegeben? Ich könnte mir als einen Schritt in diese Richtung ein Studium der Seligpreisungen oder der gesamten Bergpredigt vorstellen. Ich könnte mir eine gesunde Theologie und

Praxis der Transformation (was die Alten „Theosis" nannten) vorstellen, die sich um diese Sicht von Gott als dem Christusgleichen dreht.

2. Wie könnten wir im Blick auf den *„Kreuz"*-Gott, offenbart in Christus, durch eine auf Christus ausgerichtete Brille die Schrift lesen? Vielleicht würde uns die Bibel selbst mehr wie ein christusähnliches Buch vorkommen, wenn unsere Interpretation die Selbstoffenbarung des lebendigen Gottes reflektierte, der als Mensch gekommen ist. Diesen Ansatz könnte man „*‚Kreuz'*-Hermeneutik" nennen.

3. Ein *„Kreuz"*-Verständnis der Bibelauslegung könnte uns helfen, den Zorn Gottes im Zusammenhang mit Gewalt (besonders in einigen der grausigen Texte, wo Jahwe um eine göttliche Sanktion von Völkermord angerufen wird, z. B. 1. Samuel, Josua), weiter umzudeuten. Es könnte uns auch helfen, mit scheinbar direkt von Gott verübten Massakern zurechtzukommen (z. B. der Sintflut, Sodom und Gomorra, den ägyptischen Plagen oder dem Tod der 185.000 Assyrer etc.).

4. Eine *„Kreuz"*-Chiffre kann uns auch helfen, etwas von dem Interpretationschaos rund um das Buch der Offenbarung zu entwirren, angefangen beim rätselhaften „Zorn des Lammes" in Kapitel 6 bis hin zur Schlacht von Armageddon und den letzten, hoffnungsvolleren Kapiteln, die Johannes' Visionen beschließen.

Während wir diese und verwandte Fragen bearbeiten, möchte ich meine Leser ermutigen, den Vorschlägen nachzugehen, die unsere Autoren im CWR-Magazin und im CWR-Blog machen. Diese Ressourcen sind über unsere Website www.ptm.org zugänglich. Du kannst mich auch gern per E-Mail unter bradjersak@gmail.com mit eigenen Fragen, Kommentaren und Ideen kontaktieren oder meine Website besuchen: www.bradjersak.com. Inzwischen werde ich ein letztes Mal innehalten, um mit Paulus für dich, den Leser, zu beten.

Innehalten und beten

> Ihn, den Gott unseres Herrn Jesus Christus, den Vater, dem alle Herrlichkeit gehört, bitte ich darum, euch durch seinen Geist Weisheit und Einblick zu geben, sodass ihr ihn und seinen Plan immer besser erkennt. Er

öffne euch die Augen, damit ihr seht, wozu ihr berufen seid, worauf ihr hoffen könnt und welches unvorstellbar reiche Erbe auf alle wartet, die zu Gott gehören. Ihr sollt erfahren, mit welcher unermesslich großen Kraft Gott in uns, den Glaubenden, wirkt. (Eph. 1,17-19) Darum knie ich nieder vor Gott, dem Vater, und bete ihn an, ihn, dem alle Geschöpfe im Himmel und auf der Erde ihr Leben verdanken und den sie als Vater zum Vorbild haben. Ich bitte Gott, euch aus seinem unerschöpflichen Reichtum Kraft zu schenken, damit ihr durch seinen Geist innerlich stark werdet. Mein Gebet ist, dass Christus durch den Glauben in euch lebt. In seiner Liebe sollt ihr fest verwurzelt sein; auf sie sollt ihr bauen. Denn nur so könnt ihr mit allen anderen Christen das ganze Ausmaß seiner Liebe erfahren. Ja, ich bete, dass ihr diese Liebe immer tiefer versteht, die wir doch mit unserem Verstand niemals ganz fassen können. Dann werdet ihr auch immer mehr mit dem ganzen Reichtum des Lebens erfüllt sein, der bei Gott zu finden ist. Gott aber kann viel mehr tun, als wir jemals von ihm erbitten oder uns auch nur vorstellen können. So groß ist seine Kraft, die in uns wirkt. Deshalb wollen wir ihn mit der ganzen Gemeinde durch Jesus Christus ewig und für alle Zeiten loben und preisen. Amen (Eph. 3,14-21).

Weitere Stimmen, die Christus mehr entsprechen

Anhang: Ausgewählte Kostbarkeiten über die *Kenosis*

Origenes

Denn wir müssen es wagen zu sagen, dass die Güte Christi größer und göttlicher und wahrhaftig nach dem Bild des Vaters erschien, als er „sich demütigte und dem Tod, ja dem Tod am Kreuz gehorsam wurde", … als wenn … er nicht bereit gewesen wäre, ein Diener für das Heil der Welt zu werden.[1]

Gregor von Nyssa

Gottes transzendente Kraft zeigt sich nicht so sehr in der Weite des Himmels, im Glanz der Sterne, in der Ordnung ihrer Stellungen oder seiner ewigen Aufsicht darüber wie in seinem Herabsteigen in unsere schwache Natur. Wir staunen darüber, wie das Erhabene in einen Zustand des Geringen eintrat und, obwohl es tatsächlich darin zu sehen war, dennoch nicht die Höhen verließ. Wir staunen darüber, wie Gott in die menschliche Natur eingebunden war, und obwohl er Mensch wurde, nicht aufhörte, Gott zu sein …

Wir haben gezeigt, dass Gottes Güte, Weisheit, Gerechtigkeit, Macht und Unsterblichkeit in seinem Plan für uns zu sehen sind. Seine Güte zeigt sich darin, dass er einen Verlorenen rettet. Seine Weisheit und Gerechtigkeit zeigen sich in der Weise, wie er uns rettet. Seine Macht wird darin deutlich, dass er in Menschengestalt, in der niedrigen Gestalt unserer Natur kam und die Hoffnung weckte, dass er, wie der Mensch, vom Tod überwunden werden könnte und doch, da er gekommen war, ganz im Einklang mit seiner eigenen Natur handelte. Nun ist es Sache des Lichts, die Finsternis zu vertreiben, und des Lebens, den Tod zu vernichten.

Er vereinigte sich mit unserer Natur, damit sie durch ihre Vereinigung mit dem Göttlichen göttlich werden könne, errettet vom Tod und befreit von der Tyrannei des Feindes. Denn mit seiner Rückkehr vom Tod beginnt unsere sterbliche Rasse ihre Rückkehr zum sterblichen Leben.[2]

Gregor von Nazianz

Was er war, blieb er; was er nicht war, nahm er an. Im Anfang war er ohne einen Grund – denn was sollte die Ursache für Gott sein? Aber danach wurde er aus einem Grund geboren – und dieser Grund war, dass ihr gerettet werdet, die ihr ihn beleidigt und seine Gottheit verachtet, weil er eure Grobheit auf sich nahm und, nachdem er sich durch die Seele mit dem Fleisch vereint hatte, Mensch wurde, der irdische Gott.

Unser Menschsein wurde mit Gott vereint und eins gemacht – da sich die höhere Natur durchgesetzt hat –, damit auch ich zu Gott gemacht werden könnte, so wahr, wie er Mensch gemacht wurde.[3]

In der gleichen Kategorie sind Texte, in denen er als der Diener bezeichnet wird, der dem Wohl vieler dient, und die sagen, dass es für ihn eine große Sache ist, Kind Gottes genannt zu werden. Denn in Wahrheit unterstand er dem Fleisch und der Geburt und den Leidenschaften, die zu uns gehören, mit Blick auf unsere Befreiung und die Befreiung all derer, die er gerettet hat, die von der Sünde gefangen gehalten wurden. Was kann für die Niedrigkeit der Menschheit größer sein, als sich mit Gott zu mischen und durch diese Vermischung vergöttlicht zu werden, und dass das helle Morgenlicht aus der Höhe so über uns aufgeht, dass der Heilige, der geboren werden soll, Sohn des Allerhöchsten genannt wird und dass ihm der Name verliehen wird, der über allen Namen ist – und was kann dieser Name anders sein als Gott? – und dass jedes Knie sich beuge vor ihm, der sich für uns entäußert hat und die Gestalt Gottes mit der Gestalt eines Sklaven vermischt hat, und dass das gesamte Haus

Israel wissen sollte, dass Gott ihn zum Herrn und Messias gemacht hat? Denn all dies geschah durch das Wirken des Geborenen und das Wohlgefallen dessen, der ihn gezeugt hat.[4]

Doch in Gestalt eines Sklaven beugt er sich zur Ebene seiner Mitsklaven – oder besser gesagt, er beugt sich nieder zu seinen Sklaven – und nimmt auf sich eine Gestalt, die nicht die seine ist, und trägt alles in sich, was ich bin, und alles, was mein ist, um in sich verzehren zu können, was auch immer schlecht ist, wie Feuer Wachs verzehrt oder die Sonne den Nebel auf der Erde vertreibt, und damit ich teilhaben kann an seiner Natur durch die Vermischung. So ehrt er den Gehorsam durch das, was er tut, und er beweist ihn in der Tat durch seine Leiden. Denn es ist nicht genug, die innere Haltung zu haben, genau wie es für uns nicht genug wäre, wenn wir sie nicht auch durch unsere Taten beweisen würden; denn die Handlung ist der Beweis für eine Haltung.[5]

Isaak von Ninive (Isaak der Syrer)

Das sei ferne, dass jemals Rache zu finden wäre in diesem Brunnen der Liebe und Ozean voller Güte![6]

Gott züchtigt uns mit Liebe, nicht um Rache zu üben – das sei ferne! –, sondern um uns in seinem Bild heil zu machen … Die Züchtigung der Liebe dient zur Verbesserung, aber ihr Ziel ist nicht Vergeltung.[7]

Gott ist nicht einer, der Böses vergilt, aber er berichtigt das Böse. Das Gottesreich und die Gehenna sind Gegenstände der Barmherzigkeit.[8]

Selbst wenn Worte wie Zorn, Wut, Hass und viele andere armselige Begriffe dazu herangezogen werden, über den Schöpfer zu sprechen, sollten wir nicht davon ausgehen, dass er jemals etwas aus Zorn oder Hass oder Unduldsamkeit tut. Viele solche Bilder werden in der Schrift verwendet, provisorische Begriffe, die weit von dem entfernt sind, wer er ist. Selbst wenn unsere eigene, relativ vernünftige Person bereits verbessert wurde und, wenn auch langsam, immer kompetenter wird im heiligen Verständnis des Geheimnisses, nämlich, dass wir die Dinge nicht ganz so wörtlich nehmen, sondern eine alle leitende, verborgene Vorsehung und ewiges Wissen vermuten sollten (verborgen unter der greifbaren Oberfläche unwahrscheinlicher Erzählungen), so werden wir auch in Zukunft die vielen, vielen Dinge sehen, die ganz das Gegenteil von dem sind, was wir in unserem gegenwärtigen kindlichen Denken erkennen.[9]

Gregor Palamas

Er gab uns sich selbst für uns. Indem er die Reichtümer der Gottheit in unsere tiefsten Tiefen hinein entleerte, nahm er unsere Natur an und, da er ein Mensch geworden war wie wir, wurde er unser Lehrer genannt. Er selbst lehrt uns über seine große Liebe zur Menschheit, indem er sie durch Wort und Tat demonstriert, während er gleichzeitig seine Nachfolger dahin führt, sein Mitgefühl zu imitieren und sich von der Herzenshärte abzuwenden.[10]

Hans Urs von Balthasar

Man kann mit Bulgakow die Selbstaussprache des Vaters in der Zeugung des Sohnes als eine erste, unterfassende innergöttliche „Kenosis" bezeichnen, da der Vater sich darin restlos seiner Gottheit enteignet und sie dem Sohn übereignet: Er „teilt" sie nicht „mit" dem Sohn, sondern „teilt" dem Sohn alles Seine „mit". „Alles, was dein ist, ist mein" (Joh. 17,10). Der Vater, der ja nicht (im arianischen Sinn) als „vor" dieser Selbsthingabe existierend gedacht werden darf, ist diese Hingabebewegung, ohne etwas berechnend zurückzuhalten. Dieser göttliche Akt, der den Sohn hervorbringt, als die zweite Möglichkeit, an der identischen Gottheit teilzuhaben und sie zu sein, ist das Setzen einer absoluten, unendlichen „Distanz", die alle andern Distanzen, die mit der Welt der Endlichkeit möglich sind, einschließlich der Distanz der Sünde, enthalten und umfassen kann. In der Liebe des Vaters liegt eine absolute Entsagung: Er will nicht für sich allein Gott sein. Er lässt seine Göttlichkeit los und manifestiert in diesem Sinne eine (göttliche) Gott-losigkeit (der Liebe, natürlich).[11]

Kallistos Ware

Während Philipper 2 davon spricht, dass Christus sich selbst entäußert, wäre es falsch zu sagen, er habe seine „Gottheit" abgelegt. Wie es im Vesperhymnus für den Heiligen Abend heißt: „Was er war, blieb; was er nicht war, nahm er für sich an, aus Liebe zu den Menschen."

In „Kenosis“ wurde das Wort nicht beraubt. Christus bleibt eins mit dem Vater. Sie sind nicht getrennt, sondern nehmen das Menschsein zusätzlich auf. Deshalb können wir der Kenosis am ehesten eine freiwillige Selbstbeschränkung zuschreiben. Zum Beispiel akzeptiert Christus menschliche Einschränkungen wie Müdigkeit und Schmerz, sogar Unwissenheit, denn er sagte: „Was das Ende der Zeit angeht, weiß niemand Tag noch Stunde, nicht einmal der Menschensohn. Nur der Vater weiß es.“

Vielleicht wäre es besser, nicht vom „sich Entäußern“ zu sprechen, sondern davon, dass er sich in Liebe ausgoss und dass Liebe seine Natur ist. Und in dieser Weise ist Kenosis *Plerosis*. Die höchste Erscheinungsform dieser Liebe, dieser Herrlichkeit, ist das Kreuz. „Gott ist nie so mächtig wie in seiner größten Schwachheit.“

Wie Christus zu Paulus gesagt hat: „Meine Stärke wird vollendet in Schwachheit“, und das trifft auf Kenosis zu. Zumindest dies könnten wir sagen: dass Kenosis etwas von dem ewigen Wesen Gottes als sich selbst gebende Liebe *widerspiegelt*.[12]

Andrew Louth

In der Dreieinigkeit gibt es eine Art *Kenosis* in dem Sinn, dass sie einander Platz machen. Die Selbstentäußerung Christi bedeutet also, dass er *zeigt*, nicht dass er *verbirgt*, wie es ist, Gott zu sein. Im modernen Sinn der lutherischen Kenotiker seit dem 18. Jahrhundert geht es bei Kenosis um das, was weggenommen wird, darum, was es für Christus bedeutet, Mensch zu sein, und warum Gott nicht da ist. Bei den Vätern hingegen bedeutet *Kenosis* meiner Meinung nach, dass Gott zu uns kommt und sich uns zur Seite stellt, seine „Herablassung“, unter uns zu leben. Für die Kappadozier und Maximus ist *Kenosis* Gottes sich entäußernde Liebe. Manchmal hat man den Eindruck, mit seiner Selbstentäußerung soll uns ermöglicht werden, ihn zu sehen, statt dass Gott sich verhüllt. Und manchmal ist *Kenosis* verbunden mit dem Merkmal des göttlichen Wesens, dass die Liebe sich nicht mit Macht oder Gewalt befasst, sondern dass Liebe im Wesentlichen den anderen sein und werden lässt, wozu er geschaffen ist. Und in dem Sinn ist Kenosis mit der Natur der Liebe verbunden.

In Maximus' Abhandlung über das Vaterunser entäußern wir uns selbst als Reaktion auf Gottes Kenosis. Wir entleeren uns unserer Leidenschaften, um ihn zu empfangen. In seiner Abhandlung über das Vaterunser sieht er die Kenosis Gottes als etwas, was von Liebe inspiriert ist, und die Antwort darauf ist Liebe.[13]

Wie zum Sohn sein Sich-Entäußern (Leerwerden, Kenosis) gehört, so beinhaltet unsere Vergöttlichung unsere Kenosis, das Leerwerden von den Leidenschaften. Der Weg nach oben ist der Weg nach unten: Die Kenosis des Sohnes verlangt die Kenosis der adoptierten Söhne; die Manifestation des einen, der „schöner ist als die Söhne der Menschen", fordert die „Kultivierung der Schönheit, die ihnen durch die Gnade gegeben wird …"[14]

John Behr

Es ist ein Fehler, sich unter *Kenosis* das Aufgeben göttlicher Attribute vorzustellen. Viel besser denkt man in Begriffen wie Demut/Bescheidenheit/aufopfernde Liebe, sodass sich die Kraft Gottes wirklich in Schwachheit manifestiert, uns einen Weg eröffnet, dass auch wir in das göttliche Leben hinein können. Wenn Christus göttliche Attribute aufgegeben hätte, um Mensch zu werden, könnten wir keinen Anteil an seiner Göttlichkeit haben; er wäre kein Mittler etc.

In gewisser Weise ergibt sich das Denken in dieser Richtung, wenn man von einer bereits erdachten Menschlichkeit und Göttlichkeit ausgeht – beide unterschiedlich. Gewiss ist die Grundwahrheit des Christentums vielmehr, dass die beiden zusammen gezeigt werden, in- und durch einander; konzeptionell verschieden (Gott erschafft, wir werden erschaffen etc.), aber immer nur in einem *Prosopon*, einer *Hypostase* gesehen.

Die Schwierigkeit, dies zusammen zu denken, führte im Lauf der Jahrhunderte zu den vielen Abweichungen, aber die Glaubensbekenntnisse bringen uns immer wieder zu diesem grundlegenden Aspekt des Evangeliums zurück.[15]

Dass Christus die Rolle eines Dieners auf sich nahm und bereitwillig sein Leiden trug, mindert nicht unsere Wahrnehmung dessen, was wir sonst für seine Göttlichkeit gehalten hätten; tatsächlich manifestiert es vielmehr seine wahre Göttlichkeit. Die transzendente Macht Gottes zeigt sich in dieser Welt im Fleisch, in Finsternis und im Tod, als ein Diener. Aber diese Manifestation der göttlichen Macht in Schwachheit ist gleichzeitig eine Transformation: Christus, in Gestalt eines Dieners, zeigt uns das Bild Gottes; Finsternis und Tod werden zu Licht und Leben und das Fleisch, aufgenommen durch das Wort, wird Fleisch des Wortes – und wird Wort. Oder, wie der heilige Gregor es ausdrückt: „Sogar der Körper, mit dem er die Passion erlitt, wurde durch die Vermischung mit der göttlichen Natur zu dem gemacht, was aufnehmender Natur ist." Durch die Passion bekommt der Körper, in welchem der Sohn leidet, selber Anteil an der Göttlichkeit Gottes. Nicht dass er auch nur ein bisschen weniger menschlich würde, aber er ist nicht länger der Dichte, Undurchsichtigkeit und dem Gewicht unterworfen, auch nicht den zeitlichen und räumlichen Begrenzungen, die unsere eigene Körpererfahrung kennzeichnen: Obwohl Christus früher dem Fleische nach bekannt war, ist er es jetzt nicht mehr (vgl. 2. Kor. 5,16). Die Passion bleibt die Stelle für die Kontemplation der Verwandlungskraft Gottes, des Gottes, „der durch das Kreuz offenbart ist".[16]

Conor Cunningham

Wir können Philipper 2,6 lesen als „*weil* er Gott war" und nicht „*obwohl* er Gott war" und so erkennen, dass *Kenosis* das Göttliche, und was das Göttlichsein ausmacht, offenbart. *Weil* er Gott ist, deshalb entäußert er sich selbst. Dieser Gott verströmt sich (Aquinas), um das All zu erschaffen, und in der Inkarnation wiederholt und rekapituliert er die Schöpfung.

Die Allmacht Gottes ist nur in seiner Fähigkeit offenbart, Opfer zu bringen. Seine Kraft ist in *Kenosis* offenbart.

Und doch war die Inkarnation nicht nur ein Sich-Verströmen, eine sich selbst gebende Diffusion, sondern eine *Effusion*, und deshalb ist sie *kenotisch*. Effusion spricht von dem Wort, das sich in die Welt ergießt durch die Beschränkungen einer Gebärmutter – in Bethlehem, in der Zeit –, spricht von Spezifität. Und doch bringt er alles – trägt die Narben, trägt die Geschichte – zurück zum Vater und in die Ewigkeit. Der Sohn hob die Erde in den Himmel, denn was er tat, war ewig.

Damit offenbart Christus nicht nur, was es heißt, Gott zu sein, sondern was und wie es ist, wahrhaft Mensch zu sein. Christologie ist Anthropologie: „Siehe, der Mensch", sagte Pilatus. Und dies ist unser *Telos*, unser Ziel. Wie Götter zu werden, ist unsere Anthropologie.[17]

Simon Oliver

Kenosis ist nicht Leiden per se, sondern die ewige Realität der Selbsthingabe Gottes. Das Kreuz offenbart, was ewig wahr ist in der Gottheit (der Dreieinigkeit) und Gottes Schöpfung.

Wichtig zu bemerken ist, dass das Kreuz nicht eine Antwort auf menschliches Böses ist. Das Kreuz ist vielmehr das Mittel, durch welches Gottes ewige Liebe trotz der Sünde des Menschen beständig in die Schöpfung fließt. Das Kreuz ist Gottes ewige Liebe, *gebrochen* durch die Sünde des Menschen. Jetzt sieht Gottes Liebe, gebrochen durch die Sünde des Menschen, aus wie ein gekreuzigter jüdischer Mann.

Aber nicht als Gottes Plan B, als ob das Kreuz, Gottes Liebe, reaktiv oder bedingt wäre. Vielmehr sieht man den ewigen Fluss der Liebe Gottes. Die Gewalt jedoch gehört zur Menschheit, nicht zu Gott.

Für die Ostkirche und die Kirchenväter sind Unmöglichkeit und Unaussprechlichkeit nicht verhandelbar. Es ist nämlich die große Frage, wie man den Unterschied zwischen Gott und Schöpfung definiert, um bei Gott, anders als bei der Schöpfung, keine Veränderung zu haben. Und zweitens, um die Wahrheit zu sichern, dass Christus nicht einfach nur ein Mann ist (auch nicht einer, der mit dem Geist erfüllt ist) oder einfach ein Engel.

Vielmehr wird „das Wort wird Fleisch (oder: wurde Fleisch gemacht)" mit „nimmt eine menschliche Natur an" wiedergegeben: Hier ändert sich die menschliche Natur, nicht aber Gott.

Die radikale Auswirkung der Inkarnation ist, dass Gott im materiellen Leben eines Menschen offenbar wurde. Da nun das Materielle als Medium für die Offenbarung Gottes gesehen wurde, gibt es keinerlei Begrenzungen mehr für das, was die materielle Realität offenbaren kann, denn sie hat in Christus bereits Gott offenbart.[18]

Aaron Riches

Die Herrlichkeit des Herrn ist das Kreuz. Geht es noch skandalöser? Die Transfiguration, die Verklärung, könnte jeder x-beliebige Atheist verstehen: „Herrlichkeit" ist ein Körper und ein Gesicht, das im übernatürlichen Licht leuchtet. Das erschüttert nicht meine heidnischen Voreingenommenheiten über die Bedeutung von „göttlich" und „übernatürlich". Wofür wir Glauben brauchen, ist, dass der tote Jesus, vergessen und verlassen, nackt am Kreuz hängend, wirklich die Mensch gewordene Liebe Gottes ist. Er schämt sich nicht, unser Gott zu sein.

Die Auferstehung hilft uns, das Kreuz zu verkündigen, welches das wahre Zentrum ist (und nicht die Auferstehung, welche wie die Transfiguration in unsere vorgefassten Vorstellungen vom „Übernatürlichen" passt).

Der Sieg liegt ganz im Scheitern – dem Tod und Leiden (so unmenschlich diese waren) –, jetzt gefangen in seiner vollkommenen Gottessohnschaft ... den Tod im Sterben unter die Füße tretend.[19]

David Goa

Es ist ein Fehler anzunehmen, Gott sei der Herrscher der Welt und nicht das Maß der Welt. Die allgegenwärtige heidnische Vorstellung ist, dass die Götter die Dinge unter Kontrolle haben und man nichts weiter tun kann als sie gewogen zu stimmen, ihren Namen zu kennen und sie zu kontrollieren. Der Schlussstein, der alles zusammenhält, ist nicht Macht oder Gewalt, sondern Gottes Treue zur Bundesliebe.

Das Problem ist mehr als eine Theologie von Gott. Christologie ist Anthropologie. Was wir über Gott sagen, ist das, was wir über uns selbst sagen (eine Projektion), bis man Christus begegnet. Dann verändert sich Theologie von Projektion zu Entfaltung.[20]

Anmerkungen

Kapitel 1 – Wie ist Gott wirklich?

1. „Glaubensaussage' bezeichnet eine Prämisse, die wir mit Zuversicht glauben, aber nicht vor Gericht oder im Labor beweisen können. Für den Glauben sind jedoch Beweise weder nötig noch ausreichend. Wir mögen stattdessen jede Menge Gewähr oder Gründe für unsere Überzeugung haben und tatsächlich wahrheitsgemäß sagen können: „Wir wissen." Vergleiche die Werke von Alvin Plantinga, z. B. *Warrant and Proper Function*.
2. Meister Eckhart, „Sermon 52: ‚Beati paupers spiritu'", *Meister Eckhart's Sermons*. Ed. Harry Plantinga (Grand Rapids, MI, USA: Christian Classics Ethereal Library, 1999). http://www.ccel.org/e/eckhart/sermons/.
3. „New Rules", HBO Real Time with Bill Maher. http://www.hbo.com/real-time-with-bill-maher/episodes/0/213-episode/article/new-rules.html.
4. „Special Creation": Der Kreationismus definiert „Special Creation" als die übernatürliche Schöpfung unabhängiger, komplexer Lebensformen (zumindest des Menschen) durch Gott ohne jegliche evolutionäre Entwicklung. Diese Version der „gesonderten Schöpfung" interpretiert die Genesis wörtlich, nämlich so, dass das ganze Universum vor weniger als 10.000 Jahren in sechs 24-Stunden-Tagen entstand.
5. Charles R. Darwin an John Fordyce, 7. Mai 1879. Darwin Correspondence Project. https://www.darwinproject.ac.uk/letter/entry-12041. Wenn Darwin von „Theisten" spricht, meint er Menschen, die an Gott glauben. Entsprechend glaubt der Monotheist an einen Gott, der Polytheist an mehrere Götter und der Atheist an keinen Gott..

Kapitel 2 – Gottesbilder, die Christus nicht entsprechen

1. Sadhguru, „What is God?", http://www.youtube.com/watch?v=tZ0e8JRu_9U.
2. Hl. Gregor der Theologe, Theological Orations, 2.4., http://www.ccel.org/ccel/schaff/npnf207.iii.xiv.html.
3. Soulstream. http://www.soulstream.org.
4. „The Serenity Prayer", Reinhold Niebuhr, World Prayers. http://www.worldprayers.org/charive/prayers/invocations/god_give_us_grace_to.html.
5. Es gibt viele Vorgehensweisen beim Gebetsdienst und der inneren Heilung: Sowohl Sozo als auch der Immanuel-Ansatz, Elijah House und Theophostic/TPM sind Beispiele für eine effektive Herangehensweise, aber sie sind in großem Maße von den Begabung, Ausbildung und Fähigkeit der Mitarbeiter abhängig.
6. Jeff Sharlet, „Through a Glass, Darkly", *Harpers*, Dezember 2006.

7. Papst Franziskus, „The Way of the Cross", Catholic Insight, http://catholicinsight.com/the-way-of-the-cross.
8. Offb. 13,8, 21,27.

Kapitel 3 – Freiheit oder Liebe? Konkurrierende Werte in der westlichen Kultur

1. Charles Heston: „NRA speech", 20. Mai 2000. https://www.youtube.com/watch?v=bOJQFNOQaCY. (NRA, „National Rifle Association", ist der US-Verband der Waffenbesitzer.)
2. Miroslav Volf, „Did 9/11 Make Us Morally ‚Better'?", *Huffington Post*, 7.9.2011. https://www.huffingtonpost.com/miroslav-volf/Christianity-911_b_944153.html.
3. Linda Woolverton, Theaterstück: *Alice in Wonderland* (Film 2010). Ironischerweise entkommt Alice der Tyrannei des viktorianischen Klassendenkens und des Sexismus jener Zeit, nur um sich in die Abenteuer der kolonialistischen, kapitalistischen Eroberungen zu stürzen.
4. Tanya Brothen, „Obama Gives Second Annual Back-to-School Speech", *Obama Today* (2010). http://blogs.america.gov/blog/2010/09/16/Obama-gives-second-back-to-school-speech/.
5. David Foster Wallace, Interview. http://www.youtube.com/watch?v=E0uQM_qbOEk.

Kapitel 4 – Gott des Willens oder Gott der Liebe? Der willkürliche Gott der biblischen Religion

1. Wenn ich „Wir glauben" sage, meine ich entweder Individuen oder eine Kultur. „Einst geglaubt" bezieht sich auf die Ethik eines Atheisten, die noch Widerschein oder Reaktion auf den Gott sein könnte, an den er oder seine Kultur einst glaubten.
2. „Zum Lob seiner herrlichen Gnade" ist ein Ausdruck, der in Eph. 1,6 (und in englischen Übersetzungen auch in Vers 12 und 14) steht und eben gerade die Großzügigkeit der Gnaden-Absichten Gottes zeigt, der aber dennoch oft als mysteriöser Grund für die Aberkennung von Gnade verwendet wurde.
3. Augustinus von Hippo, *Confessions of Saint Augustine*, (Minneapolis, MN: Filiquarian Publishing, LLC., 2008), S. 7.
4. Ron Dart, „Biblical Judaism, Western Christianity & Liberalism", *George Grant: Spiders and Bees* (Abbotsford, BC, Kanada. Fresh Wind Press, 2008), S. 151.
5. David Bentley Hart, „Nihilism and Freedom", (Vorlesung University of Minnesota, Minneapolis, MN, USA, 22.3.2007).
6. Hart, „Nihilism and Freedom".
7. Johannes Calvin, *Calvin's Institutes*, übers. John Allen (Philadelphia: Presbyterian Board of Christian Education), 3.23.6. Diese dt. Übersetzung der Institutio (von 1955) findet sich unter www.calvin-institutio.de.
8. Johannes Calvin, *Calvin's Institutes*, 1.17.5.
9. Johannes Calvin, *Calvin's Institutes*, 1.17.11.
10. John Adamson, „Oliver Cromwell and the Long Parliament", *Oliver Cromwell and the English Revolution* (London: Longman, 1990), S. 76-84.
11. David Van Biema, „The New Calvinism", Time (12.3.2009). http://content.time.com/time/specials/packages/article/0,28804,1884779_1884782_1884760,00.html.

12. John Piper, „How Can Evil Ever Have a Good Purpose“, *Desiring God* (Nov. 2008). http://www.desiringgod.org/interviews/how-can-evil-have-a-good-purpose.
13. John Piper, „Putting My Daughter to Bed Two Hours After the Bridge Collapsed“, *Desiring God* (1.8.2007). http://www.desiringgod.org/ interviews/how-can-evil-have-a-good-purpose.
14. Aus einem berühmten Zitat, das dem politischen Denker Edmund Burke zugeschrieben wird.
15. Ein Beispiel für zynisches Lesen ist *The Brick Testament*, http://www.thebricktestament.com, welches zahlreiche brutale biblische Erzählungen mit Legosteinen illustriert, ausschließlich von Bibeltexten begleitet. Es werden grafische Ereignisse der Bibel dargestellt, um das Christentum zu verhöhnen. Diese Vorgehensweise dient als Beispiel für das Problem literalistischer Lesart des willkürlichen Gottes.
16. Mark Driscoll, „7 Big Questions“, *Relevant Magazine*, S. 24 (Jan./Febr. 2007), http://www.relevant-magazine.com/god/church/features/1344-from-the-mag-7-big-questions.

Kapitel 5 – Das fleischgewordene Wort: Der Gott, der sich in Christus zeigt

1. Angepasst von Brad Jersak, „Christ Almighty: God With Skin“, *The Plain Truth* (Winter 2013). http://www.ptm.org/13PT/winter/index.html#/19/.
2. *Das Nizänische Glaubensbekenntnis* (325 n. Chr.)
3. „The Gospel in Chairs“ („Das Evangelium mit Stühlen“) wurde von Bruder Anthony Carbo entworfen. Brian Zahnd gab ihm den neuen Namen „The Beautiful Gospel“. Meine Version der Botschaft ist unter http://www.ptm.org/video/chairs zu hören.
4. Dieser Gedanke wurde inspiriert von Bruder Michael Gillis (Holy Nativity Orthodox Church, Langley, BC, Kanada).
5. So sagt es Brian Zahnd in den meisten seiner Werke, besonders in *Beauty Will Save the World*. Per E-Mail fügte er hinzu: „Ich will sagen, wir (die Menschheit) wussten nicht immer, wie Gott ist; das heißt, dass Gottes Wesen durch die Art Barmherzigkeit und Mitgefühl gekennzeichnet ist, die wir in Jesus sehen … Wir dachten früher, dass Gott das Töten der Kanaaniter etc. angeordnet hätte, aber jetzt wissen wir es besser.“
6. Mein Denken zu diesem Thema ist wesentlich beeinflusst von Roger H. Mitchell, *Church, Gospel & Empire: How the Politics of Sovereignty Impregnated the West* (Eugene, OR, USA: Wipf and Stock Publishers, 2011).
7. Eusebius, *Oration in Praise of Constantine*, 3.3, 5.
8. Derek Flood, „The More I Follow Jesus, the Less I Like His Teaching“, The Rebel God. www.therebelgod.com/2011/09/more-i-follow-jesus-less-i-like-his.html.

Kapitel 6 – Von Löwen, Lämmern und Eseln: Kenosis – *„Kreuz“*-Stärke

1. Beachte, dass Paulus hier aus Jes. 45,22-24 zitiert und Jesus mit Jahwe selbst identifiziert, den einen und einzigen Retter der Welt.
2. Vgl. Kathryn Tanner, *Jesus, Humanity and the Trinity: A Brief Systematic Theology* (Minneapolis, MN, USA: Fortress Press, 2001).

3. Hans Urs von Balthasar, *Mysterium Paschale*, viii–ix (dt. Ausgabe: *Theologie der drei Tage*, Johannes-Verlag Einsiedeln 1990).
4. Ich danke Dr. Lucy Peppiatt für ihre Ermahnung, das „Baby der Herrlichkeit nicht mit dem dreckigen Badewasser der Rechten auszuschütten".
5. George Grant, „St. Augustine", Collected Works of George Grant, Hrsg. Arthur Davis (Toronto, ON, Kanada: University of Toronto Press, 2002), 2:484.
6. Julia Ward Howe, „Battle Hymn of the Republic" (1862). Nichts begeistert Soldaten so sehr für die Schlacht wie ein Kirchenlied über das Thema Endzeit – in diesem Fall für das Gemetzel des amerikanischen Bürgerkriegs.
7. Frère Alexandre Turnicev, „Une approche de l'eschatologie orthodoxe", *Contacts* 18, Nr. 54 (1966): 102-103. Eigene Übersetzung.
8. John Cassian, *Institutes* 8.4. *Nicene and Post-Nicene Fathers, Second Series*, Bd. 11, Hrsg. Philip Schaff und Henry Wace. Übers. C.S. Gibson. Buffalo, NY, USA: Christian Literature Pub. Co., 1894. http://www.newadvent.org/fathers/350708.htm.
9. Brad Jersak, „I Saw a Lamb" in Michael Hardin, *The Jesus-Driven Life*, 2. Auflage (Lancaster, PA, USA: JDL Press, 2013).
10. George Grant, „Good Friday", *United Church Observer*, 15. Mai 1951, 16.
11. Das Wort an dieser Stelle ist „Bema-Sitz" oder „Richterstuhl", welches Paulus in 2. Kor. 5,10 für den „Richterstuhl Christi" verwendet.

Kapitel 7 – Das Kreuz als göttliche Zustimmung

1. Man könnte das Gesetz des Übernatürlichen und Freiheit der Engel hinzufügen, aber diese sind nicht empirisch wahrnehmbar und können nur (oft falsch) vermutet werden.
2. David Pleins, „*Is God Unjust: The Tsunami and the Book of Job*". http://www.scu.edu/ethics/publications/submitted/DeCosse/Tsunami.html.
3. Vgl. Simone Weil, *On Science, Necessity and the Love of God* (London: Oxford University Press, 1968). [A.d.Ü.: Simone Weils Ausdruck „necessités" wird im Englischen „necessities" und im Deutschen oft als „Notwendigkeiten" übersetzt; im heutigen deutschen Sprachgebrauch halte ich „Gegebenheiten" für treffender.]
4. John Behr, *The Mystery of Christ: Life in Death* (New York: St. Vladimir's Seminary Press, 2006), 37.
5. Lucy Peppiatt, „Systematic Theology" (Vortrag, Westminster Theological Centre, Cheltenham, UK, 2013).
6. Siehe auch Aaron Riches, *Ecce Homo: On the Divine Unity of Christ* (Grand Rapids, USA: Eerdmans, 2015), 26.
7. Ashley Collishaw, „The self-emptying God and the Necessity of Human Yielding in Engaging Salvation" (unveröffentlichtes Manuskript, August 2013).

Kapitel 8 – Das Kreuz als göttliche Teilhabe

1. [A.d.Ü.: Im Englischen steht für „wesentlich" das Wort *crucial*; hierzu die folgende Anmerkung.] Wörtlich, denn der Wortstamm von „crucial" stammt von dem Lateinischen *crux*, d. h. Kreuz!
2. Dr. Peppiatt ist Direktorin des Westminster Theological Centre (Cheltenham, UK), wo ich unterrichte.

3. *Griechische Liturgien*. Übers. von Remigius Storf; mit Einl. versehen von Theodor Schermann. (Bibliothek der Kirchenväter, 1. Reihe, Band 5), München 1912, generiert von der elektronischen BKV von Gregor Emmenegger/Ottmar Strüber, „Die griechische Chrysostomusliturgie". Text ohne Gewähr.
4. David Bentley Hart, *The Experience of God: Being, Consciousness, Bliss* (London: Yale University Press, 2013), 30.
5. David Bentley Hart, *Experience of God*, 58.
6. Kathryn Tanner, *Jesus, Humanity and the Trinity*, 9.
7. Archimandrit Sophrony, *St. Silouan the Athonite* (New York: St. Vladimir's Seminary Press, 1999), 47 (eine dt. Ausgabe hierzu: *Starez Siluan – Mönch vom Berg Athos : sein Leben und seine Lehre*, Patmos Verlag 2007).
8. Kathryn Tanner, *Jesus, Humanity and the Trinity*, 9.

Kapitel 9 – Gott ist gut und *Shit Happens*: Eine Anti-Theodizee des Kreuzes

1. Adaptiert von Kapitel 5 meiner Doktorarbeit, *„We are not our own": The Platonic Christianity of George P. Grant: From the Cave to the Cross and Back with Simone Weil* (Bangor University, Wales, UK, 2012), 176-244.
2. David Cayley, *George Grant in Conversation* (Concord, ON, USA: House of Anansi Press, 1995), 178.
3. Simone Weil: „The Love of God and Affliction", *Awaiting God* (Abbotsford, BC, Kanada: Fresh Wind Press, 2013), 32-33.
4. Vgl. das klassische Gedicht des heiligen Johannes vom Kreuz, „Dunkle Nacht der Seele".
5. Isaac Watts, „When I survey the wondrous Cross" („Schau ich zu jenem Kreuze hin").
6. Vgl. Gottfried W. Leibniz, *Die Theodicee*. (dt. 1720), http://www.zeno.org/Philosophie/M/Leibniz,+Gottfried+Wilhelm/Die+Theodicee .
7. David Hume, *Dialogues Concerning Natural Religion*, Hrsg. Dorothy Coleman (Cambridge: Cambridge University Press, 2007), 74.
8. Vgl. John Wesley 1756: *Serious Thoughts Occasioned by the Earthquake at Lisbon* (1755); repro., Gale ECCO, 2010); Immanuel Kant 1755: *Universal Natural History and Theory of the Heavens*, Übers. Ian Johnson (1755; repro., Arlington, VA, USA: Richer Resources Publications, 2009) (dt. Titel: *Allgemeine Naturgeschichte und Theorie des Himmels*) und „The Analytic of the Sublime", *Critique of Judgment*, Hrsg. Allen W. Wood (New York: Modern Library, 2001), 306-308 (dt.: „Beobachtungen über das Gefühl des Schönen und Erhabenen", *Kritik der Urteilskraft*); J.-J. Rousseau, „Letter to Voltaire on Optimism" (dt.: „Brief Voltaires an Rousseau"), *Candide and Related Texts*, Übers. David Wootton (Indianapolis: Hacket Pub. Co. Ltd.), 108-122.
9. Immanuel Kant „On the Failure of All Philosophical Theodicies", Michael Despland, *Kant on History and Religion* (Montreal: McGill-Queen's University Press, 1973), 290.
10. George Grant, *Philosophy in the Modern Age*, 46.
11. Voltaire, „Poem on the Lisbon Disaster or Examination of this Axiom ‚All is Well'", *Selected Poems by Voltaire* (1911). Hier: https://fr.wikisource.org/wiki/Poème_sur_le_désastre_de_Lisbonne, eingesehen am 18.7.2018, eigene Übersetzung.
12. „Act of God" – wörtlich: „Handeln Gottes" – ist im Englischen ein juristischer Begriff, der dem deutschen „höhere Gewalt" entspricht, A. d. Ü.

13. Grant, „George Grant and Religion", *Collected Works* 4: 760-1.
14. Simone Weil, *On Science, Necessity, and the Love of God* (London, New York, Toronto: Oxford University Press, 1968), 181.
15. Brad Jersak, „Simone Weil: Grant's Diotima", *Red Tory, Red Virgin* (Abbotsford, BC, Kanada: Fresh Wind Press, 2013), 7.
16. Adaptiert Richard Rohr, *Job and the Mystery of Suffering* (New York: The Crossword Publishing Company, 1998), 25 (dt. Ausgabe: *Hiobs Botschaft: Vom Geheimnis des Leidens* (Claudius-Verlag, 2000).

Kapitel 10 – Liebe und Zorn als Zustimmung

1. Johannes Cassianus, *Institutes* 8.4.
2. Vgl. James Fowler, *Stages of Faith* (Harper & Row, 1981). Dazu eine Warnung: Wie Walter Thiessen (von der St.-Stephen-Universität) in „The Mosaic of Maturing Spirituality" (unveröffentlichter Entwurf) betont, müssen wir alle gleichzeitig auf mehreren Stufen wachsen. Zum Beispiel mögen Teile unseres Herzens einen Anker brauchen, der eine Stufe-2-Phase erfordert, während wir in anderen Bereichen bereits an anderen Ebenen arbeiten. Möglicherweise müssen wir im Lauf unserer Entwicklung auch die eine oder andere Stufe wieder neu aufsuchen.
3. Ich sage „natürlich und übernatürlich", weil (a) Gottes Ordnung (Sekundärursachen) über unsere empirischen oder rationalen Kategorien hinausreicht und (b) die natürlichen und übernatürlichen Bereiche über unsere Beobachtung oder unser Verständnis hinaus miteinander in Verhältnis stehen. Geheimnisvollerweise stehen auch wir mit Gottes Ordnung im Verhältnis durch unsere Möglichkeit, dem „Binden und Lösen" (Mt. 16,19) durch Liebe und Gebet zuzustimmen und so Fürbitte zu tun, dass einem anderen die Konsequenzen dieser „Gesetze" erspart bleiben mögen. Das ist ein großes Geheimnis!

Kapitel 11 – Göttlicher Zorn als Überlassen

1. Vgl. Douglas Campbell, *The Deliverance of God: An Apocalyptic Rereading of Justification in Paul* (Grand Rapids, MI, USA: Eerdmans, 2009).
2. A. d. Ü.: In deutschen Übersetzungen sehe ich fast nirgends das hinzugefügte Wort „Gottes", entsprechend gilt das hier Gesagte nicht ganz für die deutsche Situation.
3. Euripides, *Bacchae*, Zeile 795, Hrsg. T. A. Buckley. http://www.perseus.tufts.edu/.
4. Sean, stets der gute Anglikaner, sagt: „Lass uns erbittert streiten – und dann ein Bierchen trinken gehen" (E-Mail-Austausch im Februar 2014).

Kapitel 12 – Den „Zorn" des Kreuzes umdeuten, Teil 1: Metaphern in den Evangelien

1. Siehe auch 5. Mo. 7,8; 9,26; 13,5; 24,18; 2. Sam. 7,23; 1. Chr. 17,21; Neh. 1,10; Ps. 74,2; 77,15; 78,42; 106,10; 107,2.
2. Jes. 41,14; 43,14; 44,6.24; 47,4; 48,17; 49,7; 49,26; 54,5.8; 59,20; 60,16; 63,16.

Kapitel 13 – Den „Zorn" des Kreuzes umdeuten, Teil 2: Metaphern bei Paulus

1. Gustav Aulen, *Christus Victor: An Historical Study of the Three Main Types of the Idea of Atonement*, Übers. A.G. Herbert (London: SPCK, 1931). Dies war schon immer die Sicht des Ostens und findet

neue Stimmen im Westen, besonders unter Wiedertäufern. Vgl. J. Denny Weaver, *The Nonviolent Atonement: Human Violence, Discipleship and God* (Grand Rapids, MI, USA: Eerdmans, 2007; dt. Ausgabe: Gewaltfreie Erlösung: Kreuzestheologie im Ringen mit der Satifaktionstheorie, https://portal.dnb.de/opac.htm?method=simpleSearch&reset=true&cqlMode=true&query=au-Ref%3D129217107&selectedCategory=any); Hrsg. Brad Jersak und Michael Hardin, *Stricken by God? Nonviolent Identification and the Victory of Christ* (Grand Rapids, MI, USA: Eerdmans, 2008).

2. Der Leser bekommt Einblick in die Debatte anhand des Dialogs zwischen John Piper und N.T. Wright über *Rechtfertigung* in ihren jeweiligen Büchern zum Thema.
3. Irenäus, *Gegen die Häresien*, 3.18.7.
4. Johannes Calvin, *Institutio*, 2.16.10, zitiert nach: http://www.calvin-institutio.de/display_page.php?elementId=23
5. Dr. Taylor Marshall, „8 Bible Verses on Christ's Descent into Hell". http://taylormarshall.com/2012/04/8-bible-verses-on-christs-descent-into.html.
6. Siehe Morgan Guyton, „Isaiah 7 and 53: Should Prophecies be Prooftexts", *Mercy Not Sacrifice* (blog), Patheos, 18. Oktober 2013, http://morgan-guyton.us/2013/10/18/Isaiah-7-53-should-prophecies-be-prooftexts.

Kapitel 14 – Eine Botschaft, die Christus mehr entspricht: Das schöne Evangelium

1. Steve Robinson, „The Gospel According to Chairs". https://www.youtube.com/watch?v=TZrsbCK5Hrg.
2. Brian Zahnds „The Gospel in Chairs". https://www.youtube.com/watch?v=Wnj52gaauBs. Brad Jersak; „The Gospel in Chairs", mit einem einführenden Interview mit Lucy Smith, die diese Präsentation in Großbritannien macht. http://vimeo.com/57271733.
3. „Völlig verderbt" ist ein Begriff, der von Reformatoren wie Luther und Calvin häufig verwendet wurde. Definition siehe Glossar.
4. John Cassian, *Against Nestorius, on the Passion* 6.22, übers. Edgar C. S. Gibson. http://www.ccel.org/ccel/schaff/npnf211.iv.vii.vii.xxii.html.
5. Derek Rishmawy, „Godzilla and the Salvific Destruction of God", TGC. http://www.thegospelcoalition.org/article/godzilla-and-the-salvific-destruction-of-god.
6. John Piper, „Who made it okay for God to kill women and children in the Old Testament?", *Desiring God Interviews* (Desiring God Foundation, 2015). http://www.desiringgod.org/interviews/what-made-it-ok-for-god-to-kill-women-and-children-in-the-old-testament .
7. Laut Überlieferung wurden sie und ihre Familie schließlich (etwa 66 n. Chr.) von Nero zu Märtyrern gemacht, weil sie sich weigerten, ihren Erlöser zu verleugnen. Ironischerweise ließ Nero sie nach der Folterung in einen Brunnen werfen, wo sie ihre Seele Gott übergab. Vgl. „St. Photini, the Samaritan Woman", The Self-Ruled Antiochian Orthodox Christian Archdiocese of North America, http://www.antiochian.org/node/17560.
8. Aus dem orthodoxen Trisagios-Gebet.
9. „So ist es in Gehenna (der Hölle): Die Reue, die aus der Liebe kommt, ist die harte Qual, aber die Seele der Himmelssöhne wird berauscht von der Freude an dieser Liebe", Isaak der Syrer, *Daily Readings with St. Isaac of Syria*, Daily Readings Series (Templegate Publishing, 1988), 83.

10. Ich verwende hier Brian Zahnds Skript wegen seiner notwendigen Kürze.
11. Francis Thompson, „The Hound of Heaven", *The Oxford Book of English Mystical Verse*, Hrsg. D. H. S. Nicholson und A. H. E. Lee (Oxford University Press, 1917). http://www.bartleby.com/236/239.html.

Anhang – Weitere Stimmen, die Christus mehr entsprechen: Ausgewählte Kostbarkeiten über die *Kenosis*

1. Origenes, *Commentary on the Gospel According to John, Books 1-10*, Buch 1.231, Übers. Ronald E. Heine, *Fathers of the Christian Church: A New Translation*, Band 80 (Washington, DC, USA: Catholic University of America Press, 1989), 80.
2. Gregor von Nyssa, „Address on Religious Instruction", *Christology of the Later Fathers*, Hrsg. Edward R. Hardy (Philadelphia, PA, USA: Westminster Press, 1954), 301f.
3. Gregor von Nazianz, *Five Theological Orations*, 3. Rede, *On the Son* 1 §19, Übers. Stephen Reynolds (Estate of Stephen Reynolds, 2011), 65. https://tspace.library.utoronto.ca/bitstream/1807/36303/1/Gregory%20of%20Nazianzus%20Theological%20Orations.pdf.
4. Gregor von Nazianz, *Orations*, 4. Rede, *On the Son* 2 §3, 72f.
5. Gregor von Nazianz, *Orations*, 4. Rede, *On the Son* 2 §6, 76f.
6. Isaak von Ninive, *Homily* 39.6, zitiert in Kalliston Ware, *The Inner Kingdom* (Crestwood, NY, USA: St. Vladimir's Seminary Press, 2000), 209.
7. Isaak von Ninive, *Homily* 45 (48), ebd., 209.
8. Isaak von Ninive, *Homily* 39.15, 22, ebd., 209.
9. Isaak von Ninive, zitiert in Scott Cairns (Hrsg.), *Love's Immensity, Mystics on the Endless Life* (Brewster, MA, USA: Paraclete Press, 2007), o. S.
10. Gregor Palamas „On the Parable of the Prodigal", *The Homilies*, Übers. Christopher Veniamin (Dalton, PA, USA: Mount Thabor Pub, 2014), 17.
11. Hans Urs von Balthasar, *Theo-Drama. Theological Dramatic Theory*, Band 4: The Action, Übers. Graham Harrison (San Francisco, CA, USA: Ignatius Press), 1994, 323. Hier aus http://www.balthasar-stiftung.org/images/1_JG_13_Bieler_20130615.pdf (TDIII, 300).
12. Kallistos Ware, persönliches Interview, 16. Oktober 2014, Oxford.
13. Andrew Louth, persönliches Interview, 21. Oktober 2014, Darlington.
14. Andrew Louth, *Maximus the Confessor* (London, Routledge, 1996), 34.
15. John Behr, persönliche Korrespondenz, 20. Oktober 2014.
16. John Behr, *The Mystery of Christ: Life in Death* (Crestwood, NY: St. Vladimir's Seminary Press, 2006), 35.
17. Conor Cunningham, persönliches Interview, 11. September 2014, Nottingham. Vgl. Conor Cunningham, *Darwin's Pious Idea* (Wm. B. Eerdmans Pub. Co., 2010), 165; Papst Paul VI., *Gaudium Et Spes* 22, Vatican II. http://www.vatican.va/archive/hist_councils/ii_vatican_council/documents/vat-ii_const_19651207_gaudium-et-spes_en.html.
18. Simon Oliver, persönliches Interview, 8. September 2014, Nottingham.
19. Aaron Riches, persönliche Korrespondenz, 19. November 2014.
20. David Goa, persönliche Korrespondenz, o. D.

Glossar

Anthropomorphismus – ist die Beschreibung von etwas nicht Menschlichem (z. B. einem Baum) oder mehr als Menschlichem (Gott) mithilfe von persönlichen, menschlichen Eigenschaften. Bibelautoren sprechen von Gottes „Zorn", um ihre Erfahrungen mit den Folgen der Sünde zu beschreiben. Aber bei Gott sind reaktive Emotionen wie Zorn anthropomorph, bildlich und nicht wörtlich, zu verstehen. Buchstäblich verstandene Anthropomorphismen reduzieren Gott auf eine menschliche Projektion – einen Götzen –, während die Inkarnation oder Menschwerdung Christi wirklich Gott offenbart hat.

Apologetik – ist die Lehre von der Verteidigung des Glaubens gegenüber Einwänden. Der Apostel Petrus schrieb: „Seid immer bereit, Rede und Antwort zu stehen, wenn euch andere nach der Hoffnung fragen, die euch erfüllt. Begegnet ihnen freundlich und mit Respekt" (1. Petr. 3,15-16). Aus Mangel an Vertrauen auf die Kraft des Evangeliums, Glauben hervorzubringen, passiert es leider immer wieder, dass wir auf die Apologetik verfallen, um Menschen vom Glauben überzeugen zu wollen.

Bibelliteralismus – ist eine Interpretationstheorie, die die gesamte Schrift, wo immer irgend möglich, wortwörtlich verstehen will. In der Praxis bringt der Bibelliteralismus oft wörtliche Bedeutungen in den Text ein, wo sie weder vom Autor beabsichtigt noch angesichts des Genres sinnvoll oder im Licht der Offenbarung Christi möglich sind.

Bibliolatrie – ist eine Verehrung der Schrift, die zur Anbetung des Buches selbst wird. Die Bibel wird mit Begriffen beschrieben, die nur Gott selbst zustehen. Die Treue zur eigenen Interpretation der Bibel sticht die Treue zum Evangelium aus.

Biblizismus – ist eine Ideologie, die die ausschließliche Autorität und das Für-alles-Genügen der Heiligen Schrift betont und damit die Bibel anstelle von Christus zum „Wort Gottes" und zu unserer „letzten Autorität für Glauben und Leben" macht. Im Biblizismus gilt Unfehlbarkeit und Nicht-Irrtum, d. h.: Aufgrund übernatürlicher Leitung konnten die biblischen Autoren gar keinen Irrtum begehen und jedes ihrer Worte entspricht der faktischen Wahrheit. Entsprechend besteht im Biblizismus die Neigung, widersprüchliche Texte mit Gewalt zu harmonisieren, was nie beabsichtigt war. Die biblische Botschaft wird verflacht, da allen Texten die gleiche Autorität zugestanden wird wie den Worten Christi – selbst da, wo das Gottesbild, das sie zeichnen, mit der Offenbarung Gottes in Christus im Widerspruch steht.

Christentum – bezeichnet die Gesamtsumme der christlichen Kultur, besonders dort, wo die christliche Religion oder die Kirche als Institution quasi ein eigenes Reich bilden. In der Geschichte umfasste „das Christentum" tatsächliche geopolitische Reiche; der Begriff kann aber auch für jegliche kulturelle Dominanz stehen, die Christen genießen oder ausüben, wenn sie stark genug sind, als eine Mehrheit oder einflussreiche Minderheit Macht auszuüben.

Erlösung – ist ein Synonym für Versöhnung. Durch Christus sind wir mit Gott versöhnt. Wir werden von der Entfremdung zurück in die Beziehung zu dem Gott gebracht, der uns immer geliebt hat. Einige englische Bibeln (seit der Tyndale Bible von 1534) übersetzen Wörter, die *Versöhnung* bedeuten, als „atonement", buchstäblich „at-one-ment". Aus Gnade bringt uns Jesus wieder zum *Einssein* mit Gott – zu der Einheit und Harmonie, die Gott seit Eden beabsichtigt.

Erlösungsmetapher – wie „Freikauf" stammt auch die Erlösungsmetapher (und Gott als *Erlöser*) aus der Exodus-Erzählung und bedeutet weitgehend die Rettung von Menschen aus Knechtschaft oder Unterdrückung, in die sie irgendwie geraten sind. „Gott in Christus" erlöst uns von der Knechtschaft des Satans, der Sünde und des Todes.

Erlösungstheorien – Die Erlösung ist ein Rätsel, es wurden aber verschiedene „Erlösungstheorien" aufgestellt, um zu erforschen, *wie* die Versöhnung geschieht. Manchmal werden Erlösungstheorien so dominant, dass sie den Status des Evangeliums annehmen und an die Stelle der eigentlichen Evangeliumsgeschichte und der biblischen Metaphern treten. Das „Sühneopfer" ist z. B. eine so dominante Erlösungstheorie, dass manche ihrer Vertreter die Christen, die anders darüber denken, als „Feinde des Kreuzes" bezeichnen.

Errettung – ist ein beliebter, aber nicht ganz eindeutiger Begriff. Im Neuen Testament kann er sich auf Erlösung, Heilung oder Befreiung beziehen. Er kann für eine Rettung aus praktischer Not, ein besonderes Bekehrungsereignis, eine lebenslange Glaubensreise oder sogar für unsere zukünftige Auferstehung stehen. In diesem Buch wird der Leser in der Regel in der Lage sein, den Begriff je nach Verwendung zu interpretieren. Er sollte jedoch nicht von der üblichen engen evangelikalen Verwendung ausgehen, die „errettet werden" mit dem Moment identifiziert, in dem man „das Übergabegebet" spricht. Meiner Ansicht nach ist das Heil (a) das, was Gott durch Christus getan hat und (b) in uns tut, (c) auf unserem Weg zur Einheit mit ihm.

Freiheit – was wir „Freiheit" nennen, ist oft die Illusion von Autonomie und unserem eigenen Willen. Es wird noch gestritten, ob „der freie Wille" eine Realität oder ein Trugbild ist.

Ich würde wahre Freiheit definieren als (1.) Gottes liebevolle Zustimmung zu unserem authentischen Anderssein und (2.) das menschliche Gedeihen, das aus unserer liebevollen Zustimmung zu Gottes Fürsorge erwächst.

Freikauf – ist eine biblische Metapher, die auf der Exodus-Geschichte (Befreiung aus der Sklaverei unter dem Pharao) basiert, die auf Jesu Rettung derer hinweist, die vom Tod genommen und im Grab gehalten werden. Der „Preis" für den Freikauf ist das Leben Jesu – der Tod (personifiziert) wird bezahlt, aber das Wort „zahlen" ist vielleicht zu stark, weil der Tod ihn nicht halten kann.

Fundamentalismus – ist ein sich ständig wandelnder Begriff, der mittlerweile zu einem abwertenden Synonym für Extremismus geworden ist. Wie ich ihn hier benutze, bezieht er sich auf den Zweig jeder Religion, Ideologie oder Bewegung, der dogmatisch und militant ist und entschlossen, die eigene Bewegung oder Gesellschaft von der vermeintlichen Ketzerei ihrer Gegner zu reinigen. Fundamentalismus kann in jeder Gruppierung auftauchen, von links bis rechts im religiösen oder politischen Spektrum, einschließlich christlicher oder atheistischer Extreme.

Gebetsseelsorger – kann von lizenzierten Beratern bis hin zu ehrenamtlichen Laien alle umfassen, die ausgebildet wurden, mit Menschen für ihre geistlichen und emotionalen Wunden zu beten (manchmal auch „innere Heilung" genannt). Es gibt viele Ansätze für innere Heilung. *The Immanuel Approach*, *Elijah House* und *Theophostic* sind Beispiele effektiver Modelle, hängen aber stark von den Gaben, der Ausbildung und der Verfügbarkeit des Mitarbeiters ab. Das letzte Kapitel meines ersten Buches *Kannst du mich hören?* ist eine weit verbreitete Gebetsanleitung, die ich entwickelt habe.

Geistlicher Berater – ist ein Mensch, der die geistliche Entwicklung eines anderen unterstützt. Ironischerweise sind die besten geistlichen Berater sehr nicht-direktive Begleiter. Sie hören gut zu und stellen aufschlussreiche Fragen, die den Begleiteten zu Selbstfindung, kontemplativem Bewusstsein und Klarheit über seinen Lebensweg hinführen.

Gerechtigkeit – bedeutet, mit Gott in „rechter Beziehung" zu stehen, weil man auf Gottes Treue durch Christus vertraut. Durch die Gnade stellt Christus uns wieder her, sodass wir Gott und in dieser Welt dem Bund mit Gott treu sein können – Gottes Gnade macht uns fähig, Gott und unseren Nächsten zu lieben. Wer versucht, persönliche Gerechtigkeit ohne Gnade zu erlangen, irrt ebenso wie der, der nicht zulässt, dass die Gnade ihn zur persönlichen Gerechtigkeit befähigt.

Glaubensaussage – bezeichnet eine Prämisse, die wir mit Zuversicht glauben, aber nicht vor Gericht oder im Labor beweisen können. Für den Glauben sind jedoch empirische Beweise oder wasserdichte Logik weder nötig noch ausreichend. Wir mögen stattdessen jede Menge *Gewähr* (Gewissheit durch Erfahrung) für diese Zuversicht haben und so tatsächlich wahrheitsgemäß sagen können: „Wir wissen." Vergleiche Alvin Plantinga, *Warrant and Proper Function*.

Göttliche Energien – sind Gott selbst am Werk. Sie sind nicht nur Attribute Gottes, sondern Gott selbst in seinem Handeln, in seiner Tätigkeit, in seiner Selbstoffenbarung an uns. Wir werden niemals die unendlichen Tiefen von Gottes Wesen durchdringen, Gottes Energien jedoch durchdringen unser Leben und unsere Welt. Ein weiterer Begriff, den wir für diese Energien verwenden, ist „die Gnade des Heiligen Geistes".

Identifikation (Teilhabe) – Christus kann uns repräsentieren, weil er sich vollständig mit uns identifiziert hat. Er nahm jeden Aspekt der menschlichen Natur an und erbte jede Zelle seiner Menschlichkeit von einer willigen menschlichen

Mutter, sodass Paulus sagen kann: „[Gott sandte] seinen Sohn in der Gestalt des Fleisches, das unter der Macht der Sünde steht" (Röm. 8,3). Er identifizierte sich nicht nur mit unserer menschlichen Natur, sondern auch mit der Gesamtheit der „Conditio humana", dem Zustand des Menschseins.

Inkarnation (Menschwerdung) – ist die große Wahrheit, dass in Christus Gott Mensch wurde. Wie Johannes 1,14 sagt: „Das Wort ist Fleisch geworden." Den Begriff *Menschwerdung* reduzieren manche irrtümlich auf das Anfangsereignis, die Geburt Jesu. Aber die Menschwerdung bezieht sich sowohl auf das ganze Leben Jesu als auch auf Jesus selbst. Jesus ist die Inkarnation Gottes.

Kenosis, kenotische Theologie – griechisch für „Leerwerden". Paulus verwendet den Begriff in Philipper 2, um Jesu Kraft zu beschreiben, die sich selbst entäußert, seine Liebe, die sich selbst gibt, und seine radikale Bereitschaft zu dienen, die sich besonders in der Passion Christi offenbart. *Kenotische Theologie* bezieht sich auf das Spektrum von Theologien – von orthodox bis häretisch –, die Kenosis als Attribut der dreifaltigen Herrlichkeit identifizieren und eben nicht als Abweichen davon. So reflektiert Jesu Kenosis die sich selbst gebende, die *„Kreuz"*-Liebe des Vaters.

Kirche – Kirche kann interpretiert werden als (a) eine vage universelle Idee, (b) eine allgemeine Organisation, Institution oder Bewegung, (c) einzelne Ortsgemeinden oder überörtliche Gemeinschaften, (d) Gebäude und/oder Gottesdienstaktivitäten. Ich benutze den Begriff normalerweise, um (a) das gesamte „Volk Gottes" (1. Petr. 2,10) in seiner ganzen Geschichte zu bezeichnen, „in Christus" (2. Kor. 5,17), erlöst durch Gnade „durch den Glauben an seinen Namen" (Joh. 1,12; Eph. 2,8). Wenn ich mich auf bestimmte Gemeinschaften oder Institutionen beziehe, verwende ich auch Adjektive wie „alt", „westlich", „örtlich" und „sichtbar".

Die Kirche ist mehr als eine Institution. Sie ist *die Nachkommenschaft Christi* anstelle der Nachkommenschaft Adams. Paulus sah die Gemeinde als den Leib *Christi*, in den wir durch die Taufe aufgenommen wurden (1. Kor. 12,13). Die Kirche ist auch eine Glaubensfamilie, in die wir als geliebte Kinder Gottes angenommen oder wiedergeboren werden. Die Kirche ist auch der Tisch des Herrn, wo wir durch das gemeinsame Abendmahl (Leib und Blut Christi) vereint sind.

Kontemplatives Gebet – besteht aus stillem Hören, geduldiger Erwartung, Offenheit und Hingabe.

Literalismus – heißt hier das Bestehen auf einer wörtlichen Auslegung der gesamten Bibel, als würde man sie nur dann als wahr anerkennen. Tatsächlich verwenden die Autoren der Heiligen Schrift jedoch auch Stilrichtungen und -mittel wie Poesie, Gleichnisse und Überspitzung; sie beabsichtigen und verlangen also oft ein symbolisches Lesen für das wirkliche Verständnis ihrer Worte.

Löser aus der Verwandtschaft – Nach jüdischem Recht konnte dein nächster Verwandter oder der Patriarch der Sippe dein verlorenes Eigentum, deine Freiheit oder dein Erbe *jederzeit* zurückkaufen. Er konnte dir deinen Platz in der Sippe wiederbeschaffen und dich unter seinen Schutz stellen.

Negative Theologie – wird auch als Via negativa (der negative Weg) oder apophatische Theologie bezeichnet. „Apophatisch" kommt vom griechischen Wort für „verneinen". Die negative Theologie definiert Gott mit der Aussage, dass unsere Definitionen von Gott ihn weder umfassen noch in eine Schublade stecken können.

Neue Atheisten – sind bestimmte Wissenschaftler, Schriftsteller und Medienstimmen, die den religiösen Glauben (und insbesondere das Christentum) direkt angreifen; sie halten ihn für eine gefährliche und gewaltsame Täuschung, die aktiv unterdrückt und zerstört werden muss. Zu den Neuen Atheisten gehören Wissenschaftler und Schriftsteller wie Richard Dawkins (*Der Gotteswahn*), Daniel Dennett (*Den Bann brechen*), Sam Harris (*Das Ende des Glaubens*) und der verstorbene Christopher Hitchens (*Der Herr ist kein Hirte*).

Neue Reformierte oder Neue Calvinisten – sind Vertreter der gegenwärtigen Ausprägung des klassischen *Calvinismus* (der Theologie von Johannes Calvin). Diese behält normalerweise die fünf großen reformierten „Gnadenlehren" unter dem Akronym TULIP bei: 1. totale Verderbtheit (total depravity), 2. bedingungslose Erwählung (unconditional election), 3. begrenzte Erlösung (limited atonement), 4. unwiderstehliche Gnade (irresistible grace) und 5. das Ausharren der Heiligen (perseverance of the saints). <http://www.reformedreader.org/t.u.l.i.p.htm>.

Orthodox – ist die Theologie oder Lehre, die sich an dem Glauben orientiert, den die Apostel durch Christus „ein für alle Mal übergeben" haben (Jud. 3) und der von den frühen Kirchenvätern in den Glaubensbekenntnissen und Konzilen der frühen Kirche definiert wurde.

Passion Christi – bezieht sich auf die Ereignisse und Berichte über Jesu Leiden und Sterben.

Projektion – ist ein psychologischer Begriff, der beschreibt, wie sich Menschen gegen unangenehme Impulse verteidigen, indem sie leugnen, dass diese in ihnen sind, und sie anderen zuschreiben. Ich verwende den Begriff, um Wesenszüge – von angenehm bis feindselig – in uns zu beschreiben, die wir Gott zuschreiben (d. h. auf ihn projizieren). So wird Gott zu einem Spiegel unserer eigenen Veranlagung.

Rechtfertigen, Rechtfertigung – dieses griechische Wort (dikaios) kann als „gerecht" oder „rechtschaffen" übersetzt werden. Es kann sich entweder auf den Charakter einer Person beziehen (moralische Reinheit) oder auf ihre rechtliche Stellung (Unschuld). In der Bibel umfasst es unsere Stellung vor Gott, dem guten und barmherzigen Richter, sowohl jetzt als auch am Tag des Gerichts.

Revivalismus – beginnt mit der Verheißung in 2. Chr. 7,14: „Wenn […] mein Volk, über das mein Name ausgerufen ist, sich demütigt und betet, mich sucht und von seinen schlechten Wegen umkehrt, dann höre ich es im Himmel. Ich verzeihe seine Sünde und bringe seinem Land Heilung." Revivalismus bezieht sich auf das evangelikale Streben nach dieser Verheißung durch „Erweckungsversammlungen", sodass Erweckung zu einer eigenen religiösen Kultur und einem eigenen System wurde.

Seinsgrund – ist ein Begriff, der normalerweise dem Theologen Paul Tillich zugeschrieben wird. Ich leihe ihn hier aus, nicht so sehr, um mich mit Tillichs Theologie zu identifizieren, sondern um meine eigene einzuführen – den Panentheismus der alten Orthodoxie (Gott ist nicht alles, aber Gott ist in allem). In der heiligen und göttlichen Liturgie des Johannes Chrysostomos beten wir: „Himmlischer König, Tröster, Geist der Wahrheit, Allgegenwärtiger und alles Erfüllender […]. Komm und nimm Wohnung in uns."

Sekundärursachen – wenn Gott zulässt, dass sich das Naturgesetz und die menschliche Freiheit auswirken. Gott ist letztendlich verantwortlich für alles, was ist – für das Naturgesetz und die menschliche Freiheit –, aber wir würden sagen, dass er menschliche Handlungen oder Naturereignisse nicht direkt verursacht oder kontrolliert.

Special Creation – wird von Kreationisten definiert als die übernatürliche Schöpfung unabhängiger, komplexer Lebensformen (zumindest des Menschen) durch Gott ohne jegliche evolutionäre Entwicklung. Diese Version der „gesonderten Schöpfung" interpretiert die Genesis wörtlich, nämlich so, dass das ganze Universum vor weniger als 10.000 Jahren in sechs 24-Stunden-Tagen entstand.

Theist – ist ein an Gott Gläubiger. Der Monotheist glaubt also an einen Gott, der Polytheist an mehrere Götter und der Atheist an keinen Gott. Christliche Theisten glauben an einen Gott in drei Personen (die Dreieinigkeit).

Triumphalismus – ein enger Fokus oder prahlerischer Stolz auf die Überlegenheit, Dominanz und den Sieg des eigenen Glaubens oder des eigenen Gottes, wobei die Realität von Schwachheit und Leiden geleugnet wird. Mit triumphalistischem Glauben können Leidende (z. B. Hiob) meinen oder sogar beschuldigt werden, Gott zu enttäuschen oder im Glauben schwach zu sein.

Umdeutung von Zorn – ist der Deutungsprozess, durch den wir den Zorn als Metapher für Gottes Zustimmung („Überlassen") zu den Folgen der Sünde erkennen, auch wenn der Text Ereignisse so beschreibt, als ob Gott aktiv zu gewalttätigen Bestrafungen von Menschen provoziert würde.

Voluntarismus – ist der Vorrang der Freiheit des Willens bei Gott und Mensch – er steht sogar vor der Liebe als primärem Attribut Gottes. So glaubt der Voluntarismus, dass alles, was Gott will, gut ist – nicht, dass Gott nur das will, was gut ist. Für Menschen bedeutet das: Freiheit, nicht Liebe, ist die höchste moralische Verpflichtung.

Zorn – buchstäblicher, menschlicher Zorn kombiniert emotionale Wut mit Gewaltausübung. Göttlicher Zorn wird so bezeichnet, weil wir, wenn wir die selbstzerstörerischen Konsequenzen (den Lohn) der Sünde erleiden, meinen, Gottes Zorn und Gewalttätigkeit zu erleben. Tatsächlich ist der biblische „Zorn" eine Metapher für die innewohnenden Konsequenzen unserer Weigerung, in Gottes Gnade zu leben.

Danksagungen

Es ist mir eine Freude, den wichtigsten Mitwirkenden, die mein Denken geprägt und den Weg für dieses Buch geebnet haben, zu danken. Zunächst ging es etwas mit mir durch und ich nannte drei Seiten Namen – wahrscheinlich war auch deiner darunter. Hier nun die drastisch verringerte Liste.

Zuerst: Vielen Dank an meine Kollegen bei *Plain Truth Ministries*. Zu ihrem Weg gehört die mutige Geschichte, wie Gott sie aus der Unfreiheit der gesetzlichen Religion befreite und sie, wie mein Freund Greg Albrecht sagt, „allein Glauben, allein Gnade und allein Christus" annahmen. Ihr schönes Evangelium des christusähnlichen Gottes hilft vielen geistlichen Flüchtlingen. Wie wunderbar es sich fügt, dass wir gemeinsam im Reich der Gnade arbeiten! Greg Albrechts Offenheit und Freundschaft kennzeichnen die ganze Belegschaft: Danke an Laura Urista, Marv Wegner und Dennis Warkentin für eure Arbeit an diesem Buch. Danke für eure großzügige Versorgung und euer bemerkenswertes Vertrauen, als ich die gute Nachricht dieses Buches, *Die Schönheit des Evangeliums*, in Worte fasste.

Zweitens: Meinen tiefempfundenen Dank an die Glaubensgemeinschaften, akademischen Kollegen und geistlichen Leiter, die sich mir zur Seite stellten, um mir ein Vorbild für den christusgleichen Gott zu geben und mir damit zu dienen. Dabei denke ich besonders an meine Fürbitter, Fresh Wind, das Kloster All Saints of North America, das Westminster Theological Centre, Soulstream und meine Freunde vom 12-Schritte-Programm.

Drittens danke ich jenen, die am Buch selbst gearbeitet haben: Danke für eure fleißige Textbearbeitung (Greg, Laura, und Adria Vizzi Holub), die theologischen Korrekturen (Greg, Dr. Lucy Peppiatt und

Br. Michael Azkoul) und großzügigen „Stimmen zum Buch" (und tollen Vorschläge). Danke, Brian Zahnd, für das Vorwort und deine Hilfe beim Entwickeln dieser Botschaft.

Schließlich danke ich meiner Familie: Lloyd und Irene Jersak dafür, dass sie mich in der Kindheit vor so vielen Gottesbildern, die Christus nicht entsprechen, bewahrt haben. Am meisten aber Eden, Stephen, Justice und Dominic Jersak: Danke für eure Geduld und Bereitschaft, euch auf diesen Theologie-Nerd hier einzulassen, ihn zu unterstützen und nachsichtig zu ertragen.

Über den Autor

Bradley Jersak

Bradley Jersak ist verheiratet mit Eden Jersak und Vater von Stephen, Justice und Dominic. Sie leben zurzeit in Abbotsford, BC, Kanada.

Nachdem er 20 Jahre als ordinierter Pastor (*Bethel Mennonite Church*, Aldergrove) und als Gemeindegründer (*Fresh Wind*, Abbotsford) gearbeitet hatte, erhielt Brad die Firmung der orthodoxen Kirche und wurde zum Lektor ernannt.

Nach Aufgabe seiner Pastorentätigkeit schrieb Brad an der *Bangor University* in Wales eine Doktorarbeit (PhD) in Theologie und forschte danach an der Universität von Nottingham zum Thema Kenotische Theologie.

Heute dient Brad als Chefredakteur bei *Plain Truth Ministries* (Pasadena) und schreibt für das *CWRm* („Christianity Without the Religion Magazine"). Er schreibt den *CWRblog* (www.christianity-without-the-religion.blogspot.ca) sowie das www.clarion-journal.com.

Ferner gehört Brad zur Fakultät des *Westminster Theological Centre* in Cheltenham, Großbritannien, wo er die Fächer Neues Testament und Patristik unterrichtet. An der *St. Stephen's University* (New Brunswick, Kanada) ist er außerordentlicher Dozent.

Die Schönheit des Evangeliums ist Brad Jersaks zehntes Buch als Autor, Co-Autor oder Herausgeber. Er hält auch Seminare zu diesem Thema. Über www.ptm.org oder www.bradjersak.com bzw. per E-Mail an bradjersak@gmail.com ist der Autor erreichbar.

Stimmen zum Buch

Ich habe Brad Jersak vor über 15 Jahren kennengelernt, und zwar ganz besonders gut, als ich durch meine eigene Glaubenskrise ging. Zu Beginn dieser Phase fand ich in Brad einen großartigen Theologen, Mentor und Berater. *Die Schönheit des Evangeliums* ist definitiv eines meiner „Top-5"-Bücher. In meinen Lehrveranstaltungen greife ich oft auf die ausgezeichnete Forschung und Theologie zurück, die Brad in diesem Buch verfügbar macht. Er spricht Fragen an, die wir oft nicht zu stellen wagen, z. B.: „Wenn Gott alles unter Kontrolle hat, warum gibt es dann so viel Chaos in dieser Welt?", oder: „Wenn Gott ein liebender Vater ist, wie er behauptet, warum gibt es dann so viel Leid in dieser Welt?", und: „Was hat es mit Jesu Sterben auf sich? Musste Gott seinen eigenen Sohn töten, um uns von unseren Sünden zu erretten?" Brads Antworten auf alle diese und weitere Fragen helfen jedem, der bereit ist, seinen gewohnten „christlichen Kokon", in dem wir uns schon allzu lange versteckt halten, und seine vorgefassten Antworten zu verlassen. Jemand sagte einmal: „Gute Theologie hilft uns, Gott mehr zu lieben." Dieses Buch wird das und noch mehr für dich tun. Ich persönlich kann bezeugen, dass ich mich nach dem Lesen von *Die Schönheit des Evangeliums* wieder wiedergeboren fühlte!

Peter Helms
Peter & Anne-Marie Helms, Gutshof 4, Großropperhausen
34621 Frielendorf, 0173 3649426, www.helmsbuffet.de

Brad Jersak zeigt eigentlich nichts Neues über das Wesen und die Charakterzüge Gottes. Schon die Kirchenväter der ersten Jahrhunderte des Christentums des Ostens und des Westens versuchen immer wieder aufs Neue, sich dem Geheimnis der Liebe Gottes zu nähern, wie sie in Jesus, dem Christus, so offenbar wird. In dem vorliegenden Buch gelingt es Brad Jersak, uns die frei machende Wahrheit näherzubringen: Gott ist und bleibt die Liebe! Er kann gar nicht anders als zu lieben! Und wenn wir Christen als seine Kinder zur Vollkommenheit Gottes gelangen wollen, können auch wir nicht anders als zu lieben. Das vorliegende Buch wird diesbezüglich sicherlich ein großer Gewinn für die Leserschaft werden.

Peter Dippl
Pastor-Supervisor em.
International Charismatic Consultation